METODOLOGIA CIENTÍFICA

gen
Grupo
Editorial
Nacional

Marina de Andrade Marconi
Eva Maria Lakatos

METODOLOGIA CIENTÍFICA

- Ciência e conhecimento científico
- Métodos científicos
- Teoria, hipóteses e variáveis
- Metodologia jurídica

ATUALIZAÇÃO
João Bosco Medeiros

- Data do fechamento do livro: 14/12/2021

- **Atendimento ao cliente: (11) 5080-0751 | faleconosco@grupogen.com.br**

  Editora Atlas Ltda.
  Uma editora integrante do GEN | Grupo Editorial Nacional
  Travessa do Ouvidor, 11
  Rio de Janeiro – RJ – 20040-040
  www.grupogen.com.br

- Capa: Caio Cardoso – adaptada por Rejane Megale
- Editoração eletrônica: LWO Produção Editorial
- Ficha catalográfica

CIP-BRASIL. CATALOGAÇÃO NA PUBLICAÇÃO
SINDICATO NACIONAL DOS EDITORES DE LIVROS, RJ

M275m

Marconi, Marina de Andrade, 1923-
Metodologia científica / Marina de Andrade Marconi, Eva Maria Lakatos ; atualização João Bosco Medeiros. – 8. ed. [2ª Reimp.] – Barueri [SP] : Atlas, 2024.

Inclui bibliografia e índice
ISBN 978-65-5977-065-6

1. Ciência – Filosofia. 2. Ciência – Metodologia. 3. Pesquisa jurídica – Metodologia. I. Lakatos, Eva Maria. II. Medeiros, João Bosco. III. Título.

21-74985 CDD: 001.42

CDU: 001.8

Camila Donis Hartmann - Bibliotecária - CRB-7/6472

A meu pai Tibor Lakatos
E.M.L.

A meu filho Paulo, a minha nora
Maria Helena e a meus netos
Fernando e Bruna
M.A.M.

Prefácio da 8ª edição

Como já anunciamos em edição anterior, também nesta edição estamos contando com atualizações realizadas pelo Prof. João Bosco Medeiros, especialista em metodologia científica, bem como nas normas da Associação Brasileira de Normas Técnicas (ABNT), duas delas de grande interesse para este livro (uma que trata de elaboração de referências bibliográficas e outra de citações diretas e indiretas). Além de professor da área, ele é autor do livro *Redação científica* (13. ed., 2019) e coautor de *Metodologia científica na pesquisa jurídica* (9. ed., 2017), *Redação de artigos científicos* (2016), *Comunicação científica* (2008), *Redação técnica* (2010) e *Manual para elaboração de referências bibliográficas* (2001). Como profissional de editoração, enquanto editor de texto, cuidou de nossos livros desde a primeira edição. Com ele mantivemos diálogo para aprimoramento da obra durante décadas. Agora, assume nesta obra um trabalho ainda mais direto, responsabilizando-se por atualizações de conteúdo e bibliográficas.

Além de atualizações conteudísticas, ele ocupou-se nesta edição com:

- Acertos ortográficos, pontuação, acentuação.
- Acertos gramaticais: concordância nominal e verbal, regência verbal e nominal.
- Supressão de textos.
- Supressão de marcas de subjetividade oriundas de adjetivos, advérbios modalizadores, aspas, destaques.
- Divisão de parágrafos.
- Junção de parágrafos.
- Acréscimo de textos.
- Reformulações parafrásticas de alguns textos.
- Apresentação de novas referências bibliográficas.

- Reformulação de título de capítulos e seções.
- Reestruturação das seções capitulares.

As alterações realizadas objetivaram atualizar a obra e oferecer aos leitores um livro que possa atender às suas necessidades de estudo e pesquisa para a elaboração de textos de qualidade científica.

Marina de Andrade Marconi

Sumário

1
Conhecimento científico e ciência

1 CONHECIMENTO CIENTÍFICO E OUTROS TIPOS DE CONHECIMENTO

Para distinguir o conhecimento científico de outros tipos de conhecimento, vamos analisar uma situação histórica, que pode servir de exemplo.

Desde a Antiguidade, até aos nossos dias, um camponês, mesmo iletrado e/ou desprovido de outros conhecimentos, sabe o momento certo da semeadura, a época da colheita, a necessidade da utilização de adubos, as providências a serem tomadas para a defesa das plantações contra ervas daninhas e pragas e o tipo de solo adequado para as diferentes culturas. Tem também conhecimento de que o cultivo do mesmo tipo de cultura, todos os anos, no mesmo local, exaure o solo. Já no período feudal, o sistema de cultivo era em faixas: duas cultivadas e uma terceira em repouso, alternando-as de ano para ano, nunca cultivando a mesma planta, dois anos seguidos, numa única faixa. O início da Revolução Agrícola não se prende ao aparecimento, no século XVIII, de melhores arados, enxadas e outros tipos de maquinaria, mas à introdução, na segunda metade do século XVII, da cultura do nabo e do trevo, pois seu plantio evitava o desperdício de se deixar a terra em pousio: seu cultivo "revitalizava" o solo, permitindo o uso constante. Hoje, a agricultura utiliza-se de sementes selecionadas, de adubos químicos, de defensivos contra as pragas e tenta-se até o controle biológico de insetos daninhos.

Mesclam-se, nesse exemplo, dois tipos de conhecimento: o primeiro, vulgar ou popular, geralmente típico do camponês, transmitido de geração para geração por meio da educação informal e baseado em imitação e experiência pessoal; portanto, empírico e desprovido de conhecimento sobre a composição do solo, das causas do desenvolvimento das plantas, da natureza das pragas, do ciclo reprodutivo dos insetos etc.; o segundo, científico, é transmitido por intermédio de treinamento apropriado; é um conhecimento obtido de modo racional, conduzido por meio de procedimentos científicos. Visa explicar por que e como os fenômenos ocorrem, na tentativa de evidenciar os fatos que estão correlacionados, numa visão mais globalizante do que a relacionada com um simples fato – a cultura específica, de trigo, por exemplo.

1.1 Correlação entre conhecimento popular e conhecimento científico

O conhecimento vulgar ou popular, às vezes denominado senso comum, não se distingue do conhecimento científico nem pela veracidade nem pela natureza do objeto conhecido: o que os diferencia é a forma, o modo ou o método e os instrumentos utilizados para conhecer. Saber que determinada planta necessita de uma quantidade X de água e que, se não a receber de forma natural, deve ser irrigada pode ser um conhecimento verdadeiro e comprovável, mas, nem por isso, científico. Para que isso ocorra, é necessário ir mais além: conhecer a natureza dos vegetais, sua composição, seu ciclo de desenvolvimento e as particularidades que distinguem uma espécie de outra. Dessa forma, patenteiam-se dois aspectos:

a) A ciência não é o único caminho de acesso ao conhecimento e à verdade.
b) Um mesmo objeto ou fenômeno (uma planta, um mineral, uma comunidade ou relações entre chefes e subordinados) pode ser matéria de observação tanto para o cientista quanto para o homem comum; o que leva um ao conhecimento científico e outro ao conhecimento vulgar ou popular é a forma de observação.

Para Bunge (1976, p. 20), a descontinuidade radical entre a ciência e o conhecimento popular, em numerosos aspectos (principalmente, no que se refere ao método), não nos deve levar a ignorar certa continuidade em outros aspectos, principalmente quando limitamos o conceito de conhecimento vulgar ao bom-senso. Se excluirmos o conhecimento mítico (raios e trovões como manifestações de desagrado da divindade pelos comportamentos individuais ou sociais), verificaremos que tanto o bom-senso quanto a ciência almejam ser *racionais* e *objetivos*: "são críticos, aspiram à coerência (racionalidade) e procuram adaptar-se aos fatos em vez de permitir especulações em controle (objetividade)".

O ideal de racionalidade, compreendido como sistematização coerente de enunciados fundamentados e passíveis de verificação, entretanto, é obtido muito mais por intermédio de teorias, que constituem o núcleo da ciência, do que pelo conhecimento comum, entendido como acumulação de partes ou "peças" de informação frouxamente vinculadas. Por sua vez, o ideal de objetividade, isto é, a construção de imagens da realidade, verdadeiras e impessoais, não pode ser alcançado se não ultrapassar os estreitos limites da vida cotidiana, assim como da experiência particular. É necessário abandonar o ponto de vista antropocêntrico, para formular hipóteses sobre a existência de objetos e fenômenos além da própria percepção de nossos sentidos, submetê-los à verificação planejada e interpretada com o auxílio de teorias. Por esse motivo é que o senso comum, ou o bom-senso, não pode conseguir mais do que uma objetividade limitada, assim como é limitada sua racionalidade, pois está estreitamente vinculado à percepção e à ação.

1.2 Características do conhecimento popular

Embora o bom-senso também aspire à racionalidade e à objetividade, ele só consegue atingir essa condição de forma muito limitada, visto que o conhecimento vulgar ou popular, *lato sensu*, é o modo comum, corrente e espontâneo de conhecer, que adquirimos no trato direto com as coisas e os seres humanos: é um tipo de saber que preenche nossa vida diária e que possuímos sem o haver procurado ou estudado, sem a aplicação de um método e sem havermos refletido sobre algo.

Para Ander-Egg (1978, p. 13-14), o conhecimento popular caracteriza-se por ser predominantemente:

a) **Superficial**: conforma-se com a aparência, com o que se pode comprovar simplesmente estando junto das coisas: expressa-se por frases como "porque o vi", "porque o senti", "porque o disseram", "porque todo mundo o diz".

b) **Sensitivo:** refere-se a vivências, estados de ânimo e emoções da vida diária.

c) **Subjetivo:** é o próprio sujeito que organiza suas experiências e conhecimentos, tanto os que adquire por vivência própria quanto os por ouvir dizer.

d) **Assistemático:** sua organização das experiências não visa a uma sistematização das ideias, nem na forma de adquiri-las nem na tentativa de validá-las.

e) **Acrítico:** verdadeiros ou não, a pretensão de que esses conhecimentos o sejam não se manifesta sempre de forma crítica.

1.3 Tipos de conhecimento

O conhecimento científico diferencia-se do popular muito mais pelo que se refere a seu contexto metodológico do que propriamente por seu conteúdo. Essa diferença ocorre também em relação aos conhecimentos filosófico e religioso (teológico).

Trujillo Ferrari (1974, p. 11) sistematiza as características dos quatro tipos de conhecimento:

CONHECIMENTO POPULAR	CONHECIMENTO FILOSÓFICO	CONHECIMENTO RELIGIOSO (TEOLÓGICO)	CONHECIMENTO CIENTÍFICO
Valorativo Reflexivo Assistemático Verificável Falível Inexato	Valorativo Racional Sistemático Não verificável Infalível Exato	Valorativo Inspiracional Sistemático Não verificável Infalível Exato	Real (factual) Contingente Sistemático Verificável Falível Aproximadamente exato

1.3.1 Conhecimento popular

O conhecimento popular é **valorativo** por excelência; fundamenta-se em estados de ânimo e emoções: como o conhecimento implica uma dualidade de realidades, isto é, de um lado o sujeito cognoscente e, de outro, o objeto conhecido, e este é possuído, de certa forma, pelo cognoscente, os valores do sujeito impregnam o objeto conhecido. É também **reflexivo**, mas, estando limitado pela familiaridade com o objeto, não pode ser reduzido a uma formulação geral. A característica de **assistemático** baseia-se na organização particular das experiências próprias do sujeito cognoscente, e não em uma sistematização das ideias, na procura de uma formulação geral que explique os fenômenos observados, aspecto que dificulta a transmissão, de pessoa a pessoa, desse modo de conhecer. É **verificável**, visto que está limitado ao âmbito da vida diária e diz respeito ao que se pode perceber no dia a dia. Finalmente, é **falível** e **inexato**, pois se conforma com a aparência e com o que se ouviu dizer a respeito do objeto. Em outras palavras, não permite a formulação de hipóteses sobre a existência de fenômenos situados além das percepções objetivas.

1.3.2 Conhecimento filosófico

O conhecimento filosófico é **valorativo**, pois seu ponto de partida consiste em hipóteses, que não podem ser submetidas à observação: as hipóteses filosóficas baseiam-se na experiência e não na experimentação, conforme nos diz Trujillo Ferrari (1974, p. 12); por esse motivo, o conhecimento filosófico é **não verificável**, já que os enunciados das hipóteses filosóficas, ao contrário do que ocorre no campo da ciência, não podem ser confirmados nem refutados. É **racional**, em virtude de consistir num conjunto de enunciados logicamente correlacionados. Tem a característica de **sistemático**, pois suas hipóteses e enunciados visam a uma representação coerente da realidade estudada, numa tentativa de apreendê-la em sua totalidade. Por último, é **infalível** e **exato**, visto que, quer na busca da realidade capaz de abranger todas as outras, quer na definição do instrumento capaz de apreender a realidade, seus postulados, assim como suas hipóteses, não são submetidos ao decisivo teste da observação (experimentação).

O conhecimento filosófico, portanto, é caracterizado pelo esforço da razão pura para questionar os problemas humanos, recorrendo apenas às luzes da própria razão humana. Assim, enquanto o conhecimento científico abrange fatos concretos, positivos e fenômenos perceptíveis pelos sentidos, por meio do emprego de instrumentos, técnicas e recursos de observação, o objeto de análise da filosofia são ideias, relações conceptuais, exigências lógicas que não são redutíveis a realidades materiais e, por essa razão, não são passíveis de observação sensorial direta ou indireta (por instrumentos), como a que é exigida pela ciência experimental. O método por excelência da ciência é o experimental:

ela caminha apoiada nos fatos reais e concretos, afirmando somente o que é autorizado pela experimentação. Ao contrário, a filosofia emprega "o método racional, no qual prevalece o processo dedutivo, que antecede a experiência, e não exige confirmação experimental, mas somente coerência lógica" (RUIZ, 1979, p. 110).

O procedimento científico leva a circunscrever, delimitar, fragmentar e analisar o que se constitui o objeto da pesquisa, atingindo segmentos da realidade, ao passo que a filosofia se encontra sempre à procura do que é mais geral, interessando-se pela formulação de uma concepção unificada e unificante do universo. Para tanto, procura responder às grandes indagações do espírito humano e, até, busca as leis mais universais que englobem e harmonizem as conclusões da ciência.

1.3.3 Conhecimento religioso

O conhecimento religioso, isto é, teológico, apoia-se em doutrinas que contêm proposições sagradas (**valorativas**), por terem sido reveladas pelo sobrenatural (**inspiracional**) e, por esse motivo, tais verdades são consideradas **infalíveis** e indiscutíveis (**exatas**); é um conhecimento **sistemático** do mundo (origem, significado, finalidade e destino) como obra de um criador divino; suas evidências **não são verificáveis**: está sempre implícita uma atitude de fé perante um conhecimento revelado. Assim, o conhecimento religioso ou teológico parte do princípio de que as verdades de que trata são infalíveis e indiscutíveis, por consistirem em revelações da divindade (sobrenatural). A adesão das pessoas a tais verdades passa a ser um ato de fé, pois o mundo é interpretado como decorrente do ato de um criador divino, cujas evidências não são postas em dúvida nem sequer verificáveis. Na realidade, vai-se mais longe: se o fundamento do conhecimento científico consiste na evidência dos fatos observados e no controle experimental deles, e o fundamento do conhecimento filosófico e de seus enunciados consiste na evidência lógica, fazendo com que em ambos os modos de conhecer deve a evidência resultar da pesquisa dos fatos, ou da análise do conteúdo dos enunciados, no caso do conhecimento teológico, o fiel não se detém neles à procura de evidência, mas da causa primeira, ou seja, da revelação divina.

1.3.4 Conhecimento científico

Finalmente, o conhecimento científico é **factual**, lida com ocorrências ou fatos. Constitui um conhecimento **contingente**, pois suas proposições ou hipóteses têm sua veracidade ou falsidade conhecida por meio da experimentação e não apenas pela razão, como ocorre no conhecimento filosófico. É **sistemático**, já que se trata de um saber ordenado logicamente, formando um sistema de ideias (teoria) e não conhecimentos dispersos e desconexos. Possui a característica da **verificabilidade**, a tal ponto que as afirmações (hipóteses) que não podem ser comprovadas não pertencem ao âmbito da ciência. Constitui-se em conhecimento **falível**, em virtude de não ser definitivo, absoluto ou final; por esse motivo, é **aproximadamente exato**: novas proposições e o desenvolvimento de técnicas podem reformular o acervo de teoria existente.

Apesar da separação metodológica entre os tipos de conhecimento popular, filosófico, religioso e científico, no processo de apreensão da realidade do objeto, o sujeito cognoscente pode penetrar nas diversas áreas: ao estudar o homem, por exemplo, pode tirar uma série de conclusões sobre sua atuação na sociedade, com base no senso comum ou na experiência cotidiana; pode analisá-lo como um ser biológico, verificando, com base na investigação experimental, as relações existentes entre determinados órgãos e suas funções; pode questioná-los quanto a sua origem e destino, assim como quanto a sua liberdade; finalmente, pode observá-lo como ser criado pela divindade, a sua imagem e semelhança, e meditar sobre o que dele dizem os textos sagrados.

Essas formas de conhecimento podem coexistir em uma mesma pessoa: um cientista, voltado, por exemplo, ao estudo da física, pode ser crente praticante de determinada religião, estar filiado a um sistema filosófico e, em muitos aspectos de sua vida cotidiana, agir segundo conhecimentos provenientes do senso comum.

2 CIÊNCIA: CONCEITOS

Os conceitos mais comuns de ciência, mas, a nosso ver, incompletos, são os seguintes:

- Acumulação de conhecimentos sistemáticos.
- Atividade que se propõe demonstrar a verdade dos fatos experimentais e suas aplicações práticas.
- Forma de conhecimento que se caracteriza pelo conhecimento racional, sistemático, exato, verificável e, por conseguinte, falível.
- Conhecimento do real pelas suas causas.

- Conhecimento sistemático dos fenômenos da natureza e das leis que a regem, obtido pela investigação, pelo raciocínio e pela experimentação intensiva.
- Conjunto de enunciados lógica e dedutivamente justificados por outros enunciados.
- Conjunto orgânico de conclusões certas e gerais, metodicamente demonstradas e relacionadas com um objeto determinado.
- Corpo de conhecimentos que consiste em percepções, experiências, fatos certos e seguros.
- Estudo de problemas solúveis, mediante método científico.
- Forma sistematicamente organizada de pensamento objetivo.

2.1 Conceito de Ander-Egg

Um conceito mais abrangente de ciência é o que Ander-Egg apresenta em sua obra *Introducción a las técnicas de investigación social* (1978, p. 15): "A ciência é um conjunto de conhecimentos racionais, certos ou prováveis, obtidos metodicamente, sistematizados e verificáveis, que fazem referência a objetos de uma mesma natureza." Vejamos o que significam essas expressões:

a) **Conhecimento racional:** tem exigências de método e está constituído por uma série de elementos básicos, tais como sistema conceitual, hipóteses, definições. Diferencia-se das sensações ou imagens que se refletem em um estado de ânimo, como o conhecimento poético, e da compreensão imediata, sem que se busquem os fundamentos, como é o caso do conhecimento intuitivo.
b) **Certo ou provável:** não se pode atribuir à ciência a certeza indiscutível de todo o saber que a compõe. Ao lado dos conhecimentos certos, é grande a quantidade dos prováveis. Antes de tudo, toda lei indutiva é meramente provável, por mais elevada que seja sua probabilidade.
c) **Obtidos metodicamente:** não são adquiridos ao acaso ou na vida cotidiana, mas mediante regras lógicas e procedimentos técnicos.
d) **Sistematizadores:** não se trata de conhecimentos dispersos e desconexos, mas de um saber ordenado logicamente, constituindo um sistema de ideias (teoria).
e) **Verificáveis:** as afirmações que não podem ser comprovadas ou que não passam pelo exame da experiência não fazem parte da ciência,

que necessita, para incorporá-las, de afirmações comprovadas pela observação.

f) **Relativos a objetos de uma mesma natureza:** os objetos pertencem a determinada realidade, que guardam entre si certa homogeneidade.

2.2 Conceito de Trujillo Ferrari

Não obstante a maior abrangência do conceito de Ander-Egg, consideramos mais precisa a definição de Trujillo Ferrari (1974, p. 8), expressa em seu livro *Metodologia da ciência*, que nos serve de ponto de partida: "A ciência é todo um conjunto de atitudes e atividades racionais, dirigidas ao sistemático conhecimento com objeto limitado, capaz de ser submetido à verificação." Assim, entendemos por ciência uma sistematização de conhecimentos, um conjunto de preposições logicamente correlacionadas sobre o comportamento de certos fenômenos que se deseja estudar.

2.3 Visão geral dos conceitos

Desses conceitos emana a característica de apresentar-se a ciência como: ser um conhecimento racional, objetivo, lógico e confiável; ter como particularidade ser um conhecimento sistemático, exato e falível, ou seja, não final e definitivo, pois deve ser verificável, isto é, submetido à experimentação para a comprovação de seus enunciados e hipóteses; procurar relações causais entre os fenômenos; valer-se da metodologia que, em última análise, determinará a própria possibilidade de experimentação.

É dessa maneira que podemos compreender as preocupações de Ogburn e Nimkoff (1971, p. 20-21), assim como de Caplow, ao discutirem até que ponto a Sociologia, como ciência, inserida no universo mais amplo das Ciências Sociais ou Humanas, aproxima-se das Físicas e Biológicas, em geral, também denominadas Exatas. Os primeiros dois autores, sem conceituar expressamente o que é uma ciência, afirmam que ela é reconhecida por três critérios: a confiabilidade de seu corpo de conhecimentos, sua organização e seu método. Não havendo dúvidas quanto às duas últimas características, pergunta-se até que ponto a primeira – conhecimento confiável – é inerente à Sociologia, em particular, e às Ciências Sociais ou Humanas, em geral.

Na realidade, essa discussão existe até hoje, mas perdeu um pouco de intensidade quando a separação baseada na "ação do observador sobre a coisa observada", que era nítida entre as Ciências Físicas e Biológicas e as Sociais, deixou de ser imperativa: o princípio de incerteza de Heisenberg leva ao domínio da Física Subatômica ou Quântica essa mesma ingerência, até então característica das Ciências Sociais ou Humanas. Para Caplow (1975, p. 4-5), "mesmo que os resultados obtidos pelas Ciências Físicas sejam, geralmente, mais precisos ou dignos de crédito do que os das Ciências Sociais, as exceções são numerosas. [...] A Química é, muitas vezes, menos precisa do que a Economia".

2.4 Natureza da ciência

A palavra *ciência* pode ser entendida em duas acepções: *lato sensu* tem simplesmente o significado de conhecimento; *stricto sensu* não se refere a um conhecimento qualquer, mas àquele que, além de apreender ou registrar fatos, os demonstra por suas causas constitutivas ou determinantes. Como não é possível à mente humana atingir o universo em sua abrangência infinita, a ciência não se apresenta una nem infinita, como seu próprio objeto também não o é. Assim, as próprias limitações de nossa mente exigem a fragmentação do real para que possamos atingir um de seus segmentos, resultando desse fato a pluralidade das ciências.

Tratando-se de analisar a natureza da ciência, por sua vez, podem ser explicitadas duas dimensões, na realidade, inseparáveis: a compreensiva (contextual ou de conteúdo) e a metodológica (operacional), abrangendo tanto aspectos lógicos quanto técnicos.

O aspecto lógico da ciência conceitua-se como método de raciocínio e de inferência sobre os fenômenos já conhecidos ou a serem investigados; em outras palavras, o aspecto lógico constitui-se em método para a construção de proposições e enunciados, objetivando a descrição, a interpretação, a explicação e a verificação mais precisas.

A logicidade da ciência manifesta-se por meio de procedimentos e operações intelectuais que: "(a) possibilitam a observação racional e controlam os fatos; (b) permitem a interpretação e a explicação adequadas dos fenômenos; (c) contribuem para a verificação dos fenômenos, positivados pela experimentação ou pela observação; (d) fundamentam os princípios da generalização ou o estabelecimento dos princípios e das leis" (TRUJILLO FERRARI, 1974, p. 9).

A ciência, portanto, constitui um conjunto de proposições e enunciados, hierarquicamente correlacionados, de maneira ascendente ou descendente, que vão gradativamente de fatos particulares para os gerais, e vice-versa (conexão ascendente = indução; conexão descendente = dedução), comprovados (com a certeza de serem fundamentados) pela pesquisa empírica (submetidos à verificação).

O aspecto técnico da ciência, por sua vez, caracteriza-se pelos processos de manipulação dos fenômenos que se pretende estudar, analisar, interpretar ou verificar, cuidando para que sejam medidos ou calculados com a maior precisão possível; registram-se as condições em que eles ocorrem, assim como sua frequência e persistência, procedendo-se a sua decomposição e recomposição, sua comparação com outros fenômenos, para detectar similitudes e diferenças e, finalmente, seu aproveitamento. Portanto, o aspecto técnico da ciência corresponde ao instrumento metodológico e ao arsenal técnico que indica a melhor maneira de se operar em cada caso específico.

2.5 Componentes da ciência

As ciências possuem:

a) **Objetivo ou finalidade:** preocupação em distinguir a característica comum ou as leis gerais que regem determinados eventos.
b) **Função:** aperfeiçoamento, por meio do crescente acervo de conhecimentos, da relação do homem com seu mundo.
c) **Objeto:** subdividido em:
   - Material: o que se pretende estudar, analisar, interpretar ou verificar, de modo geral.
   - Formal: o enfoque especial, em face das diversas ciências que possuem o mesmo objeto material.

3 CLASSIFICAÇÃO E DIVISÃO DA CIÊNCIA

A complexidade do universo e a diversidade de fenômenos que nele se manifestam, aliadas à necessidade do homem de estudá-los para entendê-los e explicá-los, levaram ao surgimento de diversos ramos de estudo e ciências específicas. Estas são classificadas de acordo com sua ordem de complexidade ou de acordo com seu conteúdo: objeto ou temas, diferenças de enunciados e metodologia empregada.

3.1 Classificação de Comte

Uma das primeiras classificações foi estabelecida por Augusto Comte. Para ele, as ciências, de acordo com a ordem crescente de complexidade, apresentam-se da seguinte forma: Matemática, Astronomia, Física, Química, Biologia, Sociologia e Moral. Outros autores utilizaram também o critério da complexidade crescente, originando classificações com pequenas diferenças em relação a Comte.

3.2 Variação da classificação de Comte

Alguns autores classificam as ciências segundo um critério misto, utilizando a complexidade crescente, de acordo com o conceito de Comte, aliada ao conteúdo (NÉRICI, 1978, p. 113):

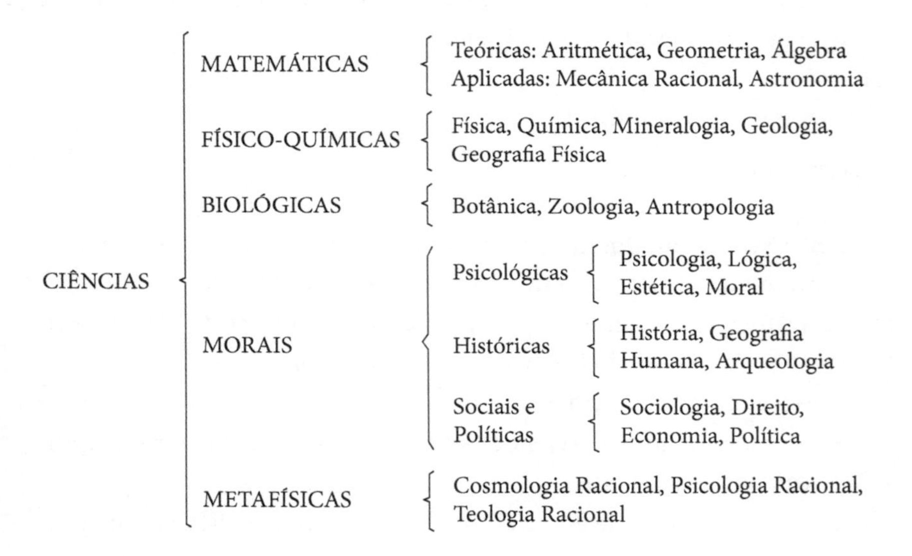

3.3 Classificação de Carnap

Quanto à classificação em relação ao conteúdo, podemos citar, inicialmente, a de Rudolf Carnap, que divide as ciências em:

a) **Formais:** contêm apenas enunciados analíticos, isto é, cuja verdade depende unicamente do significado de seus termos ou de sua estrutura lógica.

b) **Factuais:** além dos enunciados analíticos, contêm sobretudo os sintéticos, aqueles cuja verdade depende não só do significado de seus termos, mas, igualmente, dos fatos a que se referem.

3.4 Classificação de Bunge

Mario Bunge (1976, p. 41), partindo da mesma divisão em relação às ciências, apresenta a seguinte classificação:

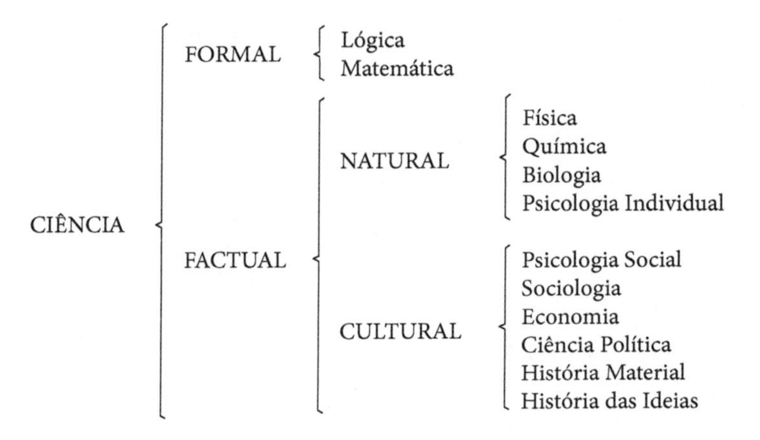

3.5 Classificação de Wundt

Wundt (*In*: PASTOR; QUILLES, 1952, p. 276) indica a classificação que se segue:

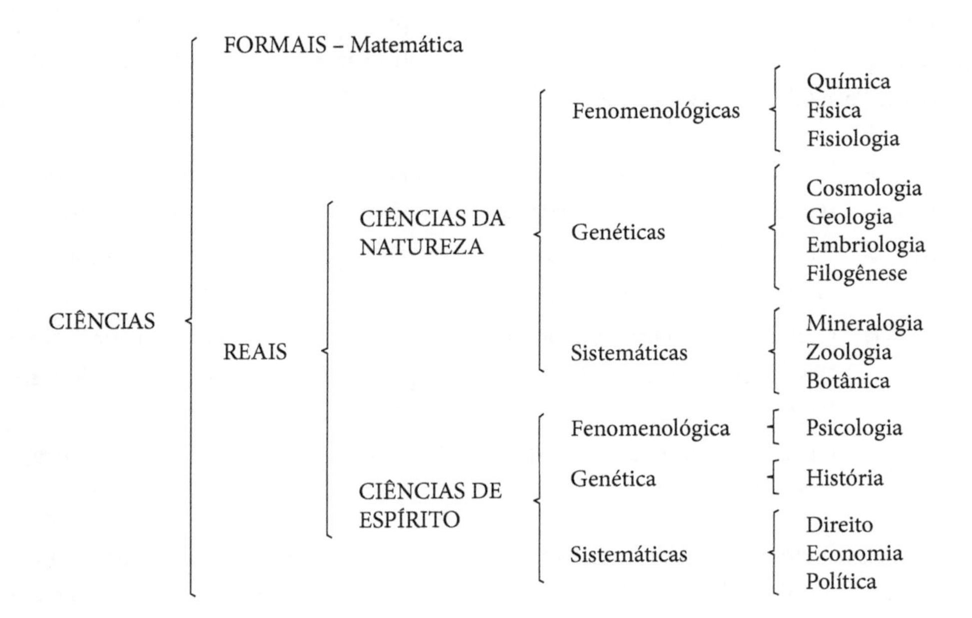

3.6 Classificação adotada

Nas classificações expostas, nota-se que não há consenso entre os autores, nem sequer quando se trata da diferença entre ciências e ramos de estudo: o que para alguns é ciência, para outros ainda permanece como ramo de estudo, e vice-versa.

Com base em Bunge, a classificação das ciências é a seguinte:

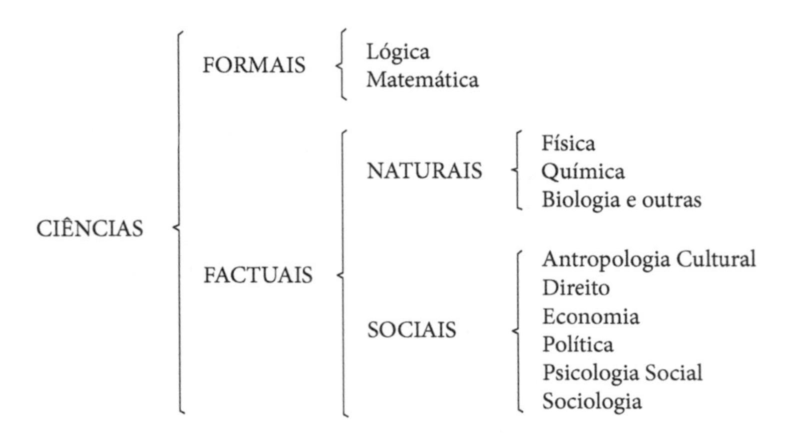

Como vimos, a classificação das ciências tem sido objeto de estudo de variados autores. O CNPq utiliza a expressão *áreas do conhecimento*, apresentando extensa lista delas com subdivisões (Disponível em: http://www.cnpq.br/documents/10157/186158/TabeladeAreasdoConhecimento.pdf. Acesso em: 6 jul. 2016). Para Chaui (1997, p. 260), a classificação de ciência hoje seria:

- Ciências Matemáticas ou Lógico-matemáticas: Aritmética, Geometria, Álgebra, Trigonometria, Lógica, Física Pura, Astronomia Pura.
- Ciências Naturais: Física, Química, Biologia, Geologia, Astronomia, Geografia Física, Paleontologia.
- Ciências Humanas ou Sociais: Psicologia, Sociologia, Antropologia, Geografia Humana, Economia, Linguística, Psicanálise, Arqueologia, História.
- Ciências Aplicadas: Direito, Engenharia, Medicina, Arquitetura, Informática.

Essas ciências subdividem-se em ramos específicos, com novas delimitações de objeto e de método de investigação. Por exemplo: a Biologia subdivide-se em: Botânica, Zoologia, Fisiologia, Genética; a Sociologia subdivide-se em: Sociologia da Educação, Sociologia Ambiental, Sociologia da Administração, Sociologia da Arte, Sociologia do Conhecimento etc.

4 CIÊNCIAS FORMAIS E CIÊNCIAS FACTUAIS

A primeira e fundamental diferença entre as ciências diz respeito às ciências formais (estudo das ideias) e às com algo encontrado na realidade, que não podem valer-se do contato com essa realidade para convalidar suas fórmulas. Por outro lado, a Física e a Sociologia, sendo ciências factuais, referem-se a fatos que supostamente ocorrem no mundo e, em consequência, recorrem à observação e à experimentação para comprovar (ou refutar) suas fórmulas (hipóteses).

A Lógica e a Matemática tratam de entes ideais, tanto abstratos quanto interpretados, existentes apenas na mente humana e, mesmo nela, em âmbito conceitual e não fisiológico. Em outras palavras, constroem seus próprios objetos de estudo, mesmo que, muitas vezes, o faça, por abstração de objetos reais (naturais ou sociais).

Segundo Bunge (1974a, p. 8-9), o conceito de número abstrato nasceu da coordenação de conjuntos de objetos materiais; todavia, os números não existem fora de nosso cérebro: podemos ver, encontrar, manusear, tocar três livros, três árvores, três carros, ou podemos imaginar três discos voadores, mas ninguém pode ver um simples três, em sua forma, composição, essência. Por exemplo, o sistema decimal, em matemática, é uma decorrência de os seres humanos possuírem dez dedos.

A divisão em ciências formais e factuais leva em consideração:

a) **O objeto ou tema das respectivas disciplinas:** as formais preocupam-se com enunciados, ao passo que as factuais tratam de objetos empíricos, de coisas e de processos.
b) **A diferença de espécie entre enunciados:** os enunciados formais consistem em relações entre símbolos e os factuais referem-se a entes extracientíficos, isto é, fenômenos e processos.
c) **O método pelo qual se comprovam os enunciados:** as ciências formais contentam-se com a lógica para demonstrar rigorosamente seus teoremas e as factuais necessitam da observação e/ou experimento. Dito de outra forma, as primeiras não empregam a experimentação

para a demonstração de seus teoremas, pois ela decorre da dedução; na matemática, por exemplo, "o conhecimento depende da coerência do enunciado dado com um sistema de ideias que foram admitidas previamente" (TRUJILLO FERRARI, 1974, p. 13); ao contrário, as ciências factuais devem, sempre que possível, procurar alterar deliberadamente os objetos, fenômenos ou processos, para verificar até que ponto suas hipóteses ajustam-se aos fatos.

d) **O grau de suficiência em relação ao conteúdo e método de prova:** as ciências formais são suficientes em relação a seus conteúdos e métodos de prova, enquanto as ciências factuais dependem do fato, no que diz respeito ao seu conteúdo ou significação, e do fato experimental, para sua convalidação. "Isto explica por que se pode conseguir verdade formal completa, enquanto a verdade factual se revela tão fugidia" (BUNGE, 1976, p. 39).

e) **O papel da coerência para se alcançar a verdade:** para Bunge (1974a, p. 11-13), se na matemática a verdade consiste "na coerência do enunciado dado com um sistema de ideias previamente admitido", essa verdade não é absoluta, mas relativa a esse sistema, de tal forma que, se uma proposição é válida em uma teoria, pode deixar de ser logicamente verdadeira em outra: por exemplo, no sistema aritmético empregado para contar as horas de um dia, a proposição $24 + 1 = 1$ é válida. Portanto, se os axiomas podem ser escolhidos à vontade, somente as conclusões (teoremas) terão que ser verdadeiras, e isto só se consegue respeitando a coerência lógica, ou seja, sem violar as leis do sistema de lógica que se determinou utilizar. Por sua vez, o que ocorre com as ciências factuais é totalmente diferente. Não empregando símbolos vazios (variáveis lógicas), mas apenas símbolos interpretados, a racionalidade, isto é, a "coerência com um sistema de ideias previamente admitido", é necessária, mas não suficiente, da mesma forma que a submissão a um sistema de lógica é também necessária, mas não garante, por si só, a obtenção da verdade. Além da racionalidade, exige-se que os enunciados sejam verificáveis pela experiência, quer indiretamente (hipóteses gerais), quer diretamente (consequências singulares das hipóteses). Somente depois que um enunciado (hipótese) passa pelas provas de verificação empírica é que poderá ser considerado adequado a seu objetivo, isto é, verdadeiro e, mesmo assim, a experiência não pode garantir que seja o único verdadeiro: "somente nos dirá que é *provavelmente* adequado, sem excluir, por isso, a probabilidade de que um estudo posterior possa dar melhores aproximações na reconstrução conceitual da parte de realidade escolhida" (BUNGE, 1974a, p. 14).

f) **O resultado alcançado:** as ciências formais demonstram ou provam; as factuais verificam (comprovam ou refutam) hipóteses que, em sua maioria, são provisórias. A demonstração é completa e final, ao passo que a verificação é incompleta e, por esse motivo, temporária.

5 CARACTERÍSTICAS DAS CIÊNCIAS FACTUAIS

Entre os autores que se ocuparam com a análise das características das ciências factuais, foi Mario Bunge (1974a, p. 15-39) quem lhe deu maior profundidade, em sua obra *La ciencia, su método y su filosofía*, que nos serve de orientação.

Assim, o conhecimento científico, no âmbito das ciências factuais, caracteriza-se por ser: racional, objetivo, factual, transcendente aos fatos, analítico, claro, preciso, comunicável, verificável, dependente de investigação metódica, sistemático, acumulativo, falível, geral, explicativo, preditivo, aberto e útil.

5.1 O conhecimento científico é racional

Entende-se por conhecimento racional aquele que:

a) É constituído por conceitos, juízos e raciocínios e não por sensações, imagens, modelos de conduta etc. É evidente que o cientista depende do conhecimento sensível, já que sente, percebe, forma imagens mentais de coisas, seres e fatos; entretanto, quando trabalha com o conhecimento racional, tanto o ponto de partida quanto o de chegada são ideias (hipóteses).

b) Permite que as ideias que o compõem possam combinar-se segundo um conjunto de regras lógicas, com a finalidade de produzir novas ideias (inferência dedutiva). Se, do ponto de vista estritamente lógico, essas ideias não são inteiramente novas, podem ser consideradas como tais, à medida que expressam conhecimentos sobre os quais não se tem consciência antes do momento em que se efetua a dedução.

c) Contém ideias que se organizam em sistemas, ou seja, conjunto ordenado de proposições (teorias) e não ideias simplesmente aglomeradas ao acaso, ou mesmo de forma cronológica.

5.2 O conhecimento científico é objetivo

O conhecimento científico é objetivo à medida que:

a) Procura concordar com seu objeto, isto é, buscar alcançar a verdade factual por intermédio dos meios de observação, investigação e experimentação existentes.
b) Verifica a adequação das ideias (hipóteses) aos fatos, recorrendo, para tal, à observação e à experimentação, atividades que são controláveis e, até certo ponto, reproduzíveis.

5.3 O conhecimento científico é factual

Considera-se conhecimento científico factual aquele que:

a) Parte dos fatos e sempre volta a eles. Para Cohen e Nagel (1971, v. 2, p. 36-38), a palavra *fato* denota pelo menos quatro significados distintos:
   - Às vezes, entendemos por fatos certos elementos que discernimos na percepção sensorial.

     Exemplos: "O laranja situa-se entre o amarelo e o vermelho"; "a coluna de mercúrio encontra-se na marca de 38° C".

   - Às vezes, fato denota a proposição que interpreta o dado ocorrido na experiência sensorial.

     Exemplos: "Isto é livro"; "este som é o badalar do sino da igreja"; "com 5° C, a temperatura da água é fria".

   - Outras vezes, fato denota uma proposição que afirma uma sucessão ou conjunção invariável de caracteres.

     Exemplos: "O ouro é maleável"; "a água ferve a 100 graus centígrados"; "o ácido acetilsalicílico é um analgésico".

   - Finalmente, fato denota coisas que existem no espaço e no tempo (assim como as relações entre elas), em virtude das quais uma proposição é verdadeira. A função de uma hipótese é chegar aos fatos neste quarto sentido.

Exemplo: "A convivência de indivíduos heterogêneos, durante muito tempo, no seio de uma comunidade, conduz à estratificação."

b) Capta ou recolhe os fatos, da mesma forma como se produzem ou se apresentam na natureza ou na sociedade, segundo quadros conceituais ou esquemas de referência. Dessa forma, segundo indica Trujillo Ferrari (1974, p. 14), o fato "lua", estudado pela Astronomia, será considerado como um satélite da Terra; analisado pela Antropologia Cultural, poderá ser caracterizado como uma divindade cultuada em uma cultura "primitiva".

c) Parte dos fatos, pode interferir neles, mas sempre retorna a eles. Durante o processo de conquista da realidade, nem sempre é possível (ou desejável) respeitar a integridade dos fatos: a interferência (nessa integridade) pode conduzir a dados significativos sobre as propriedades reais dos fatos.

   Exemplos: Na Física Nuclear, o cientista pode perturbar deliberadamente o comportamento do átomo, para melhor conhecer sua estrutura; o biólogo, com a finalidade de melhor entender a função de um órgão, pode modificar e até matar o organismo que está estudando; quando um antropólogo realiza pesquisas de campo em uma comunidade, sua presença pode provocar certas modificações. O importante é que essas interferências sejam claramente definidas e controláveis, ou seja, passíveis de avaliação com certo grau de exatidão, da mesma forma que devem ser objetivas e possibilitar ser entendidas em termos de lei. Se tal não ocorre, o desvio provocado pela interferência pode deturpar o fato estudado e induzir a um falso conhecimento da realidade.

d) Utiliza, como matéria-prima da ciência, *dados empíricos*, isto é, enunciados factuais confirmados, obtidos com a ajuda de teorias ou quadros conceituais, que realimentam a teoria.

5.4 O conhecimento científico é transcendente aos fatos

Diz-se que o conhecimento científico transcende os fatos quando:

a) Descarta fatos, produz novos fatos e os explica. Ao contrário do conhecimento vulgar ou popular, que apenas registra a aparência dos fatos e se atém a ela, limitando-se frequentemente a um fato isolado, sem esforçar-se em correlacioná-lo com outros ou explicá-lo, a investigação científica não se limita aos fatos observados: tem como função explicá-los, descobrir suas relações com outros fatos e expressar essas relações; em outras palavras, trata de conhecer a realidade além de suas aparências.

b) Seleciona os fatos considerados relevantes, controla-os e, sempre que possível, os reproduz. Pode, inclusive, criar coisas novas, como compostos químicos, novas variedades de vírus ou bactérias, de vegetais e até de animais.

c) Não se contenta em descrever as experiências, mas sintetiza-as e compara-as com o que já se conhece sobre outros fatos. Descobre, assim, suas correlações com outros níveis e estruturas da realidade, tratando de explicá-los por meio de hipóteses. A comprovação da veracidade das hipóteses as transforma em enunciados de leis gerais e sistemas de hipóteses (teoria).

d) Leva o conhecimento além dos fatos observados, inferindo o que pode haver por trás deles. Transcendendo a experiência imediata, a passagem do nível observacional ao teórico permite predizer a existência real de coisas e processos até então ocultos. Estes, por intermédio de instrumentos mais potentes (materiais ou conceptuais), podem vir a ser descobertos.

   Exemplos: A existência do átomo foi predita, muito antes de poder ser comprovada; em fins do século XIX, Mendeleiev faz a classificação periódica dos elementos químicos em ordem crescente de acordo com seu peso atômico, elaborando quadros que, em virtude de apresentarem lacunas, levaram a prever a existência de elementos até então desconhecidos (e mais tarde encontrados); a descoberta do planeta Netuno decorreu de cálculos matemáticos de perturbações nas órbitas dos planetas externos conhecidos.

5.5 O conhecimento científico é analítico

O conhecimento científico é considerado analítico em virtude de:

a) Ao abordar um fato, processo, situação ou fenômeno, decompor o todo em suas partes componentes (não necessariamente a menor parte que a divisão permite), com o propósito de descobrir os elementos constitutivos da totalidade, assim como as interligações que explicam sua integração em função do contexto global.

b) Serem parciais os problemas da ciência e, em consequência, também suas soluções, ou, de início, os problemas propostos são restritos, ou é necessário restringi-los, com a finalidade de análise.

c) O procedimento científico de "análise" conduzir à síntese. Se a investigação se inicia decompondo seus objetos com a finalidade de descobrir o mecanismo interno responsável pelos fenômenos observados, segue-se o exame da interdependência das partes e, numa etapa final, a síntese, isto é, a reconstrução do todo em termos de suas partes inter-relacionadas. Assim, se o processo de análise leva à decomposição do todo em seus elementos ou componentes, o de síntese procede à recomposição "das consequências aos princípios, do produto ao produtor, dos efeitos às causas ou, ainda, por simples correlacionamento" (TRUJILLO FERRARI, 1974, p. 15). O processo de análise e a subsequente síntese são "a única maneira conhecida de descobrir como se constituem, transformam e desaparecem determinados fenômenos, em seu 'todo'" (BUNGE, 1974a, p. 20). Por esse motivo, a ciência rechaça a síntese obtida sem a prévia realização da análise.

5.6 O conhecimento científico é claro e preciso

Diz-se que o conhecimento científico requer clareza e exatidão, pois:

a) Ao contrário do conhecimento vulgar ou popular, usualmente obscuro e pouco preciso, o cientista se esforça, ao máximo, para ser exato e claro; mesmo quando não o consegue, o fato de possuir métodos e técnicas que permitem a descoberta de erros faz com que possa tirar proveito também de suas eventuais falhas.

b) Os problemas, na ciência, devem ser formulados com clareza. O primeiro, mais importante e também mais difícil passo é distinguir quais são realmente os problemas; um problema mal formulado invalida os estudos, mesmo tendo-se utilizado todo um arsenal analítico ou experimental adequado.

c) O cientista, como ponto de partida, utiliza noções simples que, ao longo do estudo, ele complica, modifica e, eventualmente, repele. Essa transformação progressiva das noções simples ou correntes processa-se ao incluí-las em esquemas teóricos, possibilitando sua precisão; todavia, qualquer falha, ao longo do processo, pode tornar incompreensível o resultado final.

d) Para evitar ambiguidades na utilização dos conceitos, a ciência os define. Mantém assim a fidelidade dos termos ao longo do trabalho científico.
e) Ao criar uma linguagem artificial, inventando sinais (palavras, símbolos etc.), a eles atribui significados determinados por intermédio de regras de designação.

Exemplos: No contexto da Química, "H" designa o elemento de peso atômico unitário; em Antropologia Cultural, Δ indica homem e O, mulher.

5.7 O conhecimento científico é comunicável

O conhecimento científico é comunicável à medida que:

a) Sua linguagem informa a todos os seres humanos que tenham sido instruídos para entendê-la. A maneira de expressar-se deve ser, principalmente, informativa e não expressiva ou imperativa.
b) É formulado de tal forma que outros investigadores possam verificar seus dados e hipóteses. Em razão direta da quantidade de investigadores independentes que tomam conhecimento das hipóteses e técnicas, multiplicam-se as possibilidades de confirmação ou refutação delas.
c) É considerado como propriedade de toda a humanidade, pois a divulgação do conhecimento é mola propulsora do progresso da ciência.

5.8 O conhecimento científico é verificável

O conhecimento científico é considerado verificável em virtude de:

a) Ser aceito como válido, quando passa pela prova da experiência (ciências factuais) ou da demonstração (ciências formais). É a comprovação que o torna válido, pois, enquanto não são comprovadas as hipóteses, deduzidas da investigação ou do sistema de ideias existentes – teorias –, tendo em vista a inferência dedutiva, não podem ser consideradas científicas.

b) O teste das hipóteses factuais ser empírico, isto é, observacional ou experimental. A experimentação, inclusive, vai além da observação, em virtude de efetuar mudanças e não apenas limitar-se a registrar variações: isola as variáveis manifestas e pertinentes. Entretanto, nem todas as ciências factuais possibilitam o experimento: alguns campos da Astronomia ou da Economia alcançam grande exatidão sem a ajuda da comprovação experimental. Portanto, ser objetivo ou empírico, isto é, a comprovação de suas formulações envolver a experimentação, não significa que toda ciência factual seja necessariamente experimental.
c) Uma das regras do método científico ser o preceito de que as hipóteses científicas devem ser aprovadas ou refutadas mediante a prova da experiência. Entretanto, sua aplicação depende do tipo de objeto, do tipo da formulação da hipótese e dos meios de experimentação disponíveis. É por esse motivo que as ciências requerem grande variedade de técnicas de verificação empírica. A verificabilidade consiste na essência do conhecimento científico, pois, se assim não fosse, não se poderia afirmar que os cientistas buscam obter conhecimento objetivo.

5.9 O conhecimento científico é dependente de investigação metódica

Diz-se que o conhecimento científico depende de investigação metódica, visto que ele:

a) É planejado, pois o cientista não age ao acaso; ele planeja seu trabalho, sabe o que procura e como deve proceder para encontrar o que almeja. Esse planejamento não exclui totalmente o imprevisto ou o acaso; entretanto, prevendo sua possibilidade, o cientista trata de aproveitar a interferência do acaso, quando este ocorre ou é deliberadamente provocado, com a finalidade de submetê-lo a controle.
b) Baseia-se em conhecimento anterior, particularmente em hipóteses já confirmadas, em leis e princípios já estabelecidos. Dessa forma, o conhecimento científico não resulta das investigações isoladas de um cientista, mas do trabalho de inúmeros investigadores.
c) Obedece a um método preestabelecido, que determina, no processo de investigação, a aplicação de normas e técnicas, em etapas claramente definidas. Essas normas e técnicas podem ser continuamente

aperfeiçoadas. Entretanto, o método científico não dispõe de receitas infalíveis para encontrar a verdade: contém apenas um conjunto de prescrições, de um lado, falíveis e, de outro, suscetíveis de aperfeiçoamento, para o planejamento de observações e experimentos, para a interpretação de seus resultados, assim como para a definição do próprio problema da investigação. Finalmente, as ciências factuais não se distinguem entre si unicamente pelo objeto de sua investigação, mas também pelos métodos específicos que utilizam.

5.10 O conhecimento científico é sistemático

O conhecimento científico é sistemático porque:

a) É constituído por um sistema de ideias, logicamente correlacionadas. Todo sistema de ideias, caracterizado por um conjunto básico de hipóteses particulares comprovadas, ou princípios fundamentais, que procura adequar-se a uma classe de fatos, constitui uma teoria; dessa forma, toda ciência possui seu próprio grupo de teorias.
b) O inter-relacionamento das ideias, que compõem o corpo de uma teoria, pode qualificar-se de orgânico. A substituição de qualquer das hipóteses básicas produz transformação radical na teoria.
c) Contém: "(1) *sistemas de referência*, que são modelos fundamentais de definições construídas sobre a base de conceitos e que se inter-relacionam de modo ordenado e completo, seguindo uma diretriz lógica; (2) *teorias e hipóteses*; (3) *fontes de informações*; (4) *quadros que explicam as propriedades relacionais*. É através destes modelos ou paradigmas que os fatos são captados ou apreendidos de modo sistemático, visando a um objetivo definido" (TRUJILLO FERRARI, 1974, p. 15). O fundamento de uma teoria não é um conjunto de fatos, mas um conjunto de princípios ou de hipóteses com certo grau de generalidade.

5.11 O conhecimento científico é acumulativo

O conhecimento científico caracteriza-se por ser acumulativo à medida que:

a) Seu desenvolvimento é uma consequência de um contínuo selecionar de conhecimentos significativos e operacionais que permitem a instrumentação funcional de seu corpo teórico. Aos conhecimentos antigos somam-se novos, de forma seletiva, incorporando conjuntos de hipóteses comprovadas à teoria ou teorias existentes.

b) Novos conhecimentos podem substituir os antigos, quando estes se revelam disfuncionais ou ultrapassados. Muitas vezes, as mudanças são provocadas pelo descobrimento de novos fatos, que se apresentam de duas formas: não abrangidas pelas teorias anteriores, o que leva a sua reformulação, ou decorrentes do processo de comprovação dessas teorias, tornada possível pelo aperfeiçoamento ou invenção de novas técnicas de experimentação ou observação.
c) O aparecimento de novos conhecimentos em seu processo de adição aos já existentes pode ter como resultado a criação ou apreensão de novas situações, condições ou realidades.

5.12 O conhecimento científico é falível

O conhecimento científico é considerado falível, pois:

a) Não é definitivo, absoluto ou final. O próprio progresso da ciência descortina novos horizontes, induz a novas indagações, sugere novas hipóteses derivadas da própria combinação das ideias existentes (inferência dedutiva).
b) A própria racionalidade da ciência permite que, além da acumulação gradual de resultados, o progresso científico também se efetue por revoluções. As revoluções científicas não são decorrentes do descobrimento de novos fatos isolados, nem do aperfeiçoamento dos instrumentos, métodos e técnicas, que ampliam a exatidão das observações, mas da substituição de hipóteses de grande alcance (princípios) por novos axiomas, ou de teorias inteiras por outros sistemas teóricos.

5.13 O conhecimento científico é geral

Considera-se que o conhecimento científico é geral em decorrência de:

a) Situar os fatos singulares em modelos gerais, e os enunciados particulares em esquemas amplos. Portanto, inexiste ciência do particular: o objeto individual ou evento particular é estudado à medida que pertence a tipos, espécies ou classes.

b) Procurar, na variedade e unicidade, a uniformidade e a generalidade. O cientista procura descobrir o fator ou fatores que compartilham todos os singulares; intenta expor a natureza essencial das coisas (naturais ou humanas), ou procura descobrir os traços comuns existentes nessas coisas (ou indivíduos), que, sob outros aspectos, são únicos, e as relações constantes entre elas (leis).
c) A descoberta de leis ou princípios gerais permitir a elaboração de modelos ou sistemas mais amplos que governam o conhecimento científico. Esse aspecto de generalidade da linguagem da ciência não tem o propósito de distanciá-la da realidade concreta; ao contrário, a generalização é o único meio que se conhece para penetrar no concreto, para captar a essência das coisas (suas qualidades e leis fundamentais). O conhecimento científico insere os fatos singulares em normas gerais, denominadas leis naturais ou leis sociais; uma vez que se apossa dessas leis, aplica-as na busca de outras.

5.14 O conhecimento científico é explicativo

O conhecimento científico é explicativo em virtude de:

a) Ter como finalidade explicar os fatos em termos de leis e as leis em termos de princípios. Os cientistas não se limitam a descrever os fatos com detalhes, mas procuram encontrar suas causas, suas relações internas, da mesma forma que suas relações com outros fatos. A ciência deduz proposições relativas a fatos singulares com base em leis gerais e deduz essas leis de enunciados nomológicos ainda mais gerais (princípios ou leis teóricas) (BUNGE, 1974a, p. 32).
b) Além de inquirir como são as coisas, intenta responder ao porquê. No passado, acreditava-se que explicar cientificamente era expor a causa dos fatos; hoje, reconhece-se que a explicação causal é apenas um dos tipos de explicação científica. Como esta se efetua sempre em termos de leis e as leis causais são apenas uma subclasse das leis científicas, segue-se que há diversos tipos de leis científicas e, em consequência, uma variedade de tipos de explicação científica e, em consequência, uma variedade de tipos de explicação científica: morfológicas (referentes às formas); cinemáticas (concernentes ao movimento, sem se referir às forças que o produzem ou às massas dos corpos em movimento);

dinâmicas (relativamente ao movimento das forças que o produzem); nomológicas (referentes às leis que presidem os fenômenos); teleológicas (relativos à finalidade); dialéticas; de associação; de composição; de conservação; de tendências globais etc.

c) Apresentar as seguintes características, típicas da explicação:
   - Aspecto pragmático: consiste em responder às indagações de por quê? (Por que *q*?).
   - Aspecto semântico: diz respeito a fórmulas, que podem ou não se referir a fatos ou estruturas.
   - Aspecto sintático: consiste numa argumentação lógica, com proposições gerais e particulares.
   - Aspecto ontológico: explicar um fato expresso por um *explicandum*, isto é, inserir esse fato em um esquema nomológico (nomologia = estudo das leis que presidem os fenômenos naturais), expresso pela ou pelas leis ou regras implicadas no *explicans*, ou seja, localizar o fato (ou o fenômeno, ou a sentença que descreve o fenômeno a ser explicado, isto é, o *explicandum*) em um sistema de entidades inter-relacionadas por leis (ou classes de sentenças aduzidas para dar conta do fato ou fenômeno *explicans*), por meio de um processo dedutivo, partindo, portanto, do *explicans*.
   - Aspecto epistemológico: a explicação processa-se ao inverso da dedução; o elemento inicial da explicação é o *explicandum*, e o que deve ser encontrado são as partes do *explicans*:

ASPECTO ONTOLÓGICO			ASPECTO EPISTEMOLÓGICO
	Explicans (aquilo que se procura – desconhecido)		
Responde à questão "Por que ***q***?"	↓ dedução ↓	↑ formulação de hipóteses ↑	(Responde à questão "Que razões existem para aceitar ***q***?")
	Explicandum	(fato conhecido – ***q***)	

   - Aspecto genético: consiste na capacidade de produzir hipóteses e sistemas de hipóteses e deriva do aspecto epistemológico: a resposta às indagações "por que *q*?" e "que razões existem para aceitar *q*?"

(sendo q o *explicandum*) leva à explicitação de fórmulas mais gerais e com conceitos mais abstratos (de nível mais elevado), visto que o *explicans* tem de ser logicamente mais amplo que o *explicandum*.

- Aspecto psicológico: considera a explicação como fonte de compreensão (BUNGE, 1976, p. 565-566).

5.15 O conhecimento científico é preditivo

Diz-se que o conhecimento científico pode fazer predições porque:

a) Baseando-se na investigação dos fatos, assim como no acúmulo das experiências, atua no plano do previsível. Portanto, tem a função de prognosticar, tanto em relação ao futuro, quanto ao passado (retrodizer). A predição científica é, em primeiro lugar, eficaz se puser à prova as hipóteses, e, em segundo, a possibilidade de exercer controle, ou modificar o curso dos acontecimentos.

b) Fundamentando-se em leis já estabelecidas e em informações fidedignas sobre o estado ou o relacionamento das coisas, seres ou fenômenos, pode, pela indução probabilística, prever ocorrências e calcular, inclusive, a margem de erro com que ocorre o fenômeno. A predição científica, entretanto, não é infalível: depende de leis e informações. Se estas forem imperfeitas, a predição pode falhar e, nesse caso, deve-se proceder à correção das informações e até mesmo das leis. Uma segunda possibilidade de falha das predições deve-se a erros cometidos no processo de inferência lógica que conduz das premissas (leis ou informações) à conclusão (enunciado preditivo) (BUNGE, 1974a, p. 34). Outro tipo de falha de predição ocorre quando se erra no conjunto de suposições sobre a natureza do objeto (quer seja um sistema físico ou organismo vivo, quer um grupo social) cujo comportamento se tenta prever. Por exemplo, quando se acredita que o sistema está suficientemente isolado de perturbações externas e, na realidade, tal não acontece; como o isolamento é condição necessária para a descrição do sistema (com a ajuda de enunciados e leis), é difícil predizer o comportamento de sistemas abertos, como acontece com o homem e os grupos que forma.

5.16 O conhecimento científico é aberto

O conhecimento científico é considerado aberto, pois:

a) Não conhece barreiras que, *a priori*, limitem o conhecimento. A ciência não dispõe de axiomas evidentes: até os princípios mais gerais e "seguros" constituem postulados que podem ser mudados ou corrigidos.
b) A ciência não é um sistema dogmático e cerrado, mas controvertido e aberto. Constitui um sistema aberto porque é falível e, em consequência, capaz de progredir; quando surge uma nova situação, em que as leis existentes se revelam inadequadas, a ciência propõe-se realizar novas investigações, cujos resultados induzirão à correção, ou até a total substituição das leis incompatíveis.
c) Dependendo dos instrumentos de investigação disponíveis e dos conhecimentos acumulados, está ligado até certo ponto às circunstâncias de sua época. A aplicação de novos instrumentos e técnicas pode aprofundar as investigações, ao passo que o meio natural ou social pode sofrer modificações significativas. Dessa maneira, podem-se considerar os sistemas de conhecimento como organismos vivos, que crescem e se modificam, assegurando o progresso da ciência.

5.17 O conhecimento científico é útil

Considera-se o conhecimento científico útil em decorrência de:

a) Sua objetividade, pois, na busca da verdade, cria ferramentas de observação e experimentação que lhe conferem um conhecimento adequado das coisas. Esse conhecimento sobre as coisas permite manipulá-las com êxito.
b) Manter a ciência conexão com a tecnologia: todo avanço tecnológico suscita problemas científicos, cuja solução pode consistir na invenção tanto de novas teorias quanto de novas técnicas de investigação, com a finalidade de alcançar um conhecimento mais adequado e/ou melhor domínio do assunto. Sob esse aspecto, mesmo sem ter como objetivo resultados aplicáveis, estes podem ser atingidos a curto ou longo prazo. Assim, a ciência e a tecnologia constituem um ciclo de sistemas interatuantes, retroalimentando-se: o cientista torna inteligível o que faz o técnico, e este, por sua vez, oferece à ciência instrumentos e comprovações, assim como indagações.

LEITURA RECOMENDADA

BARBOSA FILHO, Manuel. *Introdução à pesquisa*: métodos, técnicas e instrumentos. 2. ed. Rio de Janeiro: Livros Técnicos e Científicos, 1980. Primeira Parte. Caps. 1 e 2.

CERVO, Amado Luiz; BERVIAN, Pedro Alcino; SILVA, Roberto da. *Metodologia científica*. 6. ed. São Paulo: Pearson, 2014. Cap. 1.

HIRANO, Sedi (org.). *Pesquisa social*: projeto e planejamento. São Paulo: T. A. Queiroz, 1979. Primeira Parte. Cap. 1.

KÖCHE, José Carlos. *Fundamentos de metodologia científica*: teoria da ciência e iniciação à pesquisa. 34. ed. Petrópolis: Vozes, 2015. Caps. 1 e 2.

MORGENBESSER, Sidney (org.). *Filosofia da ciência*. Tradução de Leonidas Hegenberg e Octanny Silveira da Mota. 3. ed. São Paulo: Cultrix, 1979. Cap. 1.

NASCIMENTO, Francisco Paulo do; SOUSA, Flávio Luís Leite. *Metodologia da pesquisa científica*: teoria e prática. Brasília: Thesaurus, 2015. Caps. 2 e 3.

RUIZ, João Álvaro. *Metodologia científica*: guia para eficiência nos estudos. São Paulo: Atlas, 1979. Caps. 4, 5 e 6.

SANTOS, Boaventura de Sousa. *Um discurso sobre as ciências*. 7. ed. São Paulo: Cortez, 2013.

SANTOS, Izequias Estevam dos. *Manual de métodos e técnicas de pesquisa científica*. 12. ed. Niterói: Impetus, 2016. Cap. 2.

2
Métodos científicos

1 CONCEITO DE MÉTODO

Todas as ciências caracterizam-se pela utilização de métodos científicos. Todavia, nem todos os ramos de estudo que empregam métodos científicos são ciências. Dessas afirmações, podemos concluir que a utilização de métodos científicos não é da alçada exclusiva da ciência, mas **não há ciência sem o emprego de métodos científicos.**

Entre os vários conceitos de método podemos citar:

- Método é o "caminho pelo qual se chega a determinado resultado, ainda que esse caminho não tenha sido fixado de antemão de modo refletido e deliberado" (HEGENBERG, 1976, v. 2, p. 115).
- "Método é uma forma de selecionar técnicas, forma de avaliar alternativas para a ação científica... Assim, enquanto as técnicas utilizadas por um cientista são fruto de suas *decisões*, o modo pelo qual tais decisões são tomadas depende de suas *regras* de decisão. Métodos são regras de escolha; técnicas são as próprias escolhas" (ACKOFF *In*: HEGENBERG, 1976, v. 2, p. 116).
- "Método é a forma de proceder ao longo de um caminho. Na ciência os métodos constituem os instrumentos básicos que ordenam de início o pensamento em sistemas, traçam de modo ordenado a forma de proceder do cientista ao longo de um percurso para alcançar um objetivo" (TRUJILLO FERRARI, 1974, p. 24).

- "Método é a ordem que se deve impor aos diferentes processos necessários para atingir um fim dado [...] é o caminho a seguir para chegar à verdade nas ciências" (JOLIVET, 1979, p. 71).
- "Em seu sentido mais geral, o método é a ordem que se deve impor aos diferentes processos necessários para atingir um certo fim dado ou um resultado desejado. Nas ciências, entende-se por método o conjunto de processos empregado na investigação e na demonstração da verdade" (CERVO; BERVIAN; SILVA, 2014, p. 27).
- "Método é um procedimento regular, explícito e passível de ser repetido para conseguir-se alguma coisa, seja material ou conceitual" (BUNGE, 1980, p. 19).
- Método científico é "um conjunto de procedimentos por intermédio dos quais (a) se propõem problemas científicos e (b) colocam-se à prova hipóteses científicas" (BUNGE, 1974a, p. 55).
- "A característica distintiva do método é ajudar a compreender, no sentido mais amplo, não os resultados da investigação científica, mas o próprio processo de investigação" (KAPLAN *In*: GRAWITZ, 1975, v. 1, p. 18).

O primeiro conceito destaca que o método, mesmo que não prefixado, é um fator de segurança e economia para a consecução do objetivo, sem descartar a inteligência e o talento. Esses aspectos têm de estar presentes ao lado da sistematização no agir.

O segundo e o terceiro conceitos tendem a enfatizar que as regras (que obtêm êxito) discerníveis na prática científica não são cânones intocáveis: não garantem a obtenção da verdade, mas facilitam a detecção de erros, sendo fruto de decisões tomadas de forma sistemática para ordenar a atividade científica. Quando, na quarta definição, Jolivet afirma que método é o caminho a seguir para chegar à verdade nas ciências, coloca o caminho traçado pelas decisões do cientista como condição necessária, mas não suficiente, para atingir a verdade. Em outras palavras, sem ordem na atividade científica, não se chega à verdade; mas a ordem, por si só, não é suficiente.

Na sexta definição, Bunge introduz o conceito de repetição dos procedimentos científicos que conduzem a um objetivo para, na sétima, afirmar que o método facilita a apresentação de problemas científicos e a comprovação de hipóteses. Estas, como veremos no Capítulo 4, são supostas, prováveis e provisórias respostas para os problemas e, para serem incorporadas ao todo do conhecimento científico, devem ser comprovadas. Essa comprovação, por sua vez, não pode ser singular: outros cientistas, repetindo os mesmos procedimentos, precisam chegar à mesma verdade.

Finalmente, no último conceito, Kaplan indica que o método deve permitir, a todos os cientistas, retraçar os procedimentos daquele que alcança um resultado válido, permitindo a compreensão do caminho seguido no processo de investigação.

Resumindo, diríamos que a finalidade da atividade científica é a obtenção da verdade, por intermédio da comprovação de hipóteses, que, por sua vez, são pontes entre a observação da realidade e a teoria científica, que explica a realidade. O método é o conjunto das atividades sistemáticas e racionais que, com maior segurança e economia, permite alcançar conhecimentos válidos e verdadeiros, traçando o caminho a ser seguido, detectando erros e auxiliando o cientista em suas decisões.

2 DESENVOLVIMENTO HISTÓRICO DO MÉTODO

A preocupação em descobrir e explicar a natureza vem desde os primórdios da humanidade, quando as duas principais questões se referiam às forças da natureza, a cuja mercê viviam os homens, e à morte. O conhecimento mítico voltou-se à explicação desses fenômenos, atribuindo-os a entidades sobrenaturais. A verdade era impregnada de noções supra-humanas e a explicação fundamentava-se em motivações humanas, atribuídas a forças e potências sobrenaturais. Como, para a explicação dos fenômenos da natureza e do caráter transcendental da morte, fundamentava-se no conhecimento religioso, a verdade, baseada em revelações da divindade, revestiu-se de caráter dogmático. Com esse tipo de conhecimento, tentava-se explicar os acontecimentos por meio de causas primeiras: os deuses; o acesso dos homens ao conhecimento derivava da inspiração divina. O caráter sagrado das leis, da verdade, do conhecimento, como explicações sobre o homem e o universo, determina uma aceitação sem crítica de tais conhecimentos, deslocando o foco das atenções para a explicação da natureza da divindade.

O conhecimento filosófico, por seu lado, ocupa-se da investigação racional, objetivando captar a essência imutável do real, pela compreensão da forma e das leis da natureza.

O senso comum, aliado à explicação religiosa e ao conhecimento filosófico, orientou as preocupações do homem com o universo. Somente no século XVI é que se iniciou uma linha de pensamento que propunha encontrar um conhecimento embasado em maiores garantias, na procura do real. Já não se buscavam as causas absolutas ou a natureza íntima das coisas, mas compreender as relações entre elas, assim como a explicação dos acontecimentos, mediante a observação científica, aliada ao raciocínio.

2.1 Método de Galileu Galilei

Da mesma forma que o conhecimento se desenvolveu, o método, sistematização das atividades, também sofreu transformações. O pioneiro a tratar do assunto, no âmbito do conhecimento científico, foi Galileu, primeiro teórico do método experimental. Discordando dos seguidores de Aristóteles, considera que o conhecimento da essência das substâncias individuais deve ser substituído, como objetivo das investigações, pelo conhecimento da lei que preside os fenômenos. As ciências, para Galileu, não têm como principal foco de preocupação a qualidade, mas as relações quantitativas. Seu método pode ser descrito como *indução experimental*, que leva a uma lei geral, por intermédio da observação de certo número de casos particulares.

Os principais passos de seu método podem ser assim expostos:

a) Observação dos fenômenos.
b) Análise dos elementos constitutivos desses fenômenos, com a finalidade de estabelecer relações quantitativas entre eles.
c) Indução de certo número de hipóteses, tendo por fundamento a análise da relação desses elementos constitutivos dos fenômenos.
d) Verificação das hipóteses aventadas por intermédio de experiências (experimento).
e) Generalização do resultado das experiências para casos similares.
f) Confirmação das hipóteses, obtendo-se, com base nela, leis gerais.
g) Estabelecimento de leis gerais.

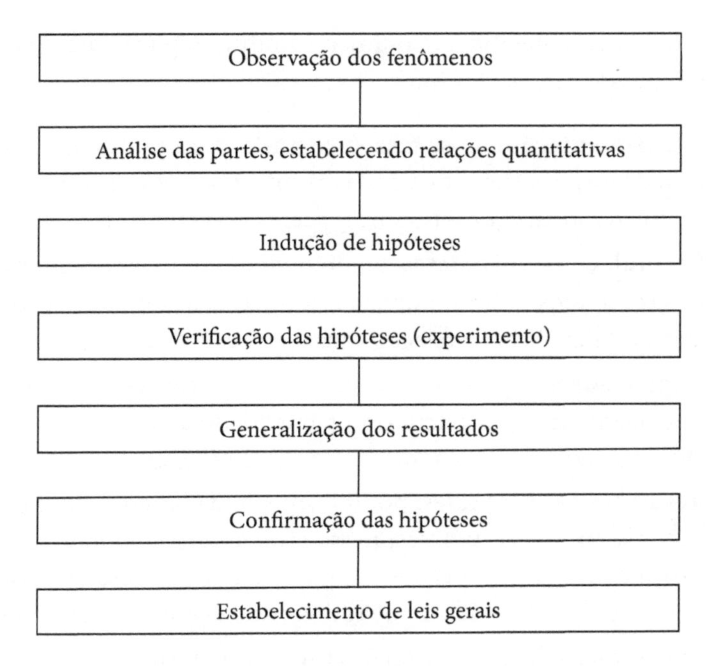

Newton, nascido no ano em que morreu Galileu, em sua obra *Principia*, utiliza, ao lado de procedimentos dedutivos, o indutivismo proposto por Galileu: a lei da gravitação, uma das premissas fundamentais de seu livro, é obtida indutivamente, com base nas leis de Kepler. Portanto, apoiado na observação de fatos particulares, chega-se, por indução, ao estabelecimento de uma lei geral e, depois, por processos dedutivos, outros fatos particulares são inferidos, com base na lei geral.

2.2 Método de Francis Bacon

Contemporâneo de Galileu, Francis Bacon, em sua obra *Novum organum*, critica também Aristóteles, por considerar que o processo de abstração e o silogismo (dedução formal: com base em duas proposições, denominadas premissas, retira-se uma terceira, nelas logicamente implicada, chamada conclusão) não propiciam um conhecimento completo do universo. Também se opõe ao emprego da indução completa por simples enumeração (ver seção 3.3, letra *a*, deste capítulo). Assinala serem essenciais a observação e a experimentação dos fenômenos, pois somente esta última pode confirmar a verdade: uma autêntica demonstração sobre o que é verdadeiro ou falso somente é proporcionada pela experimentação. Quanto ao conhecimento religioso, este assinala em que se deve crer, mas não faculta a compreensão da natureza das coisas em que se crê; a razão do conhecimento filosófico, por seu lado, não tem condições de distinguir o verdadeiro do falso.

O conhecimento científico é o único caminho seguro para a verdade dos fatos; os seus passos são os seguintes:

a) **Experimentação:** nessa fase, o cientista, para poder observar e registrar, de forma sistemática, todas as informações que tem possibilidade de coletar, realiza experimentos acerca do problema.
b) **Formulação de hipóteses:** tendo por base os experimentos e a análise dos resultados obtidos por seu intermédio, as hipóteses procuram explicitar (e explicar) a relação causal entre os fatos.
c) **Repetição:** os experimentos devem ser repetidos em outros lugares ou por outros cientistas, tendo por finalidade acumular dados que, por sua vez, servirão para a formulação de hipóteses.
d) **Testagem das hipóteses:** por intermédio da repetição dos experimentos, testam-se as hipóteses; nessa fase, procura-se obter novos dados, assim como evidências que o confirmem, pois o grau de confirmação das hipóteses depende da quantidade de evidências favoráveis.
e) **Formulação de generalizações e leis:** o cientista, desde que tenha percorrido todas as fases anteriores, formula a lei ou as leis que descobriu, fundamentado nas evidências que obteve, e generaliza suas explicações para todos os fenômenos da mesma espécie.

De forma esquemática, temos:

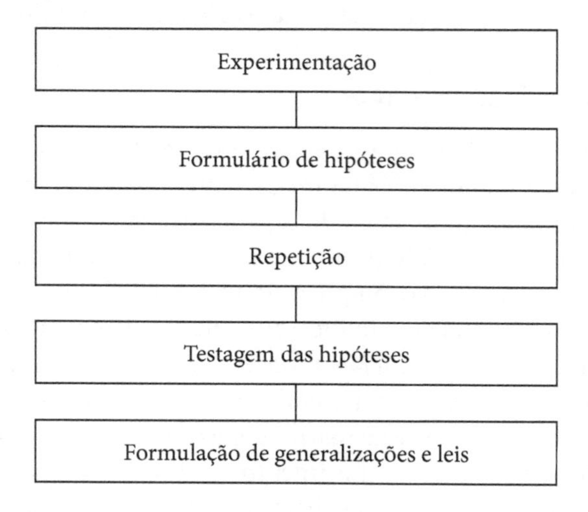

Segundo Lahr (*In*: CERVO; BERVIAN; SILVA, 2014, p. 40), as regras que Bacon sugeriu para a experimentação podem ser assim sintetizadas:

a) **Alargar a experiência:** pouco a pouco, aumentar, tanto quanto possível, a intensidade do que se supõe ser a causa, com a finalidade de observar se a intensidade do fenômeno, que é o efeito, cresce na mesma proporção.
b) **Variar a experiência:** aplicar a diferentes objetos (fatos, fenômenos) a mesma causa.
c) **Inverter a experiência:** consiste em aplicar a causa contrária para verificar se o efeito contrário se produz.
d) **Recorrer aos casos da experiência:** verificar "o que se pode pescar" no conjunto das experiências.

O tipo de experimentação proposto por Bacon é denominado coincidências constantes. Parte da constatação de que o aparecimento de um fenômeno tem uma causa necessária e suficiente, isto é, com a presença da causa, ocorrerá sempre o fenômeno; na ausência dele, nunca se produzirá o fenômeno. Por esse motivo, o antecedente causal de um fenômeno está unido a ele por intermédio de uma relação de sucessão, constante e invariável. Discernir o antecedente que está unido ao fenômeno é determinar experimentalmente sua causa ou lei. Dessa forma, o método das coincidências constantes postula: aparecendo a causa, dá-se o fenômeno; retirando-se a causa, o efeito não ocorre; variando-se a causa, o efeito altera-se. Com a finalidade de anotar corretamente as fases da experimentação, Bacon sugere manter três tábuas:

a) **Tábua de presença:** em que se anotam todas as circunstâncias em que se produz o fenômeno cuja causa se procura.
b) **Tábua de ausência:** em que se anotam todos os casos em que o fenômeno não se produz. Deve-se tomar o cuidado de anotar também tanto os casos antecedentes quanto os ausentes.
c) **Tábua dos graus:** na qual se anotam todos os casos em que o fenômeno varia de intensidade, assim como todos os antecedentes que variam com ele.

2.3 Método de Descartes

Ao lado de Galileu e Bacon, no século XVII surge Descartes. Com sua obra, *Discurso sobre o método* (1637), afasta-se dos processos indutivos e valoriza o método dedutivo. Para ele, é por intermédio da razão que se chega à certeza; a razão é o princípio absoluto do conhecimento humano. Postula quatro regras:

a) **A da evidência:** "não acolher jamais como verdadeira uma coisa que não se reconheça evidentemente como tal, isto é, evitar a precipitação e o preconceito e não incluir juízos, senão aquilo que se apresenta com tal clareza ao espírito que torne impossível a dúvida".
b) **A da análise:** "dividir cada uma das dificuldades em tantas partes quantas necessárias para melhor resolvê-las".
c) **A da síntese:** "conduzir ordenadamente os pensamentos, principiando com os objetos mais simples e mais fáceis de conhecer, para subir, em seguida, pouco a pouco, até o conhecimento dos objetos que não se disponham, de forma natural, em sequências de complexidade crescente".
d) **A da enumeração:** "realizar sempre enumerações tão cuidadas e revisões tão gerais que se possa ter certeza de nada haver omitido" (HEGENBERG, 1976, v. 2, p. 117-118).

Uma explicação complementar sobre análise e síntese auxilia a compreensão do método em geral.

Análise: pode ser compreendida como o processo que permite a decomposição do todo em suas partes constitutivas, indo sempre do mais para o menos complexo.

Síntese: é entendida como o processo que leva à reconstituição do todo, previamente decomposto pela análise. Dessa maneira, vai sempre do que é mais simples para o menos simples ou complexo.

A análise e a síntese podem operar, no âmbito das ciências factuais, sobre fatos, coisas ou seres concretos, sejam eles materiais ou espirituais, ou sobre ideias mais ou menos abstratas ou gerais, como nas ciências formais ou na filosofia. O que nos interessa é a primeira, denominada *análise e síntese experimental*, que pode atuar de dois modos:

a) Por intermédio de uma separação real e, quando possível, por meio da reunião das partes (nas substâncias materiais). Ela é aplicada nas ciências naturais e sociais.
b) Por meio de separação e de reconstrução mentais, quando se trata de substâncias ou de fenômenos suprassensíveis. É empregada nas ciências psicológicas.

Marinho ([196-], p. 99-100) indica as seguintes regras a serem seguidas pela análise e pela síntese, a fim de que os processos tenham valor científico:

a) A análise deve penetrar, tanto quanto possível, até os elementos mais simples e irredutíveis, ao passo que a síntese deve partir dos elementos separados pela análise, para reconstituir o todo, sem omitir nenhum deles.
b) Tanto na análise quanto na síntese, deve-se proceder gradualmente, sem omitir etapas intermediárias.
c) Nas ciências naturais e sociais, a análise deve preceder a síntese.

2.4 Concepção atual de método

Com o passar do tempo, muitas modificações foram introduzidas nos métodos existentes, inclusive surgiram outros novos. Estudaremos mais adiante esses métodos. No momento, o que nos interessa é o conceito moderno de método (independentemente do tipo). Para tal, consideramos, como Bunge (1980, p. 25), que o método científico é a teoria da investigação. Esta alcança seus objetivos, de forma científica, quando cumpre ou se propõe cumprir as seguintes etapas:

> a) Descobrimento do problema ou lacuna num conjunto de conhecimentos. Se o problema não estiver enunciado com clareza, passa-se à etapa seguinte; se estiver, passa-se à subsequente.
>
> b) Colocação precisa do problema ou, ainda, a recolocação de um velho problema, à luz de novos conhecimentos (empíricos ou teóricos, substantivos ou metodológicos).
>
> c) Procura de conhecimentos ou instrumentos relevantes ao problema (por exemplo, dados empíricos, teorias, aparelhos de medição, técnicas de cálculo ou de medição): ou seja, exame do conhecido para tentar resolver o problema.
>
> d) Tentativa de solução do problema com auxílio dos meios identificados. Se a tentativa resultar inútil, passa-se para a etapa seguinte; em caso contrário, à subsequente.
>
> e) Invenção de novas ideias (hipóteses, teorias ou técnicas) ou produção de novos dados empíricos que prometam resolver o problema.
>
> f) Obtenção de uma solução (exata ou aproximada) do problema com auxílio do instrumental conceitual ou empírico disponível.
>
> g) Investigação das consequências da solução obtida. Tratando-se de uma teoria, é a busca de prognósticos que possam ser feitos com seu

auxílio; tratando-se de novos dados, é o exame das consequências que possam ter para as teorias relevantes.

h) Prova (comprovação) da solução. Confronto da solução com a totalidade das teorias e da informação empírica pertinente. Se o resultado é satisfatório, a pesquisa é dada como concluída, até novo aviso. Do contrário, passa-se para a etapa seguinte.

i) Correção das hipóteses, teorias, procedimentos ou dados empregados na obtenção da solução incorreta. Esse é, naturalmente, o começo de um novo ciclo de investigação.

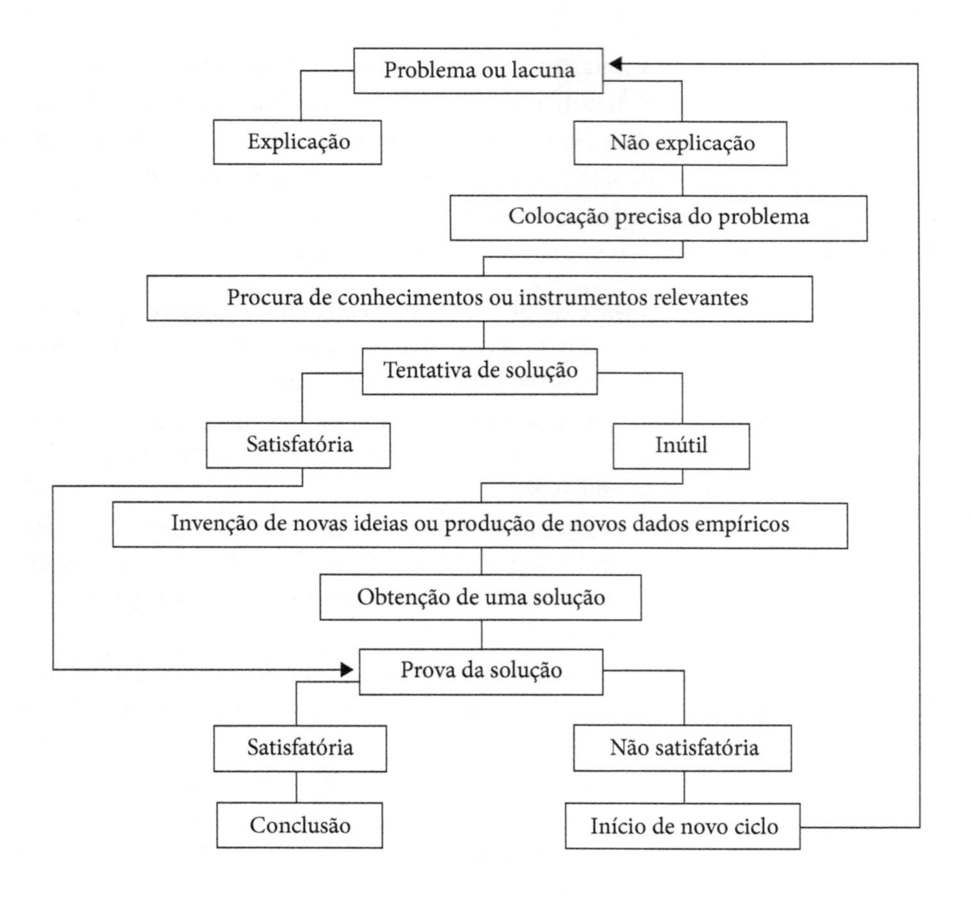

3 MÉTODO INDUTIVO

Dois são os tipos de métodos utilizados em ciência: os de abordagem e os de procedimento. Vejamos primeiramente os de abordagem, que são indispensáveis ao desenvolvimento de uma pesquisa científica. São métodos relativos ao raciocínio, à explanação lógica. São eles:

a) **Método indutivo**: a aproximação dos fenômenos caminha geralmente para planos cada vez mais abrangentes, indo das constatações mais particulares às leis e teorias (conexão ascendente).
b) **Método dedutivo**: parte de teorias e leis, e, na maioria das vezes, prediz a ocorrência de fenômenos particulares (conexão descendente).
c) **Método hipotético-dedutivo**: inicia-se pela percepção de uma lacuna nos conhecimentos, acerca da qual formula hipóteses, e, pelo processo de inferência dedutiva, testa a predição da ocorrência de fenômenos abrangidos pela hipótese.
d) **Método dialético**: penetra o mundo dos fenômenos, tendo em vista sua ação recíproca da contradição inerente ao fenômeno e da mudança dialética que ocorre na natureza e na sociedade.

3.1 Método indutivo

Indução é um processo mental por intermédio do qual, partindo de dados particulares, suficientemente constatados, infere-se uma verdade geral ou universal, não contida nas partes examinadas. Portanto, o objetivo dos argumentos é levar a conclusões cujo conteúdo é muito mais amplo do que o das premissas nas quais se baseiam.

Uma característica que não pode deixar de ser assinalada é que o argumento indutivo, da mesma forma que o dedutivo, fundamenta-se em premissas. Contudo, se nos dedutivos, premissas verdadeiras levam inevitavelmente a uma conclusão verdadeira, nos indutivos elas conduzem apenas a conclusões prováveis. Para Cervo, Bervian e Silva (2014, p. 44), "o argumento indutivo baseia-se na generalização de propriedades comuns a certo número de casos até agora observados e a todas as ocorrências de fatos similares que poderão ser verificadas no futuro. O grau de confirmação dos enunciados traduzidos depende das evidências ocorrentes". E adiante, explicitando as regras da indução, postula: "é necessário que os fatos aos quais se estende a relação sejam verdadeiramente similares aos fatos observados e, principalmente, que a causa seja tomada no sentido total e completo" (p. 46).

Exemplos:

O corvo 1 negro.
O corvo 2 é negro.
O corvo 3 é negro.
<u>O corvo *n* é negro.</u>
(Todo) corvo é negro.

Cobre conduz energia.
Zinco conduz energia.
Cobalto conduz energia.
Ora, cobre, zinco e cobalto são metais.
Logo, (todo) metal conduz energia.

Analisando os dois exemplos, podemos tirar uma série de conclusões relativamente ao método indutivo:

a) De premissas que encerram informações acerca de casos ou acontecimentos observados, passa-se para uma conclusão que contém informações sobre casos ou acontecimentos não observados.
b) Por meio de raciocínio, passa-se dos indícios percebidos a uma realidade desconhecida, por eles revelada.
c) O caminho de passagem vai do especial ao mais geral, dos indivíduos às espécies, das espécies ao gênero, dos fatos às leis ou das leis especiais às leis mais gerais.
d) A extensão dos antecedentes é menor do que a da conclusão, que é generalizada pelo universalizante "todo", ao passo que os antecedentes enumeram apenas "alguns" casos verificados.
e) Quando descoberta uma relação constante entre duas propriedades ou dois fenômenos, passa-se dessa descoberta à afirmação de uma relação essencial e, em consequência, universal e necessária entre essas propriedades ou fenômenos.

3.1.1 Leis, regras e fases do método indutivo

Três elementos são fundamentais para toda indução, isto é, a indução realiza-se em três etapas (fases):

a) **Observação dos fenômenos:** nessa etapa, observamos os fatos ou fenômenos e os analisamos, com a finalidade de descobrir as causas de sua manifestação.
b) **Descoberta da relação entre eles:** na segunda etapa, procuramos, por intermédio da comparação, aproximar os fatos ou fenômenos, com a finalidade de descobrir a relação constante existente entre eles.
c) **Generalização da relação:** nessa última etapa, generalizamos a relação encontrada na precedente, entre os fenômenos e fatos semelhantes, *muitos dos quais ainda não observamos* (e muitos, inclusive, inobserváveis).

Portanto, como primeiro passo, observamos atentamente certos fatos ou fenômenos. Passamos, a seguir, à classificação, isto é, ao agrupamento dos fatos ou fenômenos da mesma espécie, segundo a relação constante que se nota entre eles. Finalmente, chegamos a uma classificação, fruto da generalização da relação observada.

Exemplo: Observo que Pedro, José, João etc. são mortais; verifico a relação entre ser homem e ser mortal; generalizo dizendo que todos os homens são mortais:

Pedro, José, João... são mortais.

Ora, Pedro, José, João... são homens.

Logo, (todos) os homens são mortais.

Ou:

O homem Pedro é mortal.

O homem José é mortal.

O homem João é mortal.

[...]

(Todo) homem é mortal.

Para que não se cometam equívocos facilmente evitáveis, impõem-se três etapas que orientam o trabalho de indução:

a) Certificar-se de que é verdadeiramente essencial a relação que se pretende generalizar: evitar confusão entre o acidental e o essencial.
b) Assegurar-se de que sejam idênticos os fenômenos ou fatos dos quais se pretende generalizar uma relação: evitar aproximações entre fenômenos e fatos diferentes, cuja semelhança é acidental.
c) Não perder de vista o aspecto quantitativo dos fatos ou fenômenos: impõe-se esta regra porque a ciência é primordialmente quantitativa, motivo pelo qual é possível um tratamento objetivo, matemático e estatístico.

As etapas (fases) e as regras do método indutivo repousam em lei (determinismo) observada na natureza, segundo a qual, observando-se circunstâncias idênticas, as mesmas causas produzem efeitos semelhantes.

Saliente-se, todavia, que o determinismo da natureza, muito mais observável no domínio das ciências Químicas do que no das Biológicas e, principalmente, Sociais e Psicológicas, é um problema propriamente filosófico, mais especificamente, da Filosofia das Ciências, pois, no dizer de Jolivet (1979, p. 89), trata-se de justificar o princípio do determinismo, sobre o qual se fundamenta a indução.

A utilização da indução leva à formulação de duas perguntas:

a) Qual a justificativa para as inferências indutivas? A resposta é: temos expectativas e acreditamos que exista certa regularidade nas coisas e, por esse motivo, o futuro será como o passado.
b) Qual a justificativa para a crença de que o futuro será como o passado? São, principalmente, as observações feitas no passado.

Exemplo: Se o Sol vem "nascendo" há milhões de anos, pressupõe-se que "nascerá" amanhã. Portanto, as observações repetidas, feitas no passado, geram em nós a expectativa de certa regularidade no mundo, no que se refere a fatos e fenômenos. Por esse motivo, analisando vários fatos singulares do mesmo gênero, estende-se a todos (do mesmo gênero) as conclusões baseadas nas observações dos primeiros, pela "constância das leis da natureza" ou do "princípio do determinismo".

Para Jolivet (1979, p. 89), "o problema da indução científica é apenas um caso particular do problema geral do conhecimento abstrato, pois a lei científica não é mais do que um fato geral, abstraído da experiência sensível".

3.1.2 Formas e tipos de indução

A indução apresenta duas formas:

a) Completa ou formal, estabelecida por Aristóteles. Ela não induz de alguns casos, mas de *todos*, sendo que cada um dos elementos inferiores são comprovados pela experiência.

   Exemplos:

   As faculdades sensitiva exterior visual, auditiva, olfativa, gustativa e tátil são orgânicas.

   Logo, toda faculdade sensitiva exterior é orgânica.

   Segunda, terça, quarta, quinta, sexta, sábado e domingo têm 24 horas.

   Ora, segunda, terça, quarta, quinta, sexta, sábado e domingo são dias da semana.

   Logo, todos os dias da semana têm 24 horas.

Como essa espécie de indução não leva a novos conhecimentos, é estéril, não passando de um processo de colecionar coisas já conhecidas e, portanto, não tem influência (importância) para o progresso da ciência.

b) Incompleta ou científica, criada por Galileu e aperfeiçoada por Francis Bacon. Não deriva de seus elementos inferiores, enumerados ou provados pela experiência, mas permite induzir, de alguns casos adequadamente observados (sob circunstâncias diferentes, sob vários pontos etc.) e, às vezes, de uma só observação, o que se pode dizer (afirmar ou negar) dos restantes elementos da mesma categoria. Portanto, a indução científica fundamenta-se na causa ou na lei que rege o fenômeno ou fato, constatada em um número significativo de casos (um ou mais), mas não em todos.

Exemplo:

Mercúrio, Vênus, Terra, Marte, Júpiter, Saturno, Urano, Netuno não têm brilho próprio.

Ora, Mercúrio, Vênus, Terra, Marte, Júpiter, Saturno, Urano, Netuno são planetas.

Logo, todos os planetas não têm brilho próprio.

Relativamente ao fato de o método indutivo necessitar de muitos casos ou de um só, Cohen e Nagel (1971, v. 2, p. 104, 106) registram uma indagação de John Stuart Mill sobre por que, muitas vezes, um número elevado de casos verificados (observados, analisados) apresenta-se insuficiente para estabelecer adequada generalização (por exemplo, que todos os corvos são negros), quando, em outras ocasiões, poucos casos (e até um) são suficientes para assegurar uma convicção (por exemplo, que certos tipos de fungos são venenosos)?

> Por que em alguns casos é suficiente um só exemplo para realizar uma indução perfeita, enquanto em outros milhares de exemplos coincidentes, acerca dos quais não se conhece ou se presume uma só exceção, contribuem muito pouco para estabelecer uma proposição universal?

Os autores respondem a essa indagação assinalando que,

> se bem que nunca podemos estar completamente seguros de que um caso verificado seja uma amostra imparcial de todos os casos possíveis, em algumas circunstâncias a probabilidade de que isto seja verdade é muito alta. Tal acontece quando o objeto de investigação é homogêneo em certos aspectos importantes. Porém, em tais ocasiões, torna-se desnecessário repetir um grande número de vezes o experimento confirmatório de generalização, pois, se o caso verificado é representativo de todos os casos possíveis, todos eles são igualmente bons. Dois casos que não diferem em sua natureza representativa contam simplesmente como um só caso.

Regras de indução incompleta:

a) Os casos particulares devem ser provados e experimentados na quantidade suficiente (e necessária) para que possamos dizer (ou negar) tudo o que será legitimamente afirmado sobre a espécie, gênero, categoria etc.

b) Com a finalidade de poder afirmar, com certeza, que a própria natureza da coisa (fato ou fenômeno) é que provoca sua propriedade (ou ação), além de grande quantidade de observações e experiências, é também necessário analisar (e descartar) a possibilidade de variações provocadas por circunstâncias acidentais. Se, depois disso, a propriedade, a ação, o fato ou fenômeno continuarem a manifestar-se da mesma forma, é muito provável que sua causa seja a própria natureza da coisa (fato ou fenômeno).

Os principais tipos de inferências indutivas apresentados por Hegenberg (1976, v. 1, p. 169-178) são:

a) Da amostra para a população:
   - Generalização indutiva: ocorre quando da amostra se parte para uma hipótese universal.

     Exemplo:

     Todos os gêmeos univitelinos observados possuíam padrão genético idêntico.

     Logo, todos os gêmeos univitelinos têm padrão genético idêntico.

   - Generalizações universais: da descrição da informação obtida por intermédio dos elementos observados passa-se à conclusão, envolvendo afirmações sobre *todos* os elementos de que fazia parte da amostra.

     Exemplo:

     Todo sangue humano da amostra observada é composto de plasma.

     Logo, todo sangue humano é composto de plasma.

   - Generalizações estatísticas: as generalizações afirmam que apenas certa parte dos elementos do conjunto possui tal ou qual propriedade.

Exemplo:

85% das pessoas cujo sangue foi analisado eram portadores de fator Rh.

Logo, 85% das pessoas são portadores do fator Rh.

b) Da população para a amostra (dessa população):

- Estatística direta: parte da população para uma de suas amostras, tomadas ao acaso.

  Exemplo:

  90% dos jovens que frequentam à noite o curso de bacharelado em economia trabalham.

  Logo, 90% dos que irão matricular-se à noite no curso de economia serão pessoas que trabalham.

- Singular: parte da população para um caso específico, tomado ao acaso.

  Exemplo:

  A grande maioria dos assalariados tem renda mensal igual a um salário-mínimo.

  José, sendo um assalariado (escolhido aleatoriamente), tem renda mensal igual a um salário-mínimo.

c) De amostra para amostra:

- Preditiva-padrão: vai dos elementos observados para uma amostra aleatória.

  Exemplo:

  Todas as barras metálicas até hoje observadas dilataram-se sob a ação do calor.

  Logo, estas barras metálicas, escolhidas ao acaso, se dilatarão (sob a ação do calor).

- Preditiva estatística: igual à anterior, mas indicando a proporção estatística.

Exemplo:

Cerca de 87% dos estudantes de Medicina que conhecem latim identificam os termos médicos mais facilmente.

Logo, destes estudantes de Medicina, escolhidos aleatoriamente, se conhecerem latim, cerca de 87% reconhecerão mais facilmente os termos médicos.

- Preditiva singular: igual às anteriores, porém referindo-se a um caso particular, tomado ao acaso.

  Exemplos:

  Quase todos os estudantes de cinema apreciam os curta-metragens.
  Logo, João, estudante de cinema, escolhido aleatoriamente, gosta de curta-metragens.

  Não sendo possível determinar diretamente se os fetos sentem dor, infere-se das contrações por ele apresentadas, verificadas por ultrassonografia, que isso é verdadeiro.

d) De consequências verificáveis de uma hipótese para a própria hipótese.

Exemplo: Como é impossível testar diretamente a afirmação de que "a Terra é redonda", podemos partir de consequências verificáveis como: um navio que se afasta do observador parecerá afundar-se lentamente; a circum-avegação deve ser possível, mantendo uma rota unidirecional; fotografias tiradas a grande altitude devem mostrar a curvatura da Terra etc.

e) Por analogia. Suponhamos que objetos de uma espécie são bastante semelhantes, em determinados aspectos, a objetos de outra espécie; sabendo que os da primeira têm determinada propriedade, mas não sabendo se os da segunda apresentam ou não essa propriedade, como os objetos das duas espécies são muito parecidos, sob certos aspectos, podemos concluir por analogia que serão parecidos em relação a outros aspectos, especificamente a propriedade em pauta: os objetos da segunda espécie apresentam também a propriedade que se sabe estar presente nos da primeira espécie. Esquematicamente:

Objetos do tipo *X* têm as propriedades *G*, *H* etc.
Objetos do tipo *Y* têm as propriedades *G*, *H* etc.
Objetos do tipo *X* têm a propriedade *F*.
Logo, objetos do tipo *Y* têm a propriedade *F*.

Exemplo: Realizando experiências com ratos, percebemos que certa substância que lhes é ministrada traz determinados efeitos secundários indesejáveis. Por analogia, como ratos e homens são fisiologicamente semelhantes, podemos sustentar que a nova substância trará para o homem o aparecimento dos mesmos efeitos indesejáveis.

Os três primeiros tipos de inferência indutiva também são denominados *por enumeração* e, no que se refere a eles, verificamos o papel importante da amostra e da escolha aleatória.

Para Souza; Rego Filho; Lins Filho; Lyra; Couto; Silva (1976, p. 64), a força indutiva dos argumentos por enumeração tem como justificativa os seguintes princípios: "(a) quanto maior a amostra, maior a força indutiva do argumento; (b) quanto mais representativa a amostra, maior a força indutiva do argumento".

Como a amostra é fator importante para a força indutiva do argumento, devemos examinar alguns casos em que problemas de amostra interferem na legitimidade da inferência:

a) **Amostra insuficiente:** ocorre a falácia da amostra insuficiente quando a generalização indutiva é feita a partir de dados insuficientes para sustentar essa generalização.

Exemplos: Geralmente, preconceitos relativos a cor da pele, religiosos ou de nacionalidade desenvolvem-se (em pessoas predispostas) com base na observação de um ou alguns casos desfavoráveis; fazem-se então amplas generalizações, que abrangem todos os elementos de uma categoria. Em um pequeno vilarejo do Estado de São Paulo, de 150 moradores, em determinado ano, duas pessoas morreram: uma atropelada por uma carroça puxada a burro e a outra, por insuficiência renal. Jamais se poderia dizer que 50% da população que falece na vila X são por acidentes de trânsito e 50% por insuficiência renal.

Souza; Rego Filho; Lins Filho; Lyra; Couto; Silva (1976, p. 64) citam uma pesquisa realizada com alunos dos colégios de João Pessoa: 40 alunos pesquisados de diversas escolas apresentaram quocientes de inteligência entre 90 a 110 pontos. Pela amostra insuficiente, não se poderia concluir que os estudantes de João Pessoa possuem QI entre 90 a 110.

b) **Amostra tendenciosa:** a falácia da estatística tendenciosa ocorre quando uma generalização indutiva se baseia em uma amostra não representativa da população.

   Exemplo: Salmon (1978, p. 83) cita o famoso exemplo da prévia eleitoral, realizada pelo *Literary Digest*, em 1936, quando Landon e Roosevelt eram candidatos à presidência dos EUA. A revista distribuiu cerca de dez milhões de cédulas de votação, indagando sobre a preferência eleitoral. Recebeu de volta, aproximadamente, dois milhões e duzentas e cinquenta mil. A amostra era suficientemente ampla para os objetivos, mas os resultados foram desastrosos, apontando nítida vantagem de Landon, mas Roosevelt é que foi eleito. Dois desvios ocorreram na pesquisa, ambos causados pela seleção de classe socioeconômica dos investigados: os endereços para o envio das cédulas foram retirados de listas telefônicas e de registro de proprietários de automóvel (com maior poder aquisitivo, mais bem colocados socialmente e, provavelmente, republicanos). Uma nova "seleção" processou-se entre os que devolveram as cédulas de votação (mais abonados) e os que não a devolveram. E a classe socioeconômica final da amostra era mais favorável a Landon.

Finalizando, Montesquieu (*In*: JOLIVET, 1979, p. 88) afirma: "As leis científicas que o raciocínio indutivo alcança são as relações constantes e necessárias que derivam da natureza das coisas". Elas exprimem:

a) Relações de existência ou de coexistência.

   Exemplo: A água possui densidade *X*, é incolor, inodora, suscetível de assumir os estados sólido, líquido e gasoso etc.

b) Relações de causalidade ou de sucessão.

Exemplos: A água ferve a 100 graus, o calor dilata os metais etc.

c) Relações de finalidade.

Exemplos: Uma das funções do fígado é regular a quantidade de açúcar no sangue; o rim tem a função de purificar o sangue etc.

3.1.3 Críticas ao método indutivo

Para Max Black, em seu artigo "Justificação da indução" (*In*: MORGENBESSER, 1979, p. 219-230), as principais críticas que se fazem ao método indutivo têm como foco o "salto indutivo", isto é, a passagem de "alguns" (observados, analisados, examinados etc.) para "todos", incluindo os não observados e os inobserváveis. O autor aborda cinco aspectos nas críticas:

a) Colocação de Popper: a indução não desempenha nem pode vir a desempenhar qualquer papel no método científico. A tarefa específica da ciência é submeter as hipóteses a testes dedutivos. A partir de amostras, não há meio racional de obter generalizações, mas, obtidas estas por outros meios, existe uma forma racional de verificar se se sustenta perante a observação e a experimentação – a *falsificação* (ver seção 5.3.3 deste capítulo). Portanto, "as generalizações, ou hipóteses, podem ser conclusivamente falsificadas, embora nunca verificadas, jamais se revelando verdadeiras". Black critica essa posição, considerando estranho entender que a ciência "deva limitar-se à eliminação do erro, sem ser progressiva descoberta ou aproximação à verdade".
b) Argumentos de Hume: o autor combate a defesa da indução por um processo indutivo de raciocínio, isto é, a indução é merecedora de fé porque "sempre se mostrou bem-sucedida no passado, trazendo espetaculares resultados para a ciência e também à tecnologia". Ora, dizer: "se indução funcionou no passado, significa que funcionará no futuro" é um argumento indutivo. Daí, segundo Black, jamais se encontrará uma justificação *geral* da indução (e as tentativas deslocam-se para o campo da filosofia).
c) Abordagem do aspecto incompleto: essa colocação indica que o salto indutivo não se justifica, isto é, o argumento indutivo requer premissa

adicional para tornar-se válido. Ora, para Black, a obtenção desse desejado princípio seria uma verdade *a priori*, ou contingente. No primeiro caso, "seria uma verdade necessária, a viger independente dos fatos, como sucede com as verdades lógicas e matemáticas, o que lhe impediria de servir de suporte para a transição de 'alguns' para 'todos' (se uma conclusão de um argumento indutivo não decorre de forma dedutiva das premissas, em que situação se modificaria com o acréscimo de uma verdade necessária às premissas?)". No segundo, verdade contingente, "ele não se aplicaria a todos os 'universos' possíveis, mas apenas ao nosso [...] e a confiança que depositamos em particulares leis naturais é maior do que aquela que depositamos em qualquer princípio que se coloque na posição de reitor geral da uniformidade da Natureza".

d) Questões da probabilidade: existe relação inerente entre os problemas de indução e a probabilidade. Por isso, alguns estudiosos da questão da indutividade propuseram que um argumento indutivo, para ser adequadamente expresso, deveria referir-se, como parte da conclusão, às probabilidades. Em outras palavras, em vez de a premissa "todos os *A* examinados são *B*" tirar a conclusão "todos os *A* são *B*", deveríamos talvez dizer "é mais provável do que não que todos os *A* sejam *B*". Para o autor, essa forma de se expressar apenas enfraqueceria a conclusão, pois, apesar da "menção explícita das probabilidades, o raciocínio permaneceria genuinamente indutivo", sem se evadir a questão do "salto indutivo".

e) Justificações pragmáticas: esta colocação é ilustrada pelo caso do médico e do paciente: se este não se operar, morre, mas a operação não fornece garantias. Diante dessa situação, o médico está plenamente justificado em operar, pois a operação torna-se condição necessária para salvar a vida do paciente. Dessa forma, nada tendo a perder em tentar, os procedimentos indutivos são "uma condição necessária para antecipar o desconhecido, e estamos autorizados praticamente (ou pragmaticamente) a empregar tais procedimentos". Considerando plausível essa linha de pensamento, "sua contribuição para a questão da justificativa da indução dependerá do êxito alcançado pelos proponentes ao evidenciarem que algum tipo de procedimento indutivo é condição necessária para chegar a generalizações corretas acerca do não conhecido ou não observado".

Finalizando, Black indica que a própria noção de justificação do método indutivo pressupõe um padrão de justificação. E os que até agora o combateram pensavam em termos de raciocínio dedutivo, único método "respeitável" de raciocínio. Ora, indução não é dedução, assim como um cavalo não é uma vaca – faltando-lhe apenas chifres. "Quando se procura aplicar essa noção razoavelmente definida de justificação à própria indução, o que sucede é que se torna imprecisa a noção de justificação." Portanto, esse problema deve passar à área da filosofia, especificamente à filosofia das ciências.

3.2 Método dedutivo

3.2.1 Argumentos dedutivos e indutivos

Dois exemplos servem para ilustrar a diferença entre argumentos dedutivos e indutivos.

Dedutivo:

Todo mamífero tem um coração.

Ora, todos os cães são mamíferos.

Logo, todos os cães têm um coração.

Indutivo:

Todos os cães que foram observados tinham um coração.

Logo, todos os cães têm um coração.

Segundo Salmon (1978, p. 30-31), duas características básicas distinguem os argumentos dedutivos dos indutivos:

DEDUTIVOS	INDUTIVOS
1. Se todas as premissas são verdadeiras, a conclusão *deve* ser verdadeira.	1. Se todas as premissas são verdadeiras, a conclusão é provavelmente verdadeira, mas não necessariamente verdadeira.
2. Toda a informação ou conteúdo factual da conclusão já estava, pelo menos implicitamente, nas premissas.	2. A conclusão encerra informação que não estava, nem implicitamente, nas premissas.

Característica 1: no argumento dedutivo, para que fosse falsa a conclusão "todos os cães têm um coração", uma das premissas ou as duas premissas teriam de ser falsas: ou nem todos os cães são mamíferos ou nem todos os mamíferos têm um coração. Por outro lado, no argumento indutivo é possível que a premissa seja verdadeira e a conclusão falsa: o fato de não ter, até o presente, encontrado um cão sem coração não é garantia de que todos os cães tenham um coração.

Característica 2: quando a conclusão do argumento dedutivo afirma que todos os cães têm um coração, está dizendo alguma coisa que, na verdade, já tinha sido dita nas premissas; portanto, como todo argumento dedutivo, reformula ou enuncia de modo explícito a informação já contida nas premissas. Dessa forma, a conclusão, em rigor, tem de ser verdadeira se as premissas o forem. No argumento indutivo, por sua vez, a premissa refere-se apenas aos cães já observados, ao passo que a conclusão diz respeito a cães ainda não observados; portanto, a conclusão enuncia algo não contido na premissa. É por esse motivo que a conclusão pode ser falsa – visto que pode ser falso o conteúdo adicional que encerra –, mesmo que a premissa seja verdadeira.

Os dois tipos de argumentos têm finalidades diversas: o dedutivo tem o propósito de explicitar o conteúdo das premissas; o indutivo tem o desígnio de ampliar o alcance dos conhecimentos. Sob outro enfoque, os argumentos dedutivos ou estão corretos ou incorretos, ou as premissas sustentam de modo completo a conclusão ou, quando a forma é logicamente incorreta, não a sustentam de forma alguma; portanto, não há graduações intermediárias. Contrariamente, os argumentos indutivos admitem diferentes graus de força, dependendo da capacidade das premissas de sustentarem a conclusão. Resumindo, os argumentos indutivos aumentam o conteúdo das premissas, com sacrifício da precisão, ao passo que os argumentos dedutivos sacrificam a ampliação do conteúdo para atingir a certeza.

Os exemplos inicialmente citados mostram as características e a diferença entre os argumentos dedutivos e indutivos, mas não expressam sua real importância para a ciência. Dois exemplos, também tomados de Salmon, ilustram sua aplicação significativa para o conhecimento científico.

A relação entre a evidência observacional e a generalização científica é de tipo indutivo. Várias observações destinadas a determinar a posição do planeta Marte serviram de evidência para a primeira lei de Kepler, segundo a qual a órbita de Marte é elíptica. A lei refere-se à posição do planeta, observada ou não, isto é, o movimento passado era elíptico, o futuro também o será, assim como o é quando o planeta não pode ser observado, em decorrência de condições atmosféricas adversas. A lei – conclusão – tem conteúdo muito mais amplo do que as premissas, enunciados que descrevem as posições observadas.

Os argumentos matemáticos, por sua vez, são dedutíveis. Na geometria euclidiana do plano, os teoremas são todos demonstrados com base em axiomas e postulados. Embora o conteúdo dos teoremas já esteja fixado neles, esse conteúdo está longe de ser óbvio.

3.2.2 Argumentos condicionais

Dentre as diferentes formas de argumentos dedutivos, que o estudante pode encontrar em manuais de lógica e filosofia, os que mais nos interessam são os argumentos condicionais válidos, que são de dois tipos: (1) afirmação do antecedente (*modus ponens*) e (2) negação do consequente (*modus tollens*).

O primeiro (afirmação do antecedente) tem a seguinte forma:

Se *p*, então *q*.

Ora, *p*.

Então, *q*.

Denomina-se *afirmação do antecedente*, porque a primeira premissa é um enunciado condicional, e a segunda coloca o antecedente desse mesmo enunciado condicional; a conclusão é o consequente da primeira premissa.

Exemplos:

Se José tirar nota inferior a 5, será reprovado.

José tirou nota inferior a 5.

José será reprovado.

Se uma criança foi frustrada em seus esforços para conseguir algo, então reagirá com agressão.

Ora, esta criança sofreu frustração.

Então, reagirá com agressão.

Nem sempre os argumentos são colocados na forma-padrão, mas podem ser reduzidos a ela.

Exemplo: Esta sociedade apresenta um sistema de castas? Ela o apresentará se for dividida em grupos hereditariamente especializados, hierarquicamente sobrepostos e mutuamente opostos; também o apresentará se se opuser, ao mesmo tempo, às misturas de sangue, às conquistas de posição e às mudanças de ofício. Como tudo isso aparece nesta sociedade, a resposta é "sim".

Ou:

Se uma sociedade for dividida em grupos hereditariamente especializados, hierarquicamente sobrepostos e mutuamente opostos; se se opuser, ao mesmo tempo, às misturas de sangue, às conquistas de posição e às mudanças de ofício, então a sociedade terá um sistema de castas.

Ora, esta sociedade apresenta tais características.

Então, é uma sociedade de castas.

O segundo tipo de argumento condicional válido (negação do consequente) tem a seguinte forma:

Se p, então q.

Ora, não q.

Então, não p.

A denominação de *negação do consequente* para esse tipo deriva do fato de que a primeira premissa é um enunciado condicional, sendo a segunda uma negação do consequente desse mesmo enunciado condicional.

Exemplos:

Se a água ferver, então a temperatura alcançou 100° C.

A temperatura não alcançou 100° C.

Então, a água não ferveu.

Se José for bem nos exames, então tinha conhecimento das matérias.

Ora, José não tinha nenhum conhecimento das matérias.

Então, José não foi bem nos exames.

Salmon (1978, p. 42) cita um exemplo transcrito da peça de Shakespeare, *Julius Caesar*, que não apresenta a forma-padrão e omite uma premissa; contudo, é fácil identificá-la:

Ele não tomaria a coroa.

Logo, é certo que ele não era ambicioso.

Ou:

Se César fosse ambicioso, teria tomado a coroa. Ora, ele não tomou a coroa. Então, César não era ambicioso.

Formas ligeiramente diferentes permitem negar o consequente ou afirmar o antecedente. Para o primeiro, teríamos:

Se *p*, então não *q*.

Ora, *q*.

Então, não *p*.

Exemplos:

Se eu soubesse que este fio de cobre não aguentava um peso de 100 kg, então não o teria pendurado.

Ora, pendurei um peso de 100 kg. Então, eu não sabia que o fio não aguentava tal peso.

Se existem estereótipos negativos mútuos arraigados entre dois grupos, então os contatos não são destituídos de conflito.

Ora, os contatos são destituídos de conflito.

Então, não existem estereótipos negativos mútuos arraigados.

Para o segundo:

Se não *p*, então não *q*.

Ora, não *p*.

Então, não *q*.

Apesar de a segunda premissa tomar a forma negativa, esse esquema é um caso particular da afirmação do antecedente, visto que negar aqui o consequente equivale a afirmar o antecedente.

Exemplos:

Se não houver um catalisador, essa reação química não se produzirá.

Ora, não há catalisador.

Então, a reação não se produzirá.

Se ocorre falta de experiência social com estereótipos étnicos na infância, então ocorrerá falta de preconceito étnico na idade adulta.

Ora, algumas pessoas não tiveram experiência social com estereótipos étnicos na infância.

Então, serão destituídas de preconceito étnico na idade adulta.

3.2.3 Explicação dedutivo-nomológica

As explicações dedutivo-nomológicas da sentença *explicandum* (E) são argumentos dedutivos, cuja conclusão é uma sentença deduzida de um conjunto de premissas constituídas por leis gerais (*nomológico* refere-se a leis): $L_1, L_2, ..., L_n$ e outros enunciados que fazem afirmações sobre fatos particulares $C_1, C_2, ..., C_n$. Portanto, parte-se do *explicans* (sentenças aduzidas para dar conta do fato ou fenômeno) para o *explicandum* (sentença que descreve o fato a ser explicado).

Esquematicamente:

$$\frac{\begin{array}{c} L_1, L_2, ..., L_n \\ C_1, C_2, ..., C_n \end{array}}{E}$$

$L_1, L_2, ..., L_n$ / $C_1, C_2, ..., C_n$: sentenças *explicans*

E: sentença *explicandum*

Hempel (1974, p. 68) cita o exemplo da coluna de mercúrio, no tubo de Torricelli, diminuir com o aumento da altitude em que se encontra. A explicação apresenta quatro fases, assim discriminadas:

"a) Em qualquer lugar, a pressão exercida em sua base pela coluna de mercúrio no tubo de Torricelli é igual à pressão exercida na superfície livre do mercúrio existente na cuba pela coluna de ar acima dela.

b) As pressões exercidas pelas colunas de mercúrio e de ar são proporcionais a seus pesos; e quanto menor a coluna, menor seu peso.

c) A coluna de ar acima da cuba aberta é certamente menor quando o aparelho está no alto da montanha do que quando está embaixo.

d) (Portanto), a coluna de mercúrio no tubo é certamente menor quando o aparelho está no alto da montanha do que quando está embaixo."

Formulando dessa maneira, a explicação é um argumento que: (1) indica que o fenômeno a ser explicado, descrito pela sentença *d*, é exatamente o que se esperava, tendo em vista os fatos explicativos enumerados em *a*, *b* e *c*; (2) de fato, *d* decorre dedutivamente dos enunciados anteriores (explanatórios). Estes pertencem a duas espécies: *a* e *b* têm caráter de leis gerais que "exprimem conexões empíricas uniformes" (*L*), ao passo que *c* descreve determinados fatos particulares (*C*). Dessa forma, o encurtamento da coluna de mercúrio fica explicado pela demonstração de que ocorreu em "obediência a certas leis da natureza, como resultado de certas circunstâncias particulares". Portanto, a explicação encaixa o fenômeno a ser explicado (*explicandum*) em um contexto de uniformidades, ao mesmo tempo que salienta que devia ser esperada sua ocorrência, "dadas as leis mencionadas e as pertinentes circunstâncias particulares".

Outro exemplo pode ser dado:

a) Todo objeto com determinada velocidade inicial percorrerá certa distância, em uma superfície plana.
b) Mantendo-se sempre o mesmo objeto e a mesma velocidade inicial, a distância variará de acordo com o tipo de superfície: quanto maior o atrito, menor a distância percorrida.
c) Uma superfície de vidro oferece menor resistência ao atrito do que uma de concreto.
d) (Portanto) o mesmo objeto, dispondo da mesma velocidade inicial, percorrerá distância maior em uma superfície plana de vidro do que em uma de concreto.

Finalmente, um alerta de ordem geral: não é apenas nas explicações dedutivo-nomológicas que lidamos com mais de dois enunciados em forma de premissas, para chegar à conclusão. Os argumentos dedutivos podem ter *n* premissas, antes da conclusão. Outro aspecto a salientar é que a forma da explicação dedutivo-nomológica constitui *um* dos tipos de explicação científica.

3.2.4 Generalidade e especificidade do método dedutivo

A explicação significa a descoberta do que é semelhante naquilo que, à primeira vista, parece dessemelhante: é o encontro da identidade na diferença. Segundo Campbell (*In*: KAPLAN, 1969, p. 346), "as leis explicam nossa experiência porque a ordenam, referindo exemplos particulares a princípios gerais; a explicação será tanto mais satisfatória, quanto mais geral o princípio e maior o número de casos particulares que a ele possam ser referidos".

Dizemos que casos particulares são "referidos" a princípios gerais quando são deduzíveis dos que se encontram associados a algo, cuja finalidade é assinalar o particular que se encontra em causa. Em outras palavras, explicar algo é apresentá-lo como um caso especial de algo que se conhece no geral. Segundo Kaplan (1969, p. 347),

> explica-se um acontecimento subordinando-o a leis gerais, isto é, mostrando que ocorreu de acordo com essas leis, em razão de haverem manifestado certas condições antecedentes especificadas [...]. A explicação de uma regularidade geral consiste em subordiná-la a outra regularidade mais ampla, a uma lei mais geral.

Assim, explicamos *Y*, aduzindo o princípio (lei) de que, sempre que *X* é verdadeiro, também *Y* será, acrescentando que, no caso de *Y*, *X* é verdadeiro.

Há vários tipos de explicação: causal (a mais encontrada em ciências sociais - ver seções 4.3 e 5.3 do Capítulo 5), motivacional, funcional etc. Elas se diferenciam pela natureza dos enunciados gerais que, uma vez associados a condições antecedentes particulares, funcionam como premissas para as deduções explicativas. Porém, não são apenas as premissas que explicam, mas o fato é que delas é que deriva o que deve ser explicado. Torna-se claro que algo *deve* ser como afirmamos, em virtude dessa decorrência (dedutiva).

Para a metodologia, é de vital importância compreender que no modelo dedutivo, por um lado, a necessidade de explicação não reside nas premissas, mas na relação entre as premissas e a conclusão (que acarretam); por outro lado, não é necessário que o princípio geral aduzido seja uma lei causal: a explicação de por que algo deve ser como é não está limitada a esse algo ser efeito de certas causas. O modelo dedutivo pode explicar, por exemplo, em termos de propósito, visto que a necessidade de explicação é lógica e não causal.

Outro ponto importante a ser assinalado no método dedutivo é a questão de se saber se a explicação de leis (não somente de fatos particulares) também consiste unicamente em subordiná-las a algum princípio mais geral, de forma que "a explicação de leis seja extensão do processo presente em sua formulação, progresso do menos para o mais geral" (KAPLAN, 1969, p. 349). O que hoje se exige são teorias (ver seção 4 do Capítulo 3) que têm maior alcance de aplicação; as hipóteses que as constituem são de nível mais alto do que as leis explicadas pelas teorias. Portanto, para que propiciem uma explicação, as hipóteses de nível mais elevado têm de ser vistas como estabelecidas e as leis devem decorrer logicamente delas. Dizer que a teoria explica as leis significa algo mais do que mera dedução lógica: a dedução é necessária à verdade da teoria, mas não é suficiente. Para que uma teoria explique, é preciso que acrescente algo a nossas ideias e este algo seja aceitável logicamente.

3.2.5 Críticas ao método dedutivo

Um acontecimento fica explicado se podemos entender por que ele ocorreu e se sua ocorrência se reveste de sentido. A principal crítica ao método dedutivo é que fornecer premissas das quais um acontecimento pode ser deduzido, talvez, não seja suficiente para ensejar esse entendimento. Segundo o modelo dedutivo, podemos, por exemplo, explicar por que *X* tem a propriedade *G*: por ser um elemento da classe *F*, acrescentando a consideração de que todo *F* é *G*. Contudo, talvez, não consigamos mais do que mostrar que o caso a ser explicado (*X*) pertence a determinada classe de casos, nenhum deles suscetível de explicação. Ora, o que desejamos entender é por que todos os *F* (incluindo *X*) são *G*. Das premissas dadas podemos, talvez, deduzir que *X* tem a propriedade *G*, mas, se não explicarmos o fato de ela ter essa propriedade, voltaremos à estaca zero. É preciso que compreendamos por que são verdadeiras as premissas.

Outra objeção ao método dedutivo é a de que a dedutibilidade não só não é condição suficiente de explicação, mas também não é condição necessária, pois muitas são as explicações que não têm qualquer lei como premissa. A descrição do fenômeno a ser explicado pode ser externa, ou feita de um ponto de vista especial; ela serve de explicação, sem necessidade de se processar qualquer dedução. Pode-se objetar, afirmando que qualquer explicação tem implícita leis e deduções. A questão fundamental é que, se se reconstruir a explicação para acomodá-la ao modelo dedutivo, ela continuará a explicar no caso de não ser assim reconstruída? Se a resposta for "sim", a objeção é válida.

Finalmente, aparece a questão denominada *paradoxo de Hempel*: o enunciado "todos os *F* são *G*" é, logicamente, equivalente a "todos os não *F* são não *G*". Ora, o primeiro enunciado pode ser considerado confirmado desde que o exame de um grande número de *F* revele que todos são *G*. Entretanto, como confirmar, pelo exame de um grande número de não *F*, o enunciado de que eles são não *G*? "Para submeter a teste a asserção de que todos os cisnes são brancos, examinamos cisnes, para ver se têm essa cor; porém, não nos ocorreria examinar objetos coloridos para verificar se são outra coisa e não cisnes" (KAPLAN, 1969, p. 353).

3.3 Método hipotético-dedutivo

3.3.1 Considerações gerais

Os aspectos relevantes dos métodos indutivos e dedutivos são: enquanto o primeiro parte da observação de alguns fenômenos de determinada classe para todos daquela mesma classe, o segundo parte de generalizações aceitas do todo, de leis abrangentes, para casos concretos, partes da classe que já se encontram na generalização.

Embora a indução, como técnica de raciocínio, já existisse desde Sócrates e Platão, foi Francis Bacon quem sistematizou o método indutivo. Todo conhecimento tem como fonte de percepção a observação, ou, como afirmou Hume, nada há no entendimento que antes não tenha estado nos sentidos. Esta é a tese do indutivismo ou empirismo, escola britânica liderada por Bacon, que conta entre suas fileiras com filósofos como Locke, Berkeley, Hume e Stuart Mill.

Em contraposição, Descartes, Leibniz e Spinoza defendem a intuição de ideias claras como única fonte de conhecimento.

Temos, assim, duas escolas em confronto: empirismo *versus* racionalismo. As duas admitem a possibilidade de alcançar a verdade manifesta, só que as fontes do conhecimento, os pontos de partida de uma e de outra escola são opostos: para o empirismo, são os sentidos, a verdade da natureza, livro aberto em que todos podem ler; para o racionalismo, a veracidade de Deus, que não pode enganar e que deu ao homem a intuição e a razão. Em resumo, tem o conhecimento sua origem nos fatos ou na razão? Na observação ou em teorias e hipóteses?

Quanto ao ponto de chegada, ambas as escolas estão concordes: formulação de leis ou sistemas de leis para descrever, explicar e prever a realidade. Assim, a discussão versa sobre o ponto de partida e o caminho a seguir para alcançar o conhecimento.

Concluindo, a indução afirma que, em primeiro lugar, vem a observação dos fatos particulares e depois as hipóteses a confirmar; a dedução, como veremos no método hipotético-dedutivo, defende o aparecimento, em primeiro lugar, do problema e da conjectura, que serão testados pela observação e experimentação. Há, portanto, uma inversão de procedimentos.

Hume foi o primeiro a colocar dúvidas sobre os alicerces do método indutivo: apontou o fato de que nenhum número de enunciados de observações singulares, por mais amplo que seja, pode acarretar logicamente um enunciado geral irrestrito. Se *A* e *B* se encontram uma, duas, mil vezes juntos, não se pode concluir, *com certeza*, que na próxima vez estejam juntos, e a indução afirma precisamente isso. O que podemos ter é uma expectativa psicológica de que os fenômenos tornarão a comportar-se da mesma forma, com *probabilidade* maior ou menor. Mesmo Bertrand Russell entende que o empirismo puro não é base suficiente para a ciência de modo geral.

Contudo, de todos os autores que puseram em dúvida o indutivismo, o mais relevante foi Popper, que lançou as bases do método hipotético-dedutivo e do critério da falseabilidade.

3.3.2 Posição de Popper perante a indução e o método científico

Popper afirma algumas vezes ser "realista crítico", no sentido "de acreditar que um mundo material existe independente da experiência" (*In*: MAGEE, 1979, p. 54); outras vezes, "racionalista crítico", porquanto seu método "é o de enunciar claramente o problema e examinar, *criticamente*, as várias soluções propostas" (POPPER, 1975a, p. 536). Defende ele o valor do conhecimento racional; as teorias devem corresponder à realidade. Propugna por uma atitude racional e crítica e pelo emprego do método hipotético-dedutivo, que consiste na construção de conjecturas, que devem ser submetidas a testes, os mais diversos possível, à crítica intersubjetiva, ao *controle mútuo pela discussão crítica, à publicidade crítica* e ao confronto com os fatos, para verificar quais hipóteses sobrevivem como mais aptas na luta pela vida, resistindo, portanto, às tentativas de refutação e falseamento.

A teoria do conhecimento, desde Aristóteles, assentava-se no senso comum. Popper a substituiu pela teoria objetiva do conhecimento essencialmente conjectural. "A ciência consiste em *doxai* (opiniões, conjecturas) controladas pela discussão crítica, assim como pela *techne* experimental" (1975b, p. 85). A ciência é hipotética e provisória, não *episteme* ou conhecimento definitivo, como quer o empirismo, o indutivismo.

É difícil expor, em poucas palavras, todo o pensamento de Popper; por isso, faremos apenas um resumo de suas ideias sobre o método científico. Para maior aprofundamento, recomendamos a leitura de suas obras.

Para Popper, a indução não se justifica, pois leva a voltar-se ao infinito, à procura de fatos que a confirmem, ou ao apriorismo, que consiste em admitir algo como já dado, simplesmente aceito, sem necessidade de ser demonstrado, justificado. Não existe a indução nem na lógica nem na metodologia. Ela é de cunho psicológico, não lógico. "Uma teoria não pode ser fabricada com os dados da observação, não pode ser deduzida de enunciados particulares, pois a conclusão projetar-se-ia para além das premissas", como quer a indução.

Esta não decide sobre a verdade, mas apenas sobre a *confiabilidade* ou sobre a *probabilidade*. O salto indutivo de *alguns* para *todos*, de *alguns* para *quaisquer* parece indispensável, mas é impossível, porque exigiria que uma quantidade de finitos particulares (observações de fatos isolados) atingisse o infinito, o universal, o que nunca poderá acontecer, por maior que seja a quantidade de fatos observados. Argumenta Popper (1975a, p. 307-308):

> O avanço da ciência não se deve ao fato de se acumularem ao longo do tempo mais e mais experiências. [...] Ele avança, antes, rumo a um objetivo remoto e, no entanto, atingível, o de sempre descobrir problemas novos, mais profundos e mais gerais e de sujeitar suas respostas sempre a testes provisórios, a testes sempre renovados e sempre mais rigorosos.

Se não existe a indução, qual o método que Popper propõe para a pesquisa? O único método científico é o método hipotético-dedutivo: toda pesquisa tem sua origem num problema para o qual se procura uma solução, por meio de tentativas (conjecturas, hipóteses, teorias) e eliminação de erros. Seu método pode ser chamado de "método de tentativas e eliminação de erros", não um método que leva à certeza, pois, como ele mesmo escreve: "o velho ideal científico da *episteme* – conhecimento absolutamente certo, demonstrável – mostrou não passar de um 'ídolo', mas um método através de tentativas e erros" (POPPER, [197-], p. 67). A metodologia é como uma arma de busca, caçada aos problemas e destruição de erros, mostrando-nos como podemos detectar e eliminar o erro, criticando as teorias e as opiniões alheias e, ao mesmo tempo, as nossas próprias.

Segundo Flesch (1951, p. 160), "o cientista vive num mundo onde a verdade é inatingível, mas onde sempre é possível encontrar erros no que foi penosamente estabelecido ou no óbvio". É mais fácil demonstrar que um automóvel é ruim do que demonstrar que é bom. É mais fácil negar, falsear hipóteses do que confirmá-las, aliás, impossível, como quer a indução.

O que temos no início da pesquisa nada mais é do que um problema, que guia o pesquisador aos fatos relevantes e destes às hipóteses.

Popper (1977, p. 140-141) escreve:

> em 1937, quando eu procurava entender a "tríade" dialética (tese; antítese; síntese) interpretando-a como uma forma de método de tentativa e eliminação de erro, sugeri que toda discussão científica partisse de um problema (P_1), ao qual se oferecesse uma espécie de solução provisória, uma teoria-tentativa (*TT*), passando-se depois a criticar a

> solução, com vista à eliminação do erro (*EE*) e, tal como no caso da dialética, esse processo se renovaria a si mesmo, dando surgimento a novos problemas (P_2). Posteriormente, condensei o exposto no seguinte esquema:
>
> P_1 - - - - - - - - - *TT* - - - - - - - - - *EE* - - - - - - - - - P_2
>
> [...] Eu gostaria de resumir este esquema, dizendo que a ciência começa e termina com problemas.

Popper (1975a, p. 14) já tinha escrito em outro lugar: "eu tenho tentado desenvolver a tese de que o método científico consiste na escolha de problemas interessantes e na crítica de nossas permanentes tentativas experimentais e provisórias de solucioná-los".

3.3.3 Etapas do método hipotético-dedutivo segundo Popper

O esquema apresentado por Popper na seção anterior pode ser expresso da seguinte maneira:

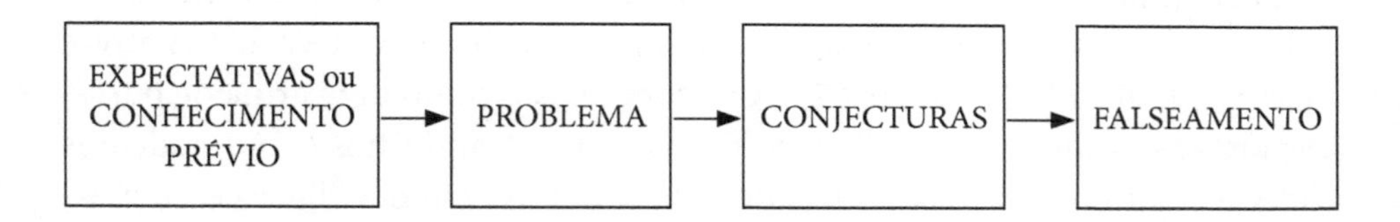

Portanto, Popper defende esses momentos no processo investigatório:

a) **Problema:** surge, em geral, de conflitos diante de expectativas e teorias existentes.
b) **Solução:** proposta que consiste numa conjectura (nova teoria); dedução de consequências na forma de proposições passíveis de teste.
c) **Testes de falseamento:** tentativas de refutação, entre outros meios, pela observação e experimentação.

Se a hipótese não superar os testes, estará falseada, refutada, e exigirá nova reformulação do problema e da hipótese, que, se superar os testes rigorosos, estará corroborada, confirmada provisoriamente, não definitivamente, como querem os indutivistas.

Einstein vem em auxílio dessa característica da falseabilidade quando escreve a Popper: "na medida em que um enunciado científico se refere à realidade, ele tem que ser falseável; na medida em que não é falseável, não se refere à realidade" (POPPER, 1975a, p. 346).

De forma completa, a proposição de Popper permite a seguinte esquematização:

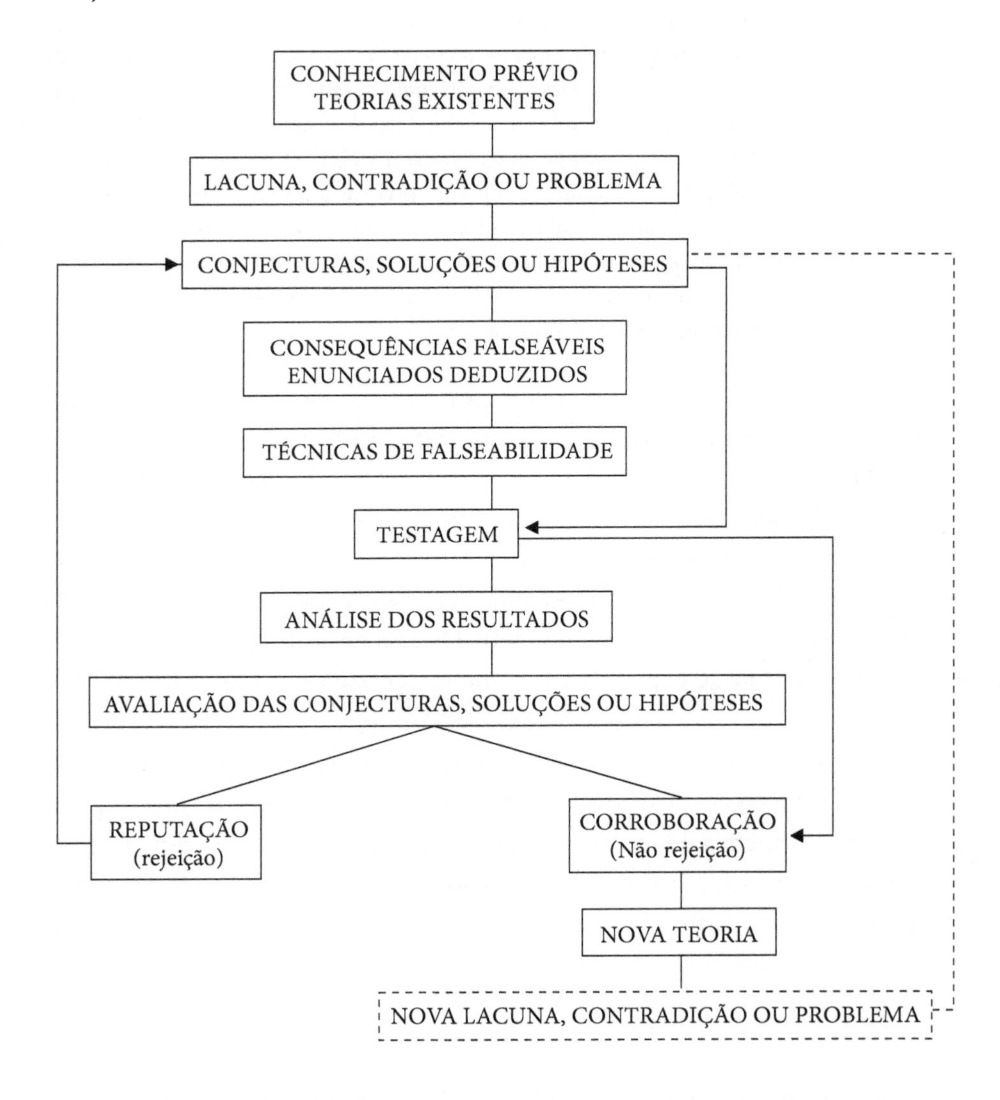

A observação não é feita no vácuo. Tem papel decisivo na ciência. Contudo, toda observação é precedida por um problema, uma hipótese, enfim, algo teórico. A observação é ativa e seletiva, tendo como critério de seleção "expectativas inatas". Só pode ser feita a partir de alguma coisa anterior. Essa coisa anterior é nosso conhecimento prévio ou nossas expectativas. Qualquer observação, escreve Popper (1977, p. 58),

> é uma *atividade com objetivo* (encontrar ou verificar alguma regularidade que foi pelo menos vagamente vislumbrada); trata-se de uma *atividade norteada pelos problemas e pelo contexto de expectativas* ("horizonte de expectativas"). [...] Não há experiência passiva. Não existe outra forma de percepção que não seja no contexto de interesses e expectativas, e, portanto, de regularidades e leis. Essas reflexões levaram-me à suposição de que a conjectura ou hipótese precede a observação ou percepção; temos expectativas inatas, na forma de expectativas latentes, que hão de ser ativadas por estímulos aos quais reagimos, via de regra, enquanto nos empenhamos na exploração ativa. Todo aprendizado é uma modificação de algum conhecimento anterior.

O homem é programado geneticamente e possui o que se chama *imprintação*. Os filhotes dos animais possuem um mecanismo inato para chegar a conclusões inabaláveis. A tartaruguinha, ao sair do ovo, corre para o mar, sem ninguém tê-la advertido do perigo que a ameaça se não mergulhar imediatamente na água; o animal, quando nasce no mato, sem ninguém tê-lo ensinado, corre e procura o lugar apropriado da mãe para alimentar-se; o recém-nascido tem expectativas de carinho e de alimento. Os processos de aprendizagem consistem na formação de expectativas mediante tentativas e erros (cf. POPPER, 1977, p. 50).

Concluindo, nascemos com expectativas, e no contexto dessas expectativas é que se dá a observação, quando alguma coisa inesperada acontece, quando alguma expectativa é frustrada, quando alguma teoria cai em dificuldades. Portanto, o ponto de partida da pesquisa não é a observação, mas um problema. O crescimento do conhecimento marcha de velhos problemas para novos, por intermédio de conjecturas e refutações.

3.3.3.1 Problema

A primeira etapa do método proposto por Popper é o surgimento de um problema. Nosso conhecimento consiste no conjunto de expectativas, que forma como uma moldura. A quebra desta provoca uma dificuldade: o problema que vai desencadear uma pesquisa. Toda investigação nasce de algum problema teórico/prático sentido. Este dirá o que é relevante ou irrelevante observar, os dados que devem ser selecionados. Essa seleção exige uma hipótese, conjectura e/ou suposição, que servirá de guia para o pesquisador:

> Meu ponto de vista é [...] que a ciência parte de problemas; que esses problemas aparecem nas tentativas que fazemos para compreender o mundo da nossa "experiência" ("experiência" que consiste em grande parte de expectativas ou teorias, e também em parte em conhecimento derivado da observação – embora ache que não existe conhecimento derivado da observação pura, sem mescla de teorias e expectativas) (POPPER, [197-], p. 181).

3.3.3.2 Conjecturas

Conjectura é uma solução proposta em forma de proposição passível de teste, direto ou indireto, em suas consequências, sempre dedutivamente: "Se ... então..." Verificando-se que o antecedente ("se") é verdadeiro, também o será forçosamente o consequente ("então"), isto porque o antecedente consiste numa lei geral e o consequente é deduzido dela.

> *Exemplo*: Se – sempre que – um fio é levado a suportar um peso que excede àquele que caracteriza sua resistência à ruptura, ele se romperá (lei universal); o peso para esse fio é de um quilo e a ele foram presos dois quilos (condições iniciais). Deduzimos: esse fio se romperá (enunciado singular) (POPPER, 1975a, p. 62).

A conjectura é lançada para explicar ou prever o que despertou nossa curiosidade intelectual ou dificuldade teórica e/ou prática. No oceano dos fatos, só aquele que lança a rede das conjecturas poderá pescar alguma coisa.

As duas condições essenciais do enunciado-conjectura (hipóteses) são a compatibilidade com o conhecimento existente e a falseabilidade.

3.3.3.3 Tentativa de falseamento

Nesta terceira etapa do método hipotético-dedutivo, realizam-se os testes que consistem em tentativas de falseamento, de eliminação de erros. Um dos meios de teste, que não é o único, é a observação e experimentação. Consiste em falsear, isto é, em tornar falsas as consequências deduzidas ou deriváveis da hipótese, mediante o *modus tollens* (ver seção 4.2 deste capítulo), ou seja, "se *p*, então *q*, não *q*, então não *p*", ou seja, se *q* é deduzível de *p*, mas *q* é falso, logicamente *p* é falso.

Quanto mais falseável for uma conjectura, mais científica será, e será mais falseável quanto mais informativa, maior conteúdo empírico tiver.

> *Exemplo*: "Amanhã choverá" é uma conjectura que informa muito pouco (quando, como, onde etc.) e, por conseguinte, difícil de falsear, mas também sem maior importância. Não é facilmente falseável porque em algum lugar do mundo choverá. "Amanhã, em tal lugar, a tal hora, minuto e segundo, choverá torrencialmente" é facilmente falseável porque tem grande conteúdo empírico, informativo. Bastará esperar naquele lugar, hora e minuto, e constatar a verdade ou falsidade da conjectura. As conjecturas altamente informativas são as que interessam à ciência. "É verificando a falsidade de nossas suposições que de fato estamos em contato com a realidade" (POPPER, 1975b, p. 331).

A indução tenta, a todo custo, confirmar, verificar a hipótese; busca acumular possivelmente todos os casos concretos afirmativos. Popper, ao contrário, procura evidências empíricas para torná-las falsas, para derrubá-las. É claro que todos os casos positivos coletados não confirmarão a hipótese, como quer a indução, pois um único caso negativo concreto será suficiente para falsear a hipótese, como afirma Popper. Esse procedimento é mais fácil e possível de realizar. Se a conjectura resistir a testes severos, estará corroborada (demonstrada provisoriamente), não confirmada, como querem os indutivistas.

O termo *corroboração* é mais apropriado, visto que confirmar uma hipótese é utópico: teríamos de acumular todos os casos positivos presentes, passados e futuros, que é coisa impossível. No entanto, diremos que a não descoberta de caso concreto negativo corroborará a hipótese, o que, como afirma Popper, não excede o nível da provisoriedade: é válida, porquanto superou todos os testes, porém, não definitivamente confirmada, pois poderá surgir um fato que a invalide, como tem acontecido com muitas leis e teorias na história da ciência.

Toda hipótese é válida, conquanto não se recuse a submeter-se ao teste empírico e intersubjetivo de falseamento. Intersubjetivo, defende Popper (1975a, p. 44-45), porque a objetividade não existe: "Direi que a objetividade dos enunciados científicos está no fato de que podem ser testados intersubjetivamente."

3.3.4 Método hipotético-dedutivo segundo outros autores

Com algumas pequenas variantes, expõem o mesmo método: Copi (1974), Bunge (1974a) e Souza, Rego Filho, Lins Filho, Lyra e Couto (1976). Para Copi (1974, p. 391-400), são as seguintes as etapas do método científico ou padrão geral da investigação científica:

a) **Problema:** toda investigação científica parte de um problema: fato ou conjunto de fatos para o qual não temos explicação aceitável, pois não se adapta às nossas expectativas, ou seja, ao conhecimento prévio da área onde se situa o problema da pesquisa.
b) **Hipóteses preliminares:** um problema é uma dificuldade, uma fissura no quadro do conhecimento prévio e das expectativas. As hipóteses preliminares são solução provisória, mas tão necessárias como o problema. Como as hipóteses de trabalho são provisórias, pode acontecer que nenhuma delas sobreviva como solução do problema, sendo outra, bem diferente delas, a hipótese válida.
c) **Fatos adicionais:** as hipóteses preliminares levam o cientista a procurar fatos adicionais, que podem sugerir novas hipóteses, que, por sua vez, podem sugerir novos fatos adicionais, e assim por diante. Hipóteses preliminares e fatos adicionais estão intimamente unidos, inseparáveis.
d) **Hipótese:** dentre as diversas hipóteses preliminares, o pesquisador opta por aquela mais verossímil, para submetê-la a testes de experiência.
e) **Dedução de consequências:** de uma hipótese deduzem-se consequências, que deverão ser testadas, direta ou indiretamente, pela observação, pela teoria ou por ambas. Como desfecho favorável da experiência, a hipótese é corroborada, isto é, demonstrada provisoriamente.
f) **Aplicação:** como tudo que é científico, os resultados e consequências devem ser aplicados na prática, servindo de pauta para pesquisas de problemas semelhantes.

Bunge (1974a, p. 70-72) indica as seguintes etapas:

a) **Colocação do problema:**
   - Reconhecimento dos fatos: exame, classificação preliminar e seleção dos fatos que, com maior probabilidade, são relevantes no que respeita a algum aspecto.

- Descoberta do problema: encontro de lacunas ou incoerências no saber existente.
- Formulação do problema: colocação de uma questão que tenha alguma probabilidade de ser correta; em outras palavras, redução do problema a um núcleo significativo, com probabilidade de ser solucionado e de apresentar-se frutífera, com o auxílio do conhecimento disponível.

b) **Construção de um modelo teórico:**

- Seleção dos fatores pertinentes: invenção de suposições plausíveis que se relacionem a variáveis supostamente pertinentes.
- Invenção das hipóteses centrais e das suposições auxiliares: proposta de um conjunto de suposições que sejam concernentes a supostos nexos entre as variáveis (por exemplo, enunciado de leis que se espera possa amoldar-se aos fatos ou fenômenos observados).

c) **Dedução de consequências particulares:**

- Procura de suportes racionais: dedução de consequências particulares que, no mesmo campo, ou campos contíguos, possam ter sido verificadas.
- Procura de suportes empíricos: em vista das verificações disponíveis ou concebíveis, elaboração de predições ou retrodições, tendo por base o modelo teórico e dados empíricos.

d) **Teste das hipóteses:**

- Esboço da prova: planejamento dos meios para pôr à prova as predições e retrodições; determinação tanto de observações, medições, experimentos quanto das demais operações instrumentais.
- Execução da prova: realização das operações planejadas e nova coleta de dados.
- Elaboração dos dados: procedimentos de classificação, análise, redução e outros, referentes aos dados empíricos coletivos.
- Inferência da conclusão: à luz do modelo teórico, interpretação dos dados já elaborados.

e) **Adição ou introdução das conclusões na teoria:**

- Comparação das conclusões com as predições e retrodições: contraste dos resultados da prova com as consequências deduzidas do modelo teórico, precisando o grau em que este pode ser considerado confirmado ou não (inferência provável).

- Reajuste do modelo: caso necessário, eventual correção ou reajuste do modelo.
- Sugestões para trabalhos posteriores: caso o modelo não tenha sido confirmado, procuram-se erros ou na teoria ou nos procedimentos empíricos; se, ao contrário, o modelo for confirmado, examinam-se possíveis extensões ou desdobramentos, inclusive em outras áreas do saber.

Finalmente, para Souza, Rego Filho, Lins Filho, Lyra e Couto (1976, p. 80) as etapas do método hipotético-dedutivo compreendem:

a) Formulação da(s) hipótese(s), a partir de um fato-problema.

b) Inferência das consequências preditivas da(s) hipótese(s).

c) Teste das consequências preditivas, através da experimentação, a fim de confirmar ou refutar a(s) hipótese(s).

3.3.5 Críticas ao método hipotético-dedutivo

As críticas que podem ser feitas ao método hipotético-dedutivo são exatamente as mesmas que foram formuladas quando se analisou o método dedutivo. Deve-se apenas acrescentar que o critério de falseabilidade, introduzido por Popper, concentra a maioria das críticas, por afirmar que as hipóteses, etapa necessária para o desenvolvimento da ciência, jamais podem ser consideradas verdadeiras, visto que conclusivamente podem ser falseadas. É claro que todos os autores que emitem esse tipo de crítica não postulam o conhecimento científico como pronto e acabado em dado momento, pois isso contrariaria a característica da ciência de contínuo aperfeiçoamento, por meio de modificações e alterações no campo teórico e na área dos métodos e técnicas de investigação da natureza e da sociedade. O que causa estranheza, na posição de Popper, é que a ciência se limite à eliminação do erro, sem que se apresente como progressiva descoberta ou aproximação da verdade.

3.4 Método dialético

3.4.1 Histórico

Na Grécia Antiga, o conceito de dialética era equivalente ao de diálogo, passando depois a referir-se, ainda dentro do diálogo, a uma argumentação que fazia clara distinção dos conceitos envolvidos na discussão.

Com Heráclito de Éfeso (aproximadamente, 540-480 a.C.), o conceito de dialética toma nova feição, englobando o conceito de mudança, com base na constatação de que é por meio do conflito que tudo se altera. Em um fragmento de sua obra, que chegou até nós, ele dá um exemplo dessa constante modificação das coisas: um homem nunca pode tomar banho duas vezes no mesmo rio, pois o tempo que permeia entre uma ação e outra, tanto o rio como o homem já se modificaram. Heráclito chegava a negar, em sua argumentação, a existência de qualquer estabilidade nos seres.

Outro pensador da mesma época, Parmênides, diverge de Heráclito, afirmando que a essência profunda do ser era imutável, sendo superficial a mudança. Com essa linha de pensamento, Parmênides opõe a metafísica à dialética, prevalecendo a primeira.

Mais de um século depois, Aristóteles reintroduz princípios dialéticos nas explicações, na época, dominadas pela metafísica. Se, de um lado, se opõe à visão do ser como equilíbrio de contrários, afirmando que, ao mesmo tempo e no mesmo objeto, não podem existir dois atributos contrários (a não ser que o afetem de forma diferente, ou que se encontrem nele acidentalmente), de outro, suprimido o conceito de tempo, nada impede a algo que é de transformar-se no que não é, desde que o ser e o não ser não estejam presentes ao mesmo tempo. Portanto, se analisarmos um ser, reportando-nos a suas origens, podemos admitir o ser e o não ser: o movimento não é uma ilusão, um aspecto superficial da realidade, mas um fluxo eterno e contínuo, uma vez que tudo se origina de princípios contrários. Mais ainda, sob o rótulo de *movimento* analisam-se coisas diferentes, quando há necessidade de verificar a natureza: todas as coisas possuem potencialidades, sendo o movimento a atualização delas, isto é, são potencialidades ou possibilidades que se transformam em realidades efetivas. Portanto, Aristóteles defende três noções capitais: uma contra as ideias de Platão, afirmando a concepção do universal, imanente e não transcendente ao indivíduo; a noção das relações entre a razão e a experiência, cuja necessidade interna deve ser revelada pelo pensamento; e, finalmente, a concepção do movimento, do vir-a-ser, como passagem da potencialidade para o ato ou a realidade.

Desde Aristóteles até o Renascimento, a dialética permanece num segundo plano, perante a metafísica. No século XVI, com Montaigne e, no século XVIII, com Diderot, o pensamento dialético recebe um reforço, até atingir o apogeu, com Hegel, antes de sua transformação por Marx.

Ao tempo de Hegel, as características principais da metafísica baseavam-se na rejeição da transformação, na separação do que é inseparável e na exclusão sistemática dos contrários. Ajudado pelos progressos científicos e sociais (Revolução Francesa), Hegel compreendeu que no universo nada está isolado, tudo é movimento e mudança, tudo depende de tudo; assim, retorna à dialética, buscando as ideias de Heráclito.

Hegel fundamenta-se nas contradições e, procurando as relações das partes formadoras de um todo orgânico, busca a plenitude; ora, a contradição está presente em toda a realidade: tudo tem relação com o todo, que encerra em si próprio contradições. Nada é finito, mesmo que assim pareça: o que se apresenta como finito é algo que se transformará, apresentando-se a nossos olhos sob outro aspecto. Os contrários são verso e anverso de uma mesma realidade; portanto, ao mesmo tempo que se antagonizam, também se identificam. A dialética é a lógica do conflito, do movimento, da vida.

O hegelianismo é um sistema, uma construção lógica, racional, coerente, que pretende apreender o real em sua totalidade. O ser, enquanto tal, é o imediatamente indeterminado, isto é, o nada. Essa contradição aparente resolve-se no devenir, ao longo do qual o não ser vem a ser (por exemplo, o homem nasce) e o ser deixa de ser (o homem morre). Nada existe que não contenha, ao mesmo tempo, o ser e o nada. A tese, ser, e a antítese, nada, não passam, pois, de abstrações ou momentos de um processo em que ambos são absorvidos ou superados na e pela síntese. A realidade é, dessa forma, contraditória ou dialética em si mesma.

Como era idealista, Hegel dá uma importância primeira ao espírito e, em consequência, faz uma concepção particular do movimento e da mudança: considera que são as mudanças do espírito que provocam as da matéria. Existe primeiramente o espírito que descobre o universo, pois este é a ideia materializada. O espírito e o universo estão em perpétua mudança, mas as mudanças do espírito é que determinam as da matéria.

> *Exemplo*: Determinado inventor tem uma ideia: à medida que a realiza, esta, materializada, cria mudanças na matéria.

Em resumo, Hegel é dialético, mas subordina a dialética ao espírito.

Segundo Thalheimer (1979, p. 83), a dialética passa por quatro fases:

a) A dos filósofos jônicos, cujo principal representante é Heráclito, desenvolvendo a dialética da sucessão.

b) A de Aristóteles, dialética da coexistência; esta fase está em contradição com a primeira, da qual é a negação.
c) A de Hegel, que reuniu as duas, elevando-as a uma fase superior, ao mesmo tempo que desenvolvia a dialética da sucessão e da coexistência, de forma idealista; portanto, dialética-histórica-idealista.
d) A de Marx e Engels, denominada dialética materialista; a importância primeira é dada à matéria: o pensamento e o universo estão em perpétua mudança, mas não são as mudanças das ideias que determinam as das coisas: "São, pelo contrário, estas que nos dão aquelas, e as ideias modificam-se porque as coisas se modificam" (POLITZER, 1979, p. 195).

3.4.2 Leis da dialética

Diferentes autores que interpretaram a dialética materialista não estão de acordo quanto ao número de leis fundamentais do método dialético: alguns apontam três; outros, quatro. Quanto à denominação e à ordem de apresentação, estas também variam. Numa tentativa de unificação, diríamos que as quatro leis fundamentais são:

a) Ação recíproca, unidade polar ou "tudo se relaciona".
b) Mudança dialética, negação da negação ou "tudo se transforma".
c) Passagem da quantidade à qualidade ou mudança qualitativa.
d) Interpenetração dos contrários, contradição ou luta dos contrários.

3.4.2.1 Ação recíproca

Ao contrário da metafísica, que concebe o mundo como um conjunto de coisas estáticas, a dialética o compreende como um conjunto de processos. Para Engels (*In*: POLITZER, 1979, p. 214), a dialética é a

> grande ideia fundamental segundo a qual o mundo não deve ser considerado como um complexo de *coisas acabadas*, mas como um complexo de *processos* em que as coisas, na aparência estáveis, do mesmo modo que seus reflexos intelectuais em nosso cérebro, as ideias, passam por uma mudança ininterrupta de devir e decadência, em que, finalmente, apesar de todos os insucessos aparentes e retrocessos momentâneos, um desenvolvimento progressivo acaba por se fazer hoje.

Portanto, para a dialética, as coisas não são analisadas na qualidade de objetos fixos, mas em movimento: nenhuma coisa está acabada, encontrando-se sempre em via de se transformar, desenvolver; o fim de um processo é sempre o começo de outro. Todavia, as coisas não existem isoladas, destacadas umas das outras e independentes, mas como um todo unido, coerente. Tanto a natureza quanto a sociedade são compostas de objetos e fenômenos organicamente ligados entre si, dependendo uns dos outros e, ao mesmo tempo, condicionando-se reciprocamente.

Stalin (*In*: POLITZER; BESSE; CAVEING, [197-], p. 37) refere-se a esta interdependência e ação recíproca, indicando ser por esse motivo

> que o método dialético considera que nenhum fenômeno da natureza pode ser compreendido, quando encarado isoladamente, fora dos fenômenos circundantes; porque, qualquer fenômeno, não importa em que domínio da natureza, pode ser convertido num contrassenso quando considerado fora das condições que o cercam, quando destacado destas condições; ao contrário, qualquer fenômeno pode ser compreendido e explicado, quando considerado do ponto de vista de sua ligação indissolúvel com os fenômenos que o rodeiam, quando considerado tal como ele é, condicionado pelos fenômenos que o circundam.

Politzer, Besse e Caveing ([197-], p. 38-39) citam dois exemplos práticos, referentes à primeira lei do método dialético: no primeiro exemplo, determinada mola de metal não pode ser considerada à parte do universo que a rodeia. Foi produzida pelo homem (sociedade) com metal extraído da terra (natureza). Mesmo em repouso, a mola não se apresenta independentemente do ambiente: atuam sobre ela a gravidade, o calor, a oxidação etc., condições que podem modificá-la, tanto em sua posição quanto em sua natureza (ferrugem). Se um pedaço de chumbo for suspenso na mola, exercerá sobre ela determinada força, distendendo-a até seu ponto de resistência: o peso age sobre a mola, que também age sobre o peso; mola e peso formam um todo, em que há interação e conexão recíproca. A mola é formada por moléculas ligadas entre si por uma força de atração, de tal forma que, além de certo peso, não podendo distender-se mais, a mola se quebra, o que significa o rompimento da ligação entre determinadas moléculas. Portanto, a mola não distendida, a distendida e a rompida apresentam, de cada vez, um tipo diferente de ligações entre as moléculas. Por sua vez, se a mola for aquecida, haverá uma modificação de outro tipo entre as moléculas (dilatação). Concluem Politze, Besse e Caveing:

> Diremos que, em sua natureza e em suas deformações diversas, a mola se constitui por *interação* dos milhões de moléculas de que se compõe. Mas a própria interação está *condicionada* às relações existentes entre a mola (no seu conjunto) e o meio ambiente: a mola e o meio que a rodeia formam um *todo*; há entre eles *ação recíproca*.

O segundo exemplo focaliza a planta, que fixa o oxigênio do ar, mas também interfere no gás carbônico e no vapor d'água, e essa interação modifica, ao mesmo tempo, a planta e o ar. Além disso, utilizando a energia fornecida pela luz solar, opera uma síntese de matérias orgânicas, desenvolvendo-se. Ora, esse processo de desenvolvimento transforma, também, o solo. Portanto, a planta não existe a não ser em unidade e ação recíproca com o meio ambiente.

Em resumo, todos os aspectos da realidade (da natureza ou da sociedade) prendem-se por laços necessários e recíprocos. Essa lei leva à necessidade de avaliar uma situação, um acontecimento, uma tarefa, uma coisa, do ponto de vista das condições que os determinam e, assim, os explicam.

3.4.2.2 Mudança dialética

Todas as coisas implicam um processo, como já vimos. Essa lei é verdadeira para todo movimento ou transformação das coisas, tanto para as reais quanto para seus reflexos no cérebro (ideias). Se todas as coisas e ideias se movem, se transformam, se desenvolvem, significa que constituem processos, e toda extinção das coisas é relativa, limitada, mas seu movimento, transformação ou desenvolvimento é absoluto. Porém, ao unificar-se, o movimento absoluto coincide com o repouso absoluto.

Todo movimento, transformação ou desenvolvimento opera-se por meio das contradições, ou mediante a negação de uma coisa; essa negação refere-se à transformação das coisas. Dito de outra forma, a negação de uma coisa é o ponto de sua transformação em seu contrário. Ora, a negação, por sua vez, é negada. Por isso, diz-se que a mudança dialética é a negação da negação.

A negação da negação tem algo positivo, tanto do ponto de vista da lógica, no pensamento, quanto da realidade: como negação e afirmação são noções polares, a negação da afirmação implica negação, mas a negação da negação implica afirmação. "Quando se nega algo, diz-se não. Esta, a primeira negação. Mas, se se repete a negação, isto significa sim. Segunda negação. O resultado é algo positivo" (THALHEIMER, 1979, p. 92).

Uma dupla negação em dialética não significa o restabelecimento da afirmação primitiva, que conduziria de volta ao ponto de partida, mas resulta numa nova coisa. O processo da dupla negação engendra novas coisas ou propriedades: uma nova forma que suprime e contém, ao mesmo tempo, as primitivas propriedades. Como lei do pensamento, assume a seguinte forma: o ponto de partida é a *tese*, proposição positiva; essa proposição nega-se ou transforma-se em sua contrária; a proposição que nega a primeira é a *antítese* e constitui a segunda fase do processo; quando a segunda proposição, antítese, é, por sua vez, negada, obtém-se a terceira proposição ou *síntese*, que é a negação da *tese* e *antítese*, mas por intermédio de uma proposição positiva superior, a obtida por meio de dupla negação.

A união dialética não é uma simples adição de propriedades de duas coisas opostas, simples mistura de contrários, pois isso seria um obstáculo ao desenvolvimento. A característica do desenvolvimento dialético é que ele prossegue por meio de negações.

> *Exemplo*: Toma-se um grão de trigo. Para que ele seja o ponto de partida de um processo de desenvolvimento, é posto na terra. Com isso, o grão de trigo desaparece, sendo substituído pela espiga (primeira negação: o grão de trigo desapareceu, transformando-se em planta). A seguir, a planta cresce, produz, por sua vez, grãos de trigo e morre (segunda negação: a planta desaparece depois de produzir não somente o grão, que a originou, mas também outros grãos que podem, inclusive, ter qualidades novas, em pequeno grau; mas as pequenas modificações, pela acumulação, segundo a teoria de Darwin, podem originar novas espécies). Portanto, a dupla negação, quando restabelece o ponto de partida primitivo, faz isso a um nível mais elevado, que pode ser quantitativa ou qualitativamente diferente (ou ambas).

Segundo Engels (In: POLITZER, 1979, p. 202), "para a dialética não há nada de definitivo, de absoluto, de sagrado; apresenta a caducidade de todas as coisas e em todas as coisas e, para ela, nada existe além do processo ininterrupto do devir e do transitório". Nada é sagrado significa que nada é imutável, que nada escapa ao movimento, à mudança. Devir expressa que tudo tem uma "história". Tomando como exemplo uma maçã e um lápis, veremos que a maçã resulta da flor, que resulta da árvore (macieira) e que, de fruto verde, a maçã passa a madura, cai, apodrece, liberta sementes que, por sua vez, darão origem a novas macieiras, se nada interromper a sequência. Portanto, as fases sucedem-se necessariamente sob o domínio de forças internas que chamaremos de *autodinamismo*. Para que haja um lápis, uma árvore tem de ser cortada, transformada em prancha, adicionando-lhe grafite, tudo sob a intervenção do homem. Dessa forma, na "história" do lápis, as fases justapõem-se, mas a mudança não é dialética, é mecânica.

Assim, "quem diz dialética, não diz só movimento, mas, também, autodinamismo" (POLITZER, 1979, p. 205).

3.4.2.3 Passagem da quantidade à qualidade

Trata-se, aqui, de analisar a mudança contínua, lenta ou a descontínua, por saltos. Engels (*In*: POLITZER, 1979, p. 255) afirma que, "em certos graus de mudança quantitativa, produz-se, subitamente, uma conversão qualitativa". E exemplifica com o caso da água. Partindo, por exemplo, de 20° C, se começarmos a elevar sua temperatura, teremos sucessivamente 21° C, 22° C, 23° C... 98° C. Durante esse tempo, a mudança é contínua. No entanto, se elevarmos ainda mais a temperatura, alcançaremos 99° C, mas, ao chegar a 100°, ocorrerá uma mudança brusca, *qualitativa*. A água transforma-se em vapor. Agindo ao contrário, esfriando a água, obteríamos 19° C, 18° C... 1° C. Chegando a 0° C, nova mudança brusca, a água transforma-se em gelo. Assim, entre 1° C e 99° C, temos mudanças quantitativas. Acima ou abaixo desse limite, a mudança é qualitativa. Dessa forma, a mudança das coisas não pode ser indefinidamente quantitativa: transformando-se, em determinado momento, sofrem mudança qualitativa. A quantidade transforma-se em qualidade.

Um exemplo, na sociedade, seria o do indivíduo que se apresenta como candidato a determinado mandato. Se o número de votos necessário para que seja eleito é 5.000, com 4.999 continuaria a ser apenas um candidato, porque não seria eleito. Contudo, se recebesse um voto a mais, a mudança quantitativa determinaria a qualitativa: de candidato, ele se tornaria um eleito. Da mesma forma, se um vestibulando necessitar de 70 pontos para ser aprovado, com 69 será apenas um indivíduo que prestou exame vestibular, mas com 70 passará a universitário.

Denominamos mudança quantitativa o simples aumento ou diminuição de quantidade. A mudança qualitativa seria a passagem de uma qualidade ou de um estado para outro. O importante é lembrar que a mudança qualitativa não é obra do acaso, pois decorre necessariamente da mudança quantitativa; voltando ao exemplo da água, do aumento progressivo do calor ocorre a transformação em vapor, a 100° C, supondo-se normal a pressão atmosférica. Se ela mudar, então, como tudo se relaciona (primeira lei da dialética), muda também o ponto de ebulição. No entanto, para dado corpo e certa pressão atmosférica, o ponto de ebulição será sempre o mesmo, demonstrando que a mudança de qualidade não é uma ilusão: é um fato objetivo, material, cuja ocorrência obedece a uma lei natural. Em consequência, é previsível: a ciência pesquisa (e estabelece) quais são as mudanças de quantidade necessárias para que se produza uma mudança de qualidade.

Segundo Stalin (*In*: POLITZER; BESSE; CAVEING, [197-], p. 58),

> em oposição à metafísica, a dialética considera o processo de desenvolvimento, não como um simples processo de crescimento, em que as mudanças quantitativas não chegam a se tornar mudanças qualitativas, mas como um desenvolvimento que passa, das mudanças quantitativas insignificantes e latentes, para as mudanças aparentes e radicais, as mudanças qualitativas. Por vezes, as mudanças qualitativas não são graduais, mas rápidas, súbitas, e se operam por saltos de um estado a outro; essas mudanças não são contingentes, mas necessárias; são o resultado da acumulação de mudanças quantitativas insensíveis e graduais.

Essa colocação de Stalin não quer dizer que todas as mudanças qualitativas se operam em forma de crises, explosões súbitas. Há casos em que a passagem para a qualidade nova é realizada por meio de mudanças qualitativas graduais, como ocorre com as transformações da língua.

3.4.2.4 Interpenetração dos contrários

Considerando que toda realidade é movimento e que o movimento, sendo universal, assume formas quantitativas e qualitativas, necessariamente ligadas entre si e que se transformam uma na outra, a pergunta que surge é: qual o *motor* da mudança e, em particular, da transformação da quantidade em qualidade ou de uma qualidade para outra nova?

Politzer, Besse e Caveing ([197-], p. 710-701), citando Stalin, indicam que,

> em oposição à metafísica, a dialética parte do ponto de vista de que os objetos e os fenômenos da natureza supõem contradições internas, porque todos têm um lado negativo e um lado positivo, um passado e um futuro; todos têm elementos que desaparecem e elementos que

> se desenvolvem; a luta desses contrários, a luta entre o velho e o novo, entre o que morre e o que nasce, entre o que perece e o que evolui, é o conteúdo interno do processo de desenvolvimento, da conversão das mudanças quantitativas em mudanças qualitativas.

Estudando a contradição como princípio do desenvolvimento, é possível destacar seus principais caracteres:

a) A contradição é interna. Toda realidade é movimento e não há movimento que não seja consequência de uma luta de contrários, de sua contradição interna, isto é, essência do movimento considerado e não exterior a ele.

Exemplo: A planta surge da semente e seu aparecimento implica o desaparecimento da semente. Isso acontece com toda a realidade: se ela muda, é por ser, *em essência*, ela e algo diferente dela. As contradições internas é que geram o movimento e o desenvolvimento das coisas.

b) A contradição é inovadora. Não basta constatar o caráter interno da contradição. É necessário, ainda, frisar que essa contradição é a *luta entre o velho e o novo*, entre o que morre e o que nasce, entre o que perece e o que se desenvolve.

Exemplo: É na criança e *contra* ela que cresce o adolescente; é no adolescente e *contra* ele que amadurece o adulto. Não há vitória sem luta. "O dialético sabe que, onde se desenvolve uma contradição, lá está a fecundidade, lá está a presença do novo, a promessa de sua vitória" (POLITZER; BESSE; CAVEING, [197-], p. 74).

c) Unidade dos contrários. A contradição encerra dois termos que se opõem; para isso, é preciso que seja uma *unidade*, a unidade dos contrários.

Exemplos: Existe, em um dia, um período de luz e um período de escuridão. Pode ser um dia de 12 horas e uma noite de 12 horas. Portanto, dia e noite são dois opostos que se excluem entre si, o que não impede que sejam iguais e constituam as duas partes de um mesmo dia de 24 horas.

Por sua vez, na natureza existem o repouso e o movimento, que são contrários entre si.

Para o físico, entretanto, o repouso é uma espécie de movimento e, reciprocamente, o movimento pode ser considerado como uma espécie de repouso. Portanto, existe unidade entre os contrários, apresentando-os em sua unidade indissolúvel. Politzer, Besse e Caveing ([197-], p. 77-79) afirmam: "Essa unidade dos contrários, essa ligação recíproca dos contrários, assume um sentido particularmente importante quando, em dado momento do processo, os contrários se convertem um no outro (o dia transforma-se em noite, e vice-versa); [...] a unidade dos contrários é condicionada, temporária, passageira, relativa. A luta dos contrários, que, reciprocamente, se excluem é absoluta, como absolutos são o desenvolvimento e o movimento."

3.4.3 Críticas ao método dialético

Duas críticas ao método dialético sobressaem: uma em relação à interpenetração dos contrários e outra em relação à mudança dialética.

Em relação à interpenetração dos contrários: considerando luz e escuridão contrários dialéticos que, em decorrência de sua interdependência, constituem uma unidade específica, fazendo sua mútua oposição e exclusão dar lugar à luta dos contrários (a luz é a negação dialética da escuridão), pode-se dizer que a escuridão não existe como fenômeno real, sendo tão somente ausência de radiações eletromagnéticas que constituem a luz. Portanto, a noção de escuridão como algo que tem existência própria é fantasiosa. Quanto aos contrários velho e novo, que se acham em unidade e interconexão dialética, pode-se argumentar que o velho e o novo, de fato, não coexistem e, não coexistindo, não podem ser os contrários na concepção dialética. "De resto, os novos organismos não sustentam luta alguma com os seus progenitores, nem conseguem 'superá-los' ou vencê-los em interação dialética" (BOAVENTURA, 1979, p. 66). Os exemplos mostram apenas o cerne da crítica à existência da interpenetração dos contrários como fundamento real de um método científico.

Em relação à mudança dialética: quando se fala de mudança dialética, considera-se que ela é resultado de forças internas, denominadas autodinamismo. Ora, dada uma realidade concreta, da qual *A* e *B* são os contrários que a constituem, é preciso que eles se contrariem, se oponham, estejam em atividade. Em tal caso, há duas alternativas: (1) a atividade de ambos não é devida a algo presente neles, mas a algo fora deles, como fonte básica de movimento; se denominarmos

C esta fonte básica, deveremos explicar sua origem; (2) cada um dos contrários possui em si a fonte do próprio movimento – nesse momento, a teoria é incapaz de explicar a atividade ou o movimento presente em cada um dos contrários, ao passo que a fonte externa seria capaz de conferir movimento ou atividade aos contrários. Portanto, coloca-se em dúvida a existência do autodinamismo.

Em relação à passagem da quantidade à qualidade: na mudança de qualidade, produzida por alterações quantitativas, ela deixa de ser o que é e passa a ser coisa diferente. Ora, um só exemplo é suficiente para caracterizar que tal não ocorre: o da água. A substância da água é caracterizada pelas moléculas de que se constitui, e estas não se alteram pela passagem ao estado sólido ou gasoso. Se se desejasse sofisticar o argumento, afirmando que são as forças de atração e repulsão as responsáveis pelos diferentes estados de agregação da água e que as forças constituem contrários dialéticos internos, teríamos: a força de atração ou de repulsão é o contrário principal participante de uma unidade própria dos contrários, que travam uma luta específica, produzindo a contradição dialética, cujo desenvolvimento leva ao salto dialético. Contrapõe-se a esta argumentação o fato de que as forças de repulsão e atração não são espontâneas, já que a tendência de cada corpo é manter unidas as partes de seu sistema. Dessa forma, fica faltando um dos contrários internos exigidos pela dialética.

4 MÉTODOS DE PROCEDIMENTO

Uma citação de Schopenhauer, feita por Grawitz (1975, v. 1, p. 289), pode servir de introdução para a questão do que são *método* e *métodos*: "A tarefa não é contemplar o que ninguém ainda contemplou, mas meditar, como ninguém ainda meditou, sobre o que todo mundo tem diante dos olhos."

Tomada ao pé da letra, é uma colocação injusta sobre o tópico em questão, pois a maioria dos autores faz distinção entre *método* e *métodos*; todavia, se de um lado a diferença ainda não ficou clara, de outro, continua-se utilizando o termo *método* para tudo (método e métodos), apesar de se situarem em níveis claramente distintos, no que se refere a sua inspiração filosófica, seu grau de abstração, a sua finalidade mais ou menos explicativa, a sua ação nas etapas mais ou menos concretas da investigação e ao movimento em que se situam.

4.1 Método histórico

Para Lakatos e Marconi (1981, p. 32), o método histórico foi promovido por Boas:

> Partindo do princípio de que as atuais formas de vida social, as instituições e os costumes têm origem no passado, é importante pesquisar suas raízes, para compreender sua natureza e função. Assim, o método histórico consiste em investigar acontecimentos, processos e instituições do passado para verificar sua influência na sociedade de hoje, pois as instituições alcançaram sua forma atual por meio de alterações de suas partes componentes, ao longo do tempo, influenciadas pelo contexto cultural particular de cada época. Seu estudo, para uma melhor compreensão do papel que atualmente desempenham na sociedade, deve remontar aos períodos de sua formação e de suas modificações.

Exemplos: Para compreender a noção atual de família e parentesco, pesquisam-se no passado os diferentes elementos constitutivos dos vários tipos de família e as fases de sua evolução social; para descobrir as causas da decadência da aristocracia cafeeira, investigam-se os fatores socioeconômicos do passado.

Portanto, colocando os fenômenos, como as instituições, no ambiente social em que nasceram, entre suas condições "concomitantes", torna-se mais fácil sua análise e compreensão, no que diz respeito à sua gênese e ao seu desenvolvimento, assim como em relação às sucessivas alterações que lhe ocorreram. Esse procedimento permite a comparação de sociedades diferentes: o método histórico preenche os vazios dos fatos e acontecimentos, apoiando-se em um tempo, mesmo que artificialmente reconstituído, que assegura a percepção da continuidade e do entrelaçamento dos fenômenos.

4.2 Método comparativo

Esse método foi empregado por Tylor. Segundo Lakatos e Marconi (1981, p. 32),

> considerando que o estudo das semelhanças e diferenças entre diversos tipos de grupos, sociedades ou povos contribui para uma melhor compreensão do comportamento humano, este método realiza comparações com a finalidade de verificar similitudes e explicar divergências. O método comparativo é usado tanto para comparações de grupos no presente, no passado, ou entre os existentes e os do passado, quanto entre sociedades de iguais ou de diferentes estágios de desenvolvimento.

Exemplos: Modo de vida rural e urbano no Estado de São Paulo; características sociais da colonização portuguesa e espanhola na América Latina; classes sociais no Brasil, na época colonial e atualmente; organização de empresas norte-americanas e japonesas; a educação entre os povos ágrafos e os tecnologicamente desenvolvidos.

Ocupando-se da explicação dos fenômenos, o método comparativo permite analisar dados concretos, deduzindo deles elementos constantes, abstratos e gerais. Constitui uma verdadeira experimentação indireta. É empregado em estudos de largo alcance (desenvolvimento da sociedade capitalista) e de setores concretos (comparação de tipos específicos de eleições), assim como para estudos qualitativos (diferentes formas de governo) e quantitativos (taxa de escolarização de países desenvolvidos e subdesenvolvidos). Pode ser utilizado em todas as fases e níveis de investigação: num estudo descritivo, pode averiguar a analogia entre os elementos de uma estrutura (regime presidencialista americano e francês); nas classificações, permite a construção de tipologias (cultura de *folk* e civilização); finalmente, em termos de explicação, pode, até certo ponto, apontar vínculos causais entre fatores presentes e ausentes.

4.3 Método monográfico

Método criado por Le Play, que o empregou em estudo de famílias operárias da Europa. Segundo Lakatos e Marconi (1981, p. 33), Le Play considerava que,

> partindo do princípio de que qualquer caso que se estude em profundidade pode ser considerado representativo de muitos outros ou até de todos os casos semelhantes, o método monográfico consiste no estudo de determinados indivíduos, profissões, condições, instituições, grupos ou comunidades, com a finalidade de obter generalizações. A investigação deve examinar o tema escolhido, observando todos os fatores que o influenciaram e analisando-o em todos os seus aspectos.

Exemplos: Estudo de delinquentes juvenis; da mão de obra volante; do papel social da mulher ou dos idosos na sociedade; de cooperativas; de um grupo de índios; de bairros rurais.

Em seu início, o método consistia no exame de aspectos particulares, como orçamento familiar, características de profissões ou de indústrias domiciliares, custo de vida etc. Entretanto, o estudo monográfico pode, também, em vez de se concentrar em um aspecto, abranger o conjunto das atividades de um grupo social particular, como cooperativas e grupo indígena. A vantagem do método consiste em respeitar a "totalidade solidária" dos grupos, ao estudar, em primeiro lugar, a vida do grupo em sua unidade concreta, evitando, portanto, a prematura dissociação de seus elementos. São exemplos, desse tipo de estudo, as monografias regionais, as rurais, as de aldeia e, até, as urbanas.

4.4 Método estatístico

Ainda conforme Lakatos e Marconi (1981, p. 32-33), esse método foi planejado por Quételet:

> Os processos estatísticos permitem obter, de conjuntos complexos, representações simples e constatar se essas verificações simplificadas têm relações entre si. Assim, o método estatístico significa redução de fenômenos sociológicos, políticos, econômicos etc. a termos quantitativos e manipulação estatística, que permite comprovar as relações dos fenômenos entre si e obter generalizações sobre sua natureza, ocorrência ou significado.

Exemplos: Verificar a correlação entre nível de escolaridade e número de filhos; pesquisar as classes sociais dos estudantes universitários e o tipo de lazer preferido pelos estudantes de 1º e 2º graus [hoje, estudantes de ensino fundamental e médio].

O papel do método estatístico é, antes de tudo, fornecer descrição quantitativa da sociedade, considerada como um todo organizado. Por exemplo, definem-se e delimitam-se as classes sociais, especificando as características dos membros dessas classes e, em seguida, mede-se sua importância ou variação, ou qualquer outro atributo quantificável que contribua para seu melhor entendimento. No entanto, a estatística pode ser considerada mais do que apenas um meio de descrição racional; é, também, um método de experimentação e prova, pois é método de análise.

4.5 Método tipológico

O método tipológico foi empregado por Max Weber. Ele (LAKATOS; MARCONI, 1981, p. 33-34)

> apresenta certas semelhanças com o método comparativo. Ao comparar fenômenos sociais complexos, o pesquisador cria tipos ou modelos ideais, construídos a partir da análise de aspectos essenciais do fenômeno. A característica principal do tipo ideal é não existir na realidade, mas servir de modelo para a análise e compreensão de casos concretos, realmente existentes. Weber, através da classificação e comparação de diversos tipos de cidades, determinou as características essenciais da cidade; da mesma maneira, pesquisou as diferentes formas de capitalismo para estabelecer a caracterização ideal do capitalismo moderno; e, partindo do exame dos tipos de organização, apresentou o tipo ideal de organização burocrática.

Exemplo: Estudo dos tipos de governo democrático, do presente e do passado, para estabelecer as características típicas ideais da democracia (LAKATOS, 1981, p. 33-34).

Para Weber, a vocação prioritária do cientista é separar os juízos de realidade (o que é) e os juízos de valor (o que deve ser) da análise científica, com a finalidade de perseguir o conhecimento pelo conhecimento. Assim, o tipo ideal não é uma hipótese, pois se configura como uma proposição que corresponde a uma realidade concreta; portanto, é abstrato; não é uma descrição da realidade, pois só retém, pelo processo de comparação e seleção de similitudes, certos aspectos dela; também não pode ser considerado como um termo médio, pois seu significado não emerge da noção quantitativa da realidade. O tipo ideal não expressa a totalidade da realidade, mas seus aspectos significativos, os caracteres mais gerais, os que se encontram regularmente no fenômeno estudado.

O tipo ideal, segundo Weber, diferencia-se do conceito, porque não se contenta com selecionar a realidade, mas também a enriquece. O papel do cientista consiste em ampliar certas qualidades e fazer ressaltar certos aspectos do fenômeno que pretende analisar.

4.6 Método funcionalista

O método funcionalista, que a rigor, é mais um método de interpretação do que de investigação, foi utilizado por Malinowski:

> Levando-se em consideração que a sociedade é formada por partes componentes, diferenciadas, inter-relacionadas e interdependentes, satisfazendo cada uma das funções essenciais da vida social, e que as partes são

> mais bem entendidas compreendendo-se as funções que desempenham no todo, o método funcionalista estuda a sociedade do ponto de vista da função de suas unidades, isto é, como um sistema organizado de atividades (LAKATOS; MARCONI, 1981, p. 34).

> *Exemplos*: Análise das principais diferenciações de funções que devem existir num pequeno grupo isolado, para que o mesmo sobreviva; averiguação da função dos usos e costumes no sentido de assegurar a identidade cultural de um grupo.

O método funcionalista considera, de um lado, a sociedade como uma estrutura complexa de grupos ou indivíduos, reunidos numa trama de ações e reações sociais; de outro, como um sistema de instituições correlacionadas entre si, que agem e reagem umas em relação às outras. Qualquer que seja o enfoque, fica claro que o conceito de sociedade é visto como um todo em funcionamento, um sistema em operação. E o papel das partes nesse todo é compreendido como *funções* no complexo de estrutura e organização.

A função de uma instituição social, que surgiu com Spencer, em sua analogia da sociedade com um organismo biológico, toma com Durkheim a característica de correspondência entre ela e as necessidades do organismo social. O autor chega a fazer distinção entre o funcionamento "normal" e o "patológico" das instituições. Contudo, é com Malinowski que a análise funcionalista envolve a afirmação dogmática da integração funcional de toda a sociedade, na qual cada parte tem uma função específica a desempenhar no todo.

Merton, por sua vez, critica a concepção do papel indispensável de todas as atividades, normas, práticas, crenças etc. para o funcionamento da sociedade. Cria, então, os conceitos de *funções manifestas* e *funções latentes*.

> *Exemplos*: A função da família é ordenar as relações sexuais, atender à reprodução, satisfazer às necessidades econômicas de seus membros e às educacionais, sob a forma de socialização e transmissão de *status*; a função da escola é educar a população, inclusive no aspecto profissional.

Estas finalidades, pretendidas e esperadas das organizações, são denominadas funções manifestas. É evidente que a análise da real atuação das organizações sociais demonstra que, ao realizar suas funções manifestas, muitas vezes elas obtêm consequências não pretendidas, não esperadas e, inclusive, não reconhecidas, denominadas *funções latentes*. Pode-se citar que a ideologia dominante em uma democracia é a de que todos devem ter as mesmas oportunidades, o que leva os componentes da sociedade à crença de que todos são iguais. Ora, a função latente manifesta-se num aumento de inveja, visto que até mesmo o sistema educacional amplia as desigualdades existentes entre os indivíduos, de acordo com o grau de escolaridade (as oportunidades reais de obter educação superior são "determinadas" pela classe social).

4.7 Método estruturalista

Desenvolvido por Lévi-Strauss, esse método parte da investigação de um fenômeno concreto, eleva-se, a seguir, ao nível abstrato, por intermédio da constituição de um modelo que represente o objeto de estudo, retornando, por fim, ao concreto, dessa vez como uma realidade estruturada e relacionada com a experiência do sujeito social. Considera que uma linguagem abstrata deve ser indispensável para assegurar a possibilidade de comparar experiências, à primeira vista, irredutíveis que, se assim permanecessem, nada poderiam ensinar; em outras palavras, não poderiam ser estudadas. Dessa forma, o método estruturalista caminha do concreto para o abstrato, e vice-versa, dispondo, na segunda etapa, de um modelo para analisar a realidade concreta dos diversos fenômenos.

> *Exemplos*: Estudo das relações sociais e da posição que estas determinam para os indivíduos e os grupos, com a finalidade de construir um modelo que possa retratar a estrutura social em que ocorrem tais relações; verificação das leis que regem o casamento e o sistema de parentesco das sociedades primitivas ou modernas, por meio da construção de modelos que representem os diferentes indivíduos e suas relações, no âmbito do matrimônio e parentesco (no primeiro caso, basta um modelo mecânico, pois os indivíduos são pouco numerosos; no segundo, será necessário um modelo estatístico).

Para penetrar na realidade concreta, a mente constrói modelos, que não são diretamente observáveis na própria realidade, mas a retratam fidedignamente, em virtude de a razão simplificante do modelo corresponder à razão explicante da mente, isto é, por baixo de todos os fenômenos existe uma estrutura invariante e é por esse motivo que ela é objetiva. Assim, toda análise deve levar a um modelo, cuja característica é a possibilidade de explicar a totalidade do fenômeno, assim como sua variabilidade aparente. Isso porque, por intermédio da representação simplificada, o modelo atinge o nível inconsciente e invariante; resume o fenômeno e propicia sua inteligibilidade. Utilizando o método estruturalista, já não se analisam os elementos em si, mas as relações que entre eles ocorrem, pois somente elas são constantes, ao passo que os elementos podem variar. Dessa forma, não existem fatos isolados passíveis de conhecimento, pois a verdadeira significação resulta da relação entre eles.

A diferença primordial entre os métodos tipológico e estruturalista é que o tipo ideal do primeiro inexiste na realidade, servindo apenas para estudá-la, ao passo que o modelo do segundo é a única representação concebível da realidade.

5 USO CONCOMITANTE DE DIVERSOS MÉTODOS

Um pesquisador pode valer de variados métodos. Por exemplo: para analisar o papel que os sindicatos desempenham na sociedade, pode-se pesquisar a origem, o desenvolvimento do sindicato e a forma específica em que aparece nas diferentes sociedades: método histórico e comparativo. A análise de *Garimpos e garimpeiros de Patrocínio Paulista* (tese de doutoramento de Marina de Andrade Marconi) foi resultado do emprego dos métodos histórico, estatístico e monográfico. O tema exigiu pesquisa das atividades dos garimpeiros no passado, suas migrações e métodos de trabalho; na investigação da característica do garimpeiro de hoje, foi empregado o método estatístico; e, finalmente, ao limitar a pesquisa a determinada categoria, utilizou o método monográfico.

6 QUADRO DE REFERÊNCIA

O quadro de referência utilizado pode ser compreendido como uma totalidade que abrange determinada teoria e metodologia específica dessa teoria. Teoria, aqui, é considerada toda generalização relativa a fenômenos físicos ou sociais, estabelecida com o rigor científico necessário para que possa servir de base segura à interpretação da realidade. São as teorias que possibilitam definir conceitos e auxiliam na elaboração das hipóteses; são elas responsáveis pela síntese dos conhecimentos, bem como por sugerir metodologias adequadas à investigação que, por sua vez, englobam abordagem de procedimento e técnicas. Para Gil (2016, p. 18), na esfera das ciências sociais, distinguem-se dois tipos de teorias: as de médio alcance e as grandes teorias. As primeiras desempenham papel limitado nas investigações científicas; as segundas já são "elaboradas de tal forma que ambicionam constituir-se como 'quadros de referência', subordinando outras teorias e sugerindo normas de procedimento científico". Conclui, então, que alguns desse quadros de referência ("grandes teorias") chegam a ser denominados *métodos*, como é o caso do funcionalismo, do estruturalismo, do compreensivismo, do materialismo histórico, da etnometodologia e do social-construtivismo.

Considerando o quadro de referência marxista, temos a teoria do materialismo histórico, o método de abordagem dialético, os métodos de procedimento histórico e comparativo, juntamente com técnicas específicas de coleta de dados. Outro exemplo diz respeito ao quadro de referência evolucionista que compreende: a teoria da evolução (Darwin), juntamente com método de abordagem indutivo, método de procedimento comparativo e respectivas técnicas.

LEITURA RECOMENDADA

ANDERSON, Perry. Nas trilhas do materialismo histórico. *In*: ANDERSON, Perry. *Considerações sobre o materialismo histórico*. Tradução de Fábio Fernandes. 2. ed. São Paulo: Boitempo, 2019. Caps. 1, 2, 3.

BUNGE, Mario. *Epistemologia*: curso de atualização. Tradução de Claudio Navarra. São Paulo: T. A. Queiroz: Edusp, 1980. Cap. 2.

COPI, Irving M. *Introdução à lógica*. Tradução de Álvaro Cabral. São Paulo: Mestre Jou, 1974. Terceira Parte, Capítulo 13. Item V.

HEGENBERG, Leonidas. *Explicações científicas*: introdução à filosofia da ciência. 2. ed. São Paulo: EPU: Edusp, 1973. Segunda Parte, Cap. 5.

MAGEE, Bryam. *As ideias de Popper*. Tradução de Leonidas Hegenberg. 3. ed. São Paulo: Cultrix, 1979. Caps. 1, 2, 3 e 4.

MORGENBESSER, Sidney (org.). *Filosofia da ciência*. Tradução de Leonidas Hegenberg e Octanny Silveira da Mota. 3. ed. São Paulo: Cultrix, 1979. Caps. 11 e 15.

NASCIMENTO, Francisco Paulo do; SOUSA, Flávio Luís Leite. *Metodologia da pesquisa científica*: teoria e prática. Brasília: Thesaurus, 2015. Cap.3.

POPPER, Karl S. *A lógica da pesquisa científica*. Tradução de Leonidas Hegenberg e Octanny Silveira da Mota. 2. ed. São Paulo: Cultrix, 1975a. Caps. 3, 4, 5 e 6.

SALMON, Wesley C. *Lógica*. Tradução de Leonidas Hegenberg e Octanny Silveira da Mota. 4. ed. Rio de Janeiro: Zahar, 1978. Caps. 2 e 3.

SANTOS, Izequias Estevam dos. *Manual de métodos e técnicas de pesquisa científica*. 12. ed. Niterói: Impetus, 2016. Cap. 4.

SEVERINO, Antônio Joaquim. *Metodologia do trabalho científico*. 24. ed. São Paulo: Cortez, 2016. Cap. 3.

3
Fatos, teorias e leis

1 FATO E TEORIA

O senso comum tende a considerar o fato como realidade, isto é, verdadeiro, definitivo, inquestionável e autoevidente (ver conceito de fato na seção 5.3 do Capítulo 1). Da mesma forma, imagina teoria como especulação, ou seja, ideias não comprovadas que, uma vez submetidas à verificação, se se revelarem verdadeiras, passam a constituir fatos e, até, leis.

Sob o aspecto científico, entretanto, enquanto fato é considerado uma observação que pode ser empiricamente verificada, a teoria refere-se a relações entre fatos ou, em outras palavras, à ordenação significativa desses fatos, consistindo em conceitos, classificações, correlações, generalizações, princípios, leis, regras, teoremas, axiomas etc.

Dessa forma, conclui-se que:

a) Teoria e fato não são diametralmente opostos, mas inextrincavelmente inter-relacionados, consistindo em elementos de um mesmo objetivo – a procura da verdade –, sendo indispensáveis à abordagem científica.
b) Teoria não é especulação, mas um conjunto de princípios fundamentais, que se constituem em instrumento científico apropriado na procura e, principalmente, na explicação dos fatos.

c) Ambos, teoria e fato, são objetos de interesse dos cientistas: não existe teoria sem ser baseada em fatos; por sua vez, a compilação de fatos ao acaso, sem um princípio de classificação (teoria), não produziria a ciência; apenas se teria um acúmulo de fatos não sistematizados, não relacionados, mas amorfos e dispersos, impossíveis de ser interligados e explicados.
d) O desenvolvimento da ciência pode ser considerado como uma inter-relação constante de teoria e fato (GOODE; HATT, 1969, p. 12-13).

1.1 Papel da teoria em relação aos fatos

Goode e Hatt (1969, p. 13-18) estudaram em detalhes a interdependência de teoria e fatos, indicando o papel daquela em relação a estes, nos aspectos relacionados a seguir.

1.1.1 Orientação sobre os objetos da ciência

A teoria serve como orientação para restringir a amplitude dos fatos a serem estudados: a quantidade de dados que podem ser estudados em determinada área da realidade é infinita. Entretanto, cada ciência, em particular, focaliza sua atenção sobre determinados aspectos, delimitados por parâmetros, estudando os fenômenos mais importantes neles contidos, ou seja, explorando uma amplitude limitada de coisas, ao mesmo tempo que ignora ou faz suposições sobre outras. Portanto, na orientação da procura dos principais objetos das ciências, torna-se indispensável a atuação da teoria:

a) Restringindo a amplitude dos fatos a serem estudados em cada campo de conhecimento. Na Economia, por exemplo, orienta as investigações para as atividades humanas no campo da organização de recursos.
b) Definindo os principais aspectos de uma investigação. Precisando, portanto, os tipos de dados que devem ser abstraídos da realidade, como objeto de análise. Tomando como exemplo uma bola de futebol, verificamos que ela pode ser estudada: do ponto de vista econômico (padrões de oferta e procura); do ponto de vista químico (exame dos produtos químico-orgânicos de que é constituída); do ponto de vista físico (volume, peso, pressão e velocidade); do ponto de vista social (jogo, comunicação, formação de grupos, interação etc.).

1.1.2 Oferecimento de um sistema de conceitos

A teoria serve como sistema de conceptualização e de classificação dos fatos: um fato não é somente uma observação prática ao acaso, mas também uma afirmativa que pode ser empiricamente verificada sobre o fenômeno em pauta. Engloba tanto as observações científicas quanto um quadro de referência teórico conhecido, no qual essas observações se enquadram. No universo, a variedade de fenômenos passíveis de estudo é infinita; entretanto, a ciência seleciona aqueles que deseja estudar e, além disso, os abstrai da realidade, escolhendo alguns aspectos do fenômeno (massa, velocidade, graus de socialização etc.), não estudando, portanto, todo o fenômeno. Constitui, assim, um ato de abstração separar qualquer fenômeno de tudo aquilo com que está relacionado. Se cada ciência estuda determinados aspectos da realidade e possui um sistema abstrato de pensamento para interpretar esses segmentos, necessita de sistemas conceptuais que expressem os fenômenos de cada área do saber. Na realidade, conceitos são símbolos verbais característicos, conferidos às ideias generalizadas, abstraídas da percepção científica sobre os fenômenos, como veremos mais adiante. Para Barbosa Filho (1980, p. 17), a teoria, como sistema de conceptualização e de classificação dos fatos, tem as seguintes funções:

a) Representar os fatos, emitindo sua verdadeira concepção.

   Exemplo: Os componentes de uma sociedade ocupam nela posições diferentes (fato) = *status* (conceito).

b) Fornecer um universo vocabular científico, próprio de cada ciência, facilitando a compreensão dos fenômenos e a comunicação entre os cientistas.

   Exemplo: Para estudar os fenômenos de mudança cultural, a Antropologia Cultural deve possuir uma terminologia própria, que englobe os conceitos de aculturação (fusão de duas culturas); sincretismo (fusão de elementos culturais – religiosos ou linguísticos); transculturação (troca de elementos culturais) etc.

c) Expressar uma relação entre fatos estudados.

Exemplo: $E = mc^2$, isto é, a energia é igual à massa multiplicada pelo quadrado de sua velocidade.

d) Classificar e sistematizar fenômenos, acontecimentos, aspectos e objetos da realidade.

Exemplo: A classificação periódica dos elementos químicos, feita por Mendeleiev, de acordo com seu peso atômico, não teria sentido sem os conceitos de átomo, próton, elétron, nêutron etc.

e) Resumir a explicação dos fenômenos, expressando sua concepção e correlação.

Exemplo: Classe social = conjunto de agentes sociais que são determinados *principalmente*, mas não exclusivamente, pelo lugar que ocupam no *processo de produção*, ou seja, na esfera econômica; isso significa que, em *um* e *mesmo* movimento, contradições e *luta de classes*.

1.1.3 Apresentação de um resumo do conhecimento

A teoria serve para resumir o que já se sabe sobre o objeto de estudo, mediante generalizações empíricas e inter-relação das afirmações comprovadas: sumariar sucintamente o que já se sabe sobre o objeto de estudo é outra das tarefas ou papéis da teoria. Os resumos podem ser divididos em duas categorias:

a) **Generalizações empíricas:** embora cada campo de estudo da realidade seja constituído por complexa estrutura de fenômenos inter-relacionados, que necessita, para sua explicação, de expressões teóricas sofisticadas (Física Quântica), parte significativa do trabalho científico requer preliminarmente, apenas, a simples descrição dos fatos, explicitados por intermédio de generalizações empíricas mais singulares, fundamentadas em experiências e até mesmo no senso comum.

Exemplos: De um lado, temos: (1) o sociólogo que obtém dados sobre diferenças nas práticas educacionais dos filhos, entre as diversas classes socioeconômicas; (2) o demógrafo que tabula nascimentos e mortes durante certo período, para verificar a taxa de crescimento vegetativo. Esses fatos colhidos são úteis e devem ser resumidos em relações teóricas simples ou complexas. De outro lado, há afirmações como: "objetos caem", "madeira flutua", "estranhos são perigosos". Proposições desse tipo não são consideradas, nesse nível, como teoria, mas constituem ponto de partida para ela: encerram conhecimentos indispensáveis ao trabalho científico mais profundo.

b) **Sistema de inter-relações:** quando um grupo de afirmações resumidas se desenvolve, é possível verificar relações entre as afirmações, que dão origem a um sistema de inter-relações contidas em grandes generalizações, que correspondem a um estágio de desenvolvimento científico bem avançado. Periodicamente, nas ciências, verificam-se modificações na estrutura de relações entre as proposições.

   Exemplos: Mecânica newtoniana, mecânica relativista (Einstein), mecânica quântica.

1.1.4 Previsão de fatos

A teoria serve para, baseando-se em fatos e relações já conhecidos, prever novos fatos e relações. A teoria torna-se um meio de prever fatos, pois resume os fatos já observados e estabelece uma uniformidade geral que ultrapassa as observações imediatas.

> *Exemplo*: Verificamos que a introdução da tecnologia, nos países ocidentais, produziu acentuada redução na taxa de mortalidade e redução, não tão marcante, na taxa de nascimentos (pelo menos durante as fases iniciais). Assim, podemos prever que a introdução de tecnologia, em outros países, acarretará o aparecimento desses padrões. Esperamos a ocorrência dos mesmos padrões em virtude de:
>
> a) Acreditarmos conhecer *quais são os fatores* que causam esses padrões.
> b) Acreditarmos que *esses fatores* serão encontrados na nova situação (GOODE; HATT, 1969, p. 17).

O que nos leva a acreditar em tal? Acreditamos nisso porque, por trás de nossas generalizações empíricas, existe uma teoria que assevera que, nas condições *X*, *Y* será observado. Portanto, sempre que encontrarmos as condições *X*, podemos prever o aparecimento de *Y*. Ou, de forma mais elaborada, se comprovarmos que o fato *X* leva ao acontecimento *Y* em dada situação *A*, na situação *B*, semelhante a *A*, *X* levará novamente ao acontecimento *Y*.

1.1.5 Indicação de lacunas no conhecimento

A teoria serve para indicar os fatos e as relações que ainda não estão satisfatoriamente explicados e as áreas da realidade que demandam pesquisas: é exatamente pelo motivo de a teoria resumir os fatos e também prever os ainda não observados que se tem a possibilidade de indicar áreas não exploradas, da mesma forma que fatos e relações até então insatisfatoriamente explicados. Assim, antes de iniciar uma investigação, o pesquisador necessita conhecer a teoria já existente, pois é ela que servirá de indicador para a delimitação do campo ou área mais necessitada de pesquisas.

> *Exemplos*: Barbara Wooton, em sua obra *Social science and social pathology* (BOTTOMORE, 1965, p. 272), selecionou e analisou 21 obras que tratavam de crime e de delinquência e concluiu que elas indicavam 12 diferentes fatores, possivelmente relacionados à criminalidade ou à delinquência, e que "essa coleção de estudos, embora escolhidos pelo seu mérito metodológico comparado, só produzem generalizações insuficientes e de fundamentação duvidosa". Por sua vez, Edwin H. Sutherland (MERTON, 1970, p. 158-159) identificou grande lacuna no conhecimento do comportamento criminoso: verificou que os estudos até então realizados sobre o comportamento criminoso e suas causas levaram a teoria a correlacionar os crimes, entendidos como assassinato, incêndio proposital, roubo, latrocínio e outros, com as classes baixas. Entretanto, se crime for conceituado como "violação da lei criminal", os mesmos estudos deixaram de lado os crimes cometidos pelas classes médias e altas (rotulados de *white collar*), resultantes das atividades comuns de comércio, cometidos inclusive pelas poderosas empresas comerciais americanas. Tanto em um caso como no outro, as preocupações teóricas seguiram novo rumo, necessitando de outras investigações sobre os fatos e suas relações, por não terem sido satisfatoriamente explicados ou por apresentarem lacunas.

1.2 Papel dos fatos em relação à teoria

Desde que se conclui que o desenvolvimento da ciência pode ser considerado uma inter-relação constante de teoria e fato, e desde que verificamos as diferentes formas pelas quais a teoria desempenha um papel ativo na explicação dos fatos, resta-nos verificar de que maneira os fatos podem exercer função significativa na construção e no desenvolvimento da teoria.

1.2.1 O fato inicia a teoria

Um fato novo, uma descoberta, pode provocar o início de uma nova teoria. Ao longo da história, podemos tomar conhecimento de indivíduos que observaram e, em seguida, descreveram fatos, muitas vezes encontrados ao acaso e, com isso, produziram teorias importantes. Talvez um dos mais antigos é o de Arquimedes: posto perante o problema de como determinar o peso específico dos corpos, percebeu, ao se banhar, que seus membros, mergulhados na água, perdiam parte de seu peso; esse fato conduziu a um dos princípios da Hidrostática, segundo o qual "todo corpo mergulhado num fluido sofre da parte deste uma pressão vertical de baixo para cima igual ao peso do volume de fluido que desloca". Por sua vez, Galileu, depois de observar as oscilações de uma lâmpada, suspensa na abóbada da catedral de Pisa, verificou que ela balançava de um lado para outro em tempo igual e enunciou a lei do isocronismo. E, assim, outros exemplos podem ser citados: a verificação acidental de que o fungo *Penicillium* inibe o crescimento de bactérias; de que a extirpação do pâncreas do cão é acompanhada por sintomas de diabetes; de que o elemento rádio impressiona um filme fotográfico, mesmo que este esteja protegido por material opaco; de que, na linguagem falada, muitos problemas de leitura e de percepção não são acidentais, mas têm causas profundas e sistemáticas. Todos esses fatos observados deram origem a enunciados de leis e teorias significativas nos diversos ramos da ciência.

Entretanto, retomando o último exemplo, muito antes de Freud elaborar uma teoria sobre o fato, muitas pessoas tinham conhecimento de que os lapsos de linguagem e os erros eram causados por outros fatores e não por acidente. Dessa forma, devemos concluir que os fatos não falam por si; é necessário que o observador ou pesquisador vá mais além, procurando explicar os fatos e suas correlações, para que eles sirvam de base objetiva para a construção de uma teoria.

Na Sociologia, podemos citar como exemplo a constatação de que, em época de crise ou catástrofe, recrudesce a perseguição a grupos minoritários. Encontramos aqui relação entre *frustração*, decorrente dos problemas sociopolítico-econômicos ou da natureza, e *agressão*. Ora, essa correlação já era há muito estudada pela Psicologia. Surge, porém, uma nova teoria, específica da Sociologia, que postula a interferência da própria sociedade, que *inibe* a expressão direta da agressão e faz com que esta se *desloque* para grupos que, devido a seu baixo *status* social, não podem impedir a agressão, nem exercer represália ou vingar-se. Agora, com o auxílio dos conceitos de frustração, agressão, inibição e deslocamento, podem-se dar explicações para fenômenos tão discrepantes como o aumento do linchamento de negros norte-americanos na região sul dos Estados Unidos, em situações de crise econômica (baixo valor dos produtos agrícolas) e da perseguição às bruxas, por ocasião de catástrofes naturais. Dessa forma, foi uma relação observada entre fatos que deu início ao desenvolvimento da teoria.

1.2.2 O fato reformula e rejeita teorias

Os fatos podem provocar a rejeição ou a reformulação de teorias já existentes. Havendo a possibilidade de, para incluir um grupo específico de observações, serem formuladas várias teorias, concluímos que os fatos não determinam completamente a teoria; entretanto, entre teoria e fatos, estes são os mais resistentes, pois qualquer teoria deve ajustar-se aos fatos. Quando isso não ocorre, a teoria deve ser reformulada, ou, então, rejeitada. Assim:

a) Os fatos não conduzem a conclusões teóricas completas e definitivas por produzirem constantemente novas situações.
b) Qualquer teoria é passível de modificação, visto que se constitui em expressão funcional das observações.
c) Como a pesquisa é uma atividade contínua, a rejeição e a reformulação das teorias tendem a ocorrer simultaneamente com a observação de novos fatos. Se as teorias existentes não podem ajustar os novos fatos a sua estrutura, elas devem ser reformuladas.
d) As observações são acumuladas gradualmente. O surgimento de novos fatos, não abrangidos pela teoria, a coloca em dúvida, enquanto novas verificações são planejadas, desenvolvem-se novas formulações teóricas, que procuram incluir esses fatos.

Um exemplo da atuação dos fatos em relação à teoria, no campo da Sociologia, pode ser dado com o trabalho de Durkheim sobre o suicídio. Fenômeno largamente estudado por outros cientistas, o suicídio foi explicado por teorias que se baseavam na psicopatologia, assim como em clima, raça e nacionalidade; entretanto, não abarcavam todos os fatos aceitáveis. Durkheim provou que, mantendo-se constante qualquer desses aspectos, a taxa de suicídio, ao contrário do preconizado, não era constante. Partiu, portanto, para nova conceptualização, demonstrando que todos os fatos poderiam ser abarcados por uma classificação de *tipos* diferentes de suicídio (egoísta, altruísta e anômico) e por uma teoria nova de desorganização social e pessoal, concluindo que a causa básica do suicídio é a deficiência de integração em um grupo social.

1.2.3 O fato redefine e esclarece teorias

Os fatos redefinem e esclarecem a teoria previamente estabelecida, visto que afirmam em pormenores o que a teoria afirma em termos mais gerais. Mesmo que novos fatos descobertos confirmem a teoria existente, ela poderá sofrer modificações, em virtude de:

a) Novas situações, não previstas, conduzirem a observações mais pormenorizadas, não incluídas na teoria.
b) A teoria, explicando os fenômenos apenas em termos gerais, não incluir a previsão de aspectos particulares. Assim, novos fatos levarão a sua redefinição, mesmo que eles concordem com a teoria, mas focalizarem (e afirmarem) em pormenores aspectos que ela afirma apenas em termos gerais.
c) Surgirem hipóteses específicas, dentro do contexto da teoria geral, que conduzem a novas inferências, exigindo explicação, renovação e redefinição da teoria.
d) Novas técnicas de pesquisa empírica exercerem pressão sobre o foco de interesse da teoria, alterando-o; em consequência, poderá haver redefinição da própria teoria.

Um exemplo pode ser dado pela previsão teórica geral de que indivíduos, quando se transferem da zona rural para o meio urbano, sofrem apreciável aumento na desorganização pessoal. Exaustivos estudos sobre migrantes (e seus filhos) demonstraram que uma série de fatores é responsável pelo aumento da desorganização, tais como aquisição de novos hábitos, técnicas, costumes, valores etc. Não sendo alguns desses fatores previstos pela teoria geral, uma redefinição e um esclarecimento fazem-se necessários. Outro exemplo é citado por

Merton (1970, p. 178), referente às teorias existentes sobre a magia: Malinowski, estudando os trobriandeses, verificou que não recorriam à magia quando realizavam a pesca em sua lagoa interna, pois nessa atividade não havia perigo, nem incerteza, nem acasos incontroláveis; a atitude era outra nas pescarias em alto-mar, pois esta trazia incerteza e graves perigos; em consequência, a magia florescia. Portanto, as teorias foram redefinidas para incorporarem "o surgimento das crenças mágicas em decorrência de incertezas nas buscas práticas do homem, para aumentar a confiança, para reduzir a angústia, para abrir caminhos, para escapar a impasses". Finalmente, novas técnicas de pesquisa, como as criadas por Moreno – sociométricas –, alteraram as preocupações teóricas no campo das relações interpessoais.

1.2.4 O fato clarifica os conceitos contidos nas teorias

Os fatos descobertos e analisados pela pesquisa empírica exercem pressão para esclarecer conceitos contidos nas teorias, pois uma das exigências fundamentais da pesquisa é de que os conceitos (ou variáveis) com que lida sejam definidos com suficiente clareza para permitir seu prosseguimento.

Apesar de, em geral, a clarificação de conceitos pertencer à "área privativa" do teórico, muitas vezes constitui um resultado da pesquisa empírica. Se, como assinalou Rebecca West (*In*: MERTON, 1970, p. 185), podemos descobrir que *A*, *B* e *C* estão entrelaçados por certas conexões causais, não nos é possível apreender com exatidão a natureza de *A*, *B* e *C*, a menos que a teoria esclareça os conceitos relativos a eles. Quando tal exigência não é cumprida, as pesquisas contribuem para o progresso dos procedimentos de investigação, embora suas descobertas não integrem o repositório da teoria cumulativa da ciência em pauta.

Um exemplo de como as investigações empíricas forçam a clarificação dos conceitos pode ser dado em Sociologia: as concepções teóricas sustentam que os indivíduos têm múltiplos papéis sociais (derivados dos diferentes *status* ocupados na sociedade) e tendem a organizar seu comportamento em termos das expectativas estruturalmente definidas e atribuídas a cada *status* (e papel). Além disso, quanto menos integrada estiver a sociedade, maior será a frequência com que os indivíduos se submetem à pressão de papéis sociais incompatíveis. Ora, o problema de procurar predizer o comportamento do indivíduo, decorrente da incompatibilidade dos papéis, exigia o esclarecimento dos termos conceituais de *solidariedade, conflito, exigências e situação do papel*: a própria pesquisa, elaborando índices de pressões de grupos em conflito e observando o comportamento dos indivíduos em situações específicas, forçou a clarificação dos conceitos-chave, implícitos no problema.

2 TEORIA E LEIS

Duas são as principais funções de uma lei específica:

a) Resumir grande quantidade de fatos.
b) Permitir prever novos fatos, pois, se um fato ou fenômeno "se enquadra" em uma lei, ele irá comportar-se conforme o estabelecido pela lei.

Ao analisarmos teoria e fatos, deixamos de lado uma etapa intermediária, constituída pelas leis. Estas, assim como as teorias, surgem da necessidade que se tem de encontrar explicações para os fenômenos (fatos) da realidade. Os fatos ou fenômenos são apreendidos por meio de suas manifestações, e o estudo dessas manifestações visa conduzir à descoberta de aspectos invariáveis comuns aos diferentes fenômenos, por meio da classificação e da generalização.

2.1 Abordagem de graduação

Para Kneller (1980, p. 129), a finalidade da classificação, assim como da generalização, é "conduzir à formulação de leis – enunciados que descrevem regularidades ou normas". Assim, a palavra *lei* comporta duas acepções: uma regularidade e um enunciado que pretende descrevê-la (portanto, um enunciado de lei). Uma lei científica é geralmente formulada do seguinte modo: "Sempre que tiver a propriedade *A*, então terá a propriedade *B*". Dessa forma, a lei pode afirmar que tudo o que tiver *A* também tem *B*.

Exemplo: Toda barra de ouro tem um ponto de fusão de 1.063° C.

Esse tipo de lei descreve uma regularidade de *coexistência*, isto é, um padrão de *coisas*. No entanto, a lei também pode afirmar que, sempre que uma coisa, tendo *A*, se encontra em determinada relação com outra coisa de certa espécie, esta última tem *B*.

> *Exemplo*: Sempre que uma pedra é jogada na água, produzirá na superfície dela uma série de ondas concêntricas que se expandem de igual forma do centro à periferia.

Portanto, este segundo tipo de lei descreve uma regularidade de *sucessão*, ou seja, um padrão nos *eventos*.

O cientista está enunciando uma lei ao propor as regularidades que se apresentam uniformemente com as manifestações de uma classe de fenômenos; portanto, o universo de uma lei é limitado, abrangendo apenas determinada classe de fenômenos.

> *Exemplos*: A lei da queda livre dos corpos, de Galileu; a lei de Kepler, referente à trajetória dos planetas em torno do Sol, indicando que tais trajetórias se apresentam em forma de elipse e que os planetas estão sujeitos à atração gravitacional do Sol.

Devemos levar em consideração que, quanto mais restrita uma lei, menos provável é sua permanência como apropriada para utilização em situações práticas de pesquisa, significando que suas implicações não podem ser continuamente testadas. Como exemplo, podemos citar uma lei que englobe certo conjunto de atitudes e valores que caracteriza uma comunidade *hippie*. A classe de fenômenos descrita para analisar o comportamento dos *hippies*, da qual decorreria a lei, viria a desaparecer quando se desagregasse a última comunidade *hippie*. Assim, uma lei teria mais serventia se pudesse classificar e prever comportamentos descritos como forma de desvio escapista, aplicando-se não apenas aos *hippies*, mas também a qualquer grupo com valores e atitudes semelhantes que viesse a surgir. Assim, se pretendemos encontrar leis razoavelmente gerais sobre o comportamento humano, elas terão que ser complexas, para que se tornem aplicáveis a uma larga gama de fenômenos específicos.

A teoria, por sua vez, é mais ampla do que a lei, surgindo, segundo Hempel (1974, p. 92), "quando um estudo prévio de uma classe de fenômenos revelou um sistema de uniformidades que podem ser expressas em forma de leis empíricas mais amplas". Em outras palavras, se a lei declara a existência de um padrão estável em eventos e coisas, a teoria assinala o mecanismo responsável por esse padrão.

> *Exemplo*: A teoria da gravitação de Newton é muito mais ampla e abrangente do que a lei de Kepler, pois, referindo-se especificamente à trajetória dos planetas, indicou que ela é determinada não apenas pela influência gravitacional do Sol, mas também de outros planetas; a teoria de Newton explica também a lei de Galileu, ao postular uma força gravitacional, que especifica um modo de funcionamento.

Assim, se as leis geralmente expressam enunciados de uma classe isolada de fatos ou fenômenos, as teorias caracterizam-se pela possibilidade de estruturar as uniformidades e regularidades, explicadas e corroboradas pelas leis, em um sistema cada vez mais amplo e coerente, relacionando-as, concatenando-as e sistematizando-as, com a vantagem de corrigi-las e de aperfeiçoá-las. Todavia, à medida que as teorias se ampliam, passam a explicar, no universo dos fenômenos, cada vez mais uniformidades e regularidades, mostrando a interdependência existente entre elas.

O objetivo das teorias é compreender e explicar os fenômenos de forma mais ampla, por meio da reconstrução conceitual das estruturas objetivas deles. Dessa forma, de um lado, a compreensão e a explicação estabelecem as causas ou condições iniciais de um fenômeno e, de outro, proporcionam a derivação tanto de consequências quanto de efeitos e, assim, possibilitam a previsão da existência ou do comportamento de outros fenômenos. Portanto, a teoria fornece-nos dois aspectos relacionados com os fenômenos: de um lado, um sistema de descrição e, de outro, um sistema de explicações gerais. Concluindo, a teoria não é mera descrição da realidade, mas uma abstração.

Köche (2015, p. 100) apresenta um quadro sinótico, que permite compreender a relação existente entre fatos ou fenômenos, lei e teoria.

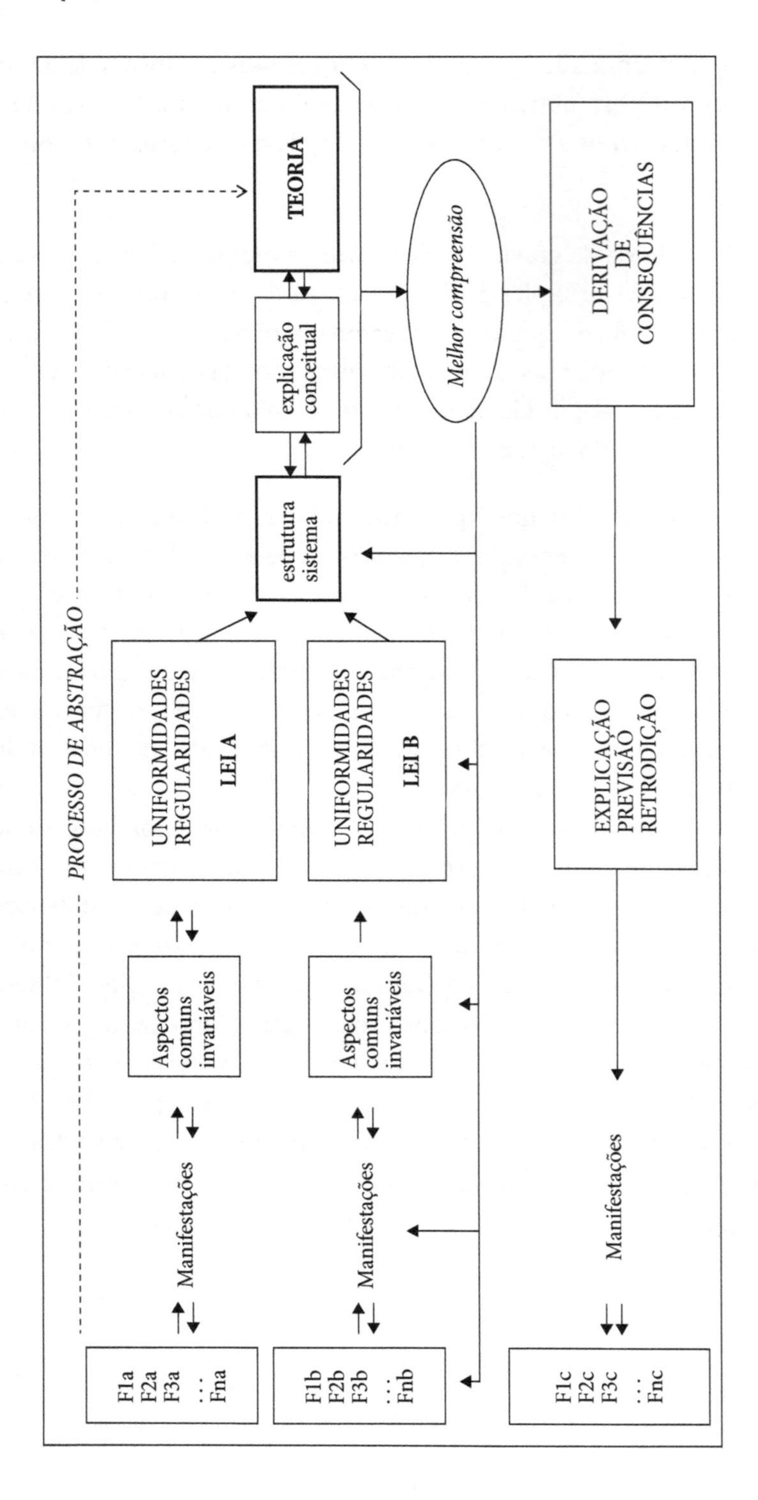
F1a
F2a
F3a
. . .
Fna
F1b
F2b
F3b
. . .
Fnb
F1c
F2c
F3c
. . .
Fnc
Manifestações
Manifestações
Manifestações
Aspectos
comuns
invariáveis
Aspectos
comuns
invariáveis
UNIFORMIDADES
REGULARIDADES
LEI A
UNIFORMIDADES
REGULARIDADES
LEI B
PROCESSO DE ABSTRAÇÃO
estrutura
sistema
explicação
conceitual
TEORIA
Melhor compreensão
DERIVAÇÃO
DE
CONSEQUÊNCIAS
EXPLICAÇÃO
PREVISÃO
RETRODIÇÃO

2.2 Abordagem qualitativa

Nagel (1978, p. 84-93) aborda a distinção entre leis e teorias do ponto de vista de sua característica qualitativa: enquanto as primeiras, que denomina "leis experimentais", podem formular relações entre características observáveis, ou experimentalmente determináveis, de um objeto de estudo ou classe de fenômenos, as segundas, denominadas "leis teóricas" ou, simplesmente, "teoria", não.

> *Exemplos*: (1) Leis experimentais: à temperatura constante, os volumes ocupados por uma mesma massa gasosa são inversamente proporcionais às pressões que suporta (lei de Boyle); nas mesmas condições de temperatura e de pressão, as velocidades com que diferentes gases escapam ou difundem-se, por uma parede gasosa delgada, são inversamente proporcionais à raiz quadrada de seus pesos moleculares (lei da difusão de Graham). (2) Lei teórica ou teoria: teoria cinética dos gases. Ela engloba, no dizer de Hempel (1974, p. 96), certas entidades admitidas que não podem ser diretamente observadas ou medidas, como moléculas e suas massas, quantidades de movimento e energias. Contudo, as implicações dessa lei teórica ou teoria poderão ser verificadas pelo princípio de transposição, isto é, transformação dos princípios internos da teoria, formulados em termos teóricos, em termos pré-teóricos, passíveis de observação e experimentação, ou termos experimentais (ver seção 3.1 deste Capítulo 3).

Assim, os fundamentos da distinção entre leis experimentais e teorias apontam as seguintes características:

a) A lei experimental possui invariavelmente um conteúdo empírico determinado que, em princípio, pode sempre ser controlado por elementos observacionais obtidos por esses procedimentos. Pode inclusive ocorrer, com certa frequência, a possibilidade de se dispor de mais de um procedimento explícito que permite aplicar um termo de uma lei experimental a uma questão ou a um fenômeno concreto.

   Exemplo: Pelo menos três leis experimentais utilizam o conceito "corrente elétrica", relacionando-a com fenômenos magnéticos, químicos e térmicos; assim, é possível medir a força de uma corrente elétrica: pelo desvio de uma agulha imantada; pela quantidade de determinado elemento de uma solução, a prata, que se deposita em dado instante; pela elevação de temperatura de uma substância-padrão durante um intervalo de tempo determinado.

Todavia, os termos básicos de uma teoria não estão associados, em geral, com procedimentos experimentais, definidos para sua aplicação; em outras palavras, os casos abrangidos no âmbito manifesto de predicação de uma teoria não podem ser identificados observacionalmente. Em consequência, não é possível submeter uma teoria a uma prova experimental direta.

Exemplo: Teoria geral da relatividade (Einstein).

b) A possibilidade, derivada da característica anterior, de propor e afirmar uma lei experimental, como generalização indutiva baseada nas relações que se patenteiam nos dados observados.

Exemplo: Boyle, fundamentando-se nas observações realizadas ao estudar as variações nos volumes dos gases, mantidos a temperatura constante, quando se variavam as pressões, generalizou os resultados de suas observações, partindo do princípio de que o que é verdadeiro nos casos observados é verdadeiro universalmente, enunciando a lei que tem seu nome. Ao contrário, os termos básicos de uma teoria não precisam possuir significados que estejam determinados por procedimentos experimentais definidos, podendo a teoria ser adequada e fecunda, apesar de os elementos de juízo, a seu favor, serem necessariamente indiretos. Daí se conclui que uma lei experimental, em relação à teoria, apresenta dois aspectos fundamentais:

- Conserva um significado que pode ser formulado independentemente da teoria.
- Baseia-se em elementos de juízo observacionais que (eventualmente) permitem sobreviver-lhe ao abandono de uma teoria.

Exemplo: A lei de Balmer, segundo a qual "as frequências ondulatórias correspondentes às linhas do espectro do hidrogênio e de outros elementos são limites de uma série, que obedece a uma fórmula numérica simples", sobreviveu ao abandono da teoria do átomo concebida por Bohr (e que explicava a lei), que foi substituída pela nova mecânica quântica.

c) Formular-se uma lei experimental, sem exceção, por intermédio de um só enunciado, ao passo que a teoria se constitui, quase sem exceção, de um sistema de vários enunciados, vinculados entre si.

   Exemplo: O princípio de Arquimedes, a lei do isocronismo de Galileu, a lei de Boyle, já citados, dizem respeito a uma classe determinada de fenômenos, constituindo-se em leis experimentais, ao passo que a teoria quântica refere-se a classes de fenômenos diversos, tais como leis experimentais dos fenômenos espectrais, das propriedades térmicas de sólidos e gases, da radioatividade, das interações químicas etc.

Hegenberg (1976, v. 1, p. 171-176) utiliza a mesma abordagem de Nagel, sintetizando sua posição da seguinte forma:

a) Existe um mundo anterior constituído de coisas (fatos); a ciência investiga as coisas, suas propriedades e as relações que elas mantêm entre si, assim como as alterações por que passam (tudo se altera).
b) As coisas associam-se para formar sistemas em que os elementos constitutivos interagem entre si, de tal forma que cada coisa é elemento de dado sistema; para compreendê-la (de maneira satisfatória), precisamos aprofundar-nos em um ou mais sistemas.
c) Cada sistema pode ser associado a outros, mas também, para fins de análise, pode ser examinado como se estivesse desvinculado de outros sistemas. Se, por um lado, não houvesse interação, o conhecimento seria dificultado; por outro lado, se não fosse possível alguma forma de isolamento, haveria necessidade de conhecer o todo a fim de conhecer cada uma das partes.
d) Todas as coisas comportam-se obedecendo a leis; quer sejam naturais quer sociais, são supostas relações invariantes que se estabelecem entre as propriedades das coisas. São constantemente procuradas com a finalidade de "organizar" o mundo, assim como explicar e prever o que acontece e, até, "produzir" novas coisas.
e) As leis podem ser associadas em conjuntos mais amplos, que as correlacionam, explicam e dos quais novas leis particulares podem ser deduzidas e que constituem as teorias (ou leis teóricas). Estas podem ser de três tipos, de acordo com duas formas de princípios que podem conter: princípio interno e princípio de transposição. O primeiro "caracteriza as entidades e os processos básicos invocados pela teoria,

assim como as leis a que supostamente obedecem" e o segundo "indica como estes processos estão relacionados aos fenômenos empíricos com que já estamos familiarizados e que a teoria pode então explicar, predizer ou retrodizer" (HEMPEL, 1974, p. 95). Em outras palavras, o princípio de transposição permite que os elementos predominantes de uma teoria, formulados em *termos teóricos*, sejam em parte expressos em *termos pré-teóricos* ou, de antemão, disponíveis, passíveis de verificação. Assim, temos as teorias:

- Abstratas ou genéricas semi-interpretadas, cujos símbolos não têm geralmente conteúdo factual e referem-se a classes amplas de fenômenos. São passíveis de teste conceptual (averiguação da coerência da teoria relativamente aos conhecimentos já assentados), mas, para que um teste empírico se torne viável, é preciso especificação, isto é, aplicação do princípio de transposição.

  Exemplos: Teoria da informação; teoria geral da relatividade.

- Genéricas interpretadas, em que os termos básicos têm interpretação factual e referem-se a gêneros com muitas espécies. São passíveis de teste conceptual e, para realizar o teste empírico, devem coligar-se a um objeto-modelo, isto é, esboço hipotético de uma entidade concreta, através da utilização de termos pré-teóricos.

  Exemplos: Teoria da evolução; teoria da relatividade.

- Específicas ou modelos teóricos, em que os termos básicos têm conteúdo factual, referindo-se a uma espécie bem determinada. Tanto o teste conceptual quanto o empírico são possíveis, e para o último é apenas necessário que a teoria seja acompanhada por um conjunto de dados particulares.

  Exemplos: Mecânica; modelo da irrigação cerebral.

3 CONCEITOS E SISTEMA CONCEPTUAL

Como já vimos na seção 1.1.2, cada ciência estuda determinados aspectos da realidade e, para interpretar esses segmentos, possui um sistema abstrato de pensamento. Com essa finalidade, cada ciência desenvolve seus próprios conceitos, a tal ponto que, segundo Goode e Hatt (1969, p. 55-57), podemos referir-nos ao sistema teórico de uma ciência como um sistema conceptual. Os conceitos que ele contém representam o fenômeno, ou aspectos do fenômeno, que estão sendo investigados. Em consequência, ao formularmos uma proposição, utilizamos conceitos como símbolos dos fenômenos que estão sendo inter-relacionados. Portanto, "a distinção entre fato e conceito é a de que o conceito simboliza as inter-relações empíricas e os fenômenos que são afirmados pelo fato".

Para Ander-Egg (1978, p. 19), "sem conceitos ou, para ser mais preciso, sem um sistema conceptual, não é possível o método científico e, consequentemente, a ciência". Segundo esse autor, os conceitos são abstrações, isto é, construções lógicas elaboradas pelo cientista, de tal forma que podem captar ou apreender um fato ou fenômeno por eles representados (simbolismo lógico), expressos mediante um sinal conceitual (simbolismo gramatical). Dessa forma, o conceito difere do fenômeno, coisa ou fato que representa ou simboliza e é básico como instrumento do método científico, em sua função de analisar a realidade e comunicar seus resultados.

A ciência não lida e não pode lidar diretamente com os fatos ou fenômenos. Por exemplo, no "mundo" do infinitamente grande, estudam-se os primeiros momentos do universo, que se seguiram ao *Big Bang*, explosão que lhe deu origem. Ora, calcula-se que tal fato ocorreu há 15 ou 20 bilhões de anos e que a vida na Terra surgiu há apenas 3,3 bilhões! Portanto, não podemos lidar diretamente com tal fato. Ora, como a ciência trabalha com representações dos fatos, utiliza conceitos, formando conjuntos integrados (sistema conceptual) que se referem à realidade complexa e a seus desdobramentos (com finalidades analíticas), e constructos e termos teóricos, por meio dos quais se elaboram teorias, então pode lidar com *tudo*, desde o infinitamente grande ao infinitamente pequeno (Física Quântica), pela abstração.

Para Trujillo Ferrari (1974, p. 98), "a função da conceituação é refletir, através de conceitos precisos, aquilo que ocorre no mundo dos fenômenos existenciais; a conceituação consiste em ajustar o termo mais adequado, capaz de exprimir, através do seu significado, o que realmente se oferece na realidade, e não que a realidade existencial tenha que se ajustar ao conceito". Ele considera os conceitos como construções lógicas estabelecidas de acordo com um sistema de referência e formando parte dele; não são dados pela experiência e, por esse motivo, é preciso procurá-los, valendo-se da análise. São considerados ou como instrumentos de trabalho do cientista ou como termos técnicos do vocabulário da ciência. Em outras palavras, a imagem que se tem do fato ou fenômeno, captada pela percepção, é que necessita ser objeto de conceituação, pois é mediante um dispositivo conceitual que se podem tornar inteligíveis os acontecimentos ou experiências que se dão no mundo real.

Bunge (1976, p. 64) indica os sucessivos níveis do sistema conceptual:

a) Conceito.

   Exemplos: "Burguesia"; "etnia" e "etnocentrismo".

b) Sistema conceptual.

   Exemplos: "A burguesia é uma classe social superior ao proletariado"; "os conflitos étnicos fundamentam-se no etnocentrismo".

c) Sistema conceptual de ordem superior.

   Exemplos: "Teoria da estratificação social"; "teoria do conflito social".

3.1 Conceitos, constructos e termos teóricos

Conceitos e constructos têm significados semelhantes, mas apresentam importante distinção: o conceito expressa uma abstração, formada mediante a generalização de observações particulares.

> *Exemplos*: "Cão" é um conceito composto de acordo com a abstração das características que todos os cães têm em comum (características facilmente observáveis ou mensuráveis); "peso" também é um conceito que expressa numerosas observações de coisas que são, mais ou menos, "leves" ou "pesadas"; o mesmo ocorre com os conceitos de "comprimento" e "altura": são claramente observáveis.

Os constructos, por sua vez, não podem ser tão facilmente ligados aos fenômenos que representam.

> *Exemplos*: "Massa", "força", "aprendizagem", "papel".

Dessa forma, constructo é um conceito consciente e deliberadamente inventado ou adotado com propósito científico, formado, em geral, utilizando conceitos de nível inferior de abstração.

Kerlinger (1973, p. 58-61) indica que "inteligência" é um conceito, uma abstração de comportamentos rotulados de "inteligentes" e "não inteligentes"; é também um constructo, integrado em um esquema teórico, que o liga a outros conceitos e/ou constructos.

Exemplo: "A 'realização escolar' é, em parte, função da 'inteligência' e da 'motivação'."

A definição de um termo (conceito, constructo) pode ser feita tanto com base em outros conceitos, quanto em indicações de ações ou comportamentos que o termo expressa ou implica: *definição por intermédio de outras palavras, definição observacional.*

Exemplo: *Inteligência* é habilidade para pensar abstratamente; acuidade mental; discernimento etc., ou pode ser aquilatada por meio de testes específicos, determinando de antemão que atitudes ou resultados serão considerados inteligentes ou não inteligentes.

Segundo Hempel (1974, p. 110-111), a definição pode ser descritiva ou estipulativa. A primeira, *descritiva*, seria assim esquematizada:

- O *definiendum* (termo a ser definido) tem o mesmo significado que o *definiens* (expressão definidora).

  Exemplos: Apendicite tem o mesmo significado que *inflamação do apêndice*; *simultâneos* tem o mesmo significado que *ocorrendo ao mesmo tempo*; *densidade* tem o mesmo significado que *massa por unidade de volume.*

A segunda, *estipulativa*, atribui significado especial a um termo, que pode ser novo (exemplo, *pi-méson*) ou antigo, empregado num sentido específico (exemplo, *estranheza*, usado na teoria das partículas elementares). Esquematicamente:

- Por *definiendum* devemos entender a mesma coisa que por *definiens.*

  Exemplos: por nêutrons devemos entender *partículas de carga zero e número de massa um*; por *acolia* devemos entender *falta de secreção biliar*; por ácido devemos entender *eletrólito que fornece íons de hidrogênio.*

Copi (1974, p. 131-134), assim como Cohen e Nagel (1971, v. 2, p. 58-62), indica regras para a definição de conceito e constructos:

a) Uma definição deve expor a essência do que define, ou estabelecer a conotação convencional do termo a definir.

Exemplo: A conotação convencional do *círculo* é ser o interior e a borda de uma figura plana fechada cujos pontos da borda (a circunferência) são todas equidistantes de outro ponto chamado centro; portanto, não pode ser (o círculo) definido pela propriedade de possuir uma área maior do que qualquer outra figura plana fechada de igual perímetro.

b) Uma definição não deve ser excessivamente ampla nem excessivamente estreita; deve aplicar-se a tudo aquilo a que se refere o *definiendum* e a nada mais.

Exemplos: (1) Definição em que o *definiens* é demasiado amplo, denotando mais do que o *definiendum*: *homem* tem o mesmo significado que *bípede implume* (uma ave depenada é um *bípede implume*). (2) Definição em que o *definiens* é mais estreito do que o *definiendum*, deixando de denotar características (essência) do *definiendum*: *sapato* tem o mesmo significado que *cobertura de couro para o pé humano* (há sapatos de madeira e outros materiais). Quando uma definição é *estipulativa*, tal problema não aparece, pois nesse caso o *definiendum* não tem significado algum a não ser sua definição.

c) Uma definição não deve ser circular ou conter, direta ou indiretamente, o sujeito definido.

Exemplo: *Sol* tem o mesmo significado que *estrela que brilha de dia* (*dia* é definido de acordo com o brilho do Sol).

d) Uma definição não deve ser formulada em termos negativos se é possível expressá-la de forma positiva.

Exemplos: Não é adequado definir *relógio de pulso* como *medidor de tempo que não é de parede*, pois há inúmeros *medidores de tempo* que não são de pulso ou de parede, ou definir *divã* como *uma coisa que não é uma cama nem é uma cadeira*, pois há uma série infinita de coisas que um divã não é.

Entretanto, há palavras que não podem deixar de ser definidas de forma negativa, pois são essencialmente negativas em seu significado.

Exemplos: Órfã é *uma criança que não tem pais vivos*; calvo é *um indivíduo cuja cabeça tem ausência de cabelos.*

Todavia, quando as características a excluir forem poucas, a forma negativa pode definir a coisa ou fenômeno.

Exemplo: Um *triângulo equilátero* é *um triângulo que não é escaleno ou isósceles* (não se pode fazer o mesmo tipo de definição para *quadrilátero*, afirmando que é *um polígono que não é triângulo, nem pentágono, nem hexágono etc.*, porque há grande quantidade de espécies alternativas, do gênero polígono, a excluir).

Finalmente, em questões dúbias, as definições afirmativas são preferíveis às negativas.

Exemplo: Um ébrio é *uma pessoa que bebe excessivamente* em vez de *uma pessoa que não é moderada no beber.*

e) Uma definição não deve ser expressa em linguagem ambígua, obscura ou figurada. Enquanto a ambiguidade não permite a compreensão do que se procura definir, o que é obscuro para um leigo pode ser claro e inteligível para o estudioso da disciplina.

Exemplo: Ação de um sistema de partículas é definida como *a soma para todas as partículas da quantidade média do movimento para distâncias iguais, multiplicada pela distância percorrida por cada partícula*. Entretanto, são exemplos de obscuridade: *trama reticulada, entrelaçada a intervalos regulares, com interstícios nas intersecções*, ou *qualquer coisa feita com vacuidades intersticiais.*

Por último, as definições figurativas são completamente inúteis para explicar o significado do termo que se quer definir.

Exemplo: *Pão é o sustento da vida.*

A função dos conceitos ou constructos, segundo Grawitz (1975, v. 1, p. 331-332), é:

a) **Organizar a realidade:** mantendo os caracteres distintivos e significativos dos objetos ou fenômenos, estabelecendo um crivo na enxurrada de impressões que assalta o investigador.
b) **Guiar a investigação:** indicando, desde o princípio, o ponto de vista que vai norteá-la.

Exemplo: No momento em que Semmelweis afirmou o conceito de *matéria cadavérica* como fator responsável pela *febre puerperal*, estava aberto o caminho para a descoberta do papel dos micro-organismos nas infecções.

c) **Designar por abstração:** permitindo imaginar o que não é diretamente perceptível, como no caso dos microrganismos.
d) **Prever outros problemas.**

Exemplo: O conceito de *quanta*, imaginado por Planck, para explicar o aspecto descontínuo da energia, levou Einstein a deduzir dele certas consequências, que tiveram como resultado prático o radar e a televisão.

Kaplan (1969, p. 57-59), referindo-se a conceito e constructos, indica um *continuum*, de acordo com o grau de abstração:

a) **Conceitos de observação direta:** colocados no degrau inferior da escala de abstração, descrevendo um fenômeno (ou objeto) pela enumeração de seus detalhes perceptíveis.

Exemplos: *Cavalo, criança, amarelo* etc.

b) **Conceitos de observação indireta:** aos quais, além da enumeração dos detalhes perceptíveis (com ou sem instrumentos adequados), acresce-se uma conclusão sobre os detalhes com o conceito escolhido.

Exemplos: *Moléculas, genes, eclipse do Sol* etc. Na escala de abstração, os conceitos de observação indireta encontram-se no degrau intermediário e, juntamente com os de observação direta, são esquemas *descritivos*.

c) **Constructos:** em nível mais elevado de abstração, os constructos constituem o primeiro passo em direção à formulação de uma teoria. São elaborados, criados ou adotados, tendo em vista determinada finalidade científica, de forma consciente e sistemática. Em primeiro lugar, referem-se a esquemas teóricos, relacionando-se de diversas formas a vários outros constructos e, em segundo, são definidos e especificados de forma que possam ser observados e medidos.

Exemplos: *Energia, atitude, motivação.*

d) **Termos teóricos:** situados no último nível de abstração, consistem em relações *entre* conceitos e constructos.

Exemplos: *Capitalismo, anomia, libido, superego, eléctron orbital, nível energético, salto quântico* etc.

Para que uma teoria tenha poder explanatório (capacidade de explicação, predição e/ou retrodição), são necessários princípios de transposição, isto é, vinculação dos termos teóricos a fenômenos que possam ser descritos em termos pré-teóricos, ou com base em termos de antemão disponíveis, passíveis de observação e medição.

Exemplo: Correlacionar a "energia liberada num salto de eléctron" com o comprimento de onda da luz, emitida como resultado.

3.2 Conceito como abstração

Se os conceitos são construções lógicas, criadas com base em impressões sensoriais e percepções, ou mesmo em experiências bem complexas, eles não existem como fenômenos, isto é, essas construções lógicas não existem sem um quadro de referências estabelecido. Portanto, considerar as abstrações como se fossem fenômenos reais é um erro de *reificação*, como o denominam Goode e Hatt (1969).

Exemplo: William Isaac Thomas, na análise das motivações dos seres humanos, abstraiu determinados elementos do comportamento humano, que conceituou como "desejos" que, segundo ele, poderiam ser considerados como orientados para: (1) vivenciar novas situações (desejo de novas experiências); (2) possuir sentimentos de segurança (desejo de segurança); (3) provocar respostas de outros (desejo de reação social de correspondência ou resposta); e (4) obter o reconhecimento de outros (desejo de consideração ou de reconhecimento).

Portanto, em seu trabalho, Thomas considerou:

a) Somente esses quatro elementos como importantes, mas não a totalidade do comportamento humano.
b) As denominações dadas foram apenas conceituais.

Por sua vez, seus críticos fundamentaram-se na crença de que essas afirmações seriam algo semelhante a instintos e deveriam ser tratados como *forças*, bem como apoiaram-se na inexistência dessas entidades.

Independentemente de serem válidas ou não as observações de Thomas, as críticas tiveram origem no erro de *reificação*, isto é, essas observações foram apresentadas em termos conceituais e os opositores as tomaram como se fossem impulsos básicos.

3.3 Conceitos e comunicação

Em ciência, os conceitos devem ter uma característica básica: ser comunicáveis, isto é, construídos de maneira que todos os seus componentes sejam conhecidos ou passíveis de entendimento. Em consequência, os fatores básicos para o problema geral da conceptualização são o processo de definição, bem como o de derivar e esclarecer os elementos dessa construção.

Em virtude de existirem diferenças entre o esquema do senso comum e a maneira científica de perceber o mundo, a definição cuidadosa cria um paradoxo: de um lado, facilita a comunicação entre os cientistas; de outro, erige barreiras para o leigo compreender os conceitos científicos. Nesse segundo aspecto, surgem também dificuldades entre os especialistas dos vários campos: as diferentes especializações englobam fenômenos diversos, dependem de fatos tão abstratos e complicados, que é impossível a um cientista conhecê-los todos; assim, a lacuna que surge entre as várias ciências será maior ou menor, dependendo da proximidade de relações entre os respectivos quadros de referência.

Um exemplo pode ser encontrado na revista *Ciência e Cultura*, editada pela Sociedade Brasileira para o Progresso da Ciência. Nessa publicação, estão inseridos artigos e comunicações de várias áreas do conhecimento científico. Tomando ao acaso um artigo escrito por um especialista em imunologia, encontramos, em um parágrafo, os seguintes termos: *materiais antígenos, anticorpos, blastização, filogenética, tolerização, linfócitos* e *tecidos alogênicos*. Para que esse parágrafo pudesse ser entendido por estudiosos de outras áreas, ou mesmo por um leigo instruído, não poderia ser um simples parágrafo: seriam necessárias definições de todos esses termos, bem como a reconstrução da complexa história da Biologia e, no campo biomédico, da imunologia, visto que cada conceito, na realidade, comunica ao especialista "uma grande quantidade de experiência, abstraída e esclarecida para aqueles que compreendem o termo" (GOODE; HATT, 1969, p. 58).

3.4 Limitações no emprego dos conceitos

Os conceitos, símbolos da comunicação científica podem ser objeto de inconsistências. Frequentemente, isso decorre do desconhecimento de "todos" os elementos, componentes ou dimensões do conceito, principalmente quando se trata de sua especificação. As principais limitações ocorrem quando:

a) Os conceitos não são facilmente traduzidos de uma língua para outra, visto que se desenvolvem com base em experiências condivididas. O desenvolvimento de um sistema conceptual, considerado quase como o desenvolvimento de uma nova linguagem, pode ser realizado por um grupo de cientistas, que condividem suas experiências e, assim, a linguagem criada torna-se quase incompreensível aos outros. O problema agrava-se quando os conceitos e termos são traduzidos de uma língua para outra.

   Exemplos: Em Sociologia, muitas vezes são utilizadas as palavras alemãs *Gemeinschaft* e *Gesellschaft*, pois os termos *comunidade* e *sociedade*, que são sua tradução em português, não expressam o significado *sociológico* particular dessas duas palavras. O termo inglês *approach*, não tendo tradução fiel em português, é empregado como *abordagem*, *aproximação*, *ponto de vista*, *tomada do contato* etc.

b) Os termos utilizados para exprimir conceitos científicos têm também significado em outros quadros de referência. Parte do vocabulário científico é constituída de palavras inventadas, que podem ter várias formas; muitas delas são derivadas de termos de origem grega ou latina ou do próprio nome do especialista que elaborou o conceito. Nesses casos, não encontram relação fora do específico quadro de referência científico. A situação é diferente, quando a palavra é também utilizada em outros contextos.

Exemplos: Em Sociologia, a palavra *burocracia* refere-se a uma forma de organização, com características particulares (normas formais, abstratas, impessoais e um sistema elaborado de posições hierárquicas); entretanto, no conceito popular, a palavra evoca imagens de valor, principalmente formalismo oficial, negligência pelo interesse público, desperdício administrativo, assim como demora, papelada, ineficiência etc. Da mesma forma, a palavra *cultura* que, em linguagem popular, se refere à familiaridade com literatura, música, pintura, isto é, refinamento artístico e intelectual, ou então pessoa que tem *boas maneiras*, significa em Sociologia e Antropologia a totalidade dos instrumentos, técnicas, instituições, atitudes, crenças, motivações e sistemas de valores de uma sociedade, ou seja, a totalidade da herança social; por sua vez, em bacteriologia significa cultivo de bactérias.

c) Um mesmo termo refere-se a fenômenos diferentes. Se a utilização da mesma palavra em vários contextos, com significados diferentes, pode causar confusão, esta é, sem dúvida, menor do que aquela que ocorre quando o mesmo termo, no âmbito de uma só ciência, refere-se a fenômenos distintos.

   Exemplo: A palavra *função*, no campo da Sociologia, tem diversos significados. Pode ser utilizada, na análise socioeconômica, com referência ao fenômeno ocupacional; em sentido matemático, diz-se que o fenômeno Y (por exemplo, fertilidade) é uma função de um fenômeno X (posição socioeconômica): $Y = f(X)$, onde X é a variável independente e Y a variável dependente (ver Capítulo 5); na análise funcionalista de uma sociedade, pode ser empregada para expressar a contribuição de determinada crença ou prática para a unidade e continuidade da existência dessa sociedade.

d) Termos diferentes referem-se ao mesmo fenômeno. A comunicação científica, utilizando conceitos, não pode tolerar sinônimos, pois isso dificulta, sobremaneira, a compreensão precisa do que se pretende transmitir.

   Exemplo: Ainda, a palavra *função*, no âmbito da Sociologia, tem recebido vários sinônimos, inclusive utilizados, às vezes, na mesma obra: *uso, propósito, intenção, finalidade* e outros.

e) O significado dos conceitos muda. Isso ocorre principalmente em razão do desenvolvimento da ciência, por um processo de acumulação de conhecimentos. Quanto mais conhecimento se tem sobre um conceito, mais especificamente pode ser definido, ou lhe serem incorporados novos significados. Uma das fontes mais comuns de mudanças do significado de um conceito é a mudança de *foco* que sofre uma ciência, à medida que se desenvolve.

   Exemplo: Em Sociologia, o termo *sistema* sofreu modificações tais que, para o estudante de hoje, se torna difícil entender determinadas obras de sociólogos do passado: o atual conceito de sistema *aberto* nada tem em comum com o modelo mecânico, o modelo orgânico ou o modelo de processo que conduziu ao conceito de sistema *fechado*.

3.5 Definição operacional dos conceitos

A importância da definição operacional vem sendo discutida há muito tempo, principalmente entre os estudiosos das Ciências Sociais: a posição entre os que se orientam para os fatos e os que se orientam para a teoria gira em torno da questão de se saber se um conceito é ou não mais útil e mais precisamente definido, à medida que descreve as operações pelas quais observa, mede e registra determinado fenômeno.

Tomemos como exemplo dois conceitos: *massa* e *coesão social*. Entre aqueles que se orientam para os fatos, o conceito de *massa* significa *um conjunto de operações*; mais precisamente, é um número obtido quando passamos determinado objeto em uma balança e, nesse sentido, difere de quaisquer outras características que possamos imaginar quando temos em mente a noção de massa, desde "coeficiente de proporcionalidade entre a força aplicada a uma partícula e a aceleração desta" (Física), até "agregado social caracterizado pelo grau extremamente baixo de coesão e de organização" (Sociologia). Assim, o fundamento da definição operacional é seu caráter *condutal*, ou seja, ela indica uma série de operações realizáveis, física e/ou mentalmente, empreendidas com a finalidade de justificar ou reproduzir os referentes do conceito que se está definindo. A definição operacional informa como se pode *reconhecer* e, inclusive, reproduzir a realidade que subjaz ao conceito, ao passo que a definição conotativa informa apenas o que um conceito é. A operacionalização dos conceitos consiste essencialmente na redução progressiva do conceito abstrato a certo número de conceitos componentes (menos abstratos) até atingir e especificar os referentes da realidade. É constituída, pois, de duas etapas:

a) Identificação dos componentes do conceito abstrato.
b) Especificação dos referentes desses componentes.

Os que se orientam para a teoria argumentam que, quando pensamos sobre um conceito, não queremos apenas significar determinadas operações, visto que estas nada mais são do que técnicas utilizadas para obter ou medir alguma coisa *além* dessas operações – o próprio fenômeno. Se nos fixarmos no conceito de *coesão social*, verificaremos que não podemos observar diretamente ou medir esse fenômeno: daí a necessidade de uma série de procedimentos para chegar ao resultado; todavia, o que queremos realmente discutir é *coesão social*, e não essas operações (GOODE; HATT, 1969, p. 71). Portanto, segundo Merton (1970, p. 158), uma das funções do esclarecimento conceitual (operacionalização) é explicitar o caráter dos dados incluídos num conceito, pois, se nos limitarmos apenas a descrever um conjunto de operações, não informamos realmente sobre o significado de um conceito.

Independentemente dessas discussões, a vantagem da definição operacional, que engloba todo um conjunto de operações, é permitir que diferentes cientistas reproduzam as experiências descritas e cotejem os resultados, reforçando a comprovação de hipóteses e de teorias ou rejeitando-as.

> *Exemplo*: Se um sociólogo decide estudar os diferentes *status* existentes em uma comunidade, pode definir *status* por meio de um conjunto de instruções; estas lhe permitirão assinalar, em uma lista padronizada, por exemplo: objetos de conforto doméstico que a família possui (geladeira, máquina de lavar roupa, enceradeira etc.), meios de comunicação (telefone, celular, computador, *notebook*, televisão, carro etc.), renda familiar, grau de escolaridade dos membros, organizações a que pertencem etc. As instruções podem determinar, ainda, o peso respectivo que deve ser dado a cada item, na obtenção de um escore de *status* final.

Uma vez utilizado esse conceito operacional de *status*, ao compararmos os resultados obtidos com estudos anteriores, podem surgir dificuldades, se tiverem sido usadas diferentes definições de *status*. Portanto, devemos levar em consideração que:

a) Definição operacional deu ao antigo conceito um significado novo.
b) A definição operacional pode definir um fenômeno com maior clareza, porque delineia instruções para realizar experiências iguais às de outros pesquisadores.
c) A redefinição que resulta dessa definição operacional pode deixar de lado alguns elementos importantes de um conceito antigo.

Os passos a serem dados na definição operacional foram descritos por Lazarsfeld (BOUDON; CHAZEL; LAZARSFELD, 1979, v. 1, p. 36-41):

a) Representação, acompanhada de imagens do conceito. Geralmente, não é muito precisa, porque ou é preexistente ou nasce da própria observação.

   Exemplos: *Ansiedade* representando, entre outras coisas, *medo injustificado de algo*; *inteligência*, contendo imagens de *capacidade*, *discernimento*, *acuidade mental* etc.; *moral da empresa* representada pelo *modo pelo qual os empregados veem ou se relacionam com a empresa*, *imagem da empresa* e similares.

b) Especificação ou descoberta dos componentes, elementos ou aspectos do conceito, isto é, suas *dimensões*. Há duas formas para encontrar esses componentes ou dimensões: deduzindo-se *analiticamente* do conceito geral que os engloba, ou *empiricamente*, partindo da estrutura de suas intercorrelações.

   Exemplo: Estudo sobre o desenvolvimento de países não industrializados. O conceito de *desenvolvimento* pode ser percebido intuitivamente, de forma global. Contudo, para realizar um estudo concreto, há a necessidade de decompor o conceito, analisando-o em seus diversos aspectos e dimensões, como, por exemplo, ritmo, setores, classes sociais e outros. O termo *dimensão* supõe elementos quantitativos, diferentes variáveis (ver Capítulo 5) a serem identificadas e medidas, assim como um elemento qualitativo, que se manifesta exatamente na escolha das variáveis a considerar.

c) Escolha dos indicadores das dimensões considerados como dados observáveis, que permitem apreender dimensões, presença ou ausência de determinado atributo. É preciso levar em conta que os indicadores de uma mesma noção ou dimensão podem variar de acordo com o meio (a realidade) em que são empregados.

Exemplo: Na utilização do conceito de *prudência*, depois da representação e especificação das dimensões, a escolha dos indicadores será influenciada caso se deseje verificar a característica de *prudente* de um político, de um administrador de empresa ou de um cirurgião, por exemplo. É claro que, ao qualificar um deles de *prudente*, não se espera que reúna *todas* as condições particulares que caracterizam a prudência (em relação a todos os outros). Porém, deverá haver probabilidade de que cumpra certo número de *atos* específicos da prudência (indicadores). Verificamos, assim, que a relação entre cada indicador e o conceito fundamental em pauta é em termos de probabilidade e não de certeza (determinação). Assim, é indispensável ter à disposição grande número de indicadores e também uma *hierarquia* deles. Tal fato levanta problemas particulares que variam quando se lida com indicadores *quantificáveis* ou *qualitativos*. No primeiro caso, a dificuldade consiste em encontrar indicadores que sejam, ao mesmo tempo, reveladores e quantificáveis; no segundo, os indicadores devem expressar elevada significação no que diz respeito ao objeto da investigação (conceito).

d) Formação dos índices, que é ato de sintetizar os dados obtidos ao longo das etapas precedentes. Especificamente, um índice expressa uma combinação de vários indicadores. Pode ser conceituado como um complexo de indicadores de dimensões de uma variável.

   Exemplo: Voltando ao conceito de industrialização, se, entre a especificação das dimensões do desenvolvimento, escolhêssemos o ritmo e, como indicador, o grau de inflação, encontraríamos o índice do custo de vida, que é um *índice sintético*, ou seja, combinação de diversos constitutivos do orçamento familiar, ponderados segundo sua importância: determinado ano de referência receberia o valor 100, o que permitiria seguir as variações do índice.

   Portanto, um índice, em geral, deve ser hierarquizado: os indicadores postos em ordem correspondente ao valor que se lhes reconhece, para uma investigação específica.

   Exemplo: Escala hierárquica de atitudes.

4 TEORIA: DEFINIÇÕES

Elencamos a seguir uma série de definições de teoria:

- "A teoria se refere a relações entre fatos, ou à ordenação significativa desses fatos" (GOODE; HATT, 1969, p. 12).
- "Uma teoria é um conjunto de 'constructos' (conceitos) inter-relacionados, definições e proposições, que apresenta uma concepção sistemática dos fenômenos mediante a especificação de relação entre variáveis, com o propósito de explicá-los e predizê-los" (KERLINGER *In*: MARQUEZ, 1972, p. 104).
- "A teoria é um meio para interpretar, criticar e unificar leis estabelecidas, modificando-as para se adequarem a dados não previstos quando de sua formulação e para orientar a tarefa de descobrir generalizações novas e mais amplas" (KAPLAN, 1969, p. 302).
- "As teorias científicas, também chamadas de leis teóricas, são generalizações nomológicas, cujos enunciados envolvem termos teóricos. Isto é, enquanto as leis (experimentais) contêm apenas termos descritivos de conteúdo observacional ou redutível à observacional, as teorias (leis teóricas) formulam-se com termos descritivos teóricos, ou seja, termos cuja significação depende diretamente das teorias a que pertencem e apenas indiretamente de dados observacionais (...)." "As teorias não têm como função primeira a explicação de fenômenos empíricos (o que seria função das leis), mas a explicação de um conjunto de leis afins. Este papel explicativo das teorias decorre da própria natureza dos termos teóricos, portadores de maior grau de abstração e, por isso, de maior amplitude explicativa" (SOUZA; REGO FILHO; LINS FILHO; LYRA; COUTO; SILVA, 1976, p. 85-86).
- "A teoria é um sistema de proposições ou hipóteses que têm sido constatadas como válidas (ou plausíveis) e sustentáveis" (TRUJILLO FERRARI, 1974, p. 120).
- "Uma teoria consiste de um jogo de hipóteses que formam um sistema dedutivo: isto é, que está disposto de tal maneira que, de acordo com algumas das hipóteses como premissas, todas as outras hipóteses se sucederão logicamente. As proposições em um sistema dedutivo podem ser consideradas como dispostas na ordem de nível, sendo as hipóteses do nível superior aquelas que ocorrem apenas como premissas no sistema; e as de nível inferior, aquelas que ocorrem apenas como conclusões no sistema; e as que ocupam os graus intermediários, as que ocorrem

como conclusões ou deduções, segundo as hipóteses de grau superior, e que servem de premissas para deduções de hipóteses de grau inferior" (BRAITHWAITE *In*: SELLTIZ; JAHODA; DEUTSCH; COOK, 1967, p. 557-558).

- Para Galtung (1978, v. 2. p. 540-541), que apresenta um conjunto de definições de diferentes tipos de hipóteses,

1. diz-se que uma hipótese é *sustentável* se está *confirmada*, e se denomina *proposição*;
2. diz-se que uma hipótese é *válida* se é *deduzível*, e se denomina um *teorema*;
3. um sistema de hipóteses sustentáveis se denomina *indutivo*;
4. um sistema de hipóteses válidas se denomina *dedutivo*;
5. um sistema *indutivo-dedutivo* (hipotético-dedutivo) ou TEORIA CIENTÍFICA é um sistema em que algumas hipóteses válidas são sustentáveis e (quase) nenhuma é não sustentável;
6. uma hipótese *descreve* um fenômeno se o fenômeno confirma a hipótese (uma hipótese de baixo nível "descreve");
7. uma TEORIA *explica* um fenômeno, se este implica uma hipótese que descreve o fenômeno (uma hipótese de alto nível "explica").

Como podemos observar, as duas primeiras definições salientam a função específica da teoria de: encontrar as relações entre os fatos, proceder a sua ordenação sistemática e significativa e, mediante a especificação das relações encontradas, explicar os fatos ou fenômenos e, em consequência, predizê-los.

A terceira e a quarta definições levam em consideração a graduação existente entre fatos, leis e teoria (ver a seção 2 deste capítulo), evidenciando que, se as leis têm como função a explicação de determinada classe de fenômenos ou fatos empíricos, a teoria, envolvendo maior grau de abstração, permite a explicação de um conjunto de leis afins e, nesse processo, orienta a descoberta de generalizações novas e mais amplas.

As três últimas definições introduzem o conceito de hipótese (que veremos mais adiante), apresentando-as numa hierarquia, segundo suas características descritivas (nível inferior) ou preditivas (nível superior); em outras palavras, indutivas ou dedutivas, sustentáveis ou válidas. A teoria seria então o conjunto das hipóteses indutivas e dedutivas, um sistema em que algumas hipóteses válidas (deduzíveis) estão comprovadas e quase nenhuma está não comprovada. Galtung deixa claro: (a) que não se exige que todas as hipóteses válidas estejam comprovadas; (b) que podem não ser ainda comprováveis ou não estar ainda confirmadas, pois isso é muito diferente de terem sido refutadas.

5 DESIDERATOS DA TEORIA CIENTÍFICA OU SINTOMAS DE VERDADE

Bunge, em sua obra *Teoria e realidade*, apresenta detalhada análise dos sintomas de verdade ou dos desideratos das teorias factuais (teorias das ciências factuais), indicando que eles se dividem em quatro categorias principais: sintático, semântico, epistemológico e metodológico. Para esse autor, cada sintoma origina uma série de critérios ou normas, que permitem o aperfeiçoamento da teoria e o confronto entre teorias competitivas.

Após a enumeração desses critérios ou normas, Bunge examina cinco teorias científicas, entre elas a do sistema planetário e a da evolução, analisando sua correspondência a esses requisitos.

5.1 Requisitos sintáticos

No início de cada uma das seções seguintes, expomos a análise dos sintomas de verdade ou dos desideratos das teorias factuais de Bunge (1974b, p. 131-143) e, a seguir, nossos comentários.

5.1.1 Correção sintática

> As proposições da teoria devem ser bem formadas e mutuamente coerentes, se é que devem ser processadas com a ajuda da lógica, se é que a teoria deve ser significativa e se é que deve referir-se a um domínio definido de fatos.

Assim, se uma proposição ou enunciado se apresentar sob a forma de conjunto de sinais sintaticamente mutilados, não poderá ser logicamente manipulado nem interpretado sem ambiguidade; se contiver contradições internas, levará a uma série de proposições irrelevantes.

5.1.2 Sistematicidade ou unidade conceitual

> A teoria deve ser um sistema conceitual unificado (isto é, seus conceitos devem "permanecer unidos") se é que se pretende chamá-la de teoria em geral; e se é que deve enfrentar como um todo testes empíricos e

> teóricos (conceptuais) – isto é, se é que o teste de qualquer de suas partes deve ser relevante para o resto da teoria.

A tendência da ciência tem sido a expansão das bases predicativas, com o estabelecimento de mais e mais conexões entre os vários predicados, principalmente mediante as proposições de leis. Esse enriquecimento conceitual deve vir acompanhado de crescente coesão ou integração lógica; caso contrário, a teoria não será geral e não poderá enfrentar os testes em bloco, mesmo que estes se refiram a partes da teoria (que devem ser, em princípio, relevantes para o todo).

5.2 Requisitos semânticos

São objeto desta seção a exatidão linguística, a interpretabilidade empírica, a representatividade e a simplicidade semântica.

5.2.1 Exatidão linguística

> A ambiguidade, imprecisão e obscuridade dos termos específicos têm de ser mínimas, a fim de assegurar a interpretabilidade empírica e a aplicabilidade da teoria.

Portanto, teorias em que ocorrem essencialmente termos como *grande, quente, energia psíquica, necessidade histórica* etc. não podem servir a suas finalidades. Entretanto, a eliminação de tais expressões indesejáveis nada tem a ver com a simplificação; ao contrário, a clarificação dos termos conduz a uma complexidade real (aumentando a descrição dos conceitos) sob aparente simplicidade.

5.2.2 Interpretabilidade empírica

> Deve ser possível derivar das assunções da teoria – em conjunção com *bits* de informações específicas – proposições que poderiam ser comparadas às proposições observacionais, de modo a decidir a conformidade da teoria com o fato.

Sendo um sistema interpretado mais complexo do que uma teoria abstrata, novamente a clarificação e não a simplicidade é que deve ser requisitada.

5.2.3 Representatividade

> É desejável que a teoria represente, ou melhor, reconstrua eventos reais e processos e não os descreva simplesmente e preveja seus efeitos

macroscópicos observáveis; [em outras palavras], para que uma teoria seja representacional, é suficiente assumir que alguns de seus predicados básicos representam traços de entidades efetivas reais ou fundamentais – não meramente externos.

Ao longo do desenvolvimento da ciência, observa-se a substituição ou, pelo menos, a suplementação de teorias não representacionais (fenomenológicas) pelas representacionais, que oferecem, ou procuram oferecer explanações de acordo com a realidade. Em relação às fenomenológicas, as teorias representacionais têm as seguintes vantagens:

a) Atingem uma compreensão mais profunda dos fatos, tanto dos observados como dos não observados.
b) Satisfazem melhor o requisito de coerência externa.
c) Não estando limitadas pelos dados empíricos acessíveis, encontram-se mais aptas para predizer fatos de espécie desconhecida, que, de outro modo, seriam inesperados.

Exemplo: A termodinâmica foi suplementada pela mecânica estática; as teorias de evolução simples foram substituídas por teorias da seleção natural.

5.2.4 Simplicidade semântica

É desejável, até certo ponto, economizar pressuposições; neste sentido, juízos empíricos podem ser feitos e testados sem pressupor a totalidade.

Dessa forma, o valor teórico da simplicidade semântica encontra-se sem sua capacidade de sugerir a existência de níveis objetivos de organização da realidade.

Exemplo: Falar significativamente sobre alguns aspectos da psique e da cultura, sem se referir de maneira expressa a suas bases materiais, indica que os níveis são autônomos, até certa medida, isto é, não envolvem a totalidade da ciência.

5.3 Requisitos epistemológicos

5.3.1 Coerência externa

A teoria deve ser coerente com a massa de conhecimento aceito, se é que deve encontrar apoio em algo mais do que apenas seus exemplos, se é

> que deve ser considerada como um acréscimo ao conhecimento e não como um corpo estranho.

Mesmo as teorias revolucionárias são incoerentes apenas com uma parte do conhecimento científico: a crítica de velhas teorias, assim como a construção de novas, realiza-se com fundamento em conhecimento definido e de acordo com normas mais ou menos explicitamente estabelecidas, questionando-se as teorias isoladas com base no conhecimento aceito e regras de procedimento. Isso não significa que o conhecimento estabelecido seja estático; muito pelo contrário, é altamente dinâmico e, portanto, provisório.

5.3.2 Poder explanatório

> A teoria deve resolver os problemas propostos pela explicação dos fatos e pelas generalizações empíricas, se existirem, de um dado domínio e precisa fazê-lo da maneira mais exata possível. [Sinteticamente], Poder explanatório = Alcance × Precisão.

Aqui, devemos observar quatro aspectos:

a) Há limites para o alcance de uma teoria: se esta tiver a pretensão de solucionar todo e qualquer problema, ela se tornará irrefutável; portanto, não científica.
b) A informação aduzida deve fornecer fundamentos para acreditar que o fenômeno a ser explicado de fato aconteceu dessa forma (ou acontecerá).
c) A teoria tem de ser unilateral: não pode abrigar hipóteses ou propostas contrárias ou contraditórias, nem ser coerente com elementos de evidência contrária.
d) Sem princípios de transposição, uma teoria não pode ter poder explanatório.

5.3.3 Poder de previsão

Ainda segundo Bunge:

> O poder de previsão pode ser analisado na soma da capacidade de prever uma classe desconhecida de fatos, e o poder de prognosticar "efeitos novos", isto é, fatos de uma espécie não esperada em teorias alternativas.

> O primeiro pode ser chamado de poder de prognosticar, o segundo, de poder serendípico [termo cunhado por Walpole, que tem o significado de "acidente feliz"]. [Sintetizando], poder de previsão = velho alcance + novo alcance; previsão = poder de prognóstico + poder serendípico.

Poder de previsão não é o mesmo que poder explanatório, embora a estrutura lógica tanto da previsão quanto da explanação seja a mesma: dedução de sentenças singulares a partir de leis gerais, associadas com informações específicas. Suas principais diferenças são:

a) As previsões geralmente são de fatos e, muito raramente, de leis, ao passo que as explanações podem ser tanto de fatos quanto de leis.
b) Enquanto as previsões são realizadas por intermédio de teoremas próximos da experiência, isto é, do mais baixo nível de teoremas de uma teoria, as explanações podem ocorrer em todos os níveis.

5.3.4 Profundidade

> É desejável, mas de modo algum necessário, que as teorias expliquem coisas essenciais e cheguem fundo na estrutura de nível da realidade. Nenhuma teoria científica é apenas um sumário de observações, se não por outro motivo, pelo menos devido ao fato de que cada generalização implica uma "aposta" sobre fatos afins não observados.

A exigência da profundidade não elimina teorias menos profundas, principalmente aquelas que contiverem conceitos úteis que correspondam, de algum modo, a entidades reais ou propriedades.

Exemplo: A ótica ondulatória elucidou o conceito de raio luminoso, em termos de interferência, mas não o eliminou.

5.3.5 Extensibilidade

> Possibilidade de expansão para abranger novos domínios.

Essa capacidade de ligar ou unificar domínios até então não relacionados, de um lado, vincula-se à coerência externa e ao poder serendípico e, de outro, depende da profundidade dos conceitos e das leis peculiares à teoria.

5.3.6 Fertilidade

> A teoria deve estar habilitada para guiar nova pesquisa e sugerir novas ideias, experimentos e problemas no mesmo campo ou em campos aliados. No caso de teorias adequadas, a fertilidade justapõe-se à extensibilidade e ao poder serendípico.

Até teorias totalmente inadequadas podem tornar-se estimulantes, ou por conter alguns conceitos e hipóteses utilizáveis, ou porque propiciam a execução de experimentos e o surgimento de outras teorias, com a finalidade de refutá-las.

5.3.7 Originalidade

> É desejável que a teoria seja nova em relação a sistemas rivais. Teorias feitas de "porções" de teorias existentes ou fortemente semelhantes a sistemas disponíveis ou carentes de novos conceitos são inevitáveis e podem ser seguras a ponto de serem desinteressantes.

As teorias mais seguras não são as mais influentes: estas seriam as que se apresentam provocantes ao pensamento, principalmente as que inauguram novos meios de pensamento. São, geralmente, teorias profundas, representacionais e extensíveis.

Exemplos: Mecânica newtoniana, teoria quântica, evolucionismo.

5.4 Requisitos metodológicos

São requisitos metodológicos: a escrutabilidade, a refutabilidade ou verificabilidade, a confirmabilidade, a simplicidade metodológica.

5.4.1 Escrutabilidade

> Não só os predicados que aparecem na teoria devem ser abertos à investigação empírica e ao método autocorretivo da ciência, mas é preciso também que os pressupostos metodológicos da teoria sejam controláveis.

A exigência de escrutabilidade faz com que se tornem suspeitas:

a) As evidências de tal tipo, que só podem ser aceitas por determinada teoria.
b) As técnicas, os testes e os "pretensos" conhecimentos, que não possam ser controlados por meios alternativos e/ou que não conduzam a conclusões que sejam válidas intersubjetivamente ou, no mínimo, arguíveis.

5.4.2 Refutabilidade ou verificabilidade

> Deve ser possível imaginar casos ou circunstâncias que pudessem refutar a teoria, ou os enunciados que constituem uma teoria devem prestar-se (no todo ou em parte) à verificação empírica. Do contrário, não seria possível planejar testes genuínos e poder-se-ia considerar a teoria como logicamente verdadeira, isto é, como verdadeira, haja o que houver – portanto, como empiricamente vazia.

Para que uma teoria seja científica, não pode conter nenhum dado seguro, incorrigível, pois a ciência é essencialmente corrigível. Portanto:

a) Pode conter entre seus postulados uma ou outra premissa irrefutável ou mesmo princípios metafísicos irrefutáveis.
b) Todos esses juízos irrefutáveis deveriam ser, de um lado, confirmáveis e, de outro, escorados pela massa de conhecimento.
c) Todas as premissas restantes deveriam ser refutáveis ou indicadas pela evidência, por intermédio da interposição de hipóteses protetoras, ou empiricamente verificáveis.
d) Nenhuma das consequências situadas no nível mais baixo da teoria deveria ser indiferente à experiência.

5.4.3 Confirmabilidade

> A teoria deve ter consequências particulares que podem concordar com a observação (dentro de limites tecnicamente razoáveis). E, por certo, a confirmação efetiva, numa ampla extensão, deverá ser exigida para a aceitação de toda teoria.

É possível confirmar uma teoria mediante evidências cuidadosamente selecionadas para tal, ou convenientemente interpretadas, ou mesmo sem se utilizar de testes severos; portanto, a abundância de confirmação não constitui, por si só, garantia de verdade. Todavia, a confirmação é necessária para a aceitação de teorias, mesmo que seja insuficiente.

5.4.4 Simplicidade metodológica

> É preciso que seja tecnicamente possível submeter a teoria (partes dela) a provas empíricas.

É possível que a teoria conduza à formulação de previsões que, no momento, sejam muito difíceis, ou mesmo impossíveis de se testar empiricamente; teorias valiosas, porém, têm a capacidade de estimular o aperfeiçoamento de meios técnicos. Portanto, deve-se desejar a simplicidade metodológica, principalmente de teorias que só poderão ser submetidas ao julgamento da experiência a longo prazo.

LEITURA RECOMENDADA

BARBOSA FILHO, Manuel. *Introdução à pesquisa*: métodos, técnicas e instrumentos. 2. ed. Rio de Janeiro: Livros Técnicos e Científicos, 1980. Primeira Parte, Cap. 5.

BRUYNE, Paul de; HERMAN, Jacques; SCHOUTHEETE, Marc de. *Dinâmica da pesquisa em ciências sociais*: os polos da prática metodológica. Tradução de Ruth Joffily. Rio de Janeiro: Francisco Alves, 1977. Cap. 3.

KNELER, George F. *A ciência como atividade humana*. Tradução de Antônio José de Souza. Rio de Janeiro: Zahar; São Paulo: Edusp, 1980. Cap. 6.

KÖCHE, José Carlos. *Fundamentos de metodologia científica*: teoria da ciência e iniciação à pesquisa. 34. ed. Petrópolis: Vozes, 2015. Cap. 3.

MINAYO, Maria Cecília de Souza. *O desafio do conhecimento*: pesquisa qualitativa em saúde. 14. ed. São Paulo: Hucitec, 2014. Cap. 6.

SANTOS, Izequias Estevam dos. *Manual de métodos e técnicas de pesquisa científica*. 12. ed. Niterói: Impetus, 2016. Cap. 3.

SELLTIZ, Claire; JAHODA, Marie; DEUTSCH, Morton; COOK, Stuart W. *Métodos de pesquisa nas relações sociais*. Tradução de Dante Moreira Leite. 2. ed. São Paulo: Herder: Edusp, 1967. Cap. 14.

SOUZA, Aluísio José Maria de; REGO FILHO, Antonio Serafim; LINS FILHO, João Batista Correa; LYRA, José Hailton Bezerra; COUTO, Luiz Albuquerque; SILVA, Manuelito Gomes da. *Iniciação à lógica e à metodologia da ciência*. São Paulo: Cultrix, 1976. Cap. 6.

TRUJILLO FERRARI, Alfonso. *Metodologia da ciência*. 3. ed. Rio de Janeiro: Kennedy, 1974. Caps. 4 e 5.

4
Hipóteses

1 CARACTERIZAÇÃO DAS HIPÓTESES

Diversos autores procuraram conceituar hipótese apresentando suas principais características. Selecionamos algumas definições para análise.

1.1 Definições

- "Hipótese é uma proposição enunciada para responder tentativamente a um problema" (PARDINAS, 1969, p. 132).
- "A hipótese de trabalho é a resposta hipotética a um problema para cuja solução se realiza toda investigação" (BOUDON; CHAZEL; LAZARSFELD, 1979, v. 1, p. 48).
- "Chama-se de 'enunciado de hipóteses' a fase do método de pesquisa que vem depois da *formulação do problema*. Sob certo aspecto, podemos afirmar que toda pesquisa científica consiste apenas em *enunciar e verificar* hipóteses. *Hipótese* é uma suposição que se faz na tentativa de explicar o que se desconhece. Esta *suposição* tem por característica o fato de ser *provisória*, devendo, portanto, ser testada para se verificar sua validade" (RUDIO, 2014, p. 97).
- "A hipótese é uma proposição antecipadora à comprovação de uma realidade existencial. É uma espécie de pressuposição que antecede a constatação dos fatos. Por isso se diz também que as hipóteses de trabalho são *formulações provisórias do que se procura conhecer* e, em

consequência, são *supostas respostas para o problema* ou assunto da pesquisa" (TRUJILLO FERRARI, 1974, p. 132).

- "A hipótese é uma tentativa de explicação mediante uma suposição ou conjetura verossímil, destinada a ser provada pela comprovação dos fatos" (ANDER-EGG, 1978, p. 20).
- "Hipótese é qualquer suposição provisória, com cuja ajuda nos propomos a explicar fatos, descobrindo seu ordenamento" (WEBB *In*: MANN, 1970, p. 45).
- "Hipóteses são exteriorizações conjeturais sobre as relações entre dois fenômenos. Representam os verdadeiros 'fatores produtivos' da pesquisa, com os quais podemos desencadear o processo científico. É válido o princípio de que uma investigação não pode produzir nada mais do que aquilo que as hipóteses *anteriormente* formuladas já afirmavam" (SCHRADER, 1974, p. 47).
- "Uma hipótese é um conjunto de variáveis inter-relacionadas" (GALTUNG, 1978, v. 2, p. 371).
- "Uma hipótese é um enunciado conjetural das relações entre duas ou mais variáveis. Hipóteses são sentenças declarativas e relacionam de alguma forma variáveis a variáveis. São enunciados de relações e, como os problemas, devem implicar a testagem das relações enunciadas" (SELLTIZ; JAHODA; DEUTSCH; COOK, 1980, p. 38).
- "Uma hipótese é uma proposição, condição ou princípio, que é aceito – provisoriamente – para obter suas consequências lógicas e, por intermédio de um método, comprovar seu acordo com os fatos conhecidos ou com aqueles que podem ser determinados" (SELLTIZ; JAHODA; DEUTSCH; COOK, 1967, p. 48).
- "Os vários fatos em uma teoria podem ser logicamente analisados e outras relações podem ser deduzidas além daquelas estabelecidas na teoria. Neste ponto não se sabe se essas deduções são corretas. A *formulação da dedução*, contudo, constitui uma hipótese; se verificada, torna-se parte de uma construção teórica futura" (GOODE; HATT, 1969, p. 74).

1.2 Análise das definições

As quatro primeiras definições salientam uma das características básicas da hipótese: ela é uma suposta, provável e provisória resposta a um problema.

Portanto, o primeiro passo em uma pesquisa científica é a formulação do problema. Os procedimentos necessários para uma adequada formulação do problema serão vistos adiante.

A segunda característica, apontada por essas definições, é que a hipótese deve ser submetida à verificação, para ser comprovada. Essa é a finalidade básica da pesquisa. Por outro lado, muitas vezes é impossível verificar diretamente uma hipótese, como ocorre com o enunciado de que "os corpos se atraem na proporção inversa do quadrado de suas distâncias". Dessa maneira, como sustentam Cohen e Nagel (1971, v. 1, p. 24-25), tais hipóteses devem ser enunciadas de forma que, "por meio das técnicas aceitas da lógica e da matemática, seja possível discernir suas implicações, para submetê-las à verificação experimental". Assim, essas hipóteses serão empiricamente verificadas em suas consequências.

Retomando a quarta definição, juntamente com a quinta, sexta e sétima, notamos que elas indicam que a hipótese diz respeito a fatos e fenômenos, explicando-os, verificando seu relacionamento e descobrindo seu ordenamento.

A sétima definição, de Schrader, revela ainda que as investigações levadas a cabo para a comprovação das hipóteses têm seu campo limitado pelo próprio âmbito do que é afirmado pela hipótese: portanto, ela delimita a área de observação e de experimentação com a finalidade de descobrir a ordem entre os fatos.

A oitava e a nona definições introduzem o conceito de variável (ver Capítulo 5), mostrando que a hipótese aponta relações existentes entre duas ou mais variáveis.

As duas últimas definições chamam a atenção para outra característica das hipóteses: se, de um lado, sua comprovação depende de fatos (ou fenômenos, ou variáveis) a serem determinados (verificados, analisados ou, mesmo, descobertos), de outro, podem estar de acordo com fatos já conhecidos, ou deduções feitas a partir de relações entre fatos, afirmadas por teoria já existente. Isso conduz a uma diferença básica entre dois tipos de hipóteses: a explicativa e a preditiva.

A **hipótese explicativa** é formulada sempre *post factum*, surgindo como resultado de gradativas generalizações de proposições existentes na teoria de nível inferior (indutiva); a **preditiva**, por sua vez, é formulada *ante factum*, precedendo a observação empírica na teoria de nível superior (dedutiva).

Outro aspecto ressaltado pelas duas últimas definições é a correlação da hipótese com as teorias existentes (coerência externa), tal como foi analisado na seção 5.3.1 do Capítulo 3: "uma nova teoria deve ser coerente com a massa do conhecimento aceito". Ora, a teoria já foi conceituada como sendo constituída por hipóteses comprovadas (sustentáveis e válidas); assim, esse fato e mais a característica de que a investigação científica não produz nada mais do que aquilo que se constitui o âmbito do enunciado da hipótese nos levam à necessidade de hipóteses coerentes (compatíveis) com o acervo do conhecimento científico.

Finalmente, a definição de Selltiz, Jahoda, Deutsch e Cook (1967, p. 48) indica mais uma característica, a da consistência lógica ou coerência interna da hipótese. Sem ela, seria impossível a determinação da ordem existente entre fatos, fenômenos ou variáveis.

1.3 Conceito adotado

Podemos considerar a hipótese como *um enunciado geral de relações entre variáveis (fatos, fenômenos)*:

a) Formulado como solução provisória para determinado problema.
b) Apresentando caráter ou explicativo ou preditivo.
c) Compatível com o conhecimento científico (coerência externa) e revelando consistência lógica (coerência interna).
d) Passível de verificação empírica em suas consequências.

2 TEMA, PROBLEMA E HIPÓTESE

Como uma hipótese é uma suposta, provável e provisória resposta a um problema, cuja adequação (comprovação = sustentabilidade ou validez) será verificada pela pesquisa, interessa-nos o que é e como se formula um problema.

2.1 Tema e problema

O tema de uma pesquisa é o assunto que se deseja provar ou desenvolver; "é uma dificuldade, ainda sem solução, que é mister determinar com precisão, para intentar, em seguida, seu exame, avaliação crítica e solução" (ASTI VERA, 1976, p. 97). Determinar com precisão significa enunciar um problema, isto é, determinar o objetivo central da indagação. Assim, enquanto o tema de uma pesquisa é uma proposição até certo ponto abrangente, a formulação do problema é mais específica: indica *exatamente* qual a dificuldade que se pretende resolver. Segundo Rudio (2014, p. 94):

> *Formular o problema* consiste em dizer, de maneira explícita, clara, compreensível e operacional, qual a dificuldade com a qual nos defrontamos e que pretendemos resolver, limitando o seu campo e apresentando suas

características. Desta forma, o objetivo da formulação do problema da pesquisa é torná-lo individualizado, específico, inconfundível.

Exemplos:

Tema: "O perfil da mãe que deixa o filho recém-nascido para adoção."

Problema: "Quais condições exercem mais influência na decisão das mães em dar o filho recém-nascido para adoção?" (BARDAVID, 1980, p. 62).

Tema: "A necessidade da informação ocupacional na escolha da profissão."

Problema: "A orientação profissional dada no curso de 2º Grau [ensino médio] influi na segurança (certeza) em relação à escolha do curso universitário?" (SANTOS, 1980, p. 101).

Tema: "A família carente e sua influência na origem da marginalização social."

Problema: "O grau de organização interna da família carente influi na conduta (marginalização) do menor?" (LELLIS, 1980, v. 2, p. 187).

O problema, assim, consiste em um enunciado explicitado de forma clara, compreensível e operacional, cujo melhor modo de solução ou é uma pesquisa ou pode ser resolvido por meio de processos científicos. Kerlinger (*In*: SCHRADER, 1974, p. 18) considera que o problema se constitui em uma pergunta científica quando explicita a relação de dois ou mais fenômenos (fatos, variáveis) entre si, "adequando-se a uma investigação sistemática, controlada, empírica e crítica". Conclui-se disso que perguntas retóricas, especulativas e afirmativas (valorativas) não são perguntas científicas.

Exemplos: "A harmonia racional depende da compreensão mútua"; "o método de educação religiosa A é melhor que o B para aumentar a fé?"; "igualdade é tão importante quanto a liberdade".

Tais enunciados têm pouco ou nenhum significado para o cientista: não há maneira de testar empiricamente tais afirmativas ou perguntas, principalmente quando envolvem julgamentos valorativos.

Schrader (1974, p. 20) enumera algumas questões que devem ser formuladas para verificar a validade científica de um problema:

a) Pode o problema ser enunciado em forma de pergunta?
b) Corresponde a interesses pessoais, sociais e científicos, isto é, de conteúdo e metodológicos? Esses interesses estão harmonizados?
c) Constitui-se o problema em questão científica, ou seja, relaciona entre si pelo menos dois fenômenos (fatos, variáveis)?
d) Pode ser objeto de investigação sistemática, controlada e crítica?
e) Pode ser empiricamente verificado em suas consequências?

2.2 Problema e hipótese

Uma vez formulado o problema, com a certeza de ser cientificamente válido, propõe-se uma resposta "suposta, provável e provisória", isto é, uma hipótese. Ambos, problemas e hipóteses, são enunciados de relações entre variáveis (fatos, fenômenos); a diferença reside em que o problema constitui sentença interrogativa e a hipótese, sentença afirmativa.

Exemplos:

Problema: "Quais condições exercem mais influência na decisão das mães em dar o filho recém-nascido para adoção?"

Hipótese: "As condições que representam fatores formadores de atitudes exercem maior influência na decisão das mães em dar o filho recém-nascido para adoção do que as condições que representam fatores biológicos e socioeconômicos" (BARDAVID, 1980, p. 63).

Problema: "A constante migração de grupos familiares carentes influencia em sua organização interna?"

Hipótese: "Se elevado índice de migração de grupos familiares carentes, então elevado grau de desorganização familiar" (LEHFELD, 1980, p. 130).

2.3 Formulação de hipóteses

Há várias maneiras de formular hipóteses, mas a mais comum é "Se *x*, então *y*"; as variáveis ou constructos estão ligados entre si pelas palavras *se* e *então*.

Exemplos:

"Se privação na infância, então deficiência na realização escolar mais tarde" (KERLINGER, 1980, p. 39).

"Se elevado grau de desorganização interna na família (carente), então (maior probabilidade de) marginalização do menor" (LELLIS, 1980, v. 2, p. 187).

Os exemplos dados correlacionam apenas duas variáveis. Entretanto, muitas vezes a correlação ocorre entre mais de duas variáveis. A hipótese poderá ser simbolizada de duas formas: "Se *X*, então *Y*, sob as condições *R* e *S*", ou "Se *X*1 e *X*2 e *X*3, então *Y*".

Exemplos:

"Se incentivo positivo (*X*), então aprendizagem aumentada (*Y*), dado sexo feminino (*R*) e classe média (*S*)", ou "Se incentivo positivo (*X*1), e sexo feminino (*X*2) e classe média (*X*3), então aumento na aprendizagem (*Y*)".

"Se elevado grau de desorganização interna na família (carente) (*X*), então (maior probabilidade de) marginalização do menor (*Y*), dada baixa escolaridade do menor (*R*) e elevado grau de mobilidade geográfica (migração) da família (*S*)."

"Se elevado grau de desorganização interna da família (carente) (*X*1) e baixa escolaridade do menor (*X*2) e elevado grau de mobilidade geográfica (migração) da família (*X*3), então (maior probabilidade de) marginalização do menor (*Y*)."

Podemos considerar que todo enunciado que toma a forma de "Se *X*, então *Y*" é uma hipótese, condição suficiente, mas não necessária, visto que muitas hipóteses, em vez de expressas na forma condicional, o são de maneira categórica (embora sejam equivalentes à forma condicional e nela traduzíveis).

Exemplos:

"A água ferve a 100° C."

"Em relação à escolha do curso universitário, é maior a certeza entre os estudantes que receberam orientação profissional no curso de 2º Grau [ensino médio] do que entre os que não a tiveram" (SANTOS, 1980, p. 101).

"O comportamento de pintar com os dedos é, em parte, uma função da classe social" (KERLINGER, 1973, p. 28).

Se as hipóteses são enunciados conjecturais da relação entre duas ou mais variáveis (o que denominaremos condições nº 1), elas devem conduzir a implicações claras para o teste da relação colocada, isto é, as variáveis devem ser passíveis de mensuração ou potencialmente mensuráveis (condição nº 2); a hipótese deve especificar como estas variáveis estão relacionadas. Uma formulação que seja falha em relação a estas características (ou a uma delas) não é uma hipótese (no sentido científico da palavra).

Kerlinger (1973, p. 25-28) apresenta quatro hipóteses que podem ser analisadas no que diz respeito a essas características:

a) "O estudo em grupo contribui para um alto grau de desempenho escolar"; aqui, são correlacionadas duas variáveis, "estudo em grupo" e "grau de desempenho", cuja mensuração é prontamente concebida.
b) "O exercício de uma função mental não tem efeito no aprendizado futuro dessa função mental." Essa hipótese estabelece relação entre as duas variáveis, "exercício de uma função mental" e "aprendizado futuro", na forma chamada "nula", isto é, por meio das palavras "não tem efeito no". Dito de outra forma, "se *p*, então (não) *q*". A possibilidade de resolver o problema de definir as variáveis "função mental" e "aprendizado futuro", de maneira que sejam mensuráveis, é que determinará se esse enunciado pode ou não se constituir em hipótese (científica).
c) "As crianças de classe média evitam a tarefa de pintar com os dedos com mais frequência do que as crianças de classe baixa." Aqui, a correlação entre as variáveis é indireta, dissimulada; surge na forma de uma colocação em que dois grupos, *A* e *B*, diferem em alguma característica; pode também ser considerada como sub-hipótese de outra, ou seja: "O comportamento de pintar com os dedos é, em parte, uma função da classe social." Novamente, as variáveis são claramente mensuráveis.
d) "Indivíduos que têm ocupação igual ou similar terão atitudes similares em relação a um objeto cognitivo, significativamente relacionado com seu papel ocupacional." A hipótese, como foi formulada, é uma hipótese de "diferença", requerendo dois grupos, com papel ocupacional diferente, para então comparar suas atitudes (em relação a um objeto cognitivo relacionado ao papel), visto que as variáveis correlacionadas são "papel ocupacional" e "atitudes referentes a um objeto cognitivo

> relacionado ao papel ocupacional"; ambas são mensuráveis, entendendo-se por "objetos cognitivos" todas as coisas, concretas ou abstratas, percebidas e "conhecidas" pelos indivíduos. Esta hipótese também pode ser transposta a uma forma relacional geral: "Atitudes em relação a objetos cognitivos significativamente relacionados com papéis ocupacionais são, em parte, uma função do comportamento e expectativas associadas aos papéis."

O que ocorre então com uma "boa" hipótese, que não pode ser diretamente testada? Por exemplo, com a hipótese "matéria atrai matéria na razão direta da massa e na razão inversa do quadrado da distância"? As variáveis que contém são mensuráveis, mas como comprovar a relação entre elas? Nesses casos, da hipótese principal deverão ser deduzidas outras hipóteses, que possam ser submetidas à verificação. Dessa forma, a hipótese principal satisfaz às duas condições necessárias para ser uma hipótese científica.

Para Bunge (1976, p. 255), a ciência impõe três requisitos principais à formulação das hipóteses:

a) A hipótese deve ser formalmente correta e não se apresentar vazia semanticamente.
b) A hipótese deve estar fundamentada, até certo ponto, em conhecimento anterior; caso contrário, volta a imperar o pressuposto já indicado de que, se for completamente nova em matéria de conteúdo, deve ser compatível com o corpo de conhecimento científico já existente.
c) A hipótese tem de ser empiricamente constatável, por intermédio de procedimentos objetivos da ciência, ou seja, mediante sua comparação com os dados empíricos controlados tanto por técnicas quanto por teorias científicas.

O autor afirma ainda que "não se deve identificar a noção de hipótese com a de ficção, nem contrapô-la à de fato": a única semelhança é que as hipóteses, como as ficções, são criações mentais, ao passo que os fatos são exteriores à mente, ocorrendo no mundo real. "As hipóteses factuais, apesar de serem proposições, podem contrapor-se a proposições de outro tipo, ou seja, proposições empíricas particulares, também denominadas 'dados', isto é, elementos de informação." Um dado não é uma hipótese, nem muito uma hipótese é um dado: qualquer hipótese se coloca além da evidência (dado) que procura explicar.

3 IMPORTÂNCIA E FUNÇÃO DAS HIPÓTESES

3.1 Importância das hipóteses

Para Coen e Nagel (*In*: SELLTIZ; JAHODA; DEUTSCH; COOK, 1967, p. 42-43), não é possível dar qualquer passo adiante em uma pesquisa, se, depois de enunciar a dificuldade (problema) que originou a pesquisa, não iniciarmos com uma explicação ou solução para ela, enunciando uma hipótese, pois a função da hipótese é orientar nossa busca de ordem entre os fatos. As sugestões formuladas na hipótese podem não ser as soluções para o nosso problema, mas saber *se* o são é a tarefa da pesquisa. Assim, a hipótese é uma proposição antecipadora à comprovação de uma realidade (correlação real entre variáveis): por meio dela, propomos uma resposta a um problema, sem sabermos se as observações, fatos ou dados, a provarão ou refutarão.

Webb (*In*: MANN, 1970, p. 45-46), por sua vez, indica que a importância das hipóteses é que elas consistem em suposições provisórias, cuja ajuda é essencial quando nos propomos explicar fatos, descobrindo seu ordenamento; mais ainda, "sem a orientação de hipóteses não sabemos o que observar, o que procurar, ou que experiência realizar a fim de descobrir ordem na rotina".

A abordagem de Goode e Hatt (1968, p. 74-75), no que se refere à importância das hipóteses, leva em consideração que elas formam um elo entre fatos e teorias: quando os fatos são reunidos, ordenados e relacionados, sob a orientação de uma hipótese, e as relações entre eles forem sustentáveis (comprovadas) ou válidas, estas passam a formar parte da teoria. Desta podem ser deduzidas outras relações além daquelas que ela já contém; a formulação das deduções origina novas hipóteses que, uma vez verificadas, se incorporam a uma construção teórica futura. Assim, a passagem dos fatos à teoria dá-se por intermédio das hipóteses; da teoria deduzem-se novas hipóteses e retorna-se à teoria, num sistema de *feedback*.

Além da importância preditiva das hipóteses, que possibilita discernir quais fatos e fenômenos devem ser observados, elas também permitem explicar observações já realizadas, como as hipóteses *post factum*. Estas hipóteses, entretanto, permanecem no nível da plausibilidade, isto é, de baixo valor comprobatório e não levam a uma "evidência que se impõe", ou seja, alto grau de comprovação (MERTON, 1970, p. 162-163). A explicação é que, ao contrário da evidência que se impõe, a plausibilidade ocorre quando uma interpretação (hipótese *post factum*) é congruente com um conjunto de dados; o problema é: por que esta particular interpretação foi escolhida, e não outra que também se ajusta aos fatos? Esta dificuldade pode ser contornada à medida que da hipótese enunciada são deduzidas outras possíveis relações ou interpretações que, por sua vez, estarão sujeitas a novas observações. Dessa forma, a hipótese *post factum* originará outras hipóteses *ante factum*, isto é, preditivas, que, se confirmadas, farão com que a plausibilidade da hipótese original se transforme em "evidência que se impõe".

Para Kerlinger (1973, p. 28-35), os seguintes fatores demonstram a importância das hipóteses:

a) São "instrumentos de trabalho" da teoria, pois novas hipóteses podem dela ser deduzidas.
b) Podem ser testadas e julgadas como provavelmente verdadeiras ou falsas.
c) Constituem instrumentos poderosos para o avanço da ciência, pois sua comprovação requer que se tornem independentes dos valores e opiniões dos indivíduos.
d) Dirigem a investigação, indicando ao investigador o que procurar ou pesquisar.
e) Pelo fato de serem comumente formulações relacionais gerais, permitem ao pesquisador deduzir manifestações empíricas específicas, com elas correlacionadas.
f) Desenvolvem o conhecimento científico, auxiliando o investigador a confirmar (ou não) sua teoria.
g) Incorporam a teoria (ou parte dela) em forma testável ou quase testável.

3.2 Função das hipóteses

Segundo Jolivet (1979, p. 85-86), a função das hipóteses é:

a) Dirigir o trabalho do cientista, constituindo-se em princípio de invenção e progresso, à medida que "auxilia de fato a imaginar os meios a aplicar e os métodos a utilizar" no prosseguimento da pesquisa e na tentativa de se chegar à certeza (hipótese preditiva ou *ante factum*).
b) Coordenar os fatos já conhecidos, ordenando os materiais acumulados pela observação. Aqui, a inexistência de uma hipótese levaria ao

amontoamento de observações estéreis (hipótese preditiva ou explicativa, *post factum*).

Considerando que as hipóteses estão presentes em todos os passos da investigação, Bunge (1976, p. 309-316) indica as principais ocasiões em que elas se fazem necessárias e suas funções. São necessárias quando:

a) Tentamos resumir e generalizar os resultados de nossas investigações.
b) Tentamos interpretar generalizações anteriores.
c) Tentamos justificar, fundamentando, nossas opiniões.
d) Planejamos um experimento ou uma investigação para obtenção de mais dados.
e) Pretendemos submeter uma conjectura à comprovação.

Suas principais funções são:

a) Generalizar uma experiência, quer resumindo, quer ampliando os dados empíricos disponíveis.
b) Desencadear inferências, atuando como afirmações ou conjecturas iniciais sobre o "caráter", a "quantidade" ou as "relações" entre os dados.
c) Servir de guia à investigação.
d) Atuar na tarefa de interpretação (hipóteses explicativas) de um conjunto de dados ou de outras hipóteses.
e) Funcionar como proteção de outras hipóteses.

A última refere-se às hipóteses *ad hoc*, cuja função inicial (única) é proteger ou salvar outras hipóteses de contradição relativamente a teorias já aceitas ou mesmo de refutação por dados disponíveis. A verdade é que a maioria das hipóteses *ad hoc* é "absurda", fruto da relutância em abandonar hipóteses e teorias refutadas pelas evidências obtidas em investigações ou dados empíricos disponíveis. Como exemplo, podemos citar a hipótese *ad hoc* de que no barômetro o mercúrio permanecia suspenso no teto do tubo de vidro por intermédio de um fio invisível, denominado *funiculus*, pois a teoria em voga sustentava que na natureza não poderia existir o vácuo. A experiência de Torricelli comprovava o contrário: daí a necessidade da hipótese *ad hoc* para "salvar" a teoria. Entretanto, esta hipótese fantasiosa e outras semelhantes não podem condenar as hipóteses *ad hoc*, pois muitos exemplos há em que se revelaram verdadeiras e importantes para o desenvolvimento da ciência.

> *Exemplo*: William Harvey, em 1628, enunciou a hipótese da circulação do sangue (que não é fenômeno observável) sem levar em conta a diferença entre o sangue arterial e o venoso; para "salvar" sua hipótese, diante da diferença existente, introduziu outra *ad hoc*, a saber, "que o circuito artéria-veia permanece cerrado por vasos capilares invisíveis". Pesquisas ulteriores descobriram a existência desses vasos.

Dessa forma, as hipóteses *ad hoc* não podem ser globalmente condenadas pela sua natureza: são "bem-vindas" e até desejáveis para protegerem ideias importantes contra críticas precipitadas. Todavia, são inadmissíveis se impedem *toda* crítica. O que se deve exigir para a aceitação de uma hipótese *ad hoc* é que ela possa ser sujeita à verificação *por si só* (independentemente).

> *Exemplo*: A teoria atômica especifica que os átomos são compostos por certo número de partículas, cujos pesos atômicos são múltiplos inteiros exatos de uma unidade básica. O descobrimento de que a maioria dos pesos atômicos não apresenta essa característica pôs em dúvida a teoria. Frederick Soddy, em 1913, formulou a hipótese *ad hoc* de que os elementos atômicos podem ter diferentes isótopos e que as amostras naturais dos elementos químicos contêm vários isótopos, de tal forma que o peso atômico medido era uma média dos pesos atômicos dos vários isótopos presentes nas amostras. Enunciada com a única finalidade de "salvar" a teoria, essa hipótese *ad hoc* revelou-se verdadeira quando, em 1919, Francis William Aston, com a ajuda do espectrômetro de massa, pesou os isótopos de certo número de elementos. O aparelho, criado com a finalidade de submeter à verificação a hipótese *ad hoc* dos isótopos, permitiu sua comprovação independente. Os principais fundamentos das hipóteses são os seguintes:

a) Podem referir-se a conjuntos de unidades com mais de um elemento, como no exemplo "todos os grupos primários têm objetivos comuns": a distribuição dos grupos primários faz-se num "espaço" bidimensional, grupos primários e grupos não primários, estando ausente a categoria "grupos sem objetivos".

b) Podem dizer respeito a mais de um atributo da unidade, como no caso "esse grupo é primário, pois se caracteriza pela íntima cooperação e associação face a face, desenvolvimento psicológico do conceito de 'nós' e de objetivos comuns". Aqui a unidade (variável de base) encontra-se num espaço de *N* dimensões.

c) Podem referir-se a proposições cujas unidades distribuem-se probabilisticamente num espaço de variáveis: "num grupo primário, as relações são pouco conflituosas". Nesse caso, as relações tendem a ocupar um lugar próximo da variável "cooperação" e distante da que diz respeito ao "conflito".

d) Referem-se geralmente à relação de duas ou mais variáveis, de forma causal: "a taxa de suicídio é mais alta em tempos de paz do que em tempos de guerra" ou "a taxa de suicídio varia inversamente em relação à integração a grupos". Nesses casos, a causa é representada pela "época" (de paz ou de guerra) e pelo "grau de integração", respectivamente, e a consequência é taxa maior ou menor de suicídios.

4 TIPOS DE HIPÓTESES

4.1 Classificação de Selltiz, Jahoda, Deutsch e Cook

Abarcando três aspectos, universalidade, frequência e ligação causal, Selltiz, Jahoda, Deutsch e Cook (1967, p. 43-44) indicam os seguintes tipos de hipóteses:

a) **Em relação à universidade:**

- Uma hipótese pode afirmar algo que ocorre em determinado caso.

  Exemplo: Freud, em seu livro *Moisés e o monoteísmo*, levanta a hipótese de que Moisés não era judeu, mas egípcio.

- Uma hipótese pode ser enunciada de forma universal (hipóteses dedutivo-nomológicas).

  Exemplos: Se a temperatura de um gás aumentar, ficando constante sua pressão, então seu volume aumentará; se se dissolver um sólido num líquido, então o ponto de ebulição desse líquido subirá.

b) **Em relação à frequência:**

- Uma hipótese pode referir-se *à frequência de acontecimentos.*

Exemplos: 20% das pessoas que fumam têm câncer; é elevada a probabilidade de que uma criança pequena enfrente sérios problemas emocionais se seus pais se divorciarem.

- Uma hipótese pode afirmar que algo é maior ou menor que outra coisa.

  Exemplos: Em condições de igual densidade, um corpo com massa maior tem maior atração gravitacional do que um com massa menor; quanto menor a temperatura interna de uma estrela (que tende a expandir sua substância), maior a atração gravitacional (que tende a contraí-la); quanto maior a coesão de um grupo, maior sua influência sobre seus membros.

- Uma hipótese pode dizer respeito à frequência da ligação entre variáveis.

  Exemplo: É frequente a correlação entre doença mental e crime; a relação entre crenças religiosas e costumes matrimoniais é frequente nas culturas "primitivas".

c) **Em relação à ligação causal:**

- Uma hipótese pode afirmar que um acontecimento ou característica específica é um dos fatores que determinam outra característica ou acontecimento.

  Exemplos: Se privação na infância, então deficiência escolar mais tarde; se frustração, então agressão.

4.2 Classificação de Goode e Hatt

Goode e Hatt (1968, p. 77-83) classificam as hipóteses segundo a ordem crescente de abstração:

a) Hipóteses que estabelecem a existência de uniformidades empíricas. Partem geralmente de preposições do senso comum: é abundante o conhecimento popular sobre relações humanas em termos de descrição de padrões de comportamento e observação de regularidades nos fenômenos sociais. As hipóteses desse tipo consistem, portanto, em expressar o grau de uniformidade dos comportamentos observados; para sua validação, requerem três tarefas:

- Eliminação dos julgamentos de valor.
- Esclarecimentos dos termos, ou seja, especificação conceitual.
- Aplicação de "provas" para sua comprovação ou validade.

Exemplos: Os soldados com ocupações *white-collar* ajustam-se menos ao Exército, pois sacrificam mais do que os homens de classe mais baixa ao entrar para a ativa (a verificação demonstrou que a hipótese era falsa); o absenteísmo no trabalho entre mulheres casadas é maior do que entre as solteiras, pois as primeiras têm mais serviço doméstico para executar.

b) Hipóteses que se referem a tipos ideais complexos. Visam "verificar a existência de relações logicamente derivadas entre uniformidades empíricas". Em outras palavras, após vários estudos terem confirmado a existência de uniformidades empíricas (em dado ramo de estudo ou ciência), tenta-se obter uma relação entre elas, afirmando que formam um padrão ou "tipo ideal".

Exemplos: Na ecologia humana, constatou-se a existência de grande número de uniformidades empíricas relativas à distribuição da população durante o processo de crescimento de uma cidade. Várias hipóteses foram formuladas para correlacionar esses fenômenos, entre elas a dos círculos concêntricos de Ernest W. Burgess (a cidade, em seu processo de expansão, apresentaria cinco zonas: distrito comercial central; zona de transição; zona operária; zona de residências de alta categoria; zona dos rotinizadores).

Em Sociologia, os estudos de grupos minoritários revelaram uniformidades empíricas no comportamento de diferentes minorias. Relacionando essas uniformidades, Everett W. Stonequist enunciou a hipótese do homem marginal (que apresentaria desorientação psicológica em uma situação de conflito cultural, exibiria "dupla personalidade" e possuiria "dupla consciência" etc.). O nível de formulação das hipóteses que se referem a tipos ideais complexos vai além das que estabelecem a existência de uniformidades empíricas. Não afirmam que *todas* as cidades devem apresentar círculos concêntricos perfeitos ou que *todos* os componentes de grupos minoritários têm de ser "homens marginais", mas estabelecem que, sob *determinadas condições*, verifica-se essa correlação de fenômenos. É exatamente por se afastarem da realidade empírica que essas construções são denominadas "tipos ideais" e sua principal função é criar instrumentos e problemas para novas pesquisas.

Exemplos: A hipótese dos círculos concêntricos ensejou outras, como a dos núcleos múltiplos, de Chauncy Harris e Edward Ullman, e a do crescimento axial, de Homer Hoyt. A hipótese do homem marginal, por sua vez, originou a da marginalidade ecológica, da cidadania limitada, da cultura da pobreza e outras.

c) Hipóteses que se referem à relação entre variáveis analíticas. Apresentando nível de abstração superior às anteriores, essas hipóteses exigem, para o estudo das variáveis analíticas, a formulação de uma relação entre modificações em determinada propriedade e modificações em outra. Ora, se o número de variáveis que podem ser abstraídas e estudadas – isto é, selecionadas para que nelas se exerça controle, enquanto são variadas outras para obter (medir, verificar, confirmar) a correspondente modificação em determinada variável analítica – só é limitado pela teoria, e esta se encontra em constante crescimento, concluímos que as oportunidades para novas pesquisas, por meio desse tipo de hipóteses, são praticamente ilimitadas.

Exemplo: Em Sociologia, verificou-se a existência de regularidades empíricas, no estudo da fertilidade, em relação à classe socioeconômica, à escolaridade, à região e à religião. Uma hipótese de tipo ideal poderia indicar a existência, no Brasil, de um segmento da população, de classe socioeconômica baixa, rural e católica, de pouca escolaridade, que apresenta alta fertilidade. Se exercêssemos controle sobre a escolaridade, região e religião (isto é, se mantivéssemos constantes seus efeitos sobre a fertilidade), poderíamos verificar a correlação entre as variáveis classe socioeconômica e fertilidade. Estaríamos, então, atuando por intermédio de uma hipótese de nível mais elevado de abstração, pois não existem pessoas cuja fertilidade seja afetada apenas por uma variável, isto é, que não seja afetada por *todas* as variáveis.

4.3 Classificação de Bunge

A classificação mais exaustiva foi feita por Bunge (1976, p. 264-278), do ponto de vista da forma, da referência e do *status* cognitivo, ou seja, classificação sintática, semântica e epistemológica.

4.3.1 Classificação sintática

a) Estrutura dos predicados:

- Número de predicados: uma hipótese pode conter um só predicado (exemplo: "há neutrinos") ou vários, o que é mais comum.

  Exemplo: Pessoas com preconceitos deslocarão agressão para outros quando sua hostilidade for deflagrada.

- Grau dos predicados: pode ser unitário, por exemplo, quando se usa "peso atômico", binário, utilizando-se "depende de", e assim sucessivamente. O grau dos predicados e, consequentemente, a estrutura lógica das hipóteses dependem do grau de conhecimentos existente: "observa-se *p*" – seria um primeiro grau de aproximação do fenômeno que, numa análise mais profunda, afirmaria "*p* é observável (ou causa *q*) nas condições *r* e com os meios *w*".

  Exemplo: Voltando ao exemplo anterior, teríamos: "Há pessoas com preconceito (*p*)" ou "pessoas com preconceito (*p*) deslocarão agressão para outros (*q*) quando sua hostilidade for deflagrada (*r*)".

- Caráter possível de medida dos predicados: uma hipótese pode conter predicados qualitativos (não mensuráveis).

  Exemplo: Se frustração, então agressão.

  Ela pode conter predicados dicotômicos (presença ou ausência).

  Exemplo: Se o emissor e/ou o receptor não dominarem o código utilizado num processo de comunicação, então esta não ocorre.

  Pode ainda relacionar variáveis mensuráveis.

  Exemplo: O potencial de consumo de um indivíduo está diretamente relacionado com sua renda.

b) Alcance das hipóteses:

- Singulares.

  Exemplo: Moisés era egípcio.

- Pseudossingulares: essas hipóteses contêm um quantificador oculto, geralmente relativo ao tempo e/ou espaço.

  Exemplo: O sistema solar é dinamicamente estável. O que, na realidade, queremos significar com essa hipótese é que o sistema solar é estável em todo o momento *t* de um intervalo temporal *T*.

- Existenciais indeterminadas: que, não especificando nem tempo nem lugar, se tornam por essa razão difíceis de ser refutadas.

  Exemplo: Há partículas elementares indivisíveis.

- Existenciais localizadoras: nessas hipóteses, a "localização" pode ser espacial, temporal ou espaço-temporal.

  Exemplos: Há grande quantidade de ferro no núcleo terrestre; o prestígio das oligarquias rurais cafeeiras e sua dominância política influíram na determinação da expansão ferroviária paulista e de seu traçado, na segunda metade do século XIX (ACRA FILHO, 1981, p. 63).

- Quase gerais: as hipóteses desse tipo admitem explicitamente exceções, cujo número é especificado ou não.

  Exemplos: "A maioria dos sais dos metais alcalinos é bastante solúvel na água"; "quando um sistema se encontra isolado, passará, na maioria dos casos, a estados de entropia superior".

- Estatística: essas hipóteses estabelecem correlações, tendências, padrões, médias, dispersões e outras propriedades globais, coletivas.

  Exemplo: As pessoas que nascem no Mediterrâneo tendem a ser dolicocéfalas.

- Universais restringidas: sua característica de restrição decorre do fato de referir-se a um intervalo limitado.

  Exemplo: Até o advento do capitalismo, a instrução religiosa interferia poderosamente nas atividades econômicas.

- Universais não restringidas: são supostamente aplicáveis a todos os casos de determinada classe, em todos os lugares e em todos os tempos.

  Exemplo: Sempre que um raio de luz se refletir numa superfície plana, o ângulo de reflexão será igual ao ângulo de incidência.

c) Caráter sistemático:

- Isolada: não pertencente a um sistema. É o que ocorre com as generalizações empíricas, se bem que nenhum enunciado é totalmente isolado: se o fosse, seria ininteligível.

  Exemplo: O absenteísmo no trabalho entre as mulheres casadas é maior do que entre as solteiras.

- Sistêmica (pertencente a um sistema): as hipóteses sistêmicas estão inseridas em um sistema, ou como ponto de partida ou como consequências lógicas.

  Exemplo: Sempre que um corpo cair livremente no vazio, partindo do repouso e de uma altura não muito grande, a distância percorrida em t segundos será de 490 t^2 cm.

d) Potência dedutiva ou inferencial. Sob esse aspecto, nenhuma proposição (hipótese) é estéril, pois todas têm alguma potência inferencial, ou seja, capacidade de dar origem a outras proposições (até as singulares implicam outras, condicionais). Sob o aspecto de "potência inferencial", incluem-se a especificidade e a potência contrafactual:

- Especificabilidade (possibilidade de exemplificação):
  - Hipóteses especificáveis: permitem derivar delas proposições singulares por intermédio da substituição de variáveis por constantes, com a finalidade de descrever ou explicar fatos singulares. Como exemplo, temos todas as generalidades empíricas.
  - Hipóteses condicionalmente especificáveis: necessitam de determinadas "operações" para poderem ser aplicadas a indivíduos ou coletividades. No primeiro caso, uma proposição, referente a um indivíduo (ou, por exemplo, um sistema celular), deve ser "resolvida" e interpretada com termos empíricos, para descobrir ou explicar um fato que se refere a um indivíduo

(ou sistema celular). No segundo caso, qualquer probabilidade relativa a propriedades coletivas deve transformar-se em enunciado com frequências (ocorrendo o contrário com enunciados que expressam uniformidades estatísticas empíricas).

Exemplo: Partindo da proposição de que "a frequência da propriedade *B* (dolicocéfalo) na classe *A* (nascidos no Mediterrâneo) é *f*, não podemos inferir que todo *A* ou algum *A* determinado é *B* ou não é *B*; somente podemos inferir que a probabilidade de que um *A* seja *B* é próxima a *f*. Isso no caso em que "estamos dispostos a considerar as probabilidades não somente como propriedades coletivas, mas também como propriedades de indivíduos enquanto membros de determinado conjunto" (BUNGE, 1976, p. 267).

- Hipóteses inespecificáveis: não permitem inferir proposições singulares. São exemplos as proposições quase gerais e as hipóteses estatísticas com predicados não distributivos (globais), como "quanto menos homogênea é dada população, tanto mais amplamente estão dispersas suas propriedades quantitativas em torno das respectivas médias".

- Potência contrafactual (possibilidade de derivar das hipóteses, condicionais contrafactuais):
  - Contrafactualmente potentes: a condicional contrafactual pode ser enunciada dessa forma: "se *A* fosse (tivesse sido) o caso, então *B* seria (teria sido) o caso".

    Exemplos: Se essa vela de parafina tivesse sido colocada numa chaleira com água fervente, teria derretido (esta condicional contrafactual foi derivada da hipótese de que "a temperatura de liquefação da parafina é 60° C" – sabendo-se que o ponto de ebulição da água é 100° C) (HEMPEL, 1974, p. 75); se este pedaço de metal estivesse exposto à umidade, ele seria oxidado (derivada da hipótese "o metal exposto à umidade se oxida") (SOUZA; REGO FILHO; LINS FILHO; LYRA; COUTO; SILVA, 1976, p. 84).

    Dessa forma, hipóteses contrafactualmente potentes são as que permitem inferir (derivar) condicionais contrafactuais e condicionais subjuntivos. Estes últimos são proposições do tipo "se *A* vier a acontecer, também acontecerá *B*". Voltando ao primeiro exemplo, teríamos: "se esta vela de parafina vier a ser colocada em água fervente, ela derreterá". Outra forma de colocar as proposições seria partir da hipótese sobre as características de A e inferir que, se *B* fosse *A*, teria as mesmas características.

Exemplo: Partindo de "os mésons têm vida curta", podemos inferir que, "se esta partícula fosse um méson, ela seria de vida curta".

As hipóteses com potência contrafactual são sérias candidatas a leis nomológicas, isto é, generalizações ou enunciados gerais, estabelecidos com base em evidências factuais (e confirmados por elas). As leis nomológicas são leis científicas; além da característica de apoiarem os condicionais contrafactuais e os condicionais subjuntivos, não podem conter limitações de ordem espacial e/ou temporal e devem propiciar base explicativa para novos fenômenos, semelhantes aos já observados, quer dizer, não podem servir de explicação apenas aos fatos que originaram sua formulação. Nem todas as generalizações são nomológicas: podem ser acidentais.

Exemplo: Todas as rochas nessa caixa contêm ferro. A caixa encontra-se em determinado lugar (limitação espacial), em certo momento (limitação temporal), e as rochas que contêm ferro não podem trazer nenhuma explicação sobre as características de outras rochas, assim como a proposição não pode sustentar o enunciado contrafactual: "se esta rocha tivesse sido colocada na caixa, ela conteria ferro".

- Contrafactualmente débeis: a debilidade contrafactual depende, na realidade, da profundidade da análise.

  Exemplo: O padrão do tamanho da família no hemisfério ocidental é de dois filhos. Tal enunciado pode ser assim proposto: "para todo *x*, se *x* é uma amostra ao acaso da população de famílias ocidentais, então o padrão do número de filhos de *x* é 2" (BUNGE, 1976, p. 267-268).

4.3.2 Classificação semântica

A classificação semântica compreende:

a) Extensão dos predicados:
   - Distributivo (hereditário).

     Exemplo: No enunciado, o *espaço físico é tridimensional*; a palavra *tridimensional* é um predicado distributivo ou hereditário, pois se supõe que, tridimensionalmente, ocorre em *toda* parte do espaço físico.

   - Global ou coletivo (não hereditário).

     Exemplo: Na proposição, a *média de idade da população* x *é 28 anos*, média não pode aplicar-se a qualquer parte de seus correlatos, pois é um conceito coletivo ou global.

b) Ordem ou categoria semântica dos predicados:
   - Predicados que se referem a propriedades de indivíduos, simples ou complexos (de ordem inferior).

     Exemplo: As baleias são mamíferos.

   - Predicados de ordem superior (que se referem geralmente a relações).

     Exemplo: Se reforço positivo, então melhor rendimento escolar.

c) Precisão:
   - Hipóteses em bruto: são imprecisas, pois apresentam predicados vagos.

     Exemplo: algumas substâncias não se combinam com nenhuma outra.

   - Hipóteses refinadas: são precisas em relação aos predicados e ao alcance.

     Exemplo: Duas moléculas de hidrogênio mais uma molécula de oxigênio, na presença de uma faísca, resultam em duas moléculas de água.

d) Correlato imediato da hipótese:
   - Hipóteses com correlato experimental: contêm conceitos que se referem à experiência sensorial.

     Exemplo: Todas as sensações de calor podem ser produzidas com somente duas luzes de cores diferentes.

- Hipóteses com correlato experimental e factual: supõem, ao mesmo tempo, o sujeito e o objeto do conhecimento.

Exemplo: Ao verificar as características de pigmentação de determinada população, a probabilidade de encontrar pessoas albinas é *X*.

- Hipóteses com correlato factual: referem-se a fatos objetivos e suas propriedades.

Exemplo: Os terremotos tendem a ocorrer nas proximidades de falhas geológicas. Hipóteses cujo correlato é um modelo: essas hipóteses não possuem correlatos imediatos: estes são modelos teóricos que, por sua vez, se apresentam como reconstituições aproximadas de sistemas reais como em: A economia capitalista baseia-se na empresa livre ("empresa livre" é um objeto ideal e não se aplica, sem erro, a sistemas reais).

4.3.3 Classificação epistemológica

a) **Forma de construção:**

- Hipóteses encontradas por analogia: inferidas mediante argumentos de analogia ou captação intuitiva de similares.
  - Analogia substantiva.

Exemplo: Se frustração, então agressão. A hipótese é extensiva do rato para o homem ou de um homem para outro, isto é, parte-se do princípio de que a resposta de um organismo a um estímulo (reação do rato à frustração) sugere a hipótese de que num organismo diferente (homem) ocorrerá a mesma relação estímulo-resposta.

  - Analogia estrutural: ocorre quando se suspeita que a lei de crescimento de uma população tem a mesma forma que a lei de crescimento de um indivíduo.

Exemplo: A hipótese de Spencer de que a sociedade se assemelha a um organismo biológico, e a "evolução de todos os corpos (e das sociedades) passa de um estágio primitivo, caracterizado pela simplicidade de estrutura e pela homogeneidade progressiva das partes, a outro, caracterizado por novas maneiras de integração".

- Hipóteses encontradas por meio de indução: baseadas no exame de caso a caso:
  - Indução de primeiro grau: vai de enunciados particulares a enunciados gerais; do exame de certo número de casos individuais infere-se, por exemplo, que a aprendizagem da língua espanhola interfere na aprendizagem simultânea da língua portuguesa.
  - Indução de segundo grau: generalização de generalizações de primeiro grau.

  Exemplo: A aprendizagem de qualquer tema interfere na aprendizagem de qualquer outro tema contíguo.

- Hipóteses encontradas por meio da intuição: apresentam um aspecto natural ou óbvio, dando a impressão da inexistência de reflexão ou elaboração, principalmente decorrido algum tempo depois de sua confirmação.

  Exemplo: Hoje, é óbvio, mas não o era no tempo de seu enunciado (primeira metade do século XIX): a hipótese de J. Blake de que "o efeito biológico de uma droga está relacionado com sua constituição química" (BUNGE, 1976, p. 273).

- Hipóteses obtidas por dedução: isto é, deduzidas de proposições mais amplas:
  - Teoremas: ou consequências lógicas de pressupostos anteriores de uma teoria.

    Exemplo: De postulados biogeográficos gerais podem-se deduzir hipóteses relativas à distribuição geográfica de determinada espécie.

  - Inferências baseadas em teorias de mais amplo alcance.

    Exemplo: Dedução de uma relação termodinâmica (por exemplo, nenhuma máquina térmica cíclica pode extrair energia interna de um sistema e convertê-la integralmente em trabalho mecânico) de princípios de mecânica estatística (que interpreta diferentes aspectos e comportamentos da matéria por meio de unidades elementares e de suas formas de existência e de ação).

- Hipóteses obtidas por construção.

  Exemplo: Passos dados por Newton para expressar a distância entre os corpos: experimentou várias funções até chegar à da "razão inversa do quadrado", pois era a única que, por meio de suas leis do movimento, levava às de Kepler (que, por sua vez, são construções típicas).

b) **Grau de abstração:**

- Hipóteses observacionais (ou de nível baixo): contêm apenas conceitos referentes a propriedades observáveis.

  Exemplo: A madeira flutua. Para que esse tipo de hipótese possa ser incluída em alguma teoria, tem de ser traduzida para enunciados não observacionais (a madeira é menos densa do que a água ou um sólido flutua num líquido sempre que a sua densidade for menor que a do líquido).

- Hipóteses não observacionais (ou de nível inferior): contêm conceitos não observacionais, como *média*, ou construções hipotéticas, como *inércia, id, ego* e *superego*. Dividem-se essas hipóteses em:
  - Não observacionais ordinários.

    Exemplo: O suicídio é mais frequente entre os protestantes do que entre os católicos.

  - Não observacionais teóricos.

    Exemplo: A inibição da digestão nos estados de tensão emocional favorece o uso do sangue pelos órgãos efetores.

  - Não observacionais mistos.

    Exemplo: A carne é rica em proteínas (BUNGE, 1976, p. 275).

c) **Profundidade:**

- Hipóteses fenomenológicas: são as que, quer contenham conceitos observacionais, quer construções abstratas, não se referem ao funcionamento interno dos sistemas, mas ao externo.

Exemplo: Fórmulas químicas que não especificam a estrutura química ou os mecanismos de reação.

- Hipóteses representacionais ou mecanicistas, ao contrário das anteriores, especificam mecanismos.

  Exemplo: Uma hipótese fenomenológica pode fazer referência ao crescimento biológico: reúne e generaliza estudos empíricos do crescimento de indivíduos (mediante gráficos estatísticos). Esses gráficos podem originar infinitas funções que relacionem a dimensão de entidade biológica com sua idade (e, em consequência, sugerem hipóteses fenomenológicas sobre o crescimento). Como não se fez nenhuma conjectura sobre o mecanismo do crescimento, não se pode saber qual dessas hipóteses fenomenológicas é a verdadeira. A construção da hipótese representacional, ao contrário, pode, por exemplo, propor que "a expansão da célula é pelo menos tão importante como sua reprodução, para o crescimento do indivíduo".

Como são complementares, uma hipótese pode ser classificada sob três aspectos: sintático, semântico e epistemológico. Dentro de cada aspecto, pode ser classificada segundo as divisões existentes; apenas as subdivisões são, em geral, mutuamente exclusivas.

Exemplo: "Em época de guerra, há maior probabilidade da formação de estereótipos mútuos negativos entre os participantes do conflito."

Classificação:

a) **Sintática:**

- Estrutura dos predicados:
  - Número dos predicados: *vários*.
  - Grau dos predicados: *binário*.
  - Caráter passível de medida dos predicados: *qualitativos*.
- Alcance das hipóteses: *existencial localizador*.
- Caráter sistemático: *sistêmica*.
- Potência dedutiva ou inferencial:
  - Especificabilidade: *hipótese condicionalmente especificável*.
  - Potência contrafactual: *contrafactualmente débil*.

b) **Semântica:**
- Extensão dos predicados: *global* ou *coletivo*.
- Ordem ou categoria semântica dos predicados: *predicado de ordem superior*.
- Precisão: *refinada*.
- Correlato imediato da hipótese: *hipótese com correlato experimental e factual*.

c) **Epistemológica:**
- Forma de construção: *hipótese encontrada por meio da indução de segundo grau*.
- Grau de abstração: *hipótese não observacional ordinária*.
- Profundidade: *fenomenológica*.

5 FONTES DE ELABORAÇÃO DE HIPÓTESES

Não há normas ou regras fixas que limitem a possibilidade de elaborar hipóteses (não estamos nos referindo aos requisitos necessários para que uma hipótese seja científica), assim como não se limita a criatividade humana ou se estabelecem regras para ela. Entretanto, há oito fontes fundamentais que podem originar hipóteses.

5.1 Conhecimento familiar

O conhecimento familiar ou as inferências derivadas do senso comum, perante situações vivenciadas, podem levar a correlações entre fenômenos notados e ao desejo de verificar a real correspondência existente entre eles. Não se trata aqui de comprovar cientificamente o óbvio; ao contrário, trata-se de averiguar se é óbvio, isto é, se há ou não correlação de fato entre os fenômenos.

> *Exemplos*: O conhecimento popular atribui à idade e ao desejo de afirmação a rebeldia do adolescente. Na área da Psicologia, podem-se elaborar hipóteses sobre o assunto, como: "Em determinada fase do desenvolvimento mental do jovem, a necessidade de afirmação do ego leva à contestação da autoridade dos pais e dos valores da sociedade" ou "dada a 'necessidade' de afirmação do ego, então contestação da autoridade dos pais e dos valores da sociedade". Outro exemplo partiria do conhecimento familiar de que as crianças, "brincando de imitar" os adultos, aprendem

a comportar-se na sociedade. Uma hipótese, também na área da Psicologia, seria de que "a imitação é um dos processos de aprendizagem da vida social".

5.2 Observação

Uma fonte rica para a construção de hipóteses é a observação que se realiza dos fatos ou da correlação existente entre eles. As hipóteses terão a função de comprovar (ou não) essas relações e explicá-las.

Exemplos: Partindo da constatação da correlação entre nível socioeconômico (classe social) do aluno e seu rendimento escolar, vários pesquisadores levantaram hipóteses sobre o menor rendimento escolar dos alunos de classe social baixa, analisando a influência da alimentação, do ambiente cultural, da profissão dos pais, do nível de aspiração educacional dos pais e até dos valores que a escola transmite (partindo da premissa de que ela acentua as características da classe alta e média).

Trujillo Ferrari (1974, p. 135), citando Baker e Allen, indica outro exemplo: biólogos dos Estados Unidos observaram que o salmão prateado (*Oncorhyncus Kisutch*), no nordeste da costa do Pacífico, expele seus ovos nos córregos da região. Após a incubação, os peixinhos dirigem-se até o Oceano Pacífico e, quando alcançam a maturidade, retornam aos riachos onde nasceram, para a desova. Com a finalidade de explicar esse fenômeno biológico, alicerçados em observações sobre os hábitos do salmão dourado, os pesquisadores propuseram várias hipóteses, entre elas: "o salmão *Oncorhyncus Kisutch* utiliza unicamente o estímulo visual para encontrar o riacho em que nasceu para desovar"; "o salmão *Oncorhyncus Kisutch* encontra a rota de retorno ao riacho em que nasceu através do cheiro específico das águas".

5.3 Comparação com outros estudos

Podem-se enunciar hipóteses que resultam de o pesquisador "basear-se nas averiguações de outro estudo ou estudos na perspectiva de que as conexões similares entre duas ou mais variáveis prevalecem no estudo presente" (TRUJILLO FERRARI, 1974, p. 44).

Exemplo: Sintetizando os pressupostos da obra de Durkheim, *O suicídio*, obteremos as seguintes conclusões: (a) a coesão social proporciona apoio psicológico aos membros do grupo submetidos a ansiedades e tensões agudas; (b) os índices de suicídio são função das ansiedades e tensões não aliviadas a que estão sujeitas as pessoas; (c) os católicos têm coesão social maior que os protestantes; e, portanto, (d) é possível prever ou antecipar, entre católicos, um índice menor de suicídio do que entre os protestantes. Um pesquisador, no Brasil, pode tentar verificar a validade da correlação entre essas variáveis, num novo contexto social, examinando a coesão social das diferentes profissões religiosas e os índices de suicídio entre seus membros.

5.4 Dedução lógica de uma teoria

Podem-se extrair hipóteses, por dedução lógica, do contexto de uma teoria, isto é, de suas proposições gerais é possível chegar a uma hipótese que afirme uma sucessão de eventos (fatos, fenômenos) ou a correlação entre eles, em determinado contexto.

Exemplo: Ogburn, em sua obra *Social change*, apresenta a teoria da demora cultural, indicando que a transformação ou o crescimento, no movimento total de uma cultura, não se processa no mesmo ritmo em todos os setores. Se uma grande parte da herança social do homem é a cultura material, para utilizá-la são necessários ajustamentos culturais, denominados cultura adaptativa. As transformações nesta última são geralmente precedidas por transformações na cultura material. Para realizar uma pesquisa em área rural do Brasil, onde a televisão tem penetração, podemos partir da hipótese de que ela, transmitindo ideias, crenças, conhecimentos e valores da sociedade urbana (cultura não material), para uma região rural subdesenvolvida, com poucas alterações na cultura material (técnicas e artefatos), influenciou as transformações da cultura adaptativa, fazendo com que a cultura material ficasse defasada em relação a ela.

5.5 Cultura geral na qual a ciência se desenvolve

A cultura norte-americana, variante da cultura ocidental europeia, por exemplo, dá ênfase à mobilidade e à competição, assim como à felicidade individual, ao passo que a cultura zuñi acentua valores grupais, preocupando-se menos com a felicidade individual e procurando evitar a competição e, até certo ponto, a realização individual. Esses enfoques, dados pela cultura geral, podem levar o cientista, principalmente na área das Ciências Sociais, a preocupar-se mais com determinado aspecto da sociedade, originando hipóteses sobre temas específicos.

> *Exemplos*: Goode e Hatt (1968, p. 83-85) apontam uma série de estudos realizados na sociedade norte-americana sobre ajustamento (com o sentido de felicidade individual), partindo de hipóteses que o correlacionaram com ocupação, remuneração, educação, classe social, ascendência étnica, felicidade dos pais, assim como o analisaram nas relações de casamento, trabalho e outros grupos sociais. Indicam, ainda, que ser negro ou ser branco é considerado fator importante na determinação do comportamento humano, principalmente nas sociedades norte-americana e da África do Sul. Assim, nessas sociedades, uma série de estudos científicos teve por base hipóteses relativas a tais diferenças (menor capacidade intelectual devida a tais fatores foi cientificamente refutada por uma série de testes).

5.6 Analogias

As observações casuais da natureza, assim como a análise do quadro de referência de outra ciência, podem ser fontes de hipóteses por analogia.

> *Exemplo*: Os estudos da ecologia das plantas e animais refletiram no desenvolvimento da ecologia humana. Especificamente, o fenômeno da segregação, conhecido na ecologia da planta, originou a hipótese de que atividades específicas e tipos de população semelhantes podem ser encontrados, ocupando o mesmo território. As análises do desenvolvimento das cidades receberam grande impulso com os autores da chamada Escola de Chicago, cujo enfoque se baseia na ecologia humana (por analogia com a ecologia vegetal e animal), sendo os principais representantes Park, Burgess, Hollingshead, McKenzie, Harris e Ullman. Hollingshead incorporou, em sua hipótese sobre processos que operam na organização de uma cidade, o conceito de segregação (os processos seriam: concentração, centralização, segregação, invasão, sucessão, descentralização e rotinização ou fluidez).

5.7 Experiência pessoal, idiossincrática

A maneira particular pela qual o indivíduo reage aos fatos, à cultura em que vive, à ciência, ao quadro de referência de outras ciências e às observações constitui também fonte de novas hipóteses.

> *Exemplos*: Darwin, em sua obra *A origem das espécies*, levantou a hipótese de que os seres vivos não seriam imutáveis, oriundos de criações distintas, mas que se modificaram. Ora, além de suas observações pessoais, Darwin reuniu vários fatos que eram conhecidos em sua época, dando-lhes uma interpretação pessoal, da qual originou sua hipótese. Outro exemplo, citado por Goode e Hatt (1968, p. 88-89), refere-se às ciências sociais, especificamente a Thorstein Veblen. Sociólogo norte-americano, descendente de noruegueses, sua visão da sociedade (capitalista) norte-americana foi influenciada por sua origem e pela comunidade norueguesa isolada em que foi criado. Conhecedor do positivismo francês e do materialismo histórico, desenvolveu um ponto de vista particular sobre o capitalismo, que expôs em sua obra principal, *A teoria da classe ociosa*.

5.8 Casos discrepantes na própria teoria

A teoria empresta direção às pesquisas, estabelecendo um elo entre o que é conhecido e o desconhecido, ou da própria teoria tiram-se deduções lógicas que representam outros tantos problemas e hipóteses. Contudo, às vezes, a fonte das hipóteses são as discrepâncias apresentadas em relação ao que "deve" acontecer em decorrência da teoria sobre o assunto.

> *Exemplo*: Nas pesquisas sobre comunicação, estabeleceu-se a teoria, baseada nos fatos, de que há pessoas que podem ser classificadas como líderes de opinião. A seguir, novas pesquisas, realimentando a teoria, verificaram que essas pessoas possuíam prestígio, isto é, *status* elevado na comunidade. Como o *status* é uma decorrência de diversas variáveis, levantou-se a hipótese de que poderia existir um tipo ideal de pessoa influente. Entretanto, as pesquisas demonstraram a inexistência de muitas características comuns entre elas. Dessa discrepância surgiu a hipótese, proposta por Merton, da existência de duas categorias de pessoas, as influentes cosmopolitas e as locais, apresentando grupos de características distintivas.

6 CARACTERÍSTICAS DAS HIPÓTESES

Vários autores indicaram as características ou os critérios com os quais as hipóteses devem conformar-se para serem consideradas cientificamente aceitáveis.

Para Bunge (1976, p. 301), as hipóteses devem ter:

- Consistência lógica.
- Compatibilidade com o corpo de conhecimentos científicos.
- Capacidade de serem submetidas à verificação.

Cervo, Bervian e Silva (2014, p. 78) postulam que a hipótese:

- Não deve contradizer nenhuma verdade já aceita ou explicada.
- Deve ser simples.
- Deve ser sugerida e verificável pelos fatos.

Segundo Nérici (1978, p. 125-126), a hipótese deve ser:

- Necessária.
- Possível.
- Verificável.

Na concepção de Hempel (1974, p. 45-67), as hipóteses precisam ter:

- Apoio teórico.
- Verificabilidade.
- Simplicidade.
- Relevância explanatória.

Souza (1976, p. 74-76) considera que as hipóteses devem apresentar:

- Relevância.
- Possibilidade de confirmação.
- Compatibilidade com hipóteses anteriormente confirmadas.
- Poder preditivo e/ou explicativo.

De acordo com Grawitz (1975, v. 1, p. 352), a hipótese cientificamente válida deve:

- Ser verificável.
- Abranger conceitos comunicáveis.
- Expressar fatos reais.

- Ser específica.
- Estar em conformidade com o conteúdo atual da ciência.

Tanto Trujillo Ferrari (1974, p. 142-144) quanto Goode e Hatt (1968, p. 89-96) postulam que as hipóteses devem:

- Ser conceptualmente claras.
- Ter referências empíricas.
- Ser específicas.
- Estar relacionadas com as técnicas disponíveis.
- Estar relacionadas com uma teoria.

São características essenciais da hipótese, para Rudio (2014, p. 100-103):

- Plausibilidade.
- Consistência interna e externa.
- Especificidade.
- Verificabilidade.
- Clareza.
- Simplicidade.
- Economia nos enunciados.
- Capacidade de explicar o problema.

Schrader (1974, p. 51-57), mais voltado ao método hipotético-dedutivo, indica características que as hipóteses devem ter:

a) **Grau de generalidade:** são preferíveis os enunciados de hipóteses que se referem a muitos objetos de investigação, desde que se tenha conhecimento sobre os pré-requisitos sob os quais são válidas.
b) **Complexidade:** diz respeito ao número de características, atribuíveis ao objeto de análise, a serem consideradas nas hipóteses.
c) **Especificação:** refere-se aos valores que são atribuídos ao objeto ou objetos de análise.
d) **Determinação:** trata-se aqui do problema de podermos formular hipótese com certeza absoluta, isto é, com a probabilidade igual a um, ou se é necessário acrescentar limites sobre a probabilidade de atribuição de valores de características a características de objetos.

e) **Falsificabilidade:** uma hipótese só pode ser considerada como tal se passível de ser submetida à falsificação, ou seja, será tanto mais expressiva quanto mais fatos possíveis puder excluir.

f) **Refutabilidade ou verificabilidade:** agindo com rigorosa exigência lógico-científica, para falsificar a hipótese; evidentemente, também é possível a confirmação, desde que a formulação seja adequada.

g) **Comunicabilidade:** com o fim de tornar possível o controle intersubjetivo de nosso processo de investigação, é necessária uma redação tal da hipótese que esta possa ser compreendida por outros estudiosos.

h) **Reprodutibilidade:** é necessário que, com base na formulação da hipótese, seja possível a intersubjetividade da análise. Reside exclusivamente neste ponto a chance de operacionalizar a objetivação do conhecimento.

i) **Poder de previsão:** quando se formula uma hipótese *ex ante factum*, dirigimo-nos a uma situação com o sentido de prever acontecimentos que ainda não se deram. Evidentemente, esse não é o único tipo de hipótese, mas a mais desejável, pois traz a vantagem de o procedimento ser mais adequado do ponto de vista científico, se se considera ciência como a previsão do futuro.

O esquema a seguir apresenta os vários tipos de hipótese.

ANÁLISE *EX ANTE FACTUM*			
HIPÓTESE	Surgimento do fenômeno	Investigação	Interpretação
ANÁLISE *EX POST FACTUM*			
Surgimento do fenômeno	HIPÓTESE	Investigação	Interpretação
EXPLICAÇÃO			
Surgimento do fenômeno	Investigação	HIPÓTESE	Interpretação

j) **Sustentabilidade:** consiste no problema central da formulação das hipóteses, pois "o sentido de uma hipótese resume-se em não permanecer em estado de hipótese". A verificação da hipótese pode conduzir aos seguintes resultados: a hipótese revela-se falsa; insustentável; indecidida; verificável; verdadeira.

Resumindo: as hipóteses apresentam 11 características ou critérios necessários para sua validade consistência lógica, verificabilidade, simplicidade, relevância, apoio teórico, especificidade, plausibilidade, clareza, profundidade, fertilidade e originalidade.

6.1 Consistência lógica

A primeira característica, consistência lógica, citada por Bunge, abrange dois aspectos: a **consistência interna** e a **externa**. A interna especifica que não pode haver contradição dentro do próprio enunciado.

> *Exemplos*: Existe um Y maior que zero ($Y > 0$) no conjunto de fórmulas $X + Y = Z$ e $X - Y = Z$. A atitude das pessoas diante do problema proposto foi inadequada e inexata, porque não se pode saber quais atitudes são adequadas e corretas perante tal problema. Ambas as hipóteses apresentam inconsistência interna: na primeira, Y não pode ser maior que 0, mas igual a 0; na segunda, se não se pode saber quais as atitudes adequadas e corretas, nenhuma atitude pode ser classificada de "inadequada e incorreta" (ou adequada e correta).

Por sua vez, a consistência externa refere-se à compatibilidade da hipótese com o conhecimento científico mais amplo ou com a teoria.

> *Exemplo*: A hipótese de que, independentemente da situação do observador, o movimento de um corpo é percebido da mesma forma apresenta-se incoerente com a teoria da relatividade. Segundo esta, o espaço e o tempo concebem-se em função do movimento (que se torna, assim, absoluto), e só há uma realidade descrita (pela Ciência Física) a partir do ponto de vista em que se encontra o observador (relativa, portanto, a sua perspectiva).

A consistência externa, também denominada *compatibilidade com o corpo de conhecimentos científicos* (Bunge), é assim caracterizada por: *não dever contradizer nenhuma verdade já aceita, ou explicada* (Cervo, Bervian e Silva); ser indicada como necessitando de *compatibilidade com hipóteses anteriormente confirmadas* (Souza, Rego Filho, Lins Filho, Lyra, Couto, Silva); ser postulada como *estar em conformidade com o conteúdo atual da ciência* (Grawitz); ser apresentada como *possível* (Nérici), isto é, não contrariando uma lei estabelecida.

A importância da consistência lógica externa não diminui pelo fato de hipóteses contrárias ao conhecimento existente na época em que foram formuladas terem levado a grandes descobertas e mudanças na ciência.

Exemplo: O heliocentrismo, de Copérnico, totalmente contrário ao geocentrismo de Ptolomeu. Se aceitarmos que hipóteses incompatíveis com o corpo de conhecimentos científicos não podem ser sequer cogitadas, teremos a eternização de hipóteses inúteis, como a da indivisibilidade do átomo e a do movimento perpétuo. Apesar disso, a consistência lógica externa continua como um dos requisitos básicos da hipótese.

6.2 Verificabilidade

A segunda característica, verificabilidade, explicitada por Bunge, Nérici, Hempel, Grawitz e Rudio, é classificada assim por: *ser verificável pelos fatos* (Cervo, Bervian e Silva); *possibilitar confirmação* (Souza, Rego Filho, Lins Filho, Lyra, Couto, Silva); *ter referências empíricas e estar relacionada com as técnicas disponíveis* (Trujillo Ferrari e Goode e Hatt). Ser verificável significa que a hipótese deve ser passível de ser submetida à comprovação, quer diretamente (hipóteses empíricas, compostas de termos "pré-teóricos" ou "experimentais") quer em suas consequências (hipóteses com termos "teóricos"), por meio do "princípio de transposição" (ver seção 2.2 do Capítulo 3) ou deduzindo-se dela implicações passíveis de comprovação empírica.

Exemplo: Em relação ao estímulo *A*, o grupo *X* apresenta profundidade emocional, baseada em projeção imediata no inconsciente, maior que o grupo *B*. É impossível verificar (comprovar ou refutar) tal hipótese, pois os métodos e técnicas atuais da ciência não permitem medir a profundidade emocional, baseada (ou não) em projeção imediata do inconsciente. Quanto à verificabilidade de uma hipótese em suas consequências, há vários exemplos na teoria da relatividade. Em relação à luz e à atração gravitacional, as hipóteses contidas nela conduziram à dedução de uma implicação passível de comprovação empírica: a luz sofreria desvio nas proximidades de corpos com grande massa (comprovada em 1919, quando de um eclipse solar).

6.3 Simplicidade

A terceira característica, simplicidade, apontada por Cervo, Bervian e Silva, Hempel e Rudio, pode englobar também a *economia dos enunciados*, postulada por este último. É a propriedade que mais tem despertado controvérsias entre os cientistas. Só para exemplificar, Bunge (1974b, p. 121-122) levanta a questão "simplicidade em quê?" e aduz:

> pode ser simplicidade **sintática** (economia de formas), que depende: (a) do número e da estrutura dos conceitos; (b) número e estrutura dos postulados independentes; (c) das regras de transformação dos juízos; simplicidade **semântica** (economia de pressuposições), dependente do número de especificadores de significado dos predicados básicos; simplicidade **epistemológica** (economia de termos transcendentes), que depende da proximidade em relação aos dados dos sentidos; simplicidade **pragmática** (economia de trabalho), desdobrada em: (a) simplicidade psicológica (inteligibilidade); (b) simplicidade algorítmica (facilidade de computação); (c) simplicidade notacional (economia e poder sugestivo dos símbolos); (d) simplicidade experimental (factibilidade de projeto e interpretação de testes empíricos); (e) simplicidade técnica (facilidade de aplicação a problemas práticos) [...] as várias espécies de simplicidade não são todas compatíveis entre si e com certos desideratos da ciência [...] talvez a simplicidade pragmática seja a mais desejável por razões práticas.

Sem entrar em maiores detalhes, postulamos aqui a simplicidade na forma de enunciar a hipótese, em relação ao uso de palavras desnecessárias e/ou na utilização de *todos* e *somente* os termos necessários à sua compreensão.

> *Exemplo*: Os elogios, os prêmios, as congratulações e os reforços positivos dados aos componentes do grupo A, na realização de tarefas propostas, fazem com que seus desempenhos sejam superiores em relação ao desempenho dos componentes do grupo B, quando da comparação dos desempenhos na realização das mesmas tarefas. Essa hipótese tem uma série de termos desnecessários, como: *elogios, prêmios e congratulações*, pois todos são

reforços positivos. Sua especificação deve vir na operacionalização do termo *reforço positivo*. Por sua vez, a sentença "quando da comparação dos desempenhos na realização das mesmas tarefas" também é supérflua, pois isso está implícito em "desempenhos superiores": não é possível medir desempenho superior (ou inferior) na realização de tarefas diferentes. Em relação a este último aspecto, "desempenhos superiores", falta um termo importante para caracterizar a diferença: *significativa*. Assim, a hipótese poderia ser enunciada da seguinte forma: os reforços positivos dados aos componentes do grupo A fazem com que seus desempenhos sejam significativamente superiores aos do grupo B, na realização de tarefas propostas.

6.4 Relevância

A quarta característica, denominada **relevância** (Souza), *relevância explanatória* (Hempel), *ser necessária* (Nérici) ou, talvez mais apropriadamente, *capacidade de explicar o problema* (Rudio), é a aptidão para a explicação dos fatos que uma hipótese possui: tem de ter um fundamento sólido para se pensar que o fato ou fenômeno a ser explicado pela hipótese na realidade acontecerá ou aconteceu dessa forma, e não pode ser composta de propostas contrárias ou contraditórias.

Exemplos: Se o nosso problema é: "a constante migração de grupos familiares carentes influencia sua organização interna?", a hipótese "os grupos familiares carentes migram mais do que os de alto poder aquisitivo" não possui relevância explanatória em relação ao problema, pois não nos indica se a constante migração (no caso, de grupos familiares carentes, assim como poderia ser de alto poder aquisitivo) influi ou não na organização interna da família. Outro exemplo poderia ser a hipótese: "o estudo e a falta dele levam a um bom desempenho escolar". As propostas contraditórias impedem que o enunciado tenha poder explanatório; entretanto, a proposição: "o estudo ou a falta dele não têm influência no desempenho escolar em relação a determinada tarefa", apesar de pouco plausível, está corretamente enunciada, e teria poder explanatório se o problema indagasse se há ou não influência do estudo no desempenho escolar: teria ainda mais relevância se expusesse a razão pela qual o estudo ou a falta dele não influem no desempenho escolar, em relação à tarefa dada. Finalmente, Hempel (1974, p. 66-67) apresenta mais um exemplo: tendo Galileu afirmado que, por meio da luneta, verificou a possibilidade de existirem satélites em torno de Júpiter, o astrônomo Francesco Sesi argumentou que, se em uma série de fenômenos observados na natureza se encontravam sete coisas, os planetas teriam de ser necessariamente sete e, além disso, "os satélites são invisíveis a olho nu, logo não podem ter influência sobre a Terra, logo são inúteis, logo não existem". Ora, os argumentos em pauta são inteiramente irrelevantes para o que se questiona, não explicam o que aconteceu (ou acontecerá), dessa ou daquela forma, ao passo que a hipótese de que o fenômeno do arco-íris é o resultado da reflexão e refração da luz (branca) do sol nas gotículas (esféricas) de água, encontráveis nas nuvens, explica os fatos e, mesmo que uma pessoa jamais tivesse visto um arco-íris, o enunciado constituiria um bom fundamento para acreditar que, nas condições especificadas, o fenômeno surgiria; em resumo, "o fenômeno está explicado e é justamente o que se esperava nas circunstâncias dadas".

Dessa maneira, a relevância de uma hipótese repousa em seu *poder preditivo e/ou explicativo* (Souza, Rego Filho, Lins Filho, Lyra, Couto, Silva). É explicativa, isto é, tem poder explicativo, aquela que é formulada *post factum*; é preditiva, com poder preditivo, a que é enunciada *ante factum*, isto é, tem a capacidade de prever uma classe de fenômenos conhecidos e prognosticar efeitos novos.

Exemplos: A hipótese (lei) da gravitação universal proposta por Newton explica por que os corpos caem sempre em direção ao centro da Terra. É *post factum* porque o fenômeno da queda dos corpos foi observado muito antes de se pensar explicá-lo; por sua vez, o corpo de hipóteses que compõem a teoria da relatividade tem poder preditivo, foi formulado *ante factum*, precedendo a observação empírica de suas consequências (ver seção 6.2.2 do Capítulo 4).

Uma hipótese tem maior poder preditivo e/ou explicativo que outra à medida que a segunda pode ser deduzida da primeira.

Exemplo: A hipótese "todos os animais são mortais" tem maior poder preditivo e/ou explicativo do que a hipótese de que "todos os homens são mortais", à medida que esta é deduzível daquela.

Voltando ao esquema apresentado na seção 5.14, letra *c*, do Capítulo 1, teríamos:

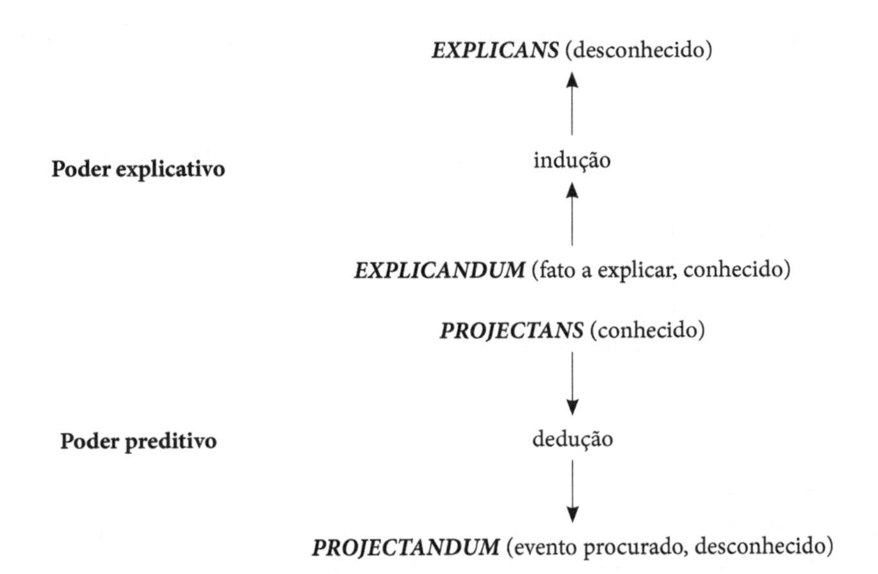

6.5 Apoio teórico

A quinta característica, o fato de as hipóteses estarem relacionadas com uma teoria (Trujillo Ferrari e Goode e Hatt) ou terem apoio teórico (Hempel), significa que elas, servindo de elo entre fatos e teorias, contribuem para o desenvolvimento da ciência. Uma pesquisa sobre um grupo de fatos ou fenômenos, que se realiza com base em hipóteses apoiadas na teoria, tem suas descobertas orientadas sistematicamente; sem isso, ela não passará de um estudo indeterminado e inexpressivo. Quando uma pesquisa é sistematicamente baseada em hipóteses fundamentadas na teoria, tem maior probabilidade de apresentar genuína contribuição ao conhecimento científico. Dito de outra forma, "uma hipótese não deve ser somente cuidadosamente construída para merecer um estudo, mas possuir uma importância teórica" (GOODE; HATT, 1968, p. 95).

> *Exemplo*: As mulheres de olhos azuis são extremamente temperamentais e com aptidões artísticas. Mesmo que certo número de fatos dê a impressão de que essa hipótese tenha algum fundamento, ela não levará a nada: não indaga, não explica, não sugere quaisquer mecanismos que correlacionem um aspecto genético (cor dos olhos) com certo tipo de temperamento e determinadas aptidões. Todavia, a hipótese expressa por Ogburn e Nimkoff (1971, p. 484) ["uma das metas, pretendidas e esperadas do sistema educacional, em uma democracia, de proporcionar

a todos iguais oportunidades traz consequências não pretendidas, esperadas ou, inclusive, não reconhecidas, uma das quais é a ampliação das desigualdades entre os indivíduos, de acordo com o grau de escolaridade, sendo que os de classe superior têm maiores probabilidades de frequentar as universidades"], apoiada na teoria das funções manifestas e latentes de Merton, se comprovada, trará real avanço à ciência, por reforçar a teoria (funções manifestas = finalidades pretendidas e esperadas das organizações; funções latentes = consequências não pretendidas, não esperadas e, inclusive, não reconhecidas).

6.6 Especificidade

A sexta característica, especificidade (Rudio) ou ser específica (Grawitz, Trujillo e Goode e Hatt), está correlacionada com sua possibilidade de ser verificada: uma hipótese expressa de forma geral quase sempre não é passível de verificação, visto que pode utilizar-se de "evidência seletiva", isto é, levar em consideração os casos e apenas os casos que estão de acordo com ela. Mais ainda, quanto mais específica for uma hipótese, menor será a chance de ela ser verificada como resultado de mero acidente. Assim, a especificidade da hipótese resulta na indicação das operações e previsões a que ela deve ser exposta.

Exemplo: Em qualquer caso, em qualquer situação, a produtividade dos operários da seção *A* é sempre superior à dos que trabalham na seção *B*. Essa hipótese não pode ser verificada: é impossível observar "qualquer caso", "qualquer situação" e "sempre superior". Dessa forma, deve-se explicitar na hipótese "quais casos" e "quais situações" precisam ser verificados e como se quantificará o "superior" (terá de ser significativamente superior?).

6.7 Plausibilidade e clareza

A sétima e oitava características apresentam dois aspectos interligados: a plausibilidade, ou capacidade de ser admissível, e a clareza, ou possibilidade de entendimento do que se propõe, incluindo a utilização de termos com referência empírica (ou, como diz Grawitz, *abranger conceitos comunicáveis e expressar fatos reais*). É Rudio (2014, p. 100) quem mais detalhadamente expõe o assunto, dando exemplos tirados de uma pesquisa que realizou na qualidade de professor dos cursos de Formação de Psicólogos e de Orientadores Educacionais. A ambos os grupos apresentou um exercício, visando correlacionar as respostas dadas; na descrição da experiência, indica as hipóteses que não podem ser aceitas, do ponto de vista da plausibilidade e da clareza.

Exemplos: O enunciado "existe uma diferença total: os alunos de Formação de Psicólogos apresentam respostas adequadas e corretas e os alunos de Orientadores Educacionais apresentam respostas inadequadas e incorretas" não pode ser aceito, pois é inadmissível que, em relação à mesma disciplina lecionada, transcorrido o mesmo espaço de tempo (de ensino e estudo) os dois grupos apresentassem diferença tão extrema. Todavia, a formulação "o ideal dos alunos de Formação de Psicólogos e de Orientadores Educacionais, transcendendo a incompatibilidade das respostas, que aparentemente possa existir, garante o mesmo nível de significação, equiparando-as na essencialidade" é inadequada, não se tendo a exata compreensão do que se pretende afirmar. No segundo exemplo, o uso de termos como *ideal, transcendendo, essencialidade*, entre outros, sem o correspondente referencial empírico, impede, inclusive, a verificação da hipótese; a formulação confusa obsta, também, a apreciação de sua possível plausibilidade. Outro exemplo, em relação à clareza, é dado por Grawitz: o enunciado "os filhos das melhores mães são mais aplicados" não é claro, pois não possuímos referencial empírico para *melhores mães*. Dessa forma, termos como *amor, ideal, beleza, interessante, bom, ruim* e similares não devem participar na formulação de uma hipótese.

6.8 Profundidade, fertilidade e originalidade

Finalmente, a nona, décima e décima primeira características são os requisitos de profundidade, fertilidade e originalidade, até certo ponto ligados à relevância (poder explicativo e/ou preditivo) e à consistência lógica externa (comparabilidade).

As hipóteses mais profundas são as mais específicas e, em decorrência, mais fortes e mais informativas. Portanto, numa classificação de graduação em relação à profundidade, as fenomenológicas (que não se referem ao funcionamento interno dos sistemas, mas ao externo) são menos profundas, por estarem mais próximas aos fenômenos. Em maior profundidade encontramos as representacionais ou mecanicistas, já que, adentrando o fenômeno, especificam os mecanismos a que "obedecem", alcançando os níveis mais profundos da realidade.

> *Exemplos:* **Hipótese fenomenológica**: a ocorrência de doenças cardiovasculares aumenta com a idade; **hipótese representacional ou mecanicista**: no decorrer da vida do indivíduo, este sofre, cumulativamente, situações de estresse que, entre outras coisas, ocasionam a deposição de placas de ateromas nos vasos sanguíneos, levando a dificuldades de circulação e a doenças cardiovasculares.

Quanto à característica de fertilidade, ela refere-se às consequências dedutíveis da hipótese. Quanto maior o número destas, maior sua utilidade para a ciência.

> *Exemplo*: Com o aumento do desenvolvimento econômico, diminuem as doenças infecciosas; com o aumento do desenvolvimento econômico e diminuição das doenças infecciosas, aumenta a esperança de vida ao nascer; com o aumento do desenvolvimento econômico, diminuição das doenças infecciosas e aumento da esperança de vida ao nascer, aumenta a incidência de doenças degenerativas; com o aumento do desenvolvimento econômico, diminuição das doenças infecciosas, aumento da esperança de vida ao nascer e aumento da incidência das doenças degenerativas, os idosos tornam-se o grupo de risco prioritário para a ação dos serviços de saúde.

6.9 Originalidade

Finalmente, a característica de originalidade significa que uma hipótese não deve ser formulada nos mesmos termos das já existentes ou muito semelhantes, pois se torna destituída de interesse, quando não inútil.

> *Exemplo*: Primeira hipótese: prêmios e castigos podem atrapalhar a aprendizagem, dependendo do aluno; segunda hipótese, desinteressante e até inútil: não podemos afirmar que prêmios e castigos são sempre benéficos ao aluno.

LEITURA RECOMENDADA

BUNGE, Mario. *Teoria e realidade*. Tradução de Gita K. Guinsburg. São Paulo: Perspectiva, 1974b. Cap. 7, seção 1.

CERVO, Amado Luiz; BERVIAN, Pedro Alcino; SILVA, Roberto da. *Metodologia científica*: para uso dos estudantes universitários. 6. ed. São Paulo: Pearson, 2014. Cap. 6.

KERLINGER, Fred N. *Metodologia da pesquisa em ciências sociais*: um tratamento conceitual. Tradução de Helena Mendes Rotundo. São Paulo: EPU: Edusp, 1980. Cap. 3.

KÖCHE, José Carlos. *Fundamentos de metodologia científica*: teoria da ciência e iniciação à pesquisa. 34. ed. Petrópolis: Vozes, 2015. Cap. 4.

RUDIO, Franz Victor. *Introdução ao projeto de pesquisa científica*. 42. ed. Petrópolis: Vozes, 2014. Cap. 7.

SAMPIERI, Roberto Hernández; COLLADO, Carlos Fernández; LUCIO, María del Pilar Baptista. *Metodologia de pesquisa*. Tradução de Daisy Vaz de Moraes. 5. ed. Porto Alegre: Penso, 2013. Caps. 3, 6 e 12.

SANTOS, Izequias Estevam dos. *Manual de métodos e técnicas de pesquisa científica*. 12. ed. Niterói: Impetus, 2016. Cap. 5.

SCHRADER, Achim. *Introdução à pesquisa social empírica*: um guia para o planejamento, a execução e a avaliação de projetos de pesquisa não experimentais. Tradução de Manfredo Berger. 2. ed. Porto Alegre: Globo: Universidade Federal do Rio Grande do Sul, 1974. Caps. 11, 12 e 13.

SELLTIZ, Claire; JAHODA, Marie; DEUTSCH, Morton; COOK, Stuart W. *Métodos de pesquisa nas relações sociais*. Tradução de Dante Moreira Leite. 2. ed. São Paulo: Herder: Edusp, 1967. Cap. 2.

5
Variáveis: elementos constitutivos das hipóteses

1 CONCEITOS

São mínimas as diferenças, talvez mais semânticas e operacionais do que metodológicas, entre os diversos autores que conceituaram variáveis. Podemos citar alguns exemplos:

- "Por variável se entende, simples e prosaicamente, qualquer quantidade que varia" (GÜELL *In*: BOUDON; CHAZEL; LAZARSFELD, 1979, v. 1, p. 50).
- "Variável é qualquer quantidade ou característica que pode possuir diferentes valores numéricos" (YOUNG, 1960, p. 304).
- "Variável é alguma coisa que pode ser classificada em duas ou mais categorias" (KERLINGER, 1980, p. 23).
- "Variável é um valor que pode ser dado por uma quantidade, qualidade, característica, magnitude, traço etc., que pode variar em cada caso individual" (TRUJILLO FERRARI, 1974, p. 144).
- "Uma variável é um conjunto de valores que forma uma classificação" (GALTUNG, 1978, v. 1, p. 78).
- "Variáveis são aqueles aspectos, propriedades, características individuais ou fatores, mensuráveis ou potencialmente mensuráveis, através dos diferentes valores que assumem, discerníveis em um objeto de

estudo, para testar a relação enunciada em uma proposição" (KÖCHE, 2015, p. 112).

- "Variável é o aspecto discernível de um objeto de estudo; são aspectos individuais que podem assumir valores distintos e ser medidos para testar a relação enunciada por uma proposição" (KORN, 1973, p. 9).
- "Variáveis são conceitos ou constructos com a propriedade de apresentarem diferentes valores" (KERLINGER, 1973, p. 38).
- "Variável, ou classificação, ou medida, é uma ordenação dos casos em duas ou mais categorias totalmente inclusivas e que se excluem mutuamente" (DAVIS, 1976, p. 22).
- "Variável são classes de valores, isto é, são valores exaustivos e mutuamente exclusivos" (GALTUNG, 1978, p. 86).
- "A variável é um conceito operacional, sendo que a recíproca não é verdadeira: nem todo conceito operacional constitui-se em variável. Para ser definida, a variável precisa conter valores" (LIPSET; BENDIX *In*: TRUJILLO FERRARI, 1974, p. 144).

Portanto, uma variável pode ser considerada uma classificação ou medida; uma quantidade que varia; um conceito, constructo ou conceito operacional que contém ou apresenta valores; aspecto, propriedade ou fator, discernível em um objeto de estudo e passível de mensuração. Finalmente, os valores que são adicionados ao conceito, constructo ou conceito operacional, para transformá-lo em variável, podem ser quantidades, qualidades, características, magnitudes, traços etc., que se alteram em cada caso particular e são totalmente abrangentes e mutuamente exclusivos. O conceito operacional, por sua vez, pode ser um objeto, processo, agente, fenômeno, problema etc.

2 VARIÁVEIS NO UNIVERSO DA CIÊNCIA

Podemos imaginar figurativamente o universo da ciência como constituído de três níveis: no primeiro, ocorrem as observações de fatos, fenômenos, comportamentos e atividades reais; no segundo, encontramos as hipóteses; finalmente, no terceiro, surgem teorias, hipóteses válidas e sustentáveis, constructos. O que nos interessa, na realidade, é a passagem do segundo para o primeiro nível, o que ocorre mediante o enunciado das variáveis. Esquematicamente:

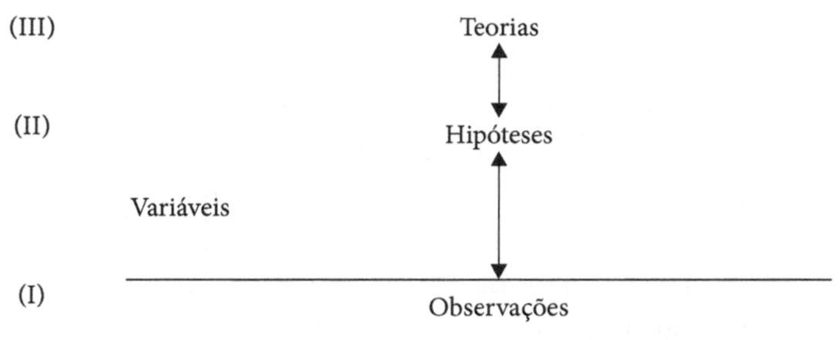

O que ocorre no enunciado de uma hipótese preditiva (dedutiva, *ante factum*) é que, embora contenha conceitos, constructos e possíveis relações entre eles, o cientista tem de ir mais além. Precisa definir esses conceitos e constructos que utiliza na hipótese, em forma de variáveis, de maneira tal que *as hipóteses possam ser testadas*. É por esse motivo que optamos, entre as várias formas de definição de hipóteses, por uma que a considerasse como "um enunciado geral de relações entre variáveis" (ver seção 1.3 do Capítulo 4).

Nem todas as hipóteses, porém, podem ter essa característica, principalmente quando se trata de teoria de nível superior, em que seria mais apropriado falar de "enunciado geral de relações entre constructos (termos teóricos)". É aqui que aparece o importante papel desempenhado pelo princípio de transposição (ver seção 3.1 do Capítulo 3) e pela definição operacional.

Quando enunciamos que "os corpos se atraem na proporção inversa do quadrado de suas distâncias" ou nos referimos ao "salto quântico", operamos ao nível III; quando dizemos que "frustração produz agressão", encontramo-nos no nível II. Entretanto, para testar tanto a primeira quanto a segunda hipótese, devemos trabalhar no nível I. A hipótese da atração universal dos corpos deve propiciar a dedução de outras, passíveis de, mediante definição operacional, ser submetidas à verificação; ao "salto quântico" deve ser aplicado o princípio da transposição e, em seguida, a definição operacional. Quanto à segunda hipótese, devemos manipular, ou observar, ou medir a frustração, assim como medir a agressão. Isto só será possível se "frustração" e "agressão" forem variáveis, ou seja, possuírem valores passíveis de mensuração.

Dessa forma, segundo Kerlinger (1980, p. 48), é a definição operacional, por intermédio das variáveis, que torna possível passar do nível constructo-hipótese (II) para o nível da observação (I), fazendo o cientista ir e vir entre os dois níveis.

Todavia, embora seja teoricamente possível transformar quase todos os constructos em variáveis, em alguns casos isso não ocorre. É ainda Kerlinger (1980, p. 41-42) que nos dá o melhor exemplo, citando a teoria de Freud sobre a ansiedade. A formulação inclui o constructo da "repressão" (ato de forçar ideias no inconsciente), ligado ao constructo do "inconsciente". Embora seja possível formular relações entre as variáveis contidas na teoria da ansiedade, ainda é quase impossível definir os constructos de repressão e inconsciente (no sentido utilizado por Freud); portanto, não podem ser transformados em variáveis mensuráveis.

Encontramos, agora, uma nova aplicação para a definição operacional: transformar conceitos ou constructos em variáveis, cuja característica inerente é a possibilidade de mensuração, por conterem valores (mais especificamente, classe de valores).

Em seu livro *Foundations of behavioral research*, Kerlinger (1973, p. 40) apresenta dois gráficos que permitem visualizar o papel das variáveis no processo de definição operacional, na passagem do nível II para o nível I, conforme vemos no Gráfico 1:

I – Realidade empírica (dados observáveis, fatos, fenômenos, comportamentos, atividades reais etc.).

II – Nível dos constructos – hipóteses:

C – constructos definidos constitutivamente, isto é, por intermédio de outros constructos ou conceitos;

c – constructos definidos operacionalmente, ou seja, ligados aos **dados observáveis** por intermédio de definições operacionais, com a identificação das variáveis.

Gráfico 1

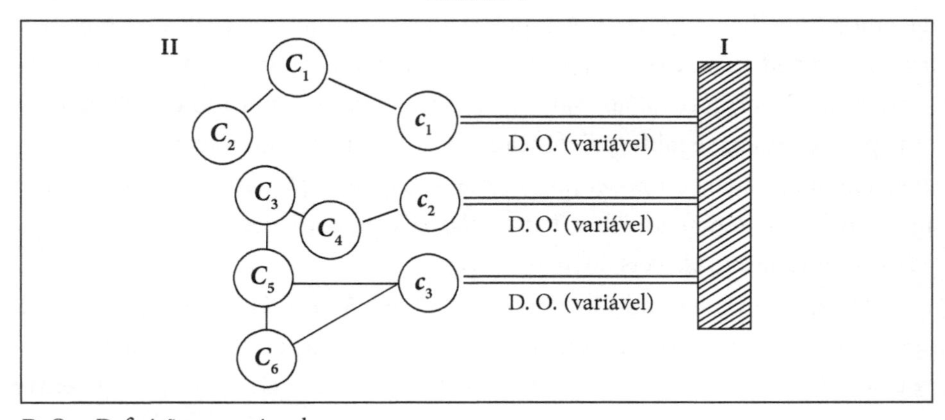

D. O. – Definição operacional

O Gráfico 2 ilustra uma hipótese referente à sub-realização ou subaproveitamento. O pesquisador está consciente da relação entre inteligência ou aptidão e a realização em geral; levanta a hipótese de que "a sub-realização é, em parte, função da imagem que o aluno tem de si próprio", especificamente, "os alunos que se veem a si próprios de maneira inadequada (autoimagem negativa ou autoconceito baixo) tendem a realizar ou produzir menos do que se poderia esperar, tendo por base sua capacidade ou aptidão potencial"; acredita ainda que, com a sub-realização, se correlacionam também tanto as "necessidades do ego" quanto "motivo da realização".

Gráfico 2

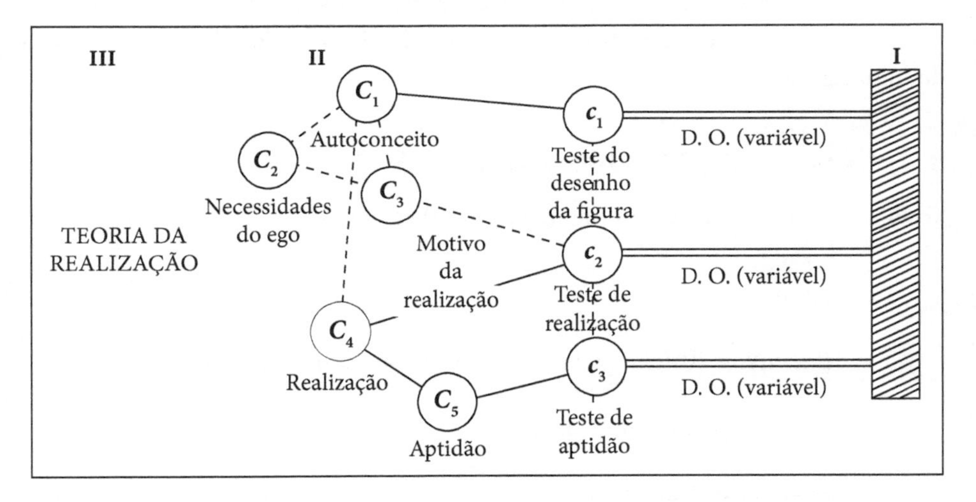

O pesquisador não pode medir diretamente o autoconceito, que é um constructo; assim, parte do pressuposto de que poderá fazer inferências sobre o conceito que um indivíduo tem de si próprio com base em um teste do desenho de figuras humanas: define, então, autoconceito como certas respostas dadas ao teste. Dessa forma, C_1 (autoconceito) e c_1 (teste do desenho da figura) estão unidos por uma **linha simples**; por sua vez, a **linha dupla** que une c_1 ao nível I (observação) indica que o teste definido operacionalmente permite a identificação de variáveis. As demais linhas simples indicam, entre C_4 e c_2, a possibilidade de correlacionar o constructo de "realização" com os resultados do teste de realização, sendo ela postulada como discrepância entre realização medida (c_2) e aptidão (c_3) medida por meio do teste de aptidão. Portanto, ligações entre C_4, C_5 e c_3; entre C_1 e C_2, assim como entre C_2 e C_3, apontam relações ou coeficientes de relações entre os escores (valores, variáveis) das medidas. Finalmente, as **linhas pontilhadas** indicam relações pressupostas entre constructos, mas que ainda não são bem estabelecidas, assim como os constructos (necessidades do ego C_2; motivo da realização, C_3) definidos operacionalmente. Postulando, por exemplo, que as "necessidades do ego" e o "motivo da realização" influem na realização, uma nova hipótese levaria à necessidade de definir operacionalmente os dois constructos.

Um dos objetivos da ciência é a transformação das linhas pontilhadas em linhas cheias, fazendo ir e vir entre os níveis dos constructos-teorias, dos constructos-hipóteses e das observações, pela definição operacional das variáveis. Testa-se, então, a relação entre essas variáveis. Com base nas relações computadas, faz inferências a respeito das relações entre constructos. No exemplo dado, computa-se a relação entre c_1 (teste do desenho da figura) e c_2 (teste de realização) para, sendo a relação verificada ao nível da observação, inferir a existência de uma relação entre C_1 (autoconceito) e C_4 (realização).

3 COMPOSIÇÃO DAS VARIÁVEIS

Toda e qualquer variável tem quatro partes distintas:

a) Nome.

   Exemplos: "Inteligência"; "religião"; "preferência partidária".

b) Algum tipo de definição verbal.

   Exemplos: "Capacidade de aprendizagem"; "fé em entidades sobrenaturais"; "voto habitual nas eleições".

c) Sistema classificatório ou conjunto de categorias.

   Exemplos: "Índices dos testes de inteligência"; "católico, protestante, judeu... outro, nenhum"; "filiado ao PSDB, PMDB, PP, PDT, PTB, PT, nenhum".

d) Processo que permita a ordenação.

   Exemplos: Teste e detalhes de sua aplicação; respostas às perguntas: "é praticante?", "frequenta algumas vezes?", "frequenta raramente?", registro das respostas à pergunta: "vota geralmente nos candidatos de um mesmo partido?"

O que nos interessa particularmente é o sistema classificatório, que denominamos de conjunto de categorias. A categorização de nível mais baixo de uma variável é a que distingue a presença ou ausência da propriedade que ela enuncia.

Exemplos: Crente e ateu; votante e não votante; neurótico e não neurótico.

As variáveis que podem apenas subdividir-se dessa forma ou aquelas que somente classificam tipos distintos, sob o aspecto qualitativo de uma propriedade, são denominadas variáveis *qualitativas* ou *nominais*.

Exemplos: Neurose obsessiva, histérica, fóbica e paranoica; católico, protestante, judeu, espírita, umbandista etc. A característica dessas variáveis é que, classificando apenas diferentes propriedades, não fazem distinção entre os diversos graus de uma mesma propriedade. No primeiro exemplo, relativo à neurose, a única possibilidade de diferenciação de grau seria construir uma graduação no que se refere à gravidade de cada tido de neurose.

As variáveis *quantitativas*, por sua vez, não têm essa limitação: elas permitem verificar diferenças de graus em relação à determinada propriedade ou atributo.

Exemplos: Salários, pesos, altura, número de filhos etc.

Segundo Korn (1973, p. 17-18), independentemente do fato de ser qualitativo ou quantitativo,

> o sistema em que se subdivide uma variável será logicamente válido se levar em consideração que a *relação que existe entre um conjunto de indivíduos e um conjunto de valores de uma variável é a seguinte: se* A *é o conjunto de indivíduos a classificar e* B *o conjunto de valores de uma variável, a classificação dos elementos do conjunto* A, *segundo os elementos do conjunto* B, *será a função do primeiro conjunto no segundo* (função de A em B) *de tal forma que a cada elemento* A *corresponda um e somente um de* B. A classificação de qualquer conjunto realiza-se da seguinte maneira: dois elementos do conjunto *A* estão no mesmo subconjunto *A* (são iguais no que diz respeito a *A*) se, e apenas se, vão parar (pela função) no mesmo subconjunto de *B*.

Exemplo: A = conjunto de indivíduos de uma sociedade; *B* = conjunto de categorias da variável classe social (alta, média e baixa); cada indivíduo será classificado em uma e somente uma classe social; duas pessoas pertencerão ao mesmo setor da sociedade se forem classificadas na mesma classe social.

4 SIGNIFICADO DAS RELAÇÕES ENTRE VARIÁVEIS

Rosenberg (1976, p. 21-38) apresenta exaustiva descrição dos significados diferentes que, em sentido formal, a relação entre duas variáveis pode assumir, indicando as formas *relação simétrica, relação recíproca* e *relação assimétrica.*

4.1 Relação simétrica

A relação simétrica parte do pressuposto de que nenhuma das variáveis exerce ação sobre a outra.

Exemplo: Estudantes que obtêm bons resultados em testes de matemática alcançam também o mesmo resultado elevado em testes verbais; em relação a esse fato podemos dizer, indiferentemente, que os bem-dotados de aptidão matemática são bem-dotados de aptidão verbal, ou vice-versa, em virtude de não podermos presumir que a capacidade matemática explica (influencia, determina, altera, modifica etc.) a capacidade verbal, ou o contrário (a capacidade verbal explica a capacidade matemática).

Há cinco tipos de relações simétricas:

a) Ambas as variáveis são indicadores alternativos do mesmo conceito.

   Exemplos: Encontrando-se relação entre transpiração palmar e batimentos cardíacos, não podemos considerar uma variável como causa da outra: ambas são interpretadas como sinais de ansiedade. Para determinar esta, podemos utilizar tanto uma quanto outra das variáveis. Analogamente, a tendência para a generosidade pode ser verificada por intermédio de "fazer empréstimo a amigos" e "contribuir para associações beneficentes": a associação entre as duas variáveis pode ser interpretada como manifestações alternativas da mesma tendência (generosidade).

   É indiferente, pois, a maneira pela qual enunciamos a relação, pois não há nenhuma razão lógica para atribuir prioridade a qualquer das variáveis.

Exemplo: Pessoas cujas palmas da mão transpiram são mais suscetíveis de sentir fortes batimentos cardíacos ou são mais suscetíveis de apresentarem sudorese nas palmas das mãos pessoas que têm fortes batimentos cardíacos.

b) Ambas as variáveis apresentam-se como efeitos de uma causa comum.

Exemplos: Se se verificar relação entre frequentar um colégio excessivamente caro e a obtenção de empregos rendosos, não poderemos inferir que o preço da escola influencie a qualidade do emprego, principalmente se o nível educacional não diferir de outros colégios (ou a escola não apresentar tradição de educação de alto nível). Ambos os fatores têm uma mesma causa: o "preço" do ensino "seleciona" os alunos, sendo estes oriundos da classe alta, com ligações e relações que garantem melhores empregos. Da mesma forma, a constatação de relação entre safra do milho e febre do feno decorre de condições climáticas que são favoráveis tanto à produção do milho quanto ao desenvolvimento da tasneira (que ocasiona a febre do feno) e não de que uma seja causa da outra.

Quando se encontram duas variáveis, como consequência da mesma causa, diz-se que são "espúrias" as relações entre elas. Ora, não há relações "espúrias": o que existe são interpretações espúrias, indicando uma presumível relação assimétrica quando ela é simétrica. Geralmente, o que se faz é abandonar o resultado obtido. Entretanto, para Rosenberg, esse tipo de relação pode ter certo valor no entendimento de determinados fenômenos sociais. Cita então um exemplo de *A divisão do trabalho social*, obra de Durkheim: "está implícito que as sociedades, onde está presente uma forte retributiva de justiça, se caracterizam por um alto nível de egoísmo da população. Não há, porém, razão para supor que a forma de justiça seja responsável pelo nível de egoísmo, ou que o nível de egoísmo haja influenciado a natureza do sistema legal". A sugestão de Durkheim é que ambos os fenômenos são frutos da divisão do trabalho; a compreensão desse fato implica um entendimento mais aprofundado desses fenômenos sociais.

c) Ambas as variáveis consistem em elementos de uma unidade funcional ou a relação envolve a interdependência funcional dos elementos de uma unidade.

Exemplo: Determinadas organizações, caracterizadas por normas formais, abstratas e impessoais, tendem a apresentar um sistema elaborado de posições hierárquicas. O que acontece é que as normas e posições surgem como elementos indispensáveis do funcionamento do sistema em seu todo – sistema burocrático – e não que sejam causas um do outro. Além das organizações, como no caso da burocracia, os organismos biológicos, incluindo o homem, o grupo e as instituições, constituem exemplos de inter-relação funcional de elementos, em que as variáveis podem apresentar relações que envolvem interdependência funcional. Em outras palavras, numa relação "funcional", as diversas partes desempenham um papel indispensável para a operação do todo.

d) Ambas as variáveis se associam como partes ou manifestações de um "sistema" ou "complexo" comum.

Exemplo: Encontrando uma associação entre ser membro de um clube exclusivo e assistir a representações de ópera, podemos considerar que essas práticas são elementos do estilo de vida de determinada classe; esta abrange uma variedade de interesses, atitudes, valores e comportamentos, até certo ponto comuns, decorrentes de uma situação de classe que gera um estilo de vida característico. Além de não haver relação entre estas práticas, elas não são indispensáveis para a existência da "unidade", visto que podem ser substituídas por outros procedimentos que dependem exclusivamente da aceitação da classe em pauta.

Tanto para os sociólogos quanto para os antropólogos, esses componentes do estilo de vida ou partes de complexos culturais são relevantes, pois é importante saber o que representam em determinado modo de vida. Assim, esse tipo de relação simétrica pode ter grande interesse.

e) Ambas as variáveis são fortuitamente associadas.

Exemplo: É comum a interpretação popular da sequência de mau comportamento e algum acidente, como castigo divino. A Psicologia enveredou por estudos que tendem a delinear "personalidades sujeitas a acidentes", assim como enunciou hipóteses sobre uma possível conexão entre a "personalidade" de uma vítima de atos violentos e a própria violência por ela sofrida; quanto à compulsão inconsciente do criminoso, no sentido de receber castigo por seus atos, já é bem estudada na Psicologia. Entretanto, nem toda sequência de crime e castigo apresenta nexo causal, muito menos por intervenção divina, pois a ciência não lida com o sobrenatural.

Rosenberg alerta para o perigo de enxergar em coincidências sutis causações, e cita o exemplo de que, se existe relação cronológica aproximada entre o início da era espacial e o surgimento do *rock'n'roll*, isso não significa que haja nexo entre os dois fatos, ou que ambos se devam a um fator comum: são apenas variáveis fortuitamente associadas.

Resumindo: a explicitação do tipo de relação simétrica que encontramos é importante para o prosseguimento da investigação. A relação entre dois indicadores do mesmo conceito traz esclarecimentos tanto sobre o alcance quanto sobre a diversidade das manifestações de um fenômeno; a descoberta de que duas variáveis são efeitos de uma causa comum traz informações a respeito da importância dessa causa para a explicação de ampla gama de fenômenos sociais. Verificar que uma relação tem fundamento na colaboração funcional, dada por dois elementos a uma unidade, pode conduzir a compreender melhor a estrutura e o funcionamento dessa unidade. Por último, a constatação de que as variáveis se associam como partes de um sistema ou complexo é de considerável valor descritivo no que diz respeito ao esclarecimento da natureza do complexo. Apenas a verificação de que as duas variáveis analisadas estão fortuitamente associadas não leva a novas investigações no que diz respeito às mesmas, mas nos defende de um erro metodológico.

4.2 Relação recíproca

Com frequência, no decorrer de uma investigação científica, deparamos com relações nas quais, de imediato, não é possível dizer (ou determinar) qual é a variável causal (independente) e qual a que corresponde ao afeito (dependente), embora seja claro que estão em ação forças causais. Isto ocorre sempre quando as variáveis em pauta são recíprocas, isto é, quando interagem e reforçam-se mutuamente. Esse tipo de relação recíproca chamamos de **assimetria alternada**.

Segundo o raciocínio de Blalock (*In*: ROSENBERG, 1976, p. 26), X não pode ser a causa de Y e, simultaneamente, Y ser a causa de X. Entretanto, as variáveis X e Y podem ser referidas como sendo causas mútuas ou, mais precisamente, admitir entre elas causação recíproca. Em outras palavras, uma alteração de X produz alteração em *Y*, alteração esta que, por sua vez, repercute em *X*, alterando-o num momento de tempo (*t*) posterior; essa alteração produz nova modificação em *Y* e assim sucessivamente. Esquematicamente:

$$X_{to} \rightarrow Y_{t1} \rightarrow X_{t2} \rightarrow Y_{t3} \rightarrow X_{t4} \rightarrow \ldots$$

A impossibilidade de determinar, prontamente, a variável independente (causal) origina-se do fato de que a relação presente (estudada) deve-se aos efeitos múltiplos de ambas as variáveis, sendo cada uma delas, alternadamente, causa e efeito. O conceito de realimentação (*feedback*), próprio da engenharia, cibernética e comunicação pode aplicar-se a esse tipo de relação.

> *Exemplos*: O aumento do nível de desemprego, geralmente, leva a uma redução do volume de vendas que, por sua vez, pode ocasionar maior desemprego, e assim por diante; um *status* social baixo pode levar ao desinteresse, no que se refere ao sistema de valores sociais, e esse desinteresse pode constituir-se em causa de comportamentos que redundem em rebaixamento de *status*. Quando se estuda a psicologia da comunicação, verifica-se um fenômeno comum no que diz respeito à propaganda: os indivíduos selecionam as comunicações de acordo com sua ideologia (religião, posição política etc.); prestam atenção aos argumentos favoráveis a ela, o que reforça sua posição ideológica, levando-os a concentrar-se, cada vez mais, nesse tipo de propaganda, e assim sucessivamente.

A relação recíproca, por conter ambas, coloca-se, dessa maneira, em um ponto intermediário entre as relações simétricas e as assimétricas. É simétrica, visto que não é possível determinar qual a variável causal e qual o efeito, mas é também assimétrica, pois cada uma das variáveis afeta (continuamente) a outra. Dois procedimentos são possíveis em tais casos: tentar especular quanto à causa principal, ou verificar se uma delas exerce maior influência do que a outra. No primeiro caso, poderíamos estar diante da clássica interrogação: o que veio primeiro, o ovo ou a galinha? E mesmo que identificada a causa principal, poderia ser considerada variável independente? No segundo, metodologicamente mais fácil, desde que se utilizem técnicas válidas e precisas, permanece a questão: é a mais forte das variáveis, a independente?

Blalock (1976, p. 16) descreve o que foi, na Sociologia norte-americana, denominado *ciclo da pobreza*, vastamente documentado:

> os negros tendem a ter baixa renda, educação insuficiente, empregos inferiores, alta taxa de desemprego, baixos índices de motivação e realização dentro da escola, famílias desagregadas, alta taxa de crimes e doenças, alto índice de alienação e, geralmente, têm uma visão pessimista e fatalista da vida. Estamos seguros, até certo ponto, de que estes fatores estão todos casualmente inter-relacionados. Obviamente, precisa-se de educação escolar para obter e conservar um bom emprego, e de um bom emprego para se ter uma alta renda, que, por sua vez, é necessária para habitação adequada; o dinheiro pode servir para as pessoas saírem do gueto e proporcionar aos filhos melhor educação; por outro lado, morar no gueto e estar exposto aos fracassos dos adultos é um convite à perpetuação do ciclo de baixa motivação, baixa realização, altos índices de abandono escolar, de alta delinquência e crimes, de desemprego, de lares desfeitos e assim por diante.

Esse exemplo ilustra o problema de se determinar, entre as diversas variáveis, *qual* (ou quais) é a básica, causal, independente. Colocações simplistas, baseadas em um só fator, como "inferioridade inata dos negros", "racismo branco", ou "defeitos inerentes ao capitalismo" são ideológicas; não são científicas. Mesmo uma combinação de vários fatores, identificados em suas relações mútuas, não resolve o problema da prioridade de uma delas. A Figura 1 mostra esse ponto.

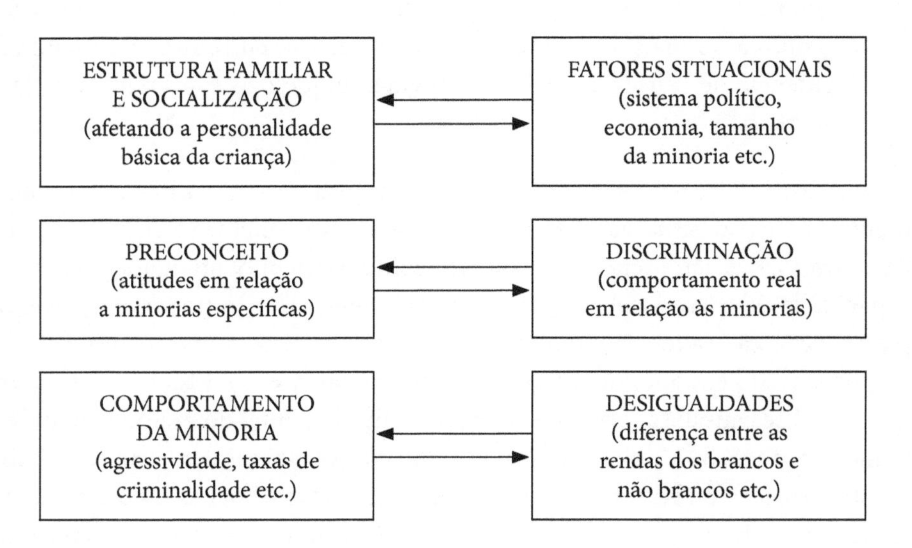

FIGURA 1

Outro problema a considerar são as tendências, muitas vezes inconscientes, de diferentes especialistas, para dar maior importância a fatores situados em seu nível de interesse. Assim, os psicólogos tendem a destacar os fatores associados à família do indivíduo, que afetam sua personalidade básica, fatores que sofrem influência dos preconceitos específicos dos componentes adultos que, assim, os transmitem e que afetam o comportamento real dos indivíduos em relação às minorias. Por sua vez, os sociólogos são mais propensos a enfatizar fatores situacionais que influenciam a discriminação e que também estão ligados a fatores de antecedentes familiares. Na Psicologia Social, dá-se maior ênfase ao comportamento da minoria que pode afetar tanto o preconceito quanto quaisquer desigualdades existentes entre o grupo minoritário e o dominante. Portanto, saber se todos os fatores são *igualmente* importantes ou não levanta a questão de como avaliar a importância relativa de cada grupo de fatores.

4.3 Relação assimétrica

O cerne da análise sociológica encontra-se na relação assimétrica, na qual se postula que uma variável (denominada independente) é essencialmente responsável pela outra (considerada variável dependente) (ver seção 5 deste capítulo).

> *Exemplos*: Se os jovens frequentam com mais assiduidade as discotecas, é evidente que algum aspecto relativo à idade é o responsável por esse comportamento, visto que frequentar discotecas de forma alguma torna o indivíduo mais jovem; se se descobre relação entre fumar e maior incidência de câncer do pulmão, é evidente que não é a doença que leva ao vício.

A expressão *responsável por*, na colocação anterior, significa especificamente que existe uma variável tal que produz uma alteração em outra. Dito de outra forma, fato, fenômeno, objeto, comportamento, atividade etc. têm a capacidade de exercer sobre outro fato, fenômeno etc. um poder suscetível de particularização (alteração, modificação, supressão, determinação, diminuição, ampliação, isto é, poder de influenciar, determinar, afetar). Muitos consideram que a análise causal é a forma de abordagem fundamental do método científico, o que é errôneo. Se a função básica do cientista é compreender e explicar, assim como predizer, retrodizer e, até, controlar, a causação é apenas uma entre muitas formas para chegar à compreensão e explicação (ver seção 5.14, letra *b* do Capítulo 1). A causação, na realidade, é um tipo de *determinação*, que envolve uma *conexão necessária* entre variáveis. Ora, há vários tipos de conexão entre variáveis, sendo a relação causal um deles.

Bunge (*In*: ROSENBERG, 1976, p. 28) assinala que "a explicação científica é, em resumo, uma explicação por meio de leis – não necessariamente por meio de causas". Exemplos de enunciados não causais (isto é, em que nenhuma das partes da equação causa a outra), de grande valor científico, são citados pelo próprio Rosenberg, complementando Bunge: "a energia é igual à metade da massa vezes o quadrado de velocidade"; "a resistência elétrica é igual à corrente dividida pela pressão".

Se a explicação causal é apenas um dos tipos possíveis de explicação para um problema, ou resposta para a indagação "por quê?", qual o motivo de dizermos que o cerne da análise sociológica se encontra na relação assimétrica, causal? A resposta é que nas ciências sociais, ao contrário das ciências naturais, predominam as relações causais. Portanto, são essas as relações que mais nos interessam (ver análise delas na seção 5.3 deste capítulo).

Uma vez assentado o foco de nossas preocupações principais, a questão seguinte é como, em uma correlação, o analista pode decidir qual das variáveis é a determinante (independente) e qual a determinada (dependente)? O critério básico mais lógico é o da *suscetibilidade à influência*, que veremos mais adiante (ver seção 5.1 deste capítulo).

Os principais tipos de relações assimétricas, ainda de acordo com Rosenberg (1976, p. 31-38), apresentam-se da seguinte forma:

a) Associação entre um estímulo e uma resposta. É o tipo de determinante mais diretamente causal, formado de relações mediatas ou imediatas, referindo-se à influência de determinado estímulo externo sobre uma particular resposta (reação).

   Exemplos: Crises econômicas conduzem à formação de manifestações de opiniões políticas extremadas; o elogio (reforço positivo) leva a um melhor desempenho nas tarefas.

b) Associação entre uma disposição e uma resposta. A disposição é entendida não como uma condição ou estado específico do indivíduo, mas como tendência a reagir de certa maneira, em determinadas circunstâncias.

Exemplo: Diante do comportamento inadequado de uma criança, um pai liberal responderia de forma diferente de um pai autoritário (que utiliza muito mais castigos corporais do que o primeiro). A disposição repousa em:

- Atitudes: em relação ao liberalismo, aos sistemas econômicos, às ideologias, a candidatos políticos, às minorias etc.

  Exemplos: Indivíduos com ideologia democrática votam em candidatos liberais, indivíduos com preconceitos discriminam minorias.

- Valores: crenças na democracia, no êxito, na igualdade ou desigualdade etc.

  Exemplos: A valoração do êxito leva ao esforço por alcançar boas notas; a crença na igualdade leva a atuar contra as discriminações.

- Traços de personalidade: autoritarismo, liberalismo, compulsão etc.

Exemplos: O autoritarismo e o apego à tradição; o autoritarismo e a desmedida valoração do poder. Esses dois exemplos constituem um tipo especial de relação disposição-resposta, pois apresentam associação entre uma variável mais ampla e uma específica, abrangida pela primeira (entre seus elementos, o conceito de autoritarismo inclui o apego à tradição e a valoração do poder).

- Impulsos: sexo, participação, autoafirmação, extroversão etc.

  Exemplos: A necessidade de autoafirmação do jovem leva-o a desafiar a autoridade dos pais; correlação entre extroversão e filiação a grupos.

- Outros conceitos, como *capacidades, reflexos, hábitos, tendências* etc.

c) Associação entre uma propriedade e uma disposição ou ato. Uma propriedade distingue-se de uma disposição por constituir-se em característica duradoura (relativamente) que não necessita de determinadas circunstâncias para manifestar-se.

Exemplos: Os homens castigam os filhos corporalmente mais amiúde do que as mulheres; relações entre etnias e alienação e entre idade e conservadorismo.

d) A variável independente constitui precondição necessária para dado efeito (mas não suficiente). É uma relação causal, não no sentido de forçar ou produzir o resultado, mas de ser necessária para que ele se produza.

   Exemplos: O capitalismo só pôde desenvolver-se porque havia trabalhadores livres; existe relação entre o nível de desenvolvimento tecnológico de um país e o fato de ele possuir armamento nuclear.

e) Relação imanente entre duas variáveis. Esse tipo de relação deriva do fato de que certas qualidades inerentes à natureza de um organismo produzem determinadas consequências: um fator não causa outro, mas a variável dependente nasce da independente.

   Exemplos: Burocracias dificilmente adaptam-se a novas situações; a organização democrática degenera em oligarquia.

f) Associação entre fins e meios. Relações desse tipo podem ser *finalistas*, quando os meios contribuem para os fins, ou *de categoria oposta*, em que os meios determinam os fins.

   Exemplos: Relação entre tempo de estudo e notas escolares (o fim é o êxito na escola; o meio é o tempo de estudo); relações entre objetivos nacionais agressivos e expansão das Forças Armadas (a ampliação das forças militares é o meio para satisfazer finalidades ou propósitos expansionistas); relação entre a orientação ascética calvinista e capitalismo: "a orientação ascética voltada para este mundo, devotada ao trabalho, própria do calvinismo em sua forma original, correspondia a uma resposta à insuportável incerteza colocada pelo enigma da salvação, mas era indispensável para o crescimento do capitalismo" (em tal caso, os meios levaram ao fim) (ROSENBERG, 1976, p. 37).

Seguem-se alguns exemplos de relações assimétricas:

RELAÇÕES ASSIMÉTRICAS	EXEMPLO
Estímulo × ação	Crises econômicas exacerbam as relações conflituosas com minorias étnicas.
Inclinação × reação	Opiniões liberais levam à preferência pelo diálogo com os adolescentes, quando estes desafiam a autoridade, levados pelo desejo de autoafirmação.
Propriedades × inclinação, ação	Pessoas casadas cometem suicídios em número menor do que as solteiras.
Pré-requisito indispensável × efeito	O capitalismo só pôde desenvolver-se pela existência de um acúmulo de capital aliado à mão de obra livre.
Relações imanentes	As hierarquias militares dificilmente se adaptam à necessidade de liberalização.
Fins e meios	Relações entre horas extras no trabalho e promoção (a dedicação ao trabalho é o meio para satisfazer a finalidade de ascensão na empresa).

5 VARIÁVEIS INDEPENDENTES E DEPENDENTES

5.1 Conceito e diferenciação

Variável independente (*X*) é a que influencia, determina ou afeta outra variável; é fator determinante, condição ou causa para certo resultado, efeito ou consequência; é o fator manipulado (geralmente) pelo investigador, em sua tentativa de assegurar a relação do fator com um fenômeno observado ou a ser descoberto, para verificar que influência exerce sobre um possível resultado.

Variável dependente (*Y*) consiste nos valores (fenômenos, fatores) a serem explicados ou descobertos, em virtude de serem influenciados, determinados ou afetados pela variável independente; é o fator que aparece, desaparece ou varia à medida que o investigador introduz, tira ou modifica a variável independente; a propriedade ou fator que é efeito, resultado, consequência ou resposta a algo que foi manipulado (variável independente).

Em uma pesquisa, a variável independente é o antecedente e a variável dependente é o consequente. Os cientistas fazem predições com *base em* variáveis independentes *para* variáveis dependentes; quando, ao contrário, querem explicar um fato ou fenômeno encontrado (variável dependente) *procuram* a causa, a variável independente.

Exemplos:

a) Se dermos uma pancada no tendão patelar do joelho dobrado de um indivíduo, sua perna se esticará.

X = pancada dada no tendão patelar do joelho dobrado de um indivíduo;

Y = o esticar da perna.

b) Os indivíduos cujos pais são débeis mentais têm inteligência inferior à dos indivíduos cujos pais não são débeis mentais.

X = presença ou ausência de debilidade mental nos pais;

Y = grau de inteligência dos indivíduos.

c) Em época de guerra, os estereótipos relativos às nacionalidades (dos participantes do conflito) tornam-se mais arraigados e universais.

X = época de guerra;

Y = característica dos estereótipos mútuos.

d) Os indivíduos cujos pais possuem forte preconceito religioso tendem a apresentar esse tipo de preconceito em grau mais elevado do que aqueles cujos pais são destituídos de preconceito religioso.

X = presença ou ausência de preconceito religioso nos pais;

Y = grau de preconceito religioso dos indivíduos.

Quando a variável independente apresenta mais de uma condição, a utilização dos diagramas expostos a seguir permite estabelecer qual a variável independente e qual a dependente.

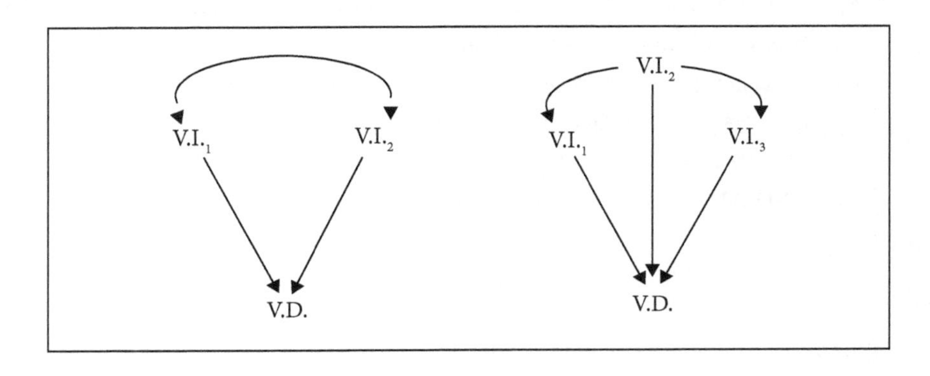

Legenda:
V.I.$_1$ = primeira condição da variável independente (X_1);
V.I.$_2$ = segunda condição da variável independente (X_2);
V.I.$_3$ = terceira condição da variável independente (X_3);
V.D. = variável dependente (Y).

Exemplos (variável independente com duas condições):

a) O tempo de reação a um estímulo visual é significativamente mais rápido do que o tempo de reação a um estímulo auditivo.
b) O controle social empregado num grupo pequeno e íntimo é significativamente mais natural, espontâneo, informal do que o empregado por um grupo grande e impessoal.

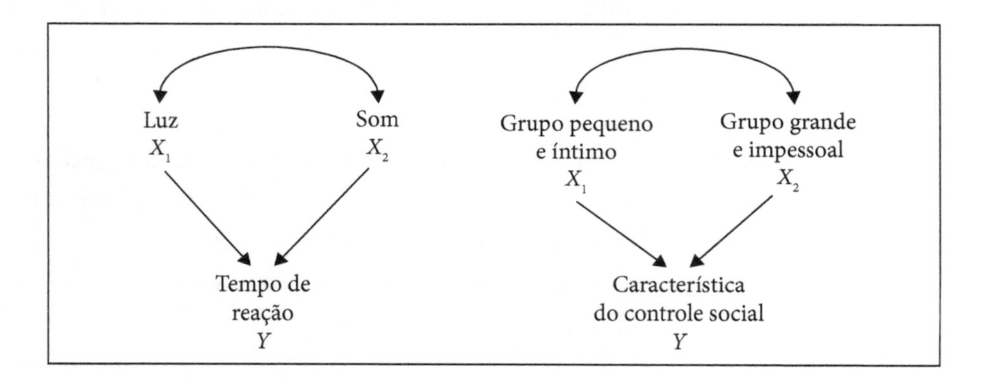

Exemplo (variável independente com três condições):

a) As variações no estado físico da matéria determinam o volume que ocupará certa quantidade dela.
b) A existência de estereótipos negativos mútuos entre dois grupos torna suas reações significativamente mais conflituosas do que as que se verificam quando os grupos em contato são destituídos desses estereótipos ou quando os mesmos são positivos.

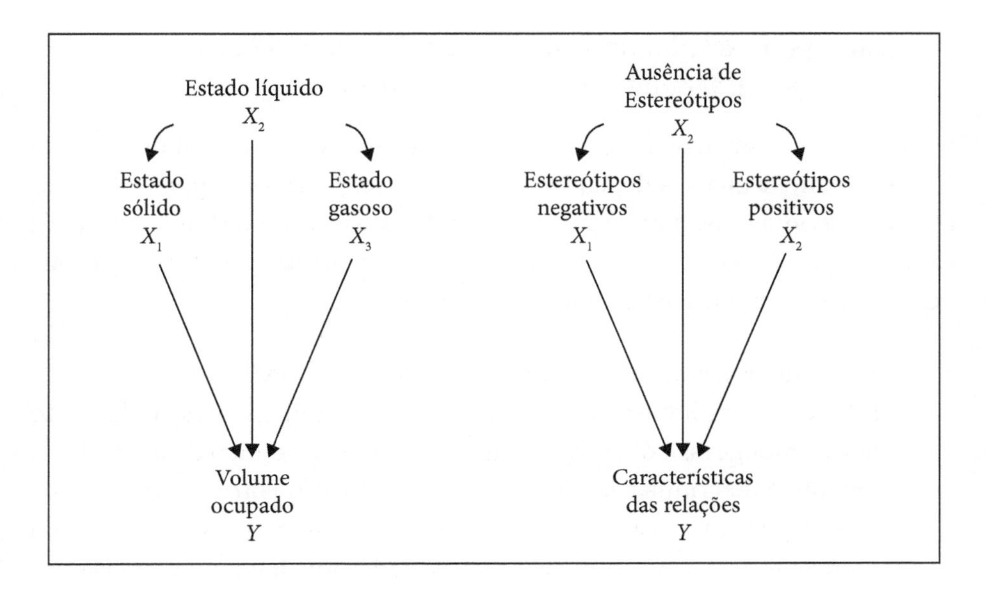

Podemos encontrar também hipóteses em que há apenas uma variável independente, mas mais de uma dependente.

Exemplos:

a) Quando um indivíduo se assusta com um barulho forte e inesperado, seu pulso acelera-se, ele transpira e as pupilas de seus olhos dilatam-se.
   X = susto com barulho forte e inesperado;
   Y = aceleração do pulso (Y_1), transpiração (Y_2) e dilatação das pupilas (Y_3).

b) A contínua migração de grupos familiares carentes ocasiona problemas de organização interna na família, choque cultural, reação imediatista aos problemas e clima de preocupação irrealista e mágica.
   X = contínua migração de grupos familiares carentes;
   Y = problemas de organização interna da família (Y_1), choque cultural (Y_2), reação imediatista (Y_3) e clima de preocupação irrealista e mágica (Y_4).

5.2 Fatores determinantes do sentido da relação causal entre variáveis independentes e dependentes

Na questão fundamental de saber, numa relação, qual é a variável independente (determinante) e qual é a dependente (determinada), parece impor-se, pela lógica, o critério de *suscetibilidade à influência*, ou seja, seria dependente aquela variável capaz de ser alterada, influenciada ou determinada pela outra, que passaria, então, a ser considerada a independente ou causal.

> *Exemplos*: Encontrando-se relação entre interesse político e sexo, no sentido de que os homens manifestam maior grau de interesse político do que as mulheres, é óbvio que o nível de interesse político de uma pessoa não pode determinar-lhe o sexo; em uma relação entre idade e tipo de atitude política, em que os idosos se manifestam mais conservadores do que os jovens, só podemos supor que a idade, por algum motivo, seja responsável pela posição ou atitude política, pois ser conservador não torna uma pessoa mais velha, nem o progressismo rejuvenesce o indivíduo.

Dessa forma, dois fatores distintos encontram-se presentes na decisão a respeito do sentido de influência das variáveis: (1) a ordem temporal; e (2) a fixidez ou a alterabilidade das variáveis.

5.2.1 Ordem temporal

Partindo do princípio lógico de que o acontecido depois não pode ter tido influência no que ocorreu antes, a sequência temporal apresenta-se universalmente importante: a variável anterior no tempo é a independente e a que se segue é a dependente.

> *Exemplos*: Encontrando relação entre a duração do noivado e a subsequente felicidade conjugal, é evidente que a duração do noivado surge antes da sequência temporal, sendo, indubitavelmente, a variável independente; se constatarmos que à frustração segue-se a agressão, a primeira aparece como antecedente na ordem temporal e é a variável independente.

Lazarsfeld (*In*: BOUDON; CHAZEL; LAZARSFELD, 1979, v. 2, p. 32) pondera que, muitas vezes, a ordenação temporal, sem ser aparente, pode, entretanto, ser reconstituída de forma indireta.

Exemplos: Encontrando uma relação inversa entre renda e participação em organizações (por exemplo, recreativas), supor prioridade temporal da condição econômica é mais verossímil do que o contrário (dificilmente, a filiação a associações recreativas aumentaria o nível de renda, se bem que pode aumentar o *status*. Nesse caso, seria interessante verificar uma hipótese que correlacione *status* e associação a organizações de prestígio: se o mais lógico seria a precedência do *status*, que leva à filiação a organizações exclusivistas, não se pode excluir que o pertencer a uma associação desse tipo eleva o *status*; portanto, a sequência temporal se inverteria). Verificando relação entre traços de personalidade relativamente estáveis e certos tipos de êxito escolar ou profissional, a reconstituição leva a colocar como antecedente o tipo de personalidade.

Outro fator a considerar é que certas variáveis podem ser utilizadas de maneiras diversas e, de acordo com o problema pesquisado, ocupar posições diferentes na sequência temporal.

Exemplos: No enunciado "as pessoas de mais idade têm um nível de escolaridade inferior", a idade é a variável independente, pois precede a educação (o importante é a época em que essas pessoas alcançaram a idade de escolarização); por outro lado, na proposição "há relação entre a idade de falecimento e o clima de dada região", a idade é posterior e o clima é a variável independente.

Em certos casos, a ordem temporal das variáveis é indeterminada.

Exemplos: Quando se constata que nos EUA os republicanos são mais conservadores do que os democratas, torna-se difícil ordenar no tempo a tendência ao conservadorismo e à filiação política (é conservador porque republicano ou tornou-se republicano porque era conservador?); da mesma forma, constatando-se que os povos dedicados à agricultura são mais pacíficos, levanta-se a questão: são mais pacíficos porque vivem em função da exploração da terra, ou foi a sua debilidade bélica que os levou a se tornarem agricultores? (TRUJILLO FERRARI, 1974, p. 149).

Finalmente, Rosenberg (1976, p. 28-29) indica que, embora importante, o fator tempo não é um guia infalível quando se trata de determinar o sentido da relação causal.

Exemplos: Estudando as características de indivíduos que nasceram negros e pobres, e assim permaneceram por toda a vida, não se pode dizer que uma das variáveis tenha precedência temporal; entretanto, indubitavelmente, ser negro é a variável independente, não porque apareça primeiro na sequência temporal, mas porque é inalterável, ao passo que a condição socioeconômica pode ser modificada. Outro exemplo citado pelo autor é o da relação entre o processo de educação e o hábito de ver televisão: durante os anos em que teve educação formal, o indivíduo demonstrou assistir assiduamente a programas de televisão e, durante os anos em que mostrou assiduidade junto à televisão, frequentou a escola. Novamente, apesar da indeterminação temporal, podemos decidir o sentido da relação causal: o nível educacional pode determinar as preferências da pessoa em matéria de lazer, o tipo de programa de televisão, mas é pouco provável que, de forma significativa, a preferência por certos tipos de programas de TV determine o nível educacional (excluídos os telecursos).

5.2.2 Fixidez ou alterabilidade das variáveis

Existem algumas variáveis, muito utilizadas nas Ciências Biológicas e Sociais, que são consideradas fixas ou não sujeitas à influência. Entre elas, sexo, etnia, idade, ordem de nascimento, nacionalidade.

Exemplos: Os homens são mais suscetíveis ao enfarte; os negros são mais alienados do que os bancos; os jovens frequentam mais o cinema; a estatura e o peso da criança, ao nascer, estão inversamente relacionados com a ordem de nascimento; os italianos acham que têm menos controle sobre o governo do que os norte-americanos (sofrer ou não um enfarte não determina o sexo; a alienação não altera a raça; a assiduidade ao cinema não rejuvenesce; maior estatura e peso não determinam a ordem de nascimento; atitudes para com o governo não são responsáveis pela nacionalidade).

Outras variáveis importantes são relativamente fixas, mas não absolutamente, isto é, em determinadas circunstâncias, tornam possível algum elemento de reciprocidade, como *status*, religião, classe social, residência no campo ou na cidade.

Exemplos: Correlação entre *status* e filiação a determinadas entidades (é possível que uma pessoa se filie a determinadas entidades, visando elevar seu *status*); relação entre religião e filiação política e entre religião e saúde mental (um político, por questões eleitorais, poderá "converter-se", assim como o estado de saúde mental pode levar a uma mudança de religião); correlação entre estilo de vida e classe social (um indivíduo pode alterar seu estilo de vida para frequentar determinado círculo de pessoas, obtendo um emprego ou função que o faça ascender na escala social, alterando-lhe, até, a classe social); relação entre tradicionalismo e residência rural (uma família pode mudar para a área rural exatamente por predominar, ali, o respeito pela tradição).

Esses exemplos de reciprocidade, entretanto, não nos devem enganar: geralmente, a influência dominante é do *status* na filiação a entidades; da religião, na filiação partidária e na relação com a saúde mental; da classe social, no estilo de vida e da residência rural, no apego à tradição.

Bunge (*In*: ROSENBERG, 1976, p. 30), inclusive, considera que a recusa em aceitar tal maneira de pensar é um atentado ao princípio causal:

> uma grave deficiência da doutrina da causalidade está em desconhecer ela o fato de que todas as ações conhecidas se acompanham ou vêm seguidas de reações, isto é, que o efeito sempre volta a reagir sobre o estímulo, a menos que este tenha deixado de existir. Sem embargo, um exame dos processos reais sugere que há, com frequência, ações *predominantemente* (embora não exclusivamente) unidirecionais.

Em resumo, quando em uma relação entre duas variáveis se encontra uma que é fixa, não sujeita à influência ou relativamente fixa, podemos considerá-la como determinante (independente), a menos que, no caso das relativamente fixas, se avolumem provas de reciprocidade ou, até mesmo, da inversão do sentido da relação causal.

5.3 Tipos de relações causais entre variáveis independentes e dependentes

Entre os autores que estudaram os diferentes tipos de relações causais, é Trujillo Ferrari (1974, p. 152-155) quem apresenta uma tipologia completa, motivo pelo qual nos alicerçamos nesse autor para a exposição que segue.

As propriedades relacionais de causa e efeito, na pesquisa científica, requerem a existência de uma variável (causa, determinante) que se converte em condição para a existência de outra (efeito, determinada). Após a identificação da condição de causalidade da variável independente (*X*) sobre a dependente (*Y*), cabe distinguir o tipo ou natureza específica da relação causal entre elas.

As conexões causa-efeito, de acordo com suas propriedades, podem ser determinista, suficiente, coextensiva, reversível, necessária, substituível, irreversível, sequencial, contingente e probabilista ou estocástica:

a) **Relação causal determinista:** "Se *X* ocorre, sempre ocorrerá *Y*." Esse tipo de relação causal é pouco frequente nas Ciências Sociais, sendo mais comum nas Ciências Físico-químicas. Para Pardinas (1969, p. 137), quase sempre vêm a ser tautológicas (isto é, dizem o mesmo com outras palavras), quando no âmbito das Ciências Sociais.

   Exemplo: Sempre que alguém fala de forma articulada (*Y*), tem mais de dois anos de idade (*X*).

   Trujillo Ferrari, todavia, considera que o "determinismo social" assume proporções de lei social.

   Exemplo: A socialização da criatura humana (*X*) conduz sempre a desenvolver sua natureza humana (*Y*). Essa particular relação causal determinista pôde ser comprovada pela existência documentada de alguns *homo ferus* (crianças não socializadas, cuja sobrevivência se deu entre animais, que, como consequência, não desenvolveram sua natureza humana).

b) **Relação causal suficiente:** "*X* causa *Y*", isto é, a ocorrência de *X* é suficiente, independentemente de qualquer outra coisa, para a subsequente ocorrência de *Y*. Essa proposição causal também é rara nas Ciências Sociais.

   Exemplos: O contato social (*X*) entre duas pessoas causa a interação social (*Y*). Outro exemplo pode ser dado, desta vez na área das Ciências Biológicas: a destruição do nervo ótico (*X*) é condição suficiente para a cegueira (*Y*). Analisando melhor, esse exemplo pode ser também determinista, pois *nenhuma pessoa cujo nervo ótico tenha sido destruído pode ver*; todavia, não poderia ser exemplo de relação causal necessária, pois a cegueira pode ocorrer por outras causas que não a destruição do nervo ótico.

c) **Relação causal coextensiva:** "Se ocorre *X*, então ocorrerá *Y*."

Exemplo: Trujillo Ferrari cita um exemplo tirado da obra *Social mobility in industrial society*, de Lipset e Bendix: "À medida que se desce na escala social (X_1) e aumenta o volume das classes sociais (X_2), as pessoas empregam atributos mais gerais como critérios para situar um indivíduo na estrutura (*Y*)."

d) **Relação causal reversível:** "Se *X* ocorre, então *Y* ocorrerá; e se *Y* ocorre, então *X* ocorrerá."

Exemplos: Quem estuda mais (*X*) tira melhores notas (*Y*); melhores notas (*Y*) estimulam a estudar mais (*X*); aumentando o nível de atenção à propaganda política (*X*), aumentará o interesse pela política (*Y*); aumentando o interesse pela política (*Y*), haverá também pela propaganda política (*X*).

e) **Relação causal necessária:** "Se ocorre *X* e somente *X*, então ocorrerá *Y*."

Exemplos: Se a comunidade participa nas decisões sobre uma particular mudança social (*X*) e somente ela participa nessas decisões, poderá realizar-se mudança social específica (*Y*); a experiência anterior com entorpecentes (*X*) e somente com sua existência é condição para adquirir o vício (*Y*). Sendo necessária, esta condição não é, porém, suficiente, pois nem todos que tiveram experiências de utilização de entorpecentes adquiriram o vício. Trujillo Ferrari cita um exemplo tirado da obra de Weber, *Economia y sociedad*, relativa às antigas sociedades chinesa e russa, nas quais "para ser citadino (*Y*) não bastava habitar na cidade, mas tinha de ser juridicamente definido como tal (*X*), e somente assim seria reconhecido como tal."

f) **Relação causal substituível:** "Se *X* ocorre, então *Y* ocorre, mas se *H* ocorre, então também *Y* ocorre."

Exemplo: Se um povo é invadido por uma potência estrangeira (*X*), então sobrevirá a guerra (*Y*); se um povo é impedido no desenvolvimento de seus mercados (*H*), então também, sobrevirá a guerra (*Y*).

Um exemplo na área da botânica poderá ser: "se uma planta deixar de receber água (*X*), então morrerá (*Y*); se é submetida a um excesso de radiação (*H*), então perecerá (*Y*)".

g) **Relação causal irreversível:** "Se *X* ocorre, então *Y* ocorrerá, mas, se *Y* ocorre, então nenhuma ocorrência se produzirá."

Exemplos: Grau de escolaridade elevada (*X*) trará maiores salários (*Y*), mas maiores salários (*Y*) não trarão escolaridade mais elevada (*X*); mais conhecimentos (*X*) podem trazer maior prestígio (*Y*), mas maior prestígio (*Y*) não trará maiores conhecimentos (*X*).

h) **Relação causal sequencial:** "Se *X* ocorre, então ocorrerá mais tarde *Y*."

Exemplos: Se privação na infância (*X*), então deficiência mental (*Y*) mais tarde; se infância feliz (*X*), então maior êxito na idade adulta (*Y*).

i) **Relação causal contingente:** "Se *X* ocorre, então ocorrerá *Y* somente se *M* está presente."

Exemplos: Um novo estrato social (*X*) fará aparecer um novo estilo artístico (*Y*), porém somente se o estrato social anterior já possuía seu próprio estilo (*M*); a ingestão de bebidas alcoólicas (*X*) produzirá embriaguez (*Y*), porém somente se a quantidade ingerida for elevada (*M*).

j) **Relação causal probabilista ou estocástica:** "Dada a ocorrência de *X*, então provavelmente ocorrerá *Y*." Esse tipo de relação causal é o mais comum na área das Ciências Sociais. Inclusive, entre os cientistas sociais, há hoje uma tendência de enunciar as proposições de preferência em forma probabilística, com a finalidade de obter precisão mais estrita.

Exemplos: A contínua migração de grupos familiares (*X*) acarreta maior probabilidade de desorganização familiar (*Y*); o nível de instrução (*X*) acarreta maior probabilidade de interesse político (*Y*); a ausência da figura paterna (*X*) contribui para maior probabilidade de conduta antissocial (*Y*) por parte do menor.

6 VARIÁVEIS MODERADORAS E DE CONTROLE

6.1 Variável moderadora: conceito e identificação

Variável moderadora (*M*) é um fator, fenômeno ou propriedade, que também é condição, causa, estímulo ou fator determinante para que ocorra determinado resultado, efeito ou consequência, situando-se, porém, em nível secundário no que respeita à variável independente (*X*) e apresentando importância menor do que ela; é selecionada, manipulada e medida pelo investigador, que se preocupa em descobrir se ela tem influência ou modifica a relação da variável independente com o fator ou fenômeno observado (variável dependente *Y*).

A variável moderadora reveste-se de importância em pesquisas cujos problemas são complexos, sabendo-se ou suspeitando-se da existência de vários fatores inter-relacionados. Uma vez afastada a possibilidade de as relações serem simétricas ou recíprocas, a variável moderadora apresenta-se relevante para saber até que ponto diferentes fatores têm importância na relação entre as variáveis independente e dependente.

Tuckman (*In*: KÖCHE, 2015, p. 113) apresenta um exemplo da atuação da variável moderadora: "Entre estudantes da mesma idade e inteligência, o desempenho de habilidades está diretamente relacionado com o número de treinos práticos, particularmente entre os meninos, mas menos particularmente entre as meninas."

X = número de treinos práticos;

Y = desempenho de habilidades;

M = sexo dos estudantes (que modifica a relação entre *X* e *Y*).

A autora, num estudo sobre trabalhadores temporários de São Paulo, Santo André, São Bernardo e São Caetano (ABC) e Rio de Janeiro, também identificou variáveis moderadoras na relação entre o tempo de exercício da atividade de temporário e a valorização de seu trabalho pela empresa tomadora de serviços (a empresa que utiliza a mão de obra temporária):

> entre trabalhadores temporários da mesma área de atuação (burocrática ou de produção) e tipo de atividade similar, o tempo de exercício da atividade está relacionado com o sentimento de valorização de seu trabalho pela empresa tomadora de serviços, principalmente entre os do sexo masculino e "sem companheiro", e menos acentuadamente entre os do sexo feminino e "com companheiro".

X = tempo de exercício da atividade de temporário (trabalho temporário);

Y = graduação do sentimento de valorização do trabalho pela empresa tomadora de serviços;

M = sexo (M_1) e estado conjugal do trabalhador temporário (M_2).

Marconi (1978, p. 128), em sua obra *Garimpos e garimpeiros em Patrocínio Paulista*, analisou a "conhecida" relação entre atividade de garimpo e irresponsabilidade do garimpeiro muito "maior" do que a de outros elementos das atividades rurais, concluindo que "não há diferença acentuada entre a atividade de garimpeiro e outra atividade rural no que se refere à atitude de irresponsabilidade, exceto entre os garimpeiros sem companheiro, quando é um pouco mais elevada".

X = tipo de atividade;

Y = grau de irresponsabilidade;

M = estado conjugal.

6.2 Variável de controle: conceito e aplicação

Variável de controle (C) é o fator, fenômeno ou propriedade que o investigador neutraliza ou anula propositadamente em uma pesquisa, com a finalidade de impedir que interfira na análise da relação entre as variáveis independente e dependente.

A importância da variável de controle aparece na investigação de situações complexas, quando se sabe que em um efeito não há apenas uma causa, visto que pode sofrer influência de vários fatores. Não interessando ao investigador, ou não sendo possível analisá-los todos em dado experimento, torna-se necessário neutralizá-los para que não interfiram ou não exerçam influência sobre o fenômeno estudado. Em uma etapa posterior, ou mesmo em outro estudo, tais fatores poderão ser pesquisados; em muitos casos, sabe-se, mediante trabalhos anteriores, sua influência no fator ou fenômeno investigado e quer dar-se um passo adiante: além do fenômeno que exerce influência na variável dependente, existem outros fatores? Assim, anulam-se ou neutralizam-se os primeiros, para estudar a influência dos demais.

Exemplos: Voltando ao estudo citado por Tuckman, sabe-se que tanto a idade da criança quanto seu grau de inteligência têm influência no desempenho de habilidades; deseja-se, agora, correlacionar esse fator (desempenho de habilidades) com os treinos práticos: daí a necessidade de exercer controle sobre a idade e o grau de inteligência. Se isso não fosse feito, não se poderia avaliar e analisar a relação entre o número de treinos práticos e o desempenho de habilidades.

Resumindo: idade e grau de inteligência foram selecionados como variáveis de controle e neutralizados (entre estudantes da mesma idade e inteligência...) para analisar a relação entre variável independente e dependente (o desempenho de habilidades está diretamente relacionado com o número de treinos práticos...).

C = idade (C_1) e grau de inteligência (C_2);
X = número de treinos práticos;
Y = desempenho de habilidades.

Quanto ao estudo dos trabalhadores temporários, suspeitou-se que a área de atuação (setor burocrático ou setor de produção) e a atividade exercida poderiam influenciar o sentimento do trabalhador em relação à valorização de seu trabalho pela empresa tomadora de serviços. Não interessa à investigação analisar esse aspecto da questão, mas correlacionar o tempo de exercício da atividade de trabalhador temporário com o sentimento de valorização do trabalho. Assim, os dois fatores anteriores foram transformados em variáveis de controle (entre trabalhadores temporários da mesma área de atuação e tipo de atividade similar...) e neutralizados:

C = área de atuação (C_1) e atividade (C_2);
X = tempo de exercício da atividade de temporário;
Y = graduação no sentimento de valorização do trabalho pela empresa tomadora de serviços.

Gilda Alves Montans, realizando pesquisa para verificar diferenças no tipo de aprendizagem musical de alunos cujo ensino se deu segundo dois métodos distintos: o método *A*, convencional, e o método *B*, criado recentemente, determinou exercer controle sobre quatro variáveis, que podem influenciar o grau de aprendizagem: idade do aluno; tempo em que está estudando; tipo de instrumento, temperado (como o piano) ou de afinação natural (como o violino);

"ambiente musical" em casa, isto é, se alguma pessoa toca ou não algum instrumento na família do aluno.

> C = idade (C_1), tempo de estudo (C_2), tipo de instrumento (C_3) e "ambiente musical" (C_4);
>
> X = método A (X_1) e método B (X_2);
>
> Y = tipo de aprendizagem.

Portanto, sua hipótese é: "crianças com a mesma idade, mesmo tempo de estudo, utilizando o mesmo tipo de instrumento e tendo o mesmo 'ambiente musical' em casa, quando submetidas ao método *B* de ensino, apresentam um tipo de aprendizagem sensivelmente diferente do apresentado pelas crianças submetidas ao método *A*".

7 FATOR DE TESTE

Perante questões como: as pessoas idosas têm maior número de preconceitos do que os jovens?, os garimpeiros são mais irresponsáveis do que outros trabalhadores da área rural?, a classe trabalhadora é mais alienada do que a classe média?, podemos elaborar hipóteses que confirmem tais relações, selecionar amostras adequadas de pessoas para pesquisar e obter, com base nos resultados da pesquisa, respostas para essas indagações. Entretanto, os resultados serão essencialmente descritivos, indicando, por exemplo, que a classe trabalhadora é efetivamente mais alienada do que a classe média, mas não nos dirão *por que* isso ocorre. É claro que podemos fazer especulações ou inferências bem fundamentadas para explicar o porquê, mas, cientificamente é mais interessante submeter essas especulações a um teste sistemático. A forma de fazer tal coisa é examinar a relação entre duas variáveis por meio da introdução, na análise, de uma terceira variável, denominada fator de teste.

O fator de teste, portanto, é uma variável (T), introduzida na análise com o propósito de aumentar a compreensão da primitiva relação entre as variáveis independente e dependente, e verificar se esta relação se deve ou não a T. Dizer que a relação "se deve a" T, ou T é "responsável por" ou, ainda, "determinante da" relação entre X e Y, significa que, *se não fosse T, não* haveria a relação $X - Y$.

> *Exemplos*: O enunciado "os católicos apresentam índices de suicídio mais baixo porque são mais integrados", explicitado por Durkheim, pode ser

traduzido por "não fossem os católicos mais integrados, não teriam índices mais baixos de suicídio". Da mesma forma, a colocação "a classe trabalhadora apresenta índices mais altos de esquizofrenia por ser socialmente mais isolada" significa que, "não fosse a classe inferior socialmente mais isolada, não apresentaria índices mais elevados de esquizofrenia" (ROSENBERG, 1976, p. 41).

O importante é qual a fórmula que nos leva a constatar que, "se não fosse *T*, não haveria relação entre *X* e *Y*?". Tomemos, por exemplo, uma pesquisa realizada por Lazarsfeld (*In*: BOUDON, 1971, p. 61-66) sobre a audiência de três tipos de transmissões radiofônicas, segundo a idade.

TABELA I

INTERESSE POR TRÊS TIPOS DE TRANSMISSÕES RADIOFÔNICAS DE ACORDO COM A IDADE

AUDIÊNCIA	JOVENS %	IDOSOS %
Programas religiosos	17	26
Tribunas políticas	34	45
Programas de música clássica	30	39
Não ouvem	19	-
Total	100	100

Na Tabela I, verificamos que as pessoas idosas ouvem mais os dois primeiros tipos de transmissões: programas religiosos, 52,94% a mais; tribunas políticas, 32,35% a mais; os percentuais de audiência para programas de música clássica são aproximadamente idênticos para idosos e jovens.

Uma interpretação para esses resultados poderia sugerir, na primeira relação, que os jovens têm ligação menor com fatores religiosos; para a segunda, que, sendo mais "imaturos", preocupam-se menos com fatores políticos; para a terceira, que, na realidade, é uma ausência de relação (esta é praticamente simétrica), que o interesse pela música depende exclusivamente do gosto. Entretanto, a introdução de um fator de teste pode confirmar ou não nossas interpretações e aclarar a relação entre as variáveis independente (idade) e dependente (audiência de certos programas).

Escolhendo como variável de teste o fator educação, poderíamos postular "se as pessoas de idade não fossem menos bem educadas, elas não mostrariam maior inclinação para ouvir programas religiosos". A maneira de constatar a veracidade desse enunciado é exatamente *exercer controle* ou *manter constante* o fator de teste, classificando as pessoas em subgrupos, de acordo com a educação. No caso, Lazarsfeld trabalhou com dois subgrupos: "nível de instrução superior" e "nível de instrução inferior" (poderia ter escolhido três subgrupos, a saber, "nível de instrução superior", "nível de instrução médio" e "nível de instrução inferior", assim como poderia ter escolhido quatro ou mais, dependendo da variável de teste e das necessidades de precisão). Para exercer controle sobre uma variável, como já vimos, é preciso eliminar sua influência: no caso, simplesmente comparar a audiência de determinado programa por parte de pessoas jovens e idosas de *igual nível de instrução*.

TABELA II

INTERESSE PELOS PROGRAMAS RELIGIOSOS DE ACORDO COM O NÍVEL DE INSTRUÇÃO E A IDADE

	NÍVEL DE INSTRUÇÃO SUPERIOR		NÍVEL DE INSTRUÇÃO INFERIOR	
Ouvem programas religiosos	Jovens %	Idosos %	Jovens %	Idosos %
Sim	9	11	29	32
Não	91	89	71	68
Total	100	100	100	100

Pela Tabela II, vê-se que, igualando os grupos no que se refere ao nível de instrução, a relação original observada é consideravelmente atenuada, a ponto de praticamente tornar-se nula. Dessa forma, se não fosse pela instrução, não haveria relação entre idade e audiência de programas religiosos. O resultado pode ser assim interpretado: pessoas idosas ouvem mais programas religiosos porque, em geral, têm menos instrução e pessoas com menos instrução se inclinam mais a ouvir programas religiosos. Esquematicamente:

(–) (–)

Idade ⟶ Nível de instrução ⟶ Interesse por programas religiosos

O sinal (–) indica que a relação é negativa, isto é, quanto mais idoso, mais fraco, em média, o nível de instrução; quanto mais elevado o nível de instrução, mais fraco é, em média, o interesse por programas religiosos.

Dessa maneira, nossa primitiva interpretação de que os jovens têm ligação menor com fatores religiosos revela-se inadequada, pois o interesse é o mesmo, em qualquer idade, se o nível de instrução é igual.

Passemos agora aos resultados do interesse pelas emissões políticas.

TABELA III

INTERESSE POR PROGRAMAS POLÍTICOS DE ACORDO COM O NÍVEL DE INSTRUÇÃO E A IDADE

	NÍVEL DE INSTRUÇÃO SUPERIOR		NÍVEL DE INSTRUÇÃO INFERIOR	
Ouvem programas políticos	Jovens %	Idosos %	Jovens %	Idosos %
Sim	40	55	25	40
Não	60	45	75	60
Total	100	100	100	100

O panorama visualizado na Tabela III é, agora, inteiramente diverso. A relação entre idade e interesse por programas políticos persiste quando se homogeneizam os grupos em relação ao nível de instrução. Esquematicamente:

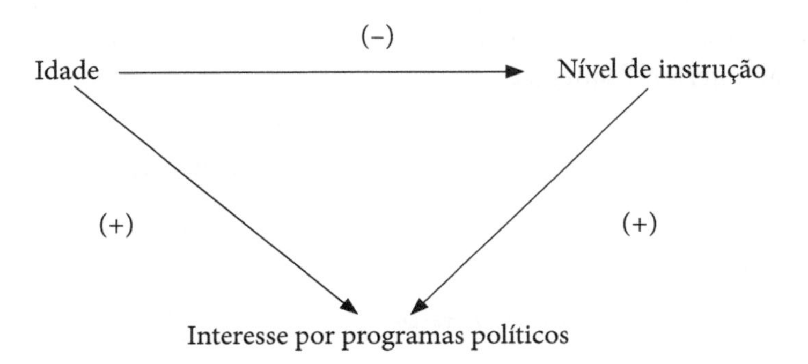

Apesar de verificarmos que a relação $X - Y$ não se deve a T, a introdução da variável de teste permite melhorar a interpretação anterior: a instrução aumenta o interesse por política ou porque capacita mais o indivíduo a entender os acontecimentos políticos, ou em virtude de as pessoas menos instruídas, ocupando em média posições sociais mais baixas, terem um sentimento de "exclusão" da sociedade e, em consequência, apresentarem uma atitude de retraimento (para decidir entre as duas interpretações, seria necessário introduzir novas variáveis-teste). Quanto à idade, ela sofre um efeito independente do da instrução: talvez a inserção do adulto na sociedade, mais "segura" e "permanente" do que a do jovem, desperte nele o sentimento de maior "participação" nos acontecimentos políticos; daí o maior interesse.

Finalmente, examinemos os resultados do interesse por programas de música clássica.

TABELA IV

INTERESSE POR PROGRAMAS DE MÚSICA CLÁSSICA DE ACORDO COM O NÍVEL DE INSTRUÇÃO E A IDADE

	NÍVEL DE INSTRUÇÃO SUPERIOR		NÍVEL DE INSTRUÇÃO INFERIOR	
Ouvem programas de música clássica	Jovens %	Idosos %	Jovens %	Idosos %
Sim	32	52	28	19
Não	68	48	72	61
Total	100	100	100	100

No caso demonstrado pela Tabela IV, a relação originalmente nula entre idade e interesse por programas de música clássica transforma-se em relação positiva no grupo com instrução superior e negativa no grupo com nível de instrução inferior. Esquematicamente:

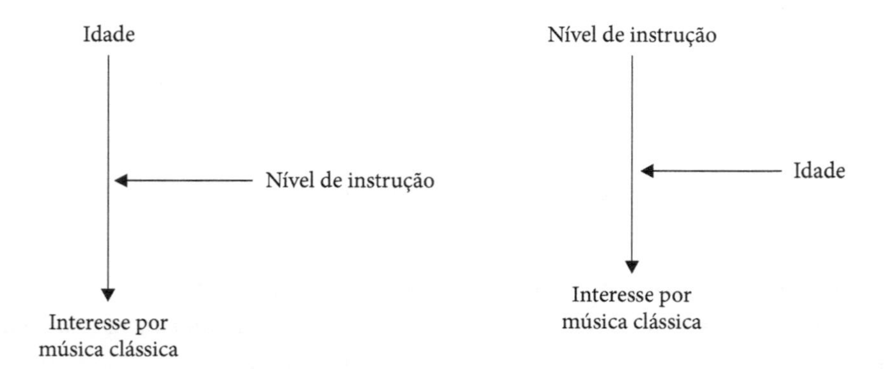

Os esquemas demonstram que o efeito da idade no interesse por música clássica depende do nível de instrução; influência do nível de instrução no interesse por música clássica depende da idade. Assim, o efeito de cada uma

das variáveis (idade e nível de instrução) sobre o interesse por música clássica depende da outra.

Pode-se supor, para os resultados encontrados, que as pessoas de nível de instrução inferior tomaram contato com a música clássica principalmente durante seus anos de escolarização e que, depois, passaram a viver em meios socioprofissionais onde a cultura clássica não é considerada valor importante; quanto aos jovens, a música clássica sofre a concorrência de outras formas de música, ficando como valor cultural mais importante para os idosos.

O procedimento metodológico empregado ao longo do processo que levou às quatro tabelas pode ser assim sintetizado: partindo-se da relação original entre a variável independente (idade) e a dependente (interesse por tipos de transmissão radiofônica) (Tabela I), introduz-se um fator de teste - nível de instrução - com a finalidade de esclarecer as relações encontradas. O método utilizado é o de estratificar o fator de teste em suas categorias componentes. No caso duas: "nível de instrução superior" e "nível de instrução inferior", assim como poderia ser três ou mais, no caso de escolha de outra variável de teste: homens e mulheres (sexo), católicos, protestantes, judeus, espíritas etc. (religião), classe alta, média e baixa (classe social), passando à análise das associações contingentes formadas pela estratificação. Na Tabela II, surgem duas associações contingentes: (1) associação entre idade e audiência de programas religiosos, considerando-se pessoas com nível de instrução superior; (2) associação entre idade e audiência de programas religiosos, levando-se em conta pessoas de nível de instrução inferior. Tanto na Tabela III quanto na IV, temos também duas associações contingentes.

Finalizando, podemos dizer que, para entender adequadamente uma relação entre variável independente e variável dependente, devemos considerar a possibilidade de estarem associadas a elas outras variáveis. São estas possíveis variáveis associadas que se tornam os fatores de teste.

Para Rosenberg (1976, p. 44), "nem todos os fatores de teste têm o mesmo significado, servem ao mesmo propósito teórico ou apresentam as mesmas propriedades estatísticas". Os principais fatores de testes são: variáveis extrínsecas, variáveis componentes, variáveis intervenientes, variáveis antecedentes, variáveis supressoras e variáveis desfiguradoras. Cada uma delas nos permite obter interpretações mais bem fundamentadas, mais precisas e mais significativas no que concerne às relações entre duas variáveis.

8 VARIÁVEIS EXTRÍNSECAS E COMPONENTES

8.1 Variáveis extrínsecas e relações espúrias

A primeira e a mais crucial dúvida de um investigador que encontra relação entre duas variáveis refere-se à questão: "trata-se de uma relação real?". Em outras palavras, trata-se de uma *ligação inerente* entre as duas variáveis, ou ela é devida a uma conexão acidental com uma variável associada? Quando este último caso ocorre, diz-se que a relação é espúria (na realidade, o que é espúria é a interpretação da relação e não a relação em si). O que acontece é que, à primeira vista, a relação é assimétrica, mas, perante uma análise mais profunda, revela-se simétrica; esta, como já vimos (seção 4.1 deste capítulo), significa que nenhuma das variáveis exerce influência sobre a outra, por serem indicadores alternativos do mesmo conceito, efeitos de uma causa comum, elementos de uma unidade funcional, partes ou manifestações de um sistema ou complexo comum, ou então fortuitamente associadas.

Hyman (1967, p. 402-403) apresenta dois exemplos de relações espúrias:

a) Encontrou-se correlação entre profundidade do sono e espécie de humor que a pessoa tinha no dia seguinte. Entretanto, uma análise mais aprofundada revelou que o resultado era falso, pois a facilidade de sono é que era determinada pela espécie de humor com que o indivíduo ia para a cama e que a má disposição permanecia de um dia para o outro. Esquematicamente:
   Em vez de "profundidade no sono" (X) ⟶ "tipo de humor no dia seguinte" (Y), o que havia era:

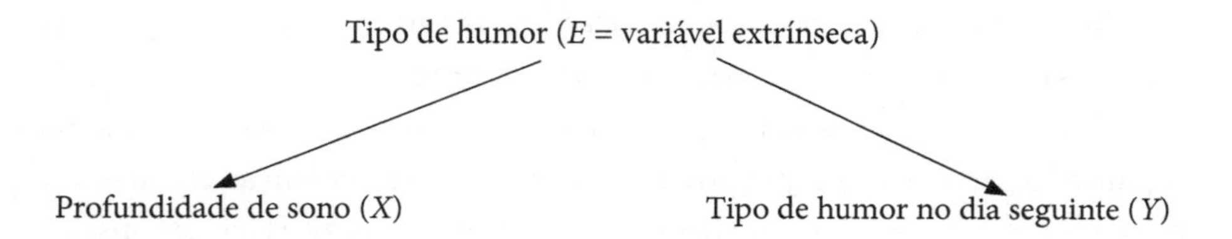

O investigador não necessita abandonar a pesquisa por ter constatado que a relação original era espúria; pode deslocar seus estudos para questões de como o mau humor perturba o sono. Portanto, analisa a relação $E - X$.

b) Constatou-se que, na Suécia, existia correlação entre o número de cegonhas existentes em determinada área e a taxa de natalidade da mesma área. Não há necessidade de pensar duas vezes sobre se há relação entre a variável independente (número de cegonhas) e a dependente (número de crianças), pois é óbvio que ambas se devem a uma terceira.

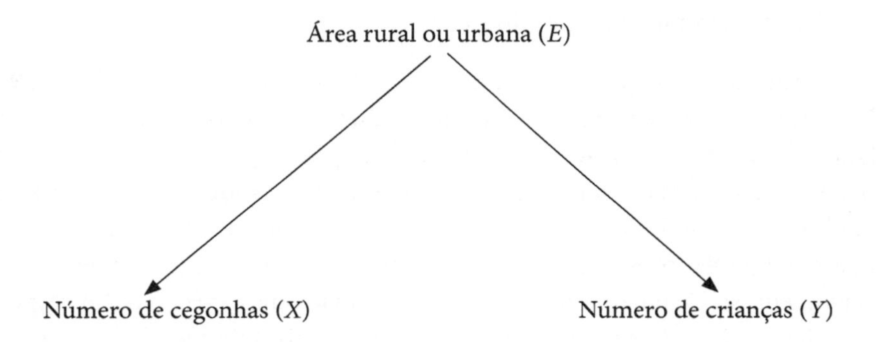

Novamente, o resultado, no caso absurdo, da relação original pode levar a outras investigações. Como não há mistérios no fato de a zona rural conter maior número de cegonhas, interessa verificar por que essas regiões são caracterizadas por alta taxa de natalidade. Passamos, portanto, ao exame da relação $E - Y$.

São raros os casos em que a relação $X - Y$, sendo espúria, mostra-se tão absurda como no caso anterior. Muitas vezes, estudos bem fundamentados são publicados com sobejas provas para se acreditar numa relação assimétrica, significativa e inerente, entre as variáveis independente e dependente. E cabe a outros investigadores levantarem dúvidas sobre os resultados, procedendo a novas pesquisas, que demonstram a espuriedade da relação indicada.

Exemplo: Rosenberg (1976, p. 47-48) expõe um caso de relação que se devia a uma variável extrínseca: Miller e Swanson, em sua obra *The chaning american parent*, partiram da hipótese de que a posição ocupada pelos pais, no sistema econômico, geraria um sistema de integração familiar que exerceria influência na escolha dos processos educacionais dos filhos. Dividiram as famílias em *empreendedoras* e *burocráticas*. As primeiras foram assim classificadas se o chefe de família trabalhasse ou por conta própria ou numa organização sob reduzido nível de supervisão, se grande

> parte de seus rendimentos adviesse de lucros, gratificações ou comissões, ou se ele (ou a esposa) tivesse nascido na área rural ou fora dos Estados Unidos. As demais foram classificadas de burocráticas. A hipótese explicitada era de que as famílias empreendedoras dariam maior importância ao autocontrole, assim como a uma atitude ativa e independente em relação ao mundo, ao passo que as burocráticas dariam ênfase à acomodação e ao ajustamento. Os dados comprovaram essa relação: tipo de família (*X*) determina o tipo de educação (*Y*).

Harber questionou esses resultados, assinalando que na década de 1930, sob a influência do behaviorismo, a orientação no que se refere à educação das crianças acentuava a restrição e o controle, ao passo que, na década seguinte, procedimentos mais liberais se difundiram, segundo as ideias de Dewey e seus seguidores. Não poderiam, assim, as diferenças de prática educacional entre famílias empreendedoras e burocráticas provir de padrões dominantes em épocas diversas, em vez de emanar de imperativos ocupacionais e técnicos? A resposta residia na faixa etária em que se encontravam os pais "empreendedores" e "burocráticos". Os próprios dados de Miller e Swanson confirmaram que os pais das famílias classificadas de empreendedores eram mais idosos que os classificados de burocráticos e, assim, os primeiros criaram seus filhos predominantemente na década de 1930, e os segundos, na década de 1940. Portanto, por não levarem em conta a variável extrínseca (idade dos pais), autores encaminharam-se para uma interpretação teórica totalmente errônea.

> *Resumindo*: para saber se houve ou não interpretação enganosa na relação entre variável independente e variável dependente, controla-se o fator de teste; se a relação entre as duas variáveis se desvanece, ela se deve à variável extrínseca (*E*).

> *Exemplo:* Um exemplo pode ser dado com o trabalho de Martin Trow, *Right wing radicalism* (*In*: GLOCK, 1973, p. 44-47), realizado nos EUA, na época de McCarthy. O autor procurava as causas que levavam ao apoio aos métodos do senador. Explicitou a hipótese de que o apoio a McCarthy seria maior entre os indivíduos cujo grau de tolerância geral à oposição política fosse baixo. Para testar a hipótese, Trow construiu uma escala de tolerância à oposição política, formando dois grupos: os de tolerância alta e os de tolerância baixa. A seguir, comparou esses grupos com o grau de apoio que davam aos métodos do senador. Os resultados pareciam confirmar a hipótese, conforme se pode constatar na Tabela V.

TABELA V
POSIÇÃO PERANTE OS MÉTODOS DE McCARTHY DE ACORDO COM O GRAU DE TOLERÂNCIA À OPOSIÇÃO POLÍTICA

	TOLERÂNCIA À OPOSIÇÃO POLÍTICA	
Posição perante os métodos de McCarthy	Alta %	Baixa %
Apoio Oposição	35 65	60 40
Total	100	100

O investigador sabia que a tolerância política pode estar associada ao nível educacional das pessoas e, por esse motivo, deliberou verificar se a relação encontrada era verdadeira, ou seria influenciada pelo nível educacional. Para tal, exerceu controle sobre essa variável. Os resultados encontram-se na Tabela VI.

Como se verifica, a introdução do fator de teste fez desaparecer a relação original entre o apoio aos métodos de McCarthy (Y) e o baixo grau de tolerância geral à oposição política (X). Conclui-se, assim, que ambas as variáveis se devem ao fator educação; portanto, este é uma variável extrínseca: a interpretação anterior da relação $X - Y$ era espúria.

8.2 Variáveis componentes e apresentação em bloco

As variáveis sociológicas (assim como as das demais Ciências Sociais) têm a característica de se apresentarem em blocos, isto é, indivíduos, grupos, associações, regiões etc. podem ser caracterizados em termos de uma pluralidade de dimensões. Por exemplo, vários estudos comprovaram que os operários são mais alienados do que os escriturários. Entretanto, as palavras (conceitos) *operários* e *escriturários* significam apenas uma diferença no trabalho executado? Ou os operários diferem dos escriturários em vários outros aspectos? Como a resposta à segunda questão é positiva, temos entre eles diferenças de nível de instrução, de quocientes de inteligência, de capacidade de abstração de pensamento; uns são geralmente menos bem educados que outros, mais liberais ou menos liberais em questões econômicas, políticas e sociais; diferem também no estilo de vida, nas opções de lazer, incluindo a frequência de leitura de livros, revistas e jornais; originam-se também de famílias mais ou menos numerosas, e assim por diante. Assim, *o que*, especificamente, na condição de operário, o leva a maior alienação?

Dito de outra forma, qual das variáveis componentes (*C*) do conceito global *operário* é a responsável (ou a maior responsável) pelo efeito observado?

Portanto, devemos assinalar que existem muitos conceitos globais que o investigador social manipula, compostos de numerosos subconceitos ou variáveis componentes.

> *Exemplos*: O conceito de classe social abrange as variáveis ocupação, renda, educação, família etc. A "personalidade autoritária" engloba convencionalismo, visão hierárquica do mundo, submissão à autoridade e agressividade no mando; idealização dos ancestrais, rigidez no pensamento, superstição e estereotipia; culto à força, à "dureza" e caráter punitivo acentuado; tendência para a destruição e cinismo, assim como hostilidade e desprezo pela natureza humana; excessivo controle dos impulsos etc. Assim, na análise da relação entre uma variável independente global e uma variável dependente, é importante saber qual das variáveis componentes do conceito global ou quais deles associados se configuram como o responsável decisivo pela variável dependente observada. Outro exemplo de como tratar um conceito global é dado por Lewis Lipsitz, no artigo *Working-class authoritarianism: a re-evaluation* (*In*: ROSENBERG, 1976, p. 63-65), sobre a correlação encontrada entre classe social e autoritarismo. Ao contrário da crença geral, a classe trabalhadora revelou grau mais elevado de autoritarismo do que a classe média. Lipsitz admitiu, como hipótese, que o fator crucial fosse a variável componente educação. Elaborou uma escala de autoritarismo, combinando várias respostas dadas a diversas perguntas e, a seguir, exerceu controle sobre o fator educação, enquanto correlacionava o resultado de escala de autoritarismo com as classes (Tabela VII).

Verificando o resultado total da amostra, não estratificado segundo o grau de educação, notamos que a classe trabalhadora apresenta tendência 65,7% maior que a classe média para o autoritarismo. Porém, dentro de cada grupo educacional, essa diferença é bem mais reduzida, respectivamente: 7,6%, 21,2% e 30,9% (esta última percentagem é 52,7% menor que a do total). Esquematicamente:

Percentagens	82,9	89,0	59,5	72,1	38,2	50,0	35,9	59,5
Diferença percentual	+ 7,6		+ 21,2		+ 30,9		+ 65,7	
						- 52,7		

Dessa forma, na classe trabalhadora o maior nível de autoritarismo deve-se, em grande parte, ao baixo grau educacional. Entretanto, a diferença não é de todo eliminada, indicando que outros fatores (variáveis componentes) também desempenham um papel na relação encontrada, principalmente à medida que se sobe na "escala" do grau de educação.

Para Rosenberg (1976, p. 64),

> uma das mais poderosas variáveis na análise sociológica é, por exemplo, o conceito de classe social. Com marcante coerência, a classe social aparece ligada a uma ampla diversidade de variáveis dependentes [...]. A classe social compõe-se, todavia, de numerosos elementos (variáveis componentes). Não se pode presumir, em consequência, que, estando a classe social relacionada a *X* e, também, a *Y*, o *mesmo* aspecto da classe social exerça efetiva influência.

Exemplos: Na relação entre classe e envolvimento em programas públicos, talvez o nível de educação seja o elemento crucial; na relação entre classe e propriedade imobiliária, talvez seja a renda; no que se refere à relação entre classe social e autoestima, é provável que seja o prestígio social; se a classe social se relaciona ao liberalismo econômico, talvez o fator de influência seja a filiação a sindicatos; se a classe está relacionada com a integração de certos grupos, talvez a tradição de família seja o fator responsável; se a classe se relaciona com certas atitudes, talvez os fatores ligados ao estilo de vida tenham implicação fundamental.

TABELA VI

POSIÇÃO PERANTE OS MÉTODOS DE McCARTHY DE ACORDO COM O NÍVEL EDUCACIONAL E O GRAU DE TOLERÂNCIA À OPOSIÇÃO POLÍTICA

	ESTUDOS PRIMÁRIOS		ESTUDOS SECUNDÁRIOS		ESTUDOS COLEGIAIS		ESTUDOS UNIVERSITÁRIOS	
	GRAU DE TOLERÂNCIA							
Posição perante os métodos de McCarthy	Alto %	Baixo %	Alto %	Baixo %	Alto %	Baixo %	Alto %	Baixo %
Apoio	51	63	44	44	43	45	23	18
Oposição	49	37	56	56	57	55	77	82
Total	100	100	100	100	100	100	100	100

TABELA VII

GRAU DE AUTORITARISMO DE ACORDO COM O GRAU DE EDUCAÇÃO E A CLASSE SOCIAL

	0 A 8 ANOS DE EDUCAÇÃO		9 A 12 ANOS DE EDUCAÇÃO		MAIS DE 12 ANOS DE EDUCAÇÃO		TOTAL	
Resultado da escala de autoritarismo	Classe média %	Classe trabalhadora %	Classe média %	Classe trabalhadora %	Classe média %	Classe trabalhadora %	Classe média %	Classe trabalhadora %
Elevado	82,9	89,2	59,5	72,1	38,2	50,0	35,9	59,5
Baixo	17,1	10,8	40,5	27,9	61,8	50,0	64,1	40,5
Total	100,0	100,0	100,0	100,0	100,0	100,0	100,0	100,0
Total	100	100	100	100	100	100	100	100

Resumindo: ao lidar com um conceito global, seleciona-se, como fator de teste, uma variável componente (*C*) que seja expressão, aspecto ou elemento da variável independente global, com a finalidade de sobre ela exercer controle. Se a relação se desvanece, então a variável componente era a responsável pelo resultado encontrado. Se a relação se mantém inalterada, essa particular variável componente não tem influência no resultado observado. Finalmente, se a relação se atenua de forma acentuada – como no nosso exemplo de classe social (*X*), grau de educação (*C*) e autoritarismo (*Y*) –, dizemos que a variável componente é o fator mais importante para explicar o resultado assinalado.

9 VARIÁVEIS INTERVENIENTES E ANTECEDENTES

9.1 Variáveis intervenientes

A variável interveniente (*W*) é a que, numa sequência causal, se coloca entre a variável independente (*X*) e a dependente (*Y*), tendo como função ampliar, diminuir ou anular a influência de *X* sobre *Y*. É, portanto, encarada como consequência da variável independente e determinante da variável dependente.

Para afirmar que uma variável é interveniente, requer-se a presença de três relações assimétricas:

a) Relação original entre as variáveis independente e dependente (*X* – *Y*).

b) Relação entre a variável independente e a variável interveniente (*X* – *W*); a variável interveniente atua como se fosse dependente (efeito da independente).
c) Relação entre a variável interveniente e a variável dependente (*W* – *Y*), atuando a interveniente como independente (causa da dependente).

Podemos dar o seguinte exemplo: encontrando-se relação entre morar na área rural ou urbana e dar ênfase, na educação das crianças, ao elemento "obediência", é possível levantar a hipótese de que os habitantes do campo valoram a obediência em virtude de seu tipo de vida conferir importância aos valores tradicionais; o apego à tradição significa aceitação, sem críticas, das normas e regras sociais em vigor; a transmissão dessas normas e regras requer, por sua vez, que se dê ênfase à obediência, na educação dos filhos. Para que o tradicionalismo seja considerado variável interveniente, precisamos das três relações assimétricas acima descritas: (a) entre residência rural-urbana e ênfase na obediência; (b) entre residência rural-urbana e tradicionalismo; (c) entre tradicionalismo e ênfase na obediência. Encontrando-se essas relações assimétricas, a variável é interveniente e, se se exercer controle sobre ela (tradicionalismo), a relação original entre morar na área rural ou urbana e dar ênfase à obediência deve desaparecer.

Passemos agora a um exemplo relativo a acidentes de automóvel, por sexo, com as respectivas tabelas e gráfico (ZEISEL, 1957, p. 168-173):

TABELA VIII
ACIDENTES AUTOMOBILÍSTICOS POR SEXO

ACIDENTES AUTOMOBILÍSTICOS ENQUANTO DIRIGIAM	HOMENS		MULHERES	
	N	%	N	%
Pelo menos um	3.122	44	2.255	32
Nenhum	3.958	56	4.695	68
Total	7.080	100	6.950	100

TABELA IX
MILHAS RODADAS POR SEXO

MILHA RODADA	HOMENS		MULHERES	
	N	%	N	%
Mais de mil milhas	5.010	71	1.915	28
Mil milhas ou menos	2.070	29	5.035	72
Total	7.080	100	6.950	100

TABELA X
ACIDENTES AUTOMOBILÍSTICOS DE ACORDO COM AS MILHAS RODADAS

ACIDENTES AUTOMOBILÍSTICOS ENQUANTO DIRIGIAM	GUIARAM MAIS DE 1.000 MILHAS		GUIARAM 1.000 MILHAS OU MENOS	
	N	%	N	%
Pelo menos um	3.601	52	1.776	25
Nenhum	3.324	48	5.329	75
Total	6.925	100	7.105	100

TABELA XI
ACIDENTES AUTOMOBILÍSTICOS DE ACORDO COM MILHAS RODADAS E O SEXO

ACIDENTES AUTOMOBILÍSTICOS ENQUANTO DIRIGIAM	GUIARAM MAIS DE 1.000 MILHAS				GUIARAM 1.000 MILHAS OU MENOS			
	HOMENS		MULHERES		HOMENS		MULHERES	
	N	%	N	%	N	%	N	%
Pelo menos um	2.605	52	996	52	517	25	1.259	25
Nenhum	2.405	48	919	48	1.553	75	3.776	
Total	5.010	100	1.915	100	2.070	100	5.035	100

Podemos, portanto, afirmar, em primeiro lugar, que, na relação em causa (sexo e acidentes automobilísticos), constituem milhas rodadas uma variável interveniente, porque encontramos as três relações assimétricas: (a) entre sexo (*X*) e acidentes automobilísticos (*Y*); (b) entre sexo (*X*) e milhas rodadas (*W*); (c) entre milhas rodadas (*W*) e acidentes automobilísticos (*Y*). Em segundo lugar, podemos dizer que a relação entre sexo e acidentes automobilísticos se deve à variável interveniente porque, ao exercer controle sobre o fator de teste (variável interveniente: milhas rodadas), a relação original entre sexo e acidentes automobilísticos desvaneceu-se.

Nesse caso, qual a diferença entre uma variável extrínseca (*E*) e uma interveniente (*W*), se em ambos os casos a relação se deve ao fator de teste? Podemos afirmar, de saída, que a distinção não é estatística (os dados comportam-se da mesma forma), mas tem um cunho lógico e teórico: prende-se à presumida conexão causal entre as três variáveis, *X*-*W*-*Y*, no caso da variável interveniente, ao passo que se presume a inexistência de relação causal, inerente ou intrínseca, entre as variáveis independente e dependente, quando se trata de variável extrínseca. Esquematicamente:

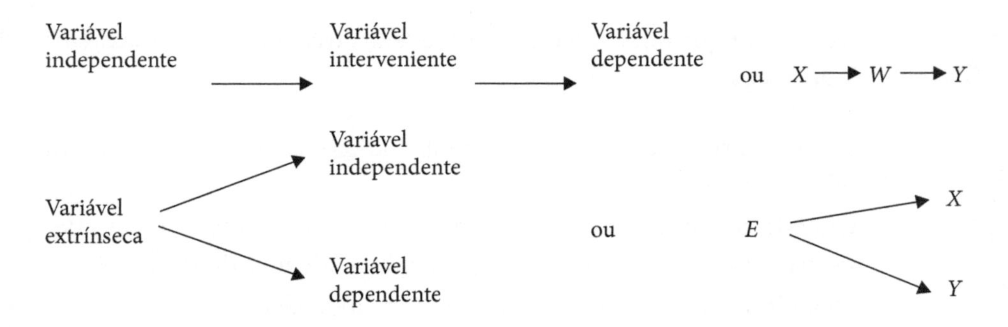

Legenda:
X = sexo
Y = acidentes de automóvel
W = milhas rodadas
E = variável extrínseca

Quando se exerce controle sobre a variável interveniente, nem sempre a relação entre as variáveis independente e dependente se desvanece; muitas vezes, apenas se atenua. Nesses casos (estando presentes as três relações exigidas), dizemos que a variável é uma das possíveis intervenientes entre *X* e *Y*; quando a relação se atenua acentuadamente, é porque encontramos a variável interveniente mais importante.

A relevância básica da variável interveniente, assim como da antecedente, que veremos a seguir, prende-se ao fato de que "*toda relação assimétrica entre duas variáveis é uma abstração feita a partir de uma interminável cadeia causal* e quanto maior compreensão conseguirmos acerca dos elos dessa cadeia, melhor será nossa compreensão acerca dessa relação" (ROSENBERG, 1976, p. 80). As variáveis intervenientes e as variáveis antecedentes são elos de cadeias causais.

9.2 Variáveis antecedentes

A variável antecedente (*Z*) tem por finalidade explicar a relação *X* - *Y*; coloca-se na cadeia causal antes da variável independente, indicando uma influência eficaz e verdadeira; não "afasta" a relação *X* - *Y*, mas esclarece as influências que precederam essa relação, conforme representação esquemática:

Variável antecedente ⟶ Variável independente ⟶ Variável dependente ou $Z \rightarrow X \rightarrow Y$

Para se afirmar que uma variável é antecedente, três requisitos estatísticos devem ser satisfeitos:

a) As três variáveis, antecedente, independente e dependente, devem relacionar-se ($Z - X - Y$).
b) Quando se exerce controle sobre a variável antecedente, não deve desaparecer a relação entre as variáveis independente e dependente.
c) Quando se exerce controle sobre a variável independente, deve desaparecer a relação entre as variáveis antecedente e dependente.

Citemos como exemplo um estudo realizado por Danhone (1980, p. 169) sobre *Menores de condutas antissociais e a organização da sociedade*. A pesquisadora encontrou relação entre desorganização familiar (*X*) e condutas antissociais do menor (*Y*). Desejava, entretanto, saber a principal causa de desorganização familiar. Aventou a possibilidade de ser ela influenciada por condições socioeconômicas baixas e precárias e elaborou a hipótese "condições socioeconômicas baixas e precárias (*Z*) provocam desorganização familiar (*X*) e, esta, condutas antissociais no menor (*Y*)". Confirmada a hipótese, postula-se que:

Condições socioeconômicas ⟶ Organização familiar ⟶ Conduta do menor

Tem-se, agora, compreensão mais ampla da cadeia causal que levou ao comportamento observado (conduta antissocial do menor). Pode-se fazer regredir a cadeia causal tanto quanto for significativo do ponto de vista teórico, pois cada passo aumentará a compreensão do processo estudado.

Outro exemplo é apresentado por Kendall e Lazarsfeld, no artigo intitulado *Problems of survey analysis*, e reelaborado por Rosenberg (1976, p. 84-90).

Nos EUA, durante a Segunda Guerra Mundial, verificou-se que soldados, cujos amigos ou conhecidos tinham tido sua incorporação adiada, desenvolveram o sentimento de que eles, também, deveriam ter tido sua incorporação adiada, ao passo que tal tendência não se manifestava tão fortemente entre aqueles cujos amigos e conhecidos tinham sido incorporados (muitos, até, apresentaram-se voluntariamente). Essa relação era facilmente entendida: à medida que os marcos de referência de um indivíduo estão nos grupos primários de que participa, se os amigos e conhecidos estão servindo, ele julga sua convocação justa, ocorrendo o contrário com aqueles que são convocados, mas cujos amigos não o foram ainda.

Desejando recuar, na sequência causal, devemos procurar fatores que ofereçam ao indivíduo ambientes onde a sua convocação ou o seu adiamento se apresente como fenômeno comum. Os pesquisadores pensaram na classe social, especificamente, no componente educacional da classe. A razão é que os soldados convocados tendem a ser jovens, recém-saídos da escola, no caso de nível de escolaridade elevada; os de nível de instrução mais baixo, abandonando a escola mais cedo, começam também a trabalhar primeiro e, se seu trabalho estiver relacionado com o esforço de guerra, são considerados trabalhadores essenciais e, como tal, dispensados. Portanto, compreende-se que um jovem de escolaridade elevada, tendo os amigos convocados, ache natural sua incorporação e o de escolaridade baixa, vendo os amigos com a incorporação adiada (e ganhando bons salários na fábrica), ressinta-se de sua convocação.

Para saber se, realmente, o grau de escolaridade é uma variável antecedente, é necessário proceder ao exame das condições estatísticas exigidas:

a) As três variáveis devem estar relacionadas: *Z* = grau de escolaridade; *X* = amigos e conhecidos dispensados ou não; *Y* = sentimento de que deveria ou não ter sido dispensado.

   Z – *X* (grau de escolaridade com amigos e conhecidos dispensados ou não);

   X – *Y* (amigos e conhecidos dispensados ou não e sentimento de que deveria ou não ter sido dispensado);

   Z – *Y* (grau de escolaridade e sentimento de que deveria ou não ter sido dispensado).

TABELA XII

EXISTÊNCIA OU NÃO DE AMIGOS DISPENSADOS DE ACORDO COM O GRAU DE ESCOLARIDADE

AMIGOS E CONHECIDOS	ESCOLARIDADE ELEVADA %	ESCOLARIDADE BAIXA %
Dispensados	19	79
Não dispensados	81	21
Total	100	100

TABELA XIII
SENTIMENTO DE QUE DEVERIA OU NÃO TER SIDO DISPENSADO DE ACORDO COM A EXISTÊNCIA OU NÃO DE AMIGOS DISPENSADOS

SENTIMENTO SOBRE A CONVOCAÇÃO	COM AMIGOS OU CONHECIDOS	
	DISPENSADOS %	NÃO DISPENSADOS %
Não deveria ser dispensado	63	94
Deveria ser dispensado	37	6
Total	100	100

TABELA XIV
SENTIMENTO DE QUE DEVERIA OU NÃO TER SIDO DISPENSADO DE ACORDO COM O GRAU DE ESCOLARIDADE

SENTIMENTO SOBRE A CONVOCAÇÃO	ESCOLARIDADE ELEVADA %	ESCOLARIDADE BAIXA %
Não deveria ser dispensado	88	70
Deveria ser dispensado	12	30
Total	100	100

A Tabela XII comprova a relação A_1, ou seja, $Z - X$: 79% dos convocados de baixa escolaridade têm amigos ou conhecidos dispensados, ao passo que a percentagem se reduz para 19%, quando a escolaridade é elevada.

A relação A_2, isto é, $X - Y$, é confirmada pela Tabela XIII: 37% dos que têm amigos dispensados consideram que também deveriam ter sido dispensados, quando apenas 6% daqueles cujos amigos também foram incorporados pensam assim. Finalmente, a Tabela XIV comprova a relação A_3 ($Z - Y$): com escolaridade elevada, apenas 12% acha que deveriam ter sido dispensados, subindo a percentagem para 30% entre os de baixa escolaridade.

b) A seguir, devemos exercer controle sobre a variável antecedente (grau de escolaridade), e a relação entre X e Y (amigos e conhecidos dispensados ou não e sentimento de que deveria ou não ter sido dispensado) deve manter-se.

TABELA XV

SENTIMENTO DE QUE DEVERIA OU NÃO SER DISPENSADO DE ACORDO COM O GRAU DE ESCOLARIDADE E A EXISTÊNCIA OU NÃO DE AMIGOS DISPENSADOS

SENTIMENTO SOBRE A CONVOCAÇÃO	ESCOLARIDADE ELEVADA COM AMIGOS E CONHECIDOS		ESCOLARIDADE BAIXA COM AMIGOS E CONHECIDOS	
	DISPENSADOS %	NÃO DISPENSADOS %	DISPENSADOS %	NÃO DISPENSADOS %
Não deveria ser dispensado	63	94	63	95
Deveria ser dispensado	37	6	37	5
Total	100	100	100	100

Na Tabela XV, exerceu-se controle sobre a variável antecedente (grau de escolaridade), mas a relação entre a independente e a dependente se manteve: aqueles que têm amigos e conhecidos dispensados, quer possuam escolaridade elevada, quer baixa, consideram, num percentual igual a 37%, que deveriam ter sido dispensados; por sua vez, os que não têm amigos ou conhecidos dispensados exteriorizam os mesmos sentimentos em apenas 6% (escolaridade elevada) e 5% (escolaridade baixa).

c) Finalmente, o controle deverá ser exercido sobre a variável independente (amigos e conhecidos dispensados), para fazer desaparecer a relação entre a antecedente (grau de escolaridade) e a dependente (sentimento de que deveria ou não ter sido dispensado).

TABELA XVI

SENTIMENTO DE QUE DEVERIA OU NÃO SER DISPENSADO DE ACORDO COM A EXISTÊNCIA OU NÃO DE AMIGOS DISPENSADOS E O GRAU DE ESCOLARIDADE

SENTIMENTO SOBRE A CONVOCAÇÃO	COM AMIGOS E CONHECIDOS DISPENSADOS		SEM AMIGOS E CONHECIDOS DISPENSADOS	
	ESCOLARIDADE ELEVADA %	ESCOLARIDADE BAIXA %	ESCOLARIDADE ELEVADA %	ESCOLARIDADE BAIXA %
Não deveria ser dispensado	63	63	94	95
Deveria ser dispensado	37	37	6	5
Total	100	100	100	100

Os dados da Tabela XVI registram que, tendo-se exercido controle sobre *X*, a relação entre *Z* e *Y* se desvaneceu: independentemente do grau de escolaridade, elevada ou baixa, 37% dos que têm amigos e conhecidos dispensados consideram que também deveriam ter sido dispensados; somente 6% (escolaridade elevada) e 5% (escolaridade baixa) dos que não têm amigos e conhecidos dispensados pensam da mesma forma.

O procedimento seguido para se assegurar de que uma variável é antecedente demonstra que a diferença entre ela e uma variável extrínseca, ao contrário do que ocorre com a interveniente, é de cunho estatístico: exercendo controle sobre a variável extrínseca, a relação entre as variáveis independente e dependente se desvanece, da mesma forma que ocorre com a variável interveniente, mas, controlando a variável antecedente, a relação se mantém.

Portanto, os dados sugerem que o grau de escolaridade é uma variável antecedente verdadeira, precedendo, na sequência causal, a relação entre a existência de amigos e conhecidos dispensados e o sentimento de que o indivíduo deveria ter sido, também, dispensado.

10 VARIÁVEIS DE SUPRESSÃO E DE DISTORÇÃO

10.1 Variáveis de supressão

A variável extrínseca, utilizada como fator de teste, defende-nos de uma interpretação enganosa: a de supor relação inerente entre duas variáveis, quando, na verdade, ela inexiste. A variável de supressão exerce o mesmo papel, só que às avessas: preserva-nos de outro tipo de erro: o de aceitar como real a inexistência ou ausência de relação (também denominada correlação zero ou não correlação) entre duas variáveis, quando de fato ela existe, tendo sido apenas mascarada pela própria variável de supressão (*S*). Assim, a variável de supressão atua, cancelando, reduzindo ou escondendo uma relação verdadeira entre duas variáveis, fazendo surgir o perigo de interpretações enganosas. Para se precaver contra tal, o investigador age da mesma forma que em relação à variável extrínseca: exerce controle sobre a variável de supressão e, se a ausência de relação desaparece, isto é, surge uma relação antes escondida, a não correlação inicial é devida exclusivamente à variável de supressão.

Voltando ao artigo de Lipsitz, sobre a reavaliação do autoritarismo da classe trabalhadora (*In*: ROSENBERG, 1976, p. 104-106), podemos encontrar um exemplo da atuação da variável de supressão. O autor apresentou aos pesquisados uma série de itens que configuravam atitudes autoritárias, agrupando os dados segundo a classe social. Em relação a três desses itens, as respostas dadas por elementos de classe média e da classe trabalhadora não apresentavam virtualmente qualquer diferença. Como conclusão, pode-se pensar que a posição dos indivíduos, na estrutura social e ocupacional, não exercia influência em se tratando dessas particulares atitudes autoritárias.

Já foi frisado que Lipsitz trabalhou com o fator educação, como componente do conceito global de classe social. E é esse fator que, em relação às três questões, atuou como variável de supressão, impedindo que se visse a associação real entre classe e autoritarismo (no que se refere às questões em pauta). As Tabelas XVII e XVIII ilustram esse fato.

TABELA XVII
REAÇÃO A ITENS RELATIVOS AO AUTORITARISMO
DE ACORDO COM A CLASSE SOCIAL

QUESTÕES	RESPOSTAS FAVORÁVEIS AO AUTORITARISMO	
	CLASSE MÉDIA TOTAL EM %	CLASSE TRABALHADORA TOTAL EM %
Número 1	57,2	57,9
Número 2	59,7	58,7
Número 3	19,4	17,3

Exercido o controle sobre o fator de teste (S = grau de educação), aparece uma relação antes praticamente inexistente: a classe média inclina-se *mais* do que a classe trabalhadora a dar respostas favoráveis ao autoritarismo, nas três questões analisadas. Portanto, ao contrário do que se pensava antes, a classe social tem efeito sobre essas particulares atitudes autoritárias, mas o efeito foi escondido pelo fator educação, que atua como variável de supressão.

> *Resumindo*: se existe o perigo de que uma relação encontrada entre duas variáveis seja espúria, também existe o risco de que a *ausência* de relação seja espúria. Em ambos os casos, a defesa do investigador é introduzir um fator de teste: se a relação se desvanece, ela era devida à variável extrínseca; se a ausência de relação desaparece, ou uma fraca correlação se torna forte, estamos em presença de uma variável de supressão.

10.2 Variáveis de distorção

Último dos fatores de teste, a variável de distorção (D) desempenha importante papel: exercendo-se controle sobre ela, verificamos que a interpretação correta é *exatamente contrária* à sugerida pela análise dos dados originais. É ainda Rosenberg (1976, p. 112-114) quem sugere um exemplo, com dados hipotéticos.

Uma escala preparada para medir atitudes perante os direitos civis, nos EUA, apresentada a pesquisados divididos por classe social, se expressar os resultados expostos na Tabela XVIII, com 45% da classe trabalhadora assinalando resultado "alto" de atitudes favoráveis aos direitos civis, enquanto a classe média evidencia apenas 37%, pode encaminhar-nos a uma linha de raciocínio que supõe os componentes da classe baixa como dotados de uma ideologia mais liberal e progressista. Esse tipo de orientação analítica se expressaria mediante atitudes mais favoráveis aos direitos civis. Uma vez assentada tal interpretação, pode-se dar um passo além, especulando acerca de possível influência de posições sociais, desprovidas de privilégios, sobre uma ideologia que "prega a igualdade de direitos".

E se o estudo, entretanto, tivesse sido realizado em uma área com predominância de elementos negros? Ou predominância de elementos negros na classe baixa? Exercendo controle sobre a raça, a relação entre classe e atitude ante os direitos civis apresentaria um resultado surpreendente: *exatamente o inverso da relação que originalmente se manifestou* (Tabela XX).

TABELA XVIII

ATITUDES PERANTE OS DIREITOS CIVIS DE ACORDO COM A CLASSE SOCIAL

RESULTADO FAVORÁVEL AOS DIREITOS CIVIS	CLASSE MÉDIA N	CLASSE MÉDIA %	CLASSE TRABALHADORA N	CLASSE TRABALHADORA %
Alto	44	37	54	45
Baixo	76	63	66	55
Total	120	100	120	100

TABELA XIX

REAÇÃO A ITENS RELATIVOS AO AUTORITARISMO DE ACORDO COM O GRAU DE EDUCAÇÃO E A CLASSE SOCIAL

	0 A 8 ANOS DE EDUCAÇÃO		9 A 12 ANOS DE EDUCAÇÃO		MAIS DE 12 ANOS DE EDUCAÇÃO	
QUESTÕES	CLASSE MÉDIA TOTAL EM %	CLASSE TRABALHADORA TOTAL EM %	CLASSE MÉDIA TOTAL EM %	CLASSE TRABALHADORA TOTAL EM %	CLASSE MÉDIA TOTAL EM %	CLASSE TRABALHADORA TOTAL EM %
Número 1	68,9	64,5	61,9	54,6	45,4	33,3
Número 2	71,4	59,7	62,2	48,2	48,2	38,4
Número 3	42,8	20,0	20,0	17,3	10,3	-

TABELA XX
ATITUDES PERANTE OS DIREITOS CIVIS DE ACORDO COM
SER NEGRO E A CLASSE SOCIAL

RESULTADO FAVORÁVEL AOS DIREITOS CIVIS	NEGROS				BRANCOS			
	CLASSE MÉDIA		CLASSE TRABALHADORA		CLASSE MÉDIA		CLASSE TRABALHADORA	
	N	%	N	%	N	%	N	%
Alto	14	70	50	50	30	30	4	20
Baixo	6	30	50	50	70	70	16	80
Total	20	100	100	100	100	100	20	100

Verificamos, agora, que os da classe média, tanto negros como brancos, inclinam-se mais para atitudes favoráveis aos direitos civis. Portanto, o resultado anterior fez-nos incorrer em erro na análise da relação. Dizemos, então, que ser negro é uma variável de distorção, que altera o sentido da relação: converte uma relação negativa em positiva, ou vice-versa.

No presente exemplo, não é o fato de pertencer à classe trabalhadora que torna o indivíduo favorável aos direitos civis, mas o fato de ser negro. Ora, entre os pesquisadores, a maioria dos trabalhadores era negra e, por esse motivo, na Tabela XIX, a classe trabalhadora aparece com uma percentagem superior de resultados favoráveis aos direitos civis. Exercido controle sobre a variável de distorção – ser negro –, manifesta-se a verdadeira relação: a classe média (de brancos e negros) é mais intensamente favorável aos direitos civis do que a classe trabalhadora.

11 FATOR DE TESTE COMO SUPORTE DE UMA INTERPRETAÇÃO

Cada fator de teste tem um importante papel a desempenhar na análise de levantamento de dados. A variável extrínseca preserva-nos do engano de considerar existente uma ligação inerente entre duas variáveis, quando tal não ocorre: a variável componente permite identificar o elemento crucial de um conceito global, cuja significação é decisiva para a relação; as variáveis intervenientes e antecedentes permitem identificar a sequência causal que correlaciona variáveis relevantes; a variável de supressão também defende contra uma interpretação enganosa, a da inexistência ou ausência de relação entre variáveis, quando ela de fato existe; finalmente, a variável de distorção impede considerar positiva uma relação negativa (ou vice-versa).

A introdução de um fator de teste, de um modo ou de outro, favorece a maior confiança na existência de ligações inerentes e significativas entre variáveis. Mas até que ponto é possível ter confiança? Tomemos como exemplo a variável extrínseca. Introduzida como fator de teste e exercido controle sobre ela, a relação se mantém. Conclusão: ela não se deve a essa *particular* variável extrínseca, mas pode ser causada por outra? E, se exercido controle sobre esta outra, a relação se mantém, cresce a confiança de que a relação é real, ou tem-se certeza? A resposta é que o nível de confiança, de que seja uma relação real, cresce, mas a certeza só ocorreria se *todas* as prováveis variáveis extrínsecas fossem controladas – o que é impossível. Dessa forma, em Ciências Sociais, trabalhamos com graus de confiança, que aumentam na proporção direta da utilização de fatores de teste.

E como selecionar esses fatores? Como não podemos controlar tudo, duas regras são importantes para a escolha de uma variável como fator de teste:

a) Quando existe razão de base empírica ou teórica para supor que ela explique ou tenha influência na relação.
b) Quando não existe nenhuma evidência de que ela não se relaciona com as variáveis independente e dependente.

Examinemos, agora, uma pesquisa realizada pelo próprio Rosenberg (1963, p. 35-49), *Parental interest and children's self-conceptions*, correlacionando o interesse materno com a autoestima dos adolescentes.

A primeira questão, dirigida aos adolescentes, solicitava que se recordassem do período entre 10 e 11 anos, indagando: "No período em que você tinha de 10 a 11 anos de idade, sua mãe sabia quais eram seus principais amigos?". As respostas estão dispostas na Tabela XXI, de acordo com o grau de autoestima do adolescente, medido de forma indireta, originando três categorias: alta, média e baixa.

TABELA XXI

GRAU DE AUTOESTIMA DO INDIVÍDUO DE ACORDO COM O CONHECIMENTO DOS PRINCIPAIS AMIGOS POR PARTE DA MÃE

GRAU DE AUTOESTIMA DO INDIVÍDUO	CONHECIMENTO DOS AMIGOS POR PARTE DA MÃE		
	TODOS OU A MAIORIA %	ALGUNS OU NENHUM %	NÃO SABE OU NÃO SE LEMBRA %
Alto	46	32	27
Médio	24	25	38
Baixo	30	43	35
Total	100	100	100

A Tabela XXI sugere que o grau de autoestima do indivíduo se correlaciona diretamente com o número de seus amigos, conhecidos pela mãe. Um fator de teste a ser cogitado diz respeito à relação atual com a mãe. É possível que o adolescente que não se dá muito bem com a mãe lembre-se de que ela não conhecia seus amigos. Tal lembrança decorreria de atitudes desfavoráveis à mãe, no presente – e estes indivíduos poderiam ter a tendência de manifestar baixa autoestima, o que explicaria a relação encontrada. Portanto, seria de interesse exercer controle sobre a atitude atual do adolescente em relação à mãe. Isso foi feito pela pergunta: "quando seus pais brigam, a quem você, de hábito, apoia – seu pai ou sua mãe?". Vejamos a Tabela XXII.

TABELA XXII

GRAU DE AUTOESTIMA DO INDIVÍDUO DE ACORDO COM A PROXIMIDADE COM OS PAIS E O CONHECIMENTO DOS PRINCIPAIS AMIGOS POR PARTE DA MÃE

GRAU DE AUTOESTIMA DO INDIVÍDUO	O ADOLESCENTE, NO MOMENTO, IDENTIFICA-SE MAIS					
	COM A MÃE		COM O PAI		COM AMBOS	
	CONHECIMENTO DOS AMIGOS POR PARTE DA MÃE					
	TODOS OU A MAIORIA %	ALGUNS OU NENHUM %	TODOS OU A MAIORIA %	ALGUNS OU NENHUM %	TODOS OU A MAIORIA %	ALGUNS OU NENHUM %
Alto	43	32	39	27	52	39
Médio	23	22	29	33	22	29
Baixo	34	46	32	40	26	32
Total	100	100	100	100	100	100

TABELA XXIII

GRAU DE AUTOESTIMA DO INDIVÍDUO DE ACORDO COM SEUS CONFIDENTES E O CONHECIMENTO DOS PRINCIPAIS AMIGOS POR PARTE DA MÃE

GRAU DE AUTOESTIMA DO INDIVÍDUO	TENDE A FALAR DE ASSUNTOS PESSOAIS PRINCIPALMENTE COM					
	A MÃE		OUTRA PESSOA		NINGUÉM OU NÃO SE LEMBRA	
	CONHECIMENTO DOS AMIGOS POR PARTE DA MÃE					
	TODOS OU A MAIORIA %	ALGUNS OU NENHUM %	TODOS OU A MAIORIA %	ALGUNS OU NENHUM %	TODOS OU A MAIORIA %	ALGUNS OU NENHUM %
Alto	51	39	41	35	46	29
Médio	23	32	26	20	21	30
Baixo	26	29	33	45	33	41
Total	100	100	100	100	100	100

TABELA XXIV

GRAU DE AUTOESTIMA DO INDIVÍDUO DE ACORDO COM O COMPORTAMENTO DA MÃE PARA COM OS AMIGOS E O CONHECIMENTO DOS PRINCIPAIS AMIGOS POR PARTE DA MÃE

GRAU DE AUTOESTIMA DO INDIVÍDUO	MUITO CORDIALMENTE		A MÃE TRATAVA OS AMIGOS CORDIALMENTE		SEM CORDIALIDADE	
	CONHECIMENTO DOS AMIGOS POR PARTE DA MÃE					
	TODOS OU A MAIORIA %	ALGUNS OU NENHUM %	TODOS OU A MAIORIA %	ALGUNS OU NENHUM %	TODOS OU A MAIORIA %	ALGUNS OU NENHUM %
Alto	48	34	45	33	32	21
Médio	23	24	26	28	28	26
Baixo	29	42	29	39	40	53
Total	100	100	100	100	100	100

Os dados da Tabela XXII sugerem que, independentemente do tipo de relação do adolescente com a mãe, no presente momento, aqueles que afirmam que a mãe conhecia muitos de seus amigos têm maior tendência para uma autoestima elevada. Portanto:

a) A relação original se mantém.
b) Torna-se questionável, em decorrência do item anterior, que a relação é influenciada ou depende de uma atitude desfavorável para com a mãe.

Entretanto, é possível que, se a relação atual com a mãe não é relevante, ela o seja nas relações anteriores. Dito de outra forma, o adolescente pode recordar-se de que não apreciava a mãe, na idade entre 10 e 11 anos e, em consequência, "deduzir" que ela não conhecia seus amigos nessa época. A influência sobre a relação encontrada seria a mesma que na suposição anterior. Para testar essa possibilidade, perguntou-se ao adolescente: "Quando você estava com 10 ou 11 anos de idade, com quem costumava falar de seus problemas pessoais?". A Tabela XXIII mostra as respostas.

Novamente, independentemente do sentimento em relação à mãe, no período objeto da pesquisa (quando o adolescente tinha 10 ou 11 anos), medido o sentimento por meio da escolha do confidente nessa época, a maior tendência para autoestima elevada é apresentada pelos indivíduos que disseram que sua mãe conhecia a maioria de seus amigos. A relação original que se mantém não se deve, portanto, a uma atitude negativa para com a mãe, no período em questão.

Contudo, uma nova possibilidade é merecedora de atenção. Se não é a atitude geral para com a mãe que influi nos resultados, talvez seja a lembrança que o adolescente tem do comportamento da mãe para com os amigos que altere sua recordação quanto ao fato de que ela os conhecia ou não. Em outras palavras: se o adolescente recorda a mãe como alguém com um comportamento desagradável para com seus amigos, não poderá presumir que ela teve pouco interesse em conhecê-los? Portanto, outra questão foi enunciada: "como se comportava sua mãe, habitualmente, em face de seus amigos?". Os dados estão agrupados na Tabela XXIV.

Pela última vez, independentemente do comportamento, muito cordial, cordial ou sem cordialidade, da mãe para com seus amigos, quando tinha 10 ou 11 anos, os adolescentes que afirmavam que a mãe conhecia a maioria de seus amigos apresentavam maior tendência para a autoestima. Portanto, a resposta "a mãe conhecia a maioria de seus amigos" não é um reflexo das lembranças agradáveis ou desagradáveis, favoráveis ou desfavoráveis, sobre o comportamento da mãe para com esses amigos.

Resumindo: independentemente do tipo de relações do adolescente com a mãe, no presente momento, independentemente do sentimento em relação à mãe, quando tinha entre 10 ou 11 anos de idade; e independentemente de dizer que a mãe agia cordialmente ou não com seus amigos no passado, o adolescente que informa que sua mãe conhecia a maioria de seus amigos tende a um maior grau de autoestima do que aquele que responde que a mãe conhecia poucos de seus amigos. Portanto, tendo em vista os fatores de teste, foi afastada a possibilidade de que a diferença relativa ao conhecimento dos amigos por parte da mãe reflita apenas uma percepção tendenciosa do adolescente quanto às atitudes de sua mãe ou a suas próprias atitudes a respeito dela. Assim, cresce a confiança em que a relação encontrada entre o conhecimento dos amigos por parte da mãe e a autoestima do indivíduo seja real, refletindo o verdadeiro conhecimento da mãe e não uma percepção distorcida do pesquisado.

LEITURA RECOMENDADA

BLALOCK Jr., Hubert M. *Introdução à pesquisa social*. Tradução de Elisa L. Caillaux. 2. ed. Rio de Janeiro: Zahar, 1976. Cap. 4.

BOUDON, Raymond. *Métodos quantitativos em sociologia*. Tradução de Luiz Felipe Baêta Neves Flores. Petrópolis: Vozes, 1971. Cap. 2, seções 3 e 4.

BUNGE, Mario. *Teoria e realidade*. Tradução de Gita K. Guinsburg. São Paulo: Perspectiva, 1974b. Cap. 3.

HYMAN, Herbert. *Planejamento e análise da pesquisa*: princípios, casos e processos. Tradução de Edith Beatriz Bittencourt Sampaio. Rio de Janeiro: Lidador, 1967. Terceira Parte, Caps. 5, 6 e 7.

KERLINGER, Fred N. *Metodologia da pesquisa em ciências sociais*: um tratamento conceitual. Tradução de Helena Mendes Rotundo. São Paulo: EPU: Edusp, 1980. Caps. 2 e 3.

KÖCHE, José Carlos. *Fundamentos de metodologia científica*: teoria da ciência e iniciação à pesquisa 34. ed. Petrópolis: Vozes, 2015. Cap. 4.

ROSENBERG, Morris. *A lógica da análise do levantamento de dados*. Tradução de Leonidas Hegenberg e Octanny Silveira da Mota. São Paulo: Cultrix: Edusp, 1976. Caps. 1, 2, 3 e 4.

SAMPIERI, Roberto Hernández; COLLADO, Carlos Fernández; LUCIO, María del Pilar Baptista. *Metodologia de pesquisa*. Tradução de Daisy Vaz de Moraes. 5. ed. Porto Alegre: Penso, 2013. Cap. 6.

SANTOS, Izequias Estevam dos. *Manual de métodos e técnicas de pesquisa científica*. 12. ed. Niterói: Impetus, 2016. Cap. 5.

6
Plano de prova: verificação das hipóteses

1 MÉTODO DA CONCORDÂNCIA

Como as hipóteses são enunciados gerais de relações entre variáveis, a verificação delas significa uma procura das conexões causais que ligam as variáveis. Os esquemas básicos da prova lógica referentes à correlação entre variáveis, no procedimento experimental, foram formulados por John Stuart Mill. Apesar de, ao longo do tempo, terem sido introduzidos múltiplos aperfeiçoamentos, eles ainda são fundamentais.

Mill explicitou os denominados cinco "cânones": método da concordância, método da diferença ou plano clássico, método do conjunto de concordância e diferença, método dos resíduos e método da variação concomitante.

O método da concordância pode ser formulado positiva ou negativamente.

1.1 Método da concordância positiva

Apresentado positivamente, o método da concordância postula que, *quando dois ou mais casos de determinado fenômeno têm uma e somente uma condição em comum, essa condição pode ser considerada como a causa (ou o efeito) do fenômeno em questão.*

Esquematicamente, o método pode ser assim apresentado:

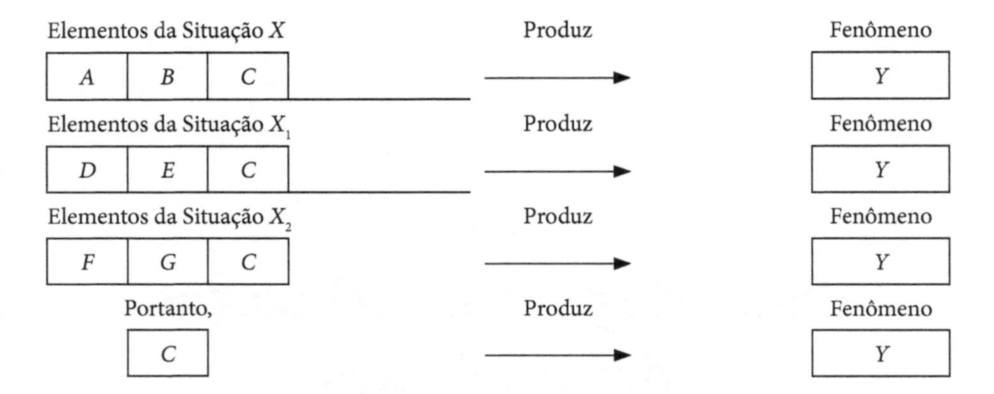

Barbosa Filho (1980, p. 25) e Copi (1974, p. 336) exemplificam o método da concordância positiva.

O primeiro apresenta um caso em que se deseja determinar qual seria a causa da tuberculose. Em forma de esquema, teríamos:

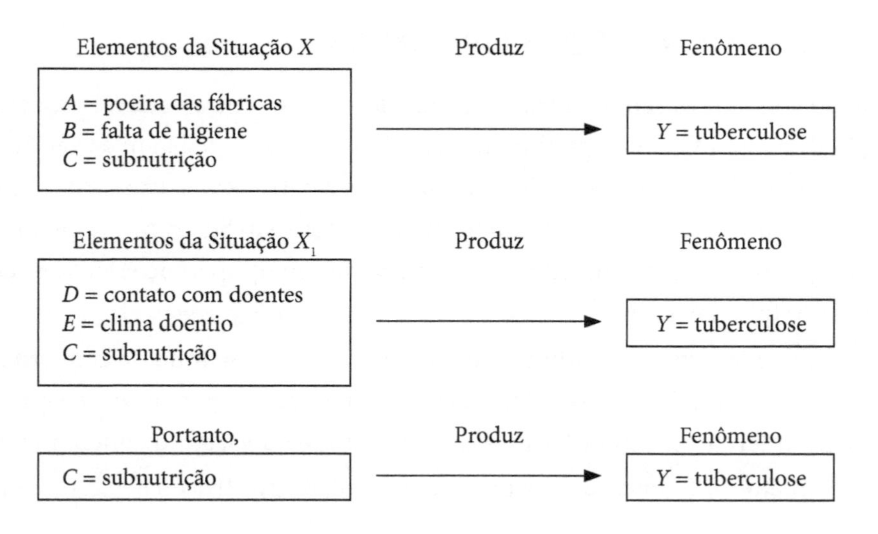

O segundo descreve um caso em que estudantes de um internato ficaram doentes, com cólicas de estômago e náuseas. Procurou-se determinar as causas dessa doença com fundamento no que os estudantes comeram. Examinando seus casos, verificou-se o que os estudantes tinham ingerido, dando-se códigos aos diversos alimentos: A = sopa; B = pão com manteiga; C = peras em conserva; D = salada; E = sanduíche de pernil; F = legumes. Representando o consumo alimentar dos seis estudantes, teríamos:

Casos	Elementos Antecedentes						Fenômeno
1	*A*	*B*	*C*		*E*	*F*	*Y*
2	*A*	*B*	*C*	*D*	*E*		*Y*
3	*A*		*C*	*D*		*F*	*Y*
4		*B*	*C*	*D*	*E*	*F*	*Y*
5	*A*		*C*		*E*	*F*	*Y*
6		*B*	*C*		*E*		*Y*
	Portanto,		*C*		Produz		*Y*

Finalmente, Goode e Hatt (1968, p. 99) indicam outros exemplos: "rejeição emocional nos primeiros anos de vida, repetida em todas as relações primárias, evoluirá como neurose na vida adulta"; "quando um grupo pequeno, culturalmente distinto, socialmente integrado, entrar em contato íntimo e constante com um grupo maior, mais poderoso, ambos exibirão padrões de preconceito étnico".

1.1.1 Vantagens do método da concordância positiva

a) Se uma condição não é comum a todos os casos em que aparece um fenômeno, não pode ser a causa desse fenômeno; portanto, o método da concordância positiva ajuda a eliminar vários fatores ou condições irrelevantes, mesmo com o risco de se incorrer em erro.
b) A eliminação de determinadas condições simplifica as variáveis do problema, selecionando aqueles que, provavelmente, são relevantes.
c) Indica que certos fatores ou condições parecem ocorrer juntos.
d) Em situações concretas, permite observar que a condição *C* ocorre antes de *Y*, sugerindo, com maior probabilidade, que *C* é causa de *Y*.
e) Se, entre todas as condições ou fatores verificados, não se encontra nenhum (a não ser *C*) comum a todos os casos, então todos os outros não podem ser causa de *Y*, o que deixa apenas um, *C*, que poderia ser a causa.

1.1.2 Desvantagens do método da concordância positiva

a) Algumas condições ou fatores podem deixar de ser considerados e, apesar disso, podem ser de grande importância como causas do fenômeno estudado.

b) Não se pode eliminar o fato de que *C* opere somente quando outras determinadas condições estão presentes.
c) Pode ser que o fenômeno *Y* tenha uma causa diferente em cada uma das situações observadas (mesmo quando *C* é uma pré-condição).

Em vista dessas possibilidades aventadas, dificilmente as observações podem parar nesse ponto. É mister, portanto, submeter as hipóteses a outros tipos de comprovação.

1.2 Método da concordância negativa

De forma semelhante ao anterior, o método da concordância formulado negativamente postula que, *quando, em duas ou mais situações, a ausência de uma condição está associada a uma ausência do fenômeno, ambos, condição e fenômeno, podem ser considerados como ligados por uma relação causal.*

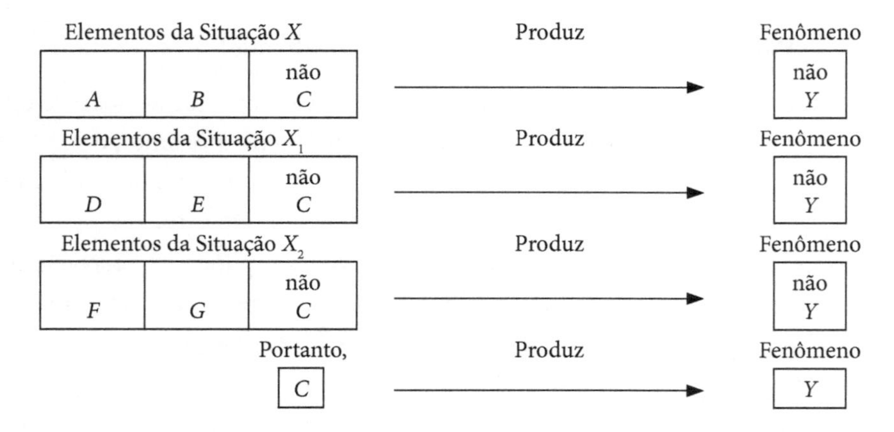

Os exemplos a seguir são de Goode e Hatt (1968, p. 100) e Barbosa Filho (1980, p. 27).

a) "Falta de experiência social com estereótipos étnicos na infância é acompanhada de falta de preconceito étnico na idade adulta."

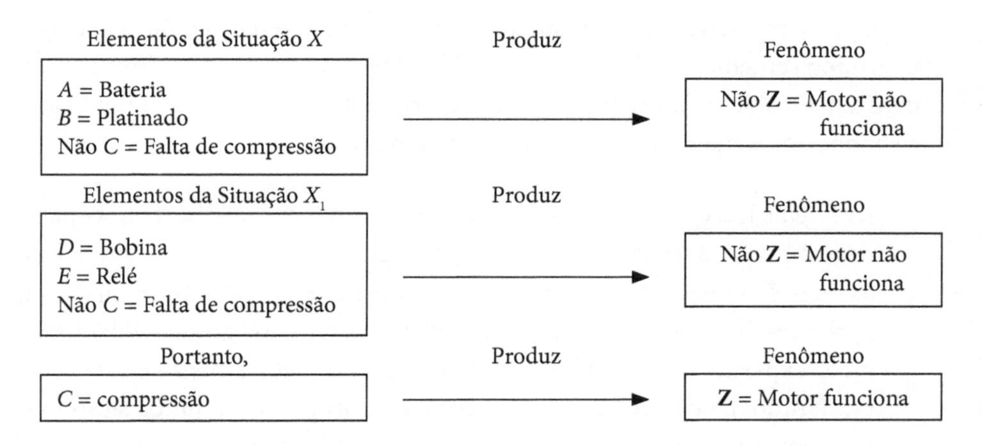

Como a estrutura lógica do método da concordância negativa é igual à da positiva, as mesmas vantagens e desvantagens, com as devidas adaptações, podem ser consideradas.

2 MÉTODO DA DIFERENÇA OU PLANO CLÁSSICO DA PROVA

A formulação do método da diferença é a seguinte: *se em um caso, no qual aparece o fenômeno que se investiga e em outro caso, no qual não aparece, as circunstâncias são todas comuns, exceto uma, apresentando-se essa no primeiro, a circunstância única pela qual ambos os casos diferem é o efeito, ou a causa, ou uma parte indispensável do dito fenômeno.*

Esquematicamente:

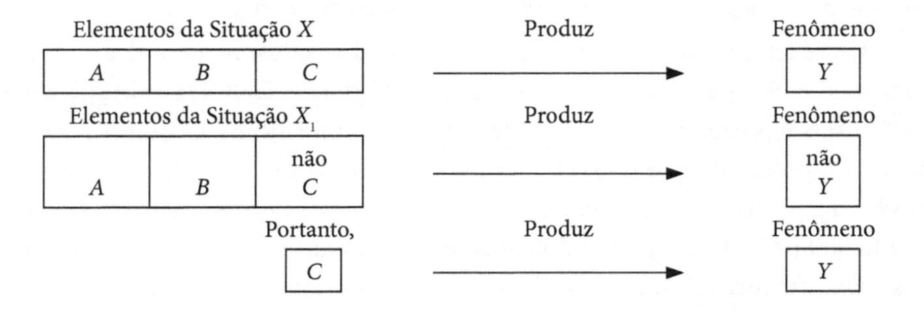

A primeira observação a respeito do método da diferença é que ele exige dois grupos semelhantes (o mais possível) entre si, com exceção do fator ou circunstância, objeto da pesquisa. É nos experimentos da biologia ou medicina que encontramos mais corriqueiramente esse método.

> *Exemplo*: Deseja-se verificar a eficácia de um novo medicamento para determinada doença. Escolhem-se dois grupos, equiparados em todas as questões relevantes de saúde (incluindo a doença específica cuja cura será tentada pelo medicamento em questão). Um dos grupos é denominado experimental, pois lhe será ministrado o medicamento em teste, e o segundo, de controle, que não receberá a droga. A seguir, os sintomas da enfermidade serão acompanhados nos dois grupos. Se o grupo experimental apresentar remissão dos sintomas e cura e o grupo de controle não, podemos concluir que o medicamento e o desaparecimento dos sintomas estão correlacionados. Por outro lado, se todos se restabelecem ou nenhuma pessoa de qualquer dos dois grupos apresenta melhoras, concluímos que o medicamento em pauta não tem influência na doença.

O raciocínio relativo ao esquema clássico de prova obedece ao exame de duas séries de casos, correspondendo cada um a um dos aspectos do método da concordância. Na série experimental (*C* causa *Y*), encontramos a lógica do critério positivo: se o grupo experimental se restabelece, o medicamento pode ter sido a causa; na série de controle (não *C* leva a não *Y*), temos a lógica do critério negativo: nenhum outro fator poderia ter causado o restabelecimento, já que este grupo não se curou. Quanto ao relacionamento de uma série com a outra, ele pode ser levado a cabo em virtude de termos *equiparado* os casos dos dois grupos. E isso é feito com base em processos específicos de amostragem.

Um exemplo de aplicação do método da diferença, na área das Ciências Sociais, é a pesquisa realizada por Paul K. Hatt (*In*: GOODE; HATT, 1968, p. 103) sobre preconceito relacionado a grupos minoritários. O ponto de partida foi a hipótese de que o uso de termos estereotipados, relativos às minorias, produz respostas antagônicas no que se refere a essas minorias. Aproximadamente 400 pessoas foram selecionadas para a pesquisa, divididas em dois grupos sem diferenças significativas entre eles. O experimento foi realizado na área da psicologia social e foi aplicada uma prova de atitudes em relação às minorias, pedindo-se às pessoas que assinalassem todos os grupos que não desejariam ter como vizinhos. A única diferença entre o instrumento de pesquisa apresentado aos dois grupos foi que, para um, a lista das minorias era identificada por palavras "incolores" (a própria designação da nacionalidade), ao passo que, para o outro, as palavras fundamentavam-se em estereótipos. Especificando, uma das listas trazia a palavra *italiano* e a outra *carcamano*, ocorrendo o mesmo com as outras nacionalidades. A hipótese foi confirmada pelo fato de os estereótipos terem provocado respostas mais negativas do que os termos "incolores".

Constituem problemas do método da diferença:

a) Reconhecer e controlar as variáveis que são importantes na pesquisa. Para que uma grande quantidade de trabalho não leve a nenhum resultado, impedindo o investigador de localizar elementos importantes, é necessário recorrer à teoria e formular adequadamente as hipóteses. Todos os fatores que possam vir a alterar os resultados - relação entre as variáveis independente e dependente - devem ser previamente identificados e controlados (ver seção 6.2 do Capítulo 5). Exercer controle sobre as variáveis, que não interessam à pesquisa em pauta, significa conhecer a influência das mesmas e diminuir deliberadamente seus efeitos, igualando-as nos grupos experimental e de controle.
b) Encontrar amostras que efetivamente tenham um número de variáveis semelhantes e somente difiram em uma: aquela que é objeto da pesquisa. A única forma de contornar esse problema é utilizando uma das técnicas de amostragem probabilista.
c) Levar em consideração que a relação causal pode não ser clara. O enunciado do método da diferença indica que *C* é causa ou efeito de *Y*, sendo que a direção da relação causal não é esclarecida. Entretanto, as relações possíveis entre *C* e *Y* são mais variadas:

   - *C* é causa de *Y*;
   - *Y* é causa de *C*;
   - *C* e *Y* são ambos causados por outra variável desconhecida;
   - *A* ou *B* também podem ser causa de *Y*, mas tal correlação é encoberta por outros fatores desconhecidos;
   - *C* pode causar *Y*, mas somente em presença de outros fatores desconhecidos;
   - *C* não causa *Y*, pois esta é uma ocorrência simplesmente acidental ou fortuita.

Os dois primeiros fatores (relações) podem ser esclarecidos se entre as variáveis *C* e *Y* houver uma questão de tempo (ver seção 5.2.1 do Capítulo 5); no que se refere à terceira, quarta e quinta possibilidades, elas não podem ser afastadas com absoluta certeza. Uma teoria adequada e técnicas de amostragem apropriadas, porém, podem reduzir seu aparecimento; a última possibilidade pode ser eliminada por meio de métodos estatísticos utilizados na análise dos resultados da pesquisa.

d) Considerar que o elemento tempo, em Ciências Sociais, pode confundir resultados experimentais. Nas Ciências Sociais, qualquer variável, também social, requer determinado tempo para afetar o comportamento dos indivíduos. Ora, esse tempo pode ser curto ou longo, dependendo do estímulo e do que se deseja medir. Os problemas mais comuns na pesquisa são: se o tempo entre as entrevistas (ou outras técnicas de aferição do comportamento) é longo, corre-se o risco de os casos desaparecerem durante a própria mudança e, se não se perdem, podem ser alterados por outros estímulos que não o original, a que os indivíduos estão sujeitos na própria vida social; se as pessoas são objeto de verificação imediatamente depois do estímulo, talvez este não tenha tido tempo suficiente para produzir mudança significativa.

3 MÉTODO CONJUNTO DE CONCORDÂNCIA E DIFERENÇA

O método conjunto de concordância e diferença pode ser assim formulado: *se dois ou mais casos, nos quais aparece um fenômeno, têm somente uma circunstância em comum, ao passo que dois ou mais casos em que o fenômeno não ocorre nada têm em comum a não ser a ausência dessa mesma circunstância, a circunstância única em que os dois conjuntos de casos diferem é o efeito, ou a causa, ou uma parte indispensável do dito fenômeno.*

De forma esquemática, o método é assim apresentado:

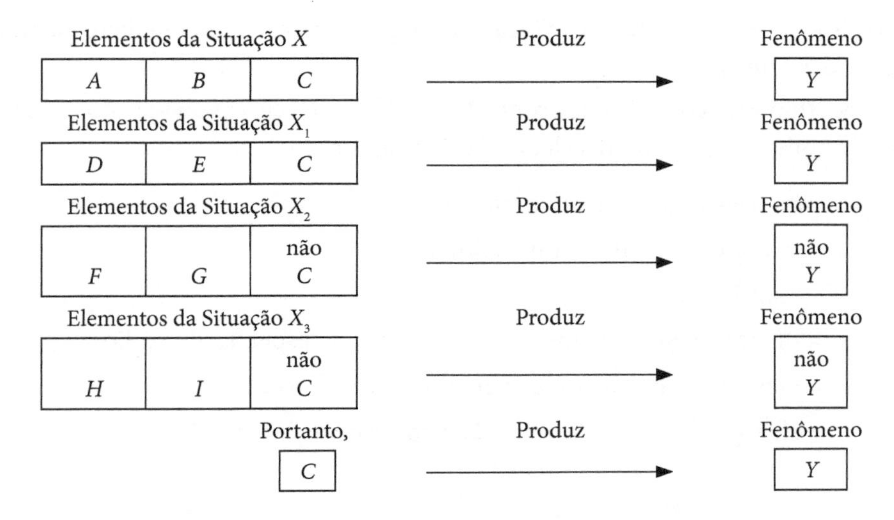

Utilizando, ao mesmo tempo, o método da concordância e o da diferença, o método conjunto apresenta as vantagens e desvantagens dos dois, ao mesmo tempo que origina os mesmos problemas e cria alguns novos. O principal deles diz respeito às variáveis a serem eleitas para a experiência. Tratamos aqui não de situações, mas de conjuntos de situações; o segundo par deve ter em comum apenas a ausência da circunstância que se supõe causa ou influência do fenômeno pesquisado. Aqui, todo cuidado é pouco, para evitar a escolha de variáveis que sequer remotamente possam estar relacionadas com o fenômeno em pauta: segundo Cohen e Nagel (1971, v. 2, p. 83), "os casos negativos devem ser todos de um tipo tal que o fenômeno possa produzir-se quando ocorrem as condições adequadas". Portanto, grande parte da eficácia do método conjunto repousa na seleção adequada das variáveis a serem pesquisadas.

Copi (1974, p. 344-345) cita um exemplo do uso do método conjunto por Zeeman, que descobriu o efeito de um campo magnético sobre o período da luz, fato que passou a ser chamado de Efeito de Zeeman. A experiência efetuou-se da seguinte forma: numa chama oxídrica, colocada entre os polos de um eletromagneto de Ruhmkorff, foi posto um filamento de amianto embebido em sal comum. A luz da chama, examinada sempre que o circuito se fechava, apresentava a dilatação de ambas as linhas *D*. A seguir, o sódio foi aquecido a alta temperatura, num tubo de porcelana, fechado em ambas as extremidades por placas de vidro; o tubo foi colocado entre os polos; a luz de uma lâmpada de arco foi enviada através do tubo, aparecendo no espectro de absorção ambas as linhas *D*. O tubo foi continuamente girado ao redor de seu eixo, para evitar variações de temperatura. A excitação do magneto provocou o imediato alargamento das linhas.

Mesmo sem conhecer as propriedades das variáveis envolvidas no experimento, podemos esquematizá-lo, utilizando símbolos:

A = presença de um campo magnético;

B = presença de uma chama oxídrica aberta;

C = iluminação do arco;

a = dilatação ou alargamento das linhas D do espectro do sódio;

b = efeitos comuns de uma chama oxídrica aberta;

c = efeitos comuns da iluminação proveniente de uma lâmpada de arco.

$$A\,B \rightarrow a\,b \qquad A\,B \rightarrow a\,b \qquad A\,C \rightarrow a\,c$$
$$A\,C \rightarrow a\,c \qquad B \rightarrow b \qquad C \rightarrow c$$

Portanto, A é a causa, ou uma parte indispensável da causa de a.

No exemplo, o primeiro par de premissas gera uma conclusão (A causa a) pelo método da concordância; o segundo e o terceiro, pelo método da diferença; assim, o argumento se desenvolve pelo método conjunto. Simplificando,

$$\begin{array}{rcl} A\,B & \longrightarrow & a\,b \\ A\,C & \longrightarrow & a\,c \\ B & \longrightarrow & b \\ C & \longrightarrow & c \\ \text{Portanto, } A & \longrightarrow & a \end{array}$$

4 MÉTODO DOS RESÍDUOS

O método dos resíduos expressa, mais claramente que os precedentes, a função de eliminação dos "cânones" propostos por Mill; sua formulação é: *subtraindo-se de qualquer fenômeno a parte que se sabe, por induções anteriores, ser efeito de certos antecedentes (circunstâncias antecedentes), o resíduo do fenômeno será o efeito dos antecedentes restantes*. De forma esquemática:

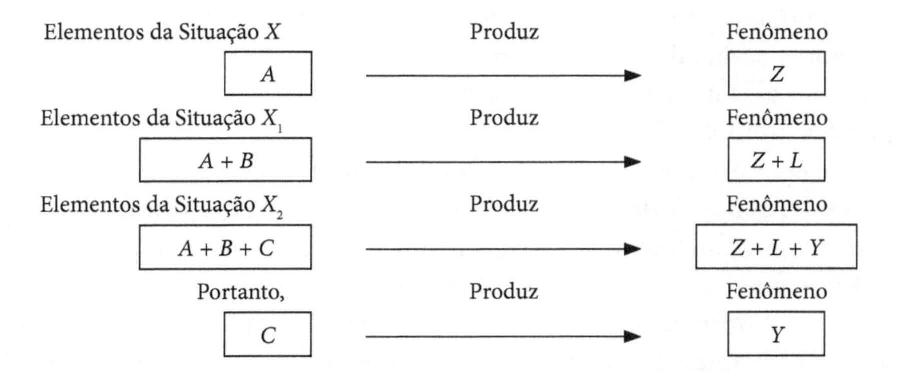

Exemplo: A descoberta do planeta Netuno configura a aplicação do método dos resíduos. Estudando-se os movimentos do planeta Urano, último dos planetas exteriores até então conhecidos, e tomando-se como base as teorias de Newton, traçou-se a sua órbita, inclusive para anos futuros. Contudo, em pouco tempo, a órbita real diferia da traçada. Tornou-se, claro, portanto, que além do Sol e dos planetas interiores conhecidos, algo exercia atração gravitacional sobre Urano, isto é, as discrepâncias observadas poderiam ser explicadas pela ação gravitacional de um planeta exterior à órbita de Urano. Calculou-se a provável posição desse planeta hipotético e, examinando-se o céu, ele foi descoberto (1846). Sintetizando, eliminando-se as circunstâncias antecedentes, cujo efeito sobre o fenômeno se conhece (atração gravitacional do Sol e dos planetas interiores), o resíduo do fenômeno (discrepância na órbita) será efeito das circunstâncias antecedentes restantes (no caso, outro planeta, exterior a Urano).

Criou-se acesa polêmica entre os cientistas o caráter indutivo e/ou dedutivo desse método de Mill. Cohen e Nagel (1971, v. 2, p. 88), utilizando o mesmo exemplo, argumentam que o "cânone" expressa simplesmente

> o fato de que, com base nos pressupostos adotados – universalidade da teoria newtoniana da gravitação e influência dos corpos conhecidos sobre a órbita de Urano –, foi preciso eliminar as massas interiores como causas das discrepâncias, mas não indica *onde* se deve procurar a fonte do fenômeno residual.

Portanto, emprega-se o método dedutivo para, partindo da Teoria de Newton e aceitando que o movimento de Urano é determinado pelos corpos celestes, concluir que, se os interiores não explicam sua órbita, deve haver outro planeta, exterior a ele.

Copi (1974, p. 349), todavia, pondera que os outros métodos de Mill requerem o exame de dois casos, pelo menos, ao passo que o método de resíduos pode ser utilizado com a análise de um único caso; que nenhum dos outros métodos "requer um recurso para todas as leis causais, previamente estabelecidas", enquanto o método de resíduos depende, explicitamente, de leis causais estabelecidas com antecedência. Essas diferenças, entretanto, não levam o método a ser dedutivo:

> apesar da presença de premissas que formulam leis causais, uma conclusão inferida pelo método de resíduos somente é provável, e não pode ser *validamente deduzida* de suas premissas. É claro que uma ou duas premissas adicionais podem servir para transformar uma inferência obtida pelo método dos resíduos num argumento dedutivo válido, mas o mesmo pode-se dizer de quaisquer outros métodos.

5 MÉTODO DA VARIAÇÃO CONCOMITANTE

O método postula que *qualquer fenômeno que varia de maneira tal que outro fenômeno varia de alguma forma particular ou é a causa, ou o efeito desse fenômeno, ou está ligado a ele por um fator de causação.*

Segundo Pardinas (1969, p. 158),

> quando existe uma relação entre dois caracteres qualitativos, dizemos que estão associados; uma relação de características qualitativas e quantitativas é denominada de contingência; finalmente, quando dois conjuntos de caracteres quantitativos estão relacionados entre si, diz-se que estão correlacionados. Por outro lado, existem procedimentos para quantificar características qualitativas.

Essa observação é importante porque, nos primeiros quatro métodos de prova de Mill, lidávamos com aspectos qualitativos, uma espécie de tudo ou nada, ou uma circunstância estava presente ou não estava, ou ocorria ou não determinado fenômeno. Neste último método, ao contrário, pensa-se em quantidade, ou variação quantitativa de qualidades.

Para Copi (1974, p. 352), por intermédio do método da concordância eliminam-se, como possíveis causas de um fenômeno, todas as circunstâncias em cuja ausência o fenômeno não pode manifestar-se, inferindo-se que a circunstância restante é a causa do fenômeno – método essencialmente eliminatório. Pelo método da diferença, ou plano clássico, exclui-se uma das circunstâncias, deixando inalteradas as outras; se o fenômeno for, dessa forma, também removido, infere-se que todas as demais circunstâncias podem ser eliminadas como causas possíveis do fenômeno. Conclui-se, então, que a circunstância, cuja ausência impede a manifestação do fenômeno em pauta, é a causa desse fenômeno. Portanto, esse método também funciona por eliminação. Da mesma forma, o método conjunto, que utiliza os de concordância e os de diferença, é eliminatório, ao passo que o método de resíduos elimina, como possíveis causas, as circunstâncias antecedentes, cujos efeitos já tenham sido estabelecidos por prévias induções. Existem, porém, situações em que uma circunstância não pode ser removida; assim, nenhum dos métodos anteriores pode ser aplicado. Dessa maneira, deve-se tentar variar as circunstâncias para se poder verificar se o fenômeno varia – método da variação concomitante.

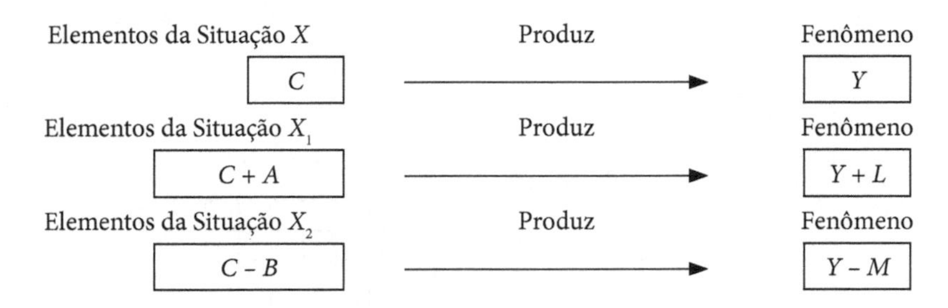

Portanto, *C* e *Y* estão casualmente ligados.

A direção dos sinais pode estar inversamente correlacionada, por exemplo, $C + A$ produz $Y - L$ *e* $C - B$ produz $Y + M$.

> *Exemplo* (correlação direta): determinado comerciante pode verificar a eficácia de sua publicidade, veiculando anúncios maiores ou menores, com diferentes intervalos de tempo, e concluir que as vendas aumentam mais durante os períodos de intensa publicidade; correlação inversa: se a procura de determinado tipo de mercadoria permanece constante, qualquer diminuição na oferta dessa mercadoria será acompanhada de aumento do preço (COPI, 1974, p. 353-354).

Mill assinalou duas dificuldades práticas com que podem defrontar-se os pesquisadores: pluralidade de causas e entrelaçamento de efeitos. No primeiro, ocorre dificuldade em distinguir a causa particular de um efeito dado. Sirva de exemplo o ciclo da pobreza entre os negros norte-americanos, descrito na seção 4.2 do Capítulo 5. No segundo, pode ocorrer que dois elementos constitutivos de um efeito se fundam em um terceiro, que engloba os anteriores, ou os efeitos iniciais cessam inteiramente, mas são sucedidos por fenômenos totalmente diferentes, governados, inclusive por leis diferentes, como ocorre em alguns experimentos químicos.

horas
de estudo

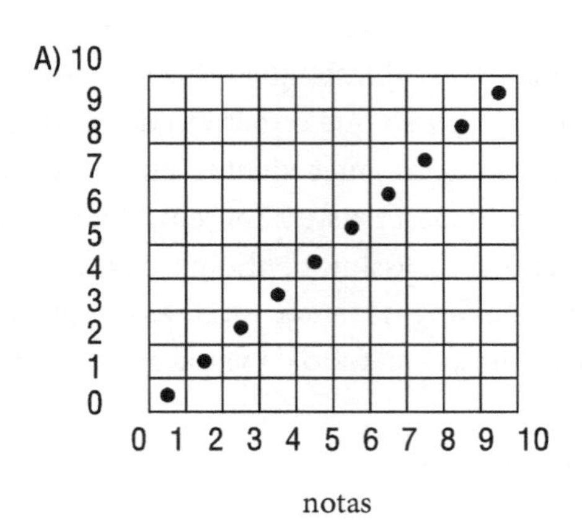

ausência

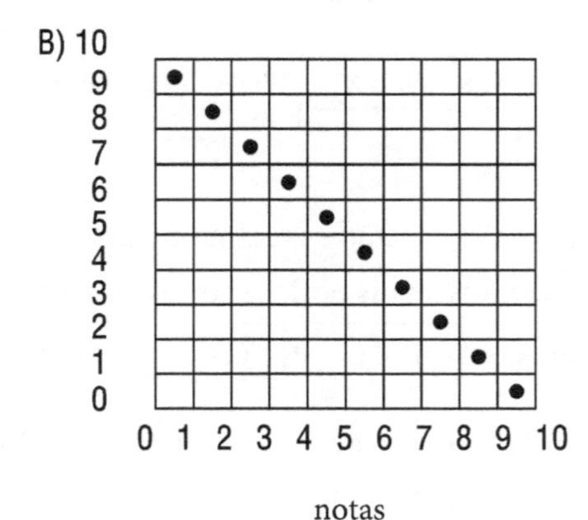

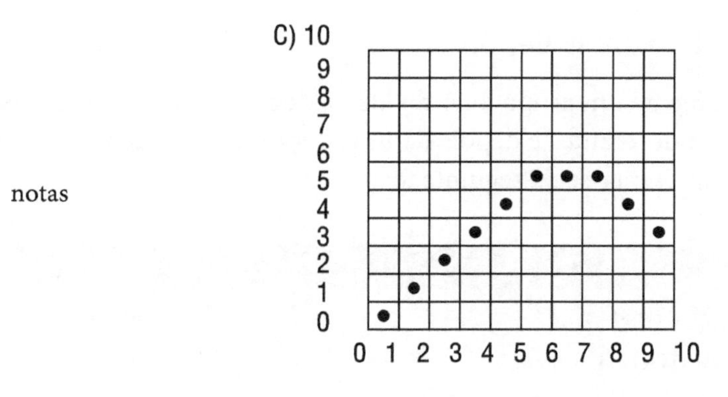

horas de estudo na noite
anterior à prova

leitura
de
jornais

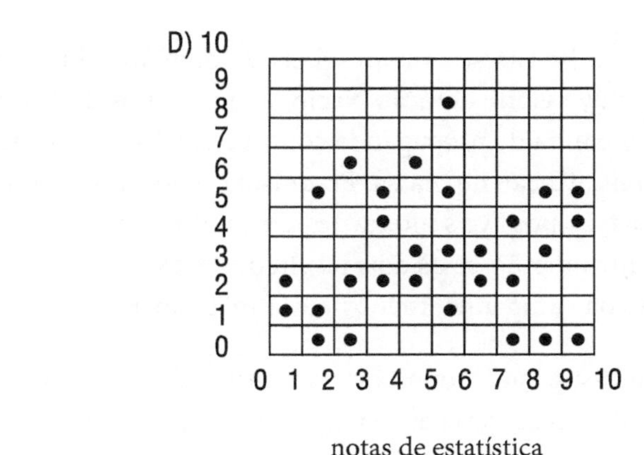

Goode e Hatt (1968, p. 114) apresentam diagramas de dispersão de vários tipos de correlação a que se chega pelo método de variação concomitante: (A) correlação positiva perfeita; (B) correlação negativa perfeita; (C) correlação curvilínea perfeita; (D) correlação muito baixa.

6 VARIANTES DO PLANO EXPERIMENTAL CLÁSSICO

Diferentes autores elaboraram variantes dos planos experimentais, havendo mais de uma dezena de provas que podem ser utilizadas. Entretanto, analisaremos apenas as mais comuns.

6.1 Projeto antes-depois

Utiliza somente um grupo de indivíduos, denominando-o grupo experimental e pesquisando-o antes e depois da introdução do estímulo ou variável experimental. Apresenta-se da seguinte forma:

	GRUPO EXPERIMENTAL
Medida **antes**	Sim (X_1)
Variável experimental	Sim
Medida **depois**	Sim (X_2)

O efeito da variável experimental é obtido pela diferença $X2$ - $X1$

Exemplo: Faz-se uma pesquisa de opinião sobre a questão do aborto. A seguir, a Confederação Nacional dos Bispos do Brasil (CNBB) lança uma campanha de propaganda contra a legalização do aborto, pelos meios de comunicação de massa. Pesquisando novamente o mesmo grupo de pessoas, as possíveis alterações do modo de pensar podem ser detectadas, confrontando-se os dois resultados, isto é, X_2, opinião **depois** da divulgação da campanha, menos X_1, opinião **antes**.

A pressuposição que norteia a utilização da prova é, em primeiro lugar, se a introdução da variável experimental (propaganda) não ocasiona mudança no fenômeno em estudo (opinião sobre a legislação do aborto), então a variável experimental não pode ser a causa do fenômeno nem exerce influência nele; em segundo, se uma mudança no fenômeno estudado (posicionamento diante do aborto) ocorre sem a introdução da variável experimental (propaganda), então ela não pode ser a causa do fenômeno, nem sequer o influencia.

Se, todavia, houve mudança no fenômeno estudado (opinião sobre a questão do aborto), após a introdução da variável experimental (propaganda), não podemos afirmar que esta causa aquela, pois é possível que outros acontecimentos ocorridos durante o período em pauta tivessem afetado as opiniões. Por exemplo, manifestações de diversas autoridades, de especialistas, de pessoas famosas e outros que geralmente podem influir na opinião pública. A esses acontecimentos denominamos de fatores ou variáveis incontroláveis.

Dessa forma, a diferença entre as medidas **antes** e **depois** não seria necessariamente um efeito da propaganda, mas da modificação ocasionada por ela **mais** a modificação ocasionada por todos os fatores incontroláveis.

Com a finalidade de isolar o efeito da variável experimental, podemos utilizar um grupo de controle, não exposto a ela, mas em que se pressupõe a manifestação das variáveis incontroláveis.

6.2 Projeto antes-depois com grupo de controle

O projeto antes-depois com grupo de controle emprega dois grupos equiparados, isto é, mais semelhantes possível, mediante técnicas de amostragem. Aquela em que introduzimos a variável experimental nós a denominamos grupo experimental, ao passo que o grupo não sujeito a sua influência funciona como grupo de controle. O projeto pode ser assim apresentado:

	GRUPO EXPERIMENTAL	GRUPO DE CONTROLE
Medida **antes**	Sim (X_1)	Sim (X'_1)
Variável experimental	Sim	Não
Medida **depois**	Sim (X_2)	Sim (X'_2)

Como o grupo experimental e o grupo de controle são selecionados de forma que sejam semelhantes, podem, inclusive, ser trocados entre si, segundo as necessidades e os objetivos do estudo. Ambos os grupos são pesquisados ao mesmo tempo, mas no grupo de controle nenhuma variável experimental é introduzida. Por este motivo, supomos que a diferença entre as medidas **depois** e **antes**, no grupo de controle ($X'_2 - X'_1$), é o resultado da ação de variáveis ou fatores incontroláveis, ao passo que a mesma diferença, no grupo experimental ($X_2 - X_1$), corresponde à ação da variável experimental mais os mesmos acontecimentos incontroláveis percebidos no grupo de controle.

Assim, podemos determinar o efeito da variável experimental subtraindo a diferença das duas medidas, no grupo de controle, da diferença das duas medidas, no grupo experimental:

$$[(X_2 - X_1) - (X'_2 - X'_1)].$$

Retomando o exemplo relativo ao aborto, a variável experimental seria, agora, o envio de um folheto ao grupo experimental, que expusesse a posição da CNBB quanto à legalização do aborto, uma exposição pessoal, na residência dos componentes do grupo, ou uma conferência sobre o assunto etc. Por sua vez, os fatores incontroláveis estarão compostos por todas as manifestações veiculadas pelos meios de comunicação sobre o tema e outras fontes de opinião sobre o mesmo tema.

ESQUEMATICAMENTE	GRUPO EXPERIMENTAL	GRUPO DE CONTROLE
Medida antes – percentagem de pessoas contrárias à legalização do aborto	57% (X_1)	57% (X'_1)
Variável experimental – argumentos da CNBB	Sim	Não
Medida depois – percentagem de pessoas contrárias à legalização do aborto	79% (X_2)	60% (X'_2)
Mudança: medida depois menos medida antes	22% ($X_2 - X_1$)	3% ($X'_2 - X'_1$)
Percentagem da mudança: medida depois *versus* medida antes	+ 38,6%	+ 5,3%
Efeito da variável experimental	$[(X_2 - X_1) - (X'_2) - X'_1)] = 19\%$ ou + 33,3%	

Segundo Boyd e Westfall (1978, p. 101-103), a lógica subjacente ao projeto "antes-depois com grupo de controle" apresenta o seguinte padrão: dois grupos que, em relação ao objetivo da investigação, se apresentam semelhantes são medidos no que se refere a determinada característica. Num dos grupos é então introduzida a variável experimental. Por intermédio de uma nova medida, as mudanças nos dois grupos são determinadas e comparadas entre si. Supõe-se que as influências externas (à variável experimental) afetam ambos os grupos de maneira semelhante. Em consequência, a diferença entre as mudanças nos dois grupos deve-se à variável experimental.

Os autores citados consideram que, se tal padrão de raciocínio se revela verdadeiro para estudos em que os assuntos a serem medidos são inanimados, ocorrem limitações quando o objeto da pesquisa são seres humanos. E exemplificam, indicando que a medida **antes**, quando realizada com pessoas, leva-as a prestar mais atenção no produto, serviço, ideia ou opinião, objeto da pesquisa, trazendo duas atitudes diferentes e opostas: serem **mais** afetadas pela variável experimental (por exemplo, mudando mais de opinião), ou cristalizarem suas oposições, captando, na propaganda (ou publicidade), apenas aqueles argumentos que vêm ao encontro do seu modo de pensar. Ambos os efeitos já foram constatados em pesquisas sobre opiniões.

Dessa forma, o importante é saber que pode haver um efeito de interação entre a medida **antes** e a variável experimental, no sentido de que a última tem um efeito diferente quando se efetua uma medida *antes*. O efeito, que se denomina *educacional*, porque sensibiliza as pessoas, fazendo-as reparar mais no objeto da investigação, também pode afetar o grupo de controle. Para evitar o efeito educacional e, principalmente, a interação entre medida **antes** e a variável experimental, pode-se utilizar um projeto denominado *quatro grupos – seis estudos.*

6.3 Projeto quatro grupos: seis estudos

Faz uso, como o próprio nome indica, de quatro grupos, dois experimentais e dois de controle. O grupo experimental I e o grupo de controle I formam o projeto "antes-depois com grupo de controle", ao qual são acrescidos dois outros grupos, um experimental e um de controle; nenhum deles é medido antes da introdução da variável experimental. O projeto pode ser assim ilustrado:

	GRUPO EXPERIMENTAL I	GRUPO EXPERIMENTAL II	GRUPO DE CONTROLE I	GRUPO DE CONTROLE II
Medida **antes**	Sim (X_1)	Não	Sim (X''_1)	Não
Variável experimental	Sim	Sim	Não	Não
Medida **depois**	Sim (X_2)	Sim (X'_2)	Sim (X''_2)	Sim (X'''_2)

A medida **antes** deve ser substancialmente a mesma nos dois grupos em que é realizada, portanto $X_1 = X''_1$. Não são apenas os dois, mas os quatro grupos selecionados que são equivalentes; dessa forma, infere-se que, se os outros dois grupos tivessem sido pesquisados **antes**, teriam alcançado os mesmos resultados ($X_1 = X'_1 = X'_1 = X'''_1$).

O padrão de raciocínio que seguimos indica que, se a medida **antes** não produz efeito nos entrevistados, os dois grupos experimentais devem apresentar a mesma medida **depois**, da mesma forma que os dois grupos de controle. Se a variável experimental tiver alguma influência nos resultados, a medida **depois**, nos dois grupos experimentais, será substancialmente diferente da medida dos dois grupos de controle. Por sua vez, se a medida **antes** exercer influência nas pessoas pesquisadas, cada um dos quatro grupos registrará uma medida **depois** diferente, da mesma forma que haverá, resultante de vários fatores, diferenças entre as medidas **antes** e **depois** nos quatro grupos. Estes foram sintetizados por Boyd e Westfall (1978, p. 105):

GRUPO PESQUISADO	FATORES QUE AFETAM A DIFERENÇA ENTRE AS MEDIDAS ANTES E DEPOIS			
Grupo Experimental I	= Variável experimental	+ medida **antes**	+ interação da medida **antes** com a variável experimental	+ variáveis incontroláveis
Grupo Experimental II	= variável experimental		+	variáveis incontroláveis
Grupo de Controle I	=	medida **antes**	+	variáveis incontroláveis
Grupo de Controle II	=			variáveis incontroláveis

Resta determinar o efeito da variável experimental. Para tanto, é necessário subtrair a diferença entre as medidas **depois**, do grupo de controle II, e **antes**, do grupo de controle I, da mesma diferença da medida **depois** (grupo experimental II) e **antes** (grupo experimental I); $[(X'_2 - X_1) - (X'''_2 - X''_1)]$. Ora, como os dois grupos que tiraram a medida **antes** (grupo experimental I e grupo de controle I) têm a mesma medida **antes**, o efeito da variável experimental pode ser simplesmente determinado se se computar a diferença entre as medidas **depois** para os dois grupos. Portanto: $(X'_2 - X'''_2)$.

6.4 Projeto depois somente com grupo de controle

Esse projeto surge como uma simplificação lógica (à custa da precisão) da precedente. Como o efeito da variável experimental é determinado subtraindo-se a medida **depois** do grupo de controle II da medida **depois** do grupo experimental II, excluem-se os outros dois grupos. A principal desvantagem desse modo de proceder, quando comparado com o projeto "antes-depois com grupo de controle" é que este último permite uma análise de processo de mudança, o que não pode ser realizado com o projeto em pauta. Exemplificando, a medida

antes pode identificar grupos com atitudes favoráveis ou desfavoráveis à legalização do aborto, contrastando o efeito da variável experimental (propaganda da CNBB contra a legalização de tal prática) nos dois grupos (cuja única diferença é a atitude **antes**, no que se refere ao aborto).

No projeto "depois somente com grupo de controle", selecionam-se dois grupos, um de controle e um experimental, de forma que se apresentem equivalentes. A medida **antes** não é empregada em nenhum dos grupos e a variável experimental é introduzida no grupo experimental. O efeito dessa variável é determinado, verificando-se a diferença entre as duas medidas **depois**: $X_2 - X'_2$.

A vantagem desse projeto é que evita o problema do efeito que a entrevista anterior pode ter, interatuando com a variável experimental, conforme vemos a seguir.

	GRUPO EXPERIMENTAL	GRUPO DE CONTROLE
Medida **antes**	Não	Não
Variável experimental	Sim	Não
Medida **depois**	Sim (X_2)	Sim (X'_2)

Goode e Hatt (1968, p. 108-113) representam os dois projetos, "antes-depois com grupo de controle" e "depois somente com grupo de controle", de acordo com a seguinte forma:

	Antes	Depois	
Grupo Experimental	x_1	x_2	Diferença = $x_2 - x_1$
Grupo de Controle	x'_1	x'_2	Diferença = $x'_2 - x'_1$

	Antes	Depois	
Grupo Experimental	x_1	x_2	Diferença = $x_2 - x'_2$
Grupo de Controle	x'_1	x'_2	

Uma das formas de contornar o problema das duas "caselas", que faltam no projeto "depois somente com grupo de controle", é tentar, durante a pesquisa, reconstruir como os grupos, experimental e de controle, pensavam antes da introdução da variável experimental. Por exemplo, ainda na questão do aborto, indagaríamos qual a opinião sobre a legalização do aborto *antes*.

Os autores citam uma pesquisa realizada pelo *Army Research Branch*, durante a Segunda Guerra Mundial, que objetivou verificar como os soldados brancos consideravam os negros que combatiam a seu lado. Os batalhões que tinham tido, durante algum tempo, pelotões de negros exprimiram sua oposição a eles num percentual de 7%; os que não tiveram esse contato direto registraram 62% de oposição. A questão crucial é: eram esses batalhões semelhantes antes da experiência de combate? Indagando sobre opiniões relativas ao período anterior, os pesquisadores encontraram uma oposição aos soldados negros surpreendentemente semelhante nos dois grupos: cerca de 67%. Portanto, a modificação no grupo experimental foi realmente efeito da variável experimental, calculada corretamente pela diferença entre os resultados **depois**, dos grupos de controle e experimental. Portanto, a reconstrução do **antes** pode, em certos casos, diminuir a incerteza em relação aos resultados.

6.5 Projeto *ex post facto*

Constitui uma variação do projeto "depois somente com grupo de controle". Sua apresentação, aplicação e medida da diferença entre os dois grupos é igual. A distinção básica repousa em que a seleção do grupo experimental e do grupo de controle realiza-se após a introdução da variável experimental.

Assim, por exemplo, no caso das opiniões sobre o aborto, as pessoas são inquiridas sobre: (1) se tomaram conhecimento da campanha da CNBB (as que responderam afirmativamente constituem o grupo experimental, as que não tomaram conhecimento dela compõem o grupo de controle); (2) sua posição sobre a legalização do aborto.

A principal vantagem desse processo é que os indivíduos pesquisados não podem ser influenciados, pró ou contra, no que diz respeito ao objeto da investigação; primeiro, porque não sabem que estão sendo testados, segundo, sua exposição à variável experimental ocorreu antes de serem selecionados para a amostra (grupos).

Outra vantagem, mas que depende da natureza do trabalho, é que a introdução da variável experimental pode ocorrer segundo a vontade do investigador, no momento por ele escolhido, permitindo-lhe, inclusive, controlar melhor suas observações.

6.6 Projeto de painel

Esse projeto pode ser descrito como uma técnica de estudar uma população em dois ou mais momentos sucessivos, para verificar a influência de um fator ou vários fatores de natureza semelhante, que atuam durante esses espaços de tempo. É utilizado principalmente em estudos que envolvem campanhas políticas, com hipóteses que explicitam a maior influência de determinados tipos de propaganda.

Há duas formas de aplicação diferentes: estudo da população mediante a mesma amostra e de amostras diversas, colhidas em diferentes momentos, com o cuidado de torná-las semelhantes (caso contrário, deixam de ser significativas).

Quando as amostras são diferentes, presumimos que a segunda, a terceira etc. estão sujeitas às mesmas influências que, sucessivamente, atuariam sobre a primeira, a segunda etc. Entretanto, é mais difícil acompanhar as mudanças nessa forma de seleção de amostras.

A utilização sucessiva da mesma amostra apresenta também vantagens e desvantagens. Estas foram sintetizadas por Boyd Jr. e Westfall (1978, p. 113).

Vantagens:

a) Maior possibilidade de análise analítica: como as respostas são obtidas dos mesmos indivíduos, podem ser analisadas as características dos que mudam e dos que não mudam.
b) Maior cooperação por parte dos entrevistados: familiarizando-se com a técnica e os pesquisadores, os indivíduos tornam-se mais dispostos a responder de forma minuciosa e a aceitar entrevistas mais longas.
c) Mudanças pequenas podem ser mais facilmente identificadas: pois as pessoas envolvidas nas medidas **antes** e **depois** são as mesmas.

Desvantagens:

a) É difícil separar os efeitos das variáveis experimentais dos fatores incontroláveis: desvantagem comum a todos os projetos que não se utilizam do grupo de controle.
b) Há problemas de organização da amostra: sabendo que serão entrevistadas várias vezes, muitas pessoas se recusam a participar da investigação. Esse fato gera a questão: as características dos membros que

cooperam não são fatores que os diferenciam da população global da qual a amostra é retirada?

c) Ocorre perda de membros durante a investigação: alguns desistem porque já não há novidade, por perda de interesse ou por cansaço ou por falta de tempo (fatores até certo ponto evitados quando se oferecem recompensas aos participantes); a mobilidade geográfica também afasta elementos e, até, pode ocorrer a morte de alguns deles.
d) Necessidade de substituição de membros pode alterar a composição dos grupos: sempre há a probabilidade de que os substitutos sejam diferentes do grupo original em algum ponto significativo, porém desconhecido.
e) É possível que o efeito das entrevistas sucessivas altere atos, hábitos, opiniões dos pesquisados: eles podem querer agradar aos entrevistadores ou tornarem-se peritos, tentando agir como pensam que um perito agiria.

7 PLANO EXPERIMENTAL E RELAÇÕES PROPRIEDADES-DISPOSIÇÕES

Dentre os vários tipos de relações assimétricas existentes entre variáveis, o mais importante, tanto para a Sociologia e Antropologia, quanto para a Psicologia Social, é aquele que relaciona propriedades, na qualidade de variáveis independentes, com disposições ou comportamentos, aparecendo como variáveis dependentes. O cerne das análises dessas ciências repousa nas relações propriedades-disposições.

Propriedade pode ser conceituada como uma característica duradoura da pessoa que, para sua manifestação (ativação), independe de quaisquer circunstâncias. Do ponto de vista sociológico, as principais propriedades de um indivíduo são os grupos sociais, coletividades ou categorias, por exemplo, sexo, idade, ser negro ou ser branco, nacionalidade, classe social, local de moradia, religião, estado civil ou conjugal etc. Algumas são absolutas, outras relativamente fixas e inalteráveis (ver seção 5.2.2 do Capítulo 5). Disposições ou comportamentos, por sua vez, repousam em atitudes, valores, traços de personalidade, impulsos, opiniões, hábitos ou habilidades, qualidades pessoais ou capacidade; para sua manifestação, dependem de certos estímulos ou da presença de determinadas condições.

Ao comparar a relação propriedade-disposição com a relação estímulo-resposta, que aparece num projeto experimental, poderemos verificar certas similaridades e, em uma análise mais detalhada, certas diferenças.

Exemplo: **Estímulo-resposta:** a campanha da CNBB contra a legalização do aborto e as mudanças de opinião sobre a questão; **propriedade-disposição:** os negros são mais alienados do que os brancos.

A semelhança está em que, em ambos os casos, um fator exterior (propaganda ou ser branco ou ser negro) produz o efeito: oposição à legalização do aborto e sentimento de alienação. Por sua vez, as diferenças nos dois casos podem ser denominadas características de contiguidade, especificidade, comparação ou controle e unidirecionalidade, que examinaremos a seguir.

7.1 Característica de contiguidade

Rosenberg (1976, p. 93-100) analisou detalhadamente as diferentes características das relações propriedades-disposições; por esse motivo, utilizaremos sua obra como referência nesta parte.

Numa relação estímulo-resposta, como a existente entre propaganda e opinião, as duas variáveis estão mais contíguas do que na relação propriedade-disposição entre ser branco ou ser negro e alienação. Ser branco ou ser negro, determinado no momento da concepção, aparece como propriedade no momento do nascimento, mas o processo de alienação é uma atitude que se desenvolve com o passar dos anos, em virtude de negros e brancos estarem sujeitos a variada gama de influências sociais que, a longo tempo, irão influir na atitude deles. Em consequência, a "influência da propriedade sobre a disposição, ou comportamento, é raramente a de um agente imediato, direto, criador de um efeito específico; é, antes, um conjunto característico, remoto, abstrato, de experiências sociais que levam a determinada atitude ou comportamento" (ROSENBERG, 1976, p. 96).

Existindo defasagem temporal entre ser negro e ser mais alienado, defasagem que não há entre a propaganda e a mudança de opinião, a verificação daquela relação não pode processar-se usando o plano experimental. É por esse motivo que se lança mão da variável interveniente (ver seção 9.1 do Capítulo 5), que ajuda a preencher a lacuna, indicando as consequências da variável independente (ser negro ou ser branco) que, por fim, apresentam o efeito – variável dependente (alienação).

7.2 Característica da especificidade

Especificidade ou isolabilidade é a característica que nos permite constatar, entre dois grupos, em tudo semelhantes menos no que se refere ao estímulo (propaganda), que a diferença de opinião se deveu a ele. Em outras palavras, podemos isolar e conhecer, com razoável grau de precisão, o fator causador do efeito.

Isso não acontece na relação propriedade-disposição. Ser branco ou ser negro implica ampla variedade de vivências sociais e psicológicas, sendo difícil precisar qual delas é a responsável pelo efeito observado – alienação.

Novamente, um projeto experimental não nos fornece a resposta. Temos de utilizar as variáveis componentes (ver seção 8.2 do Capítulo 5) para tentar saber qual dos componentes específicos do conceito global de negro é responsável pelo maior grau de alienação:

> O uso das variáveis componentes propicia uma compreensão mais precisa e específica da natureza do fator efetivo de influência e habilita, assim, o analista do levantamento de dados a se aproximar mais da especificidade e do caráter concreto do estímulo experimental (ROSENBERG, 1976, p. 99).

7.3 Característica de comparação ou de controle

A terceira diferença entre os tipos de relação que estamos analisando refere-se à natureza dos grupos de comparação.

Para dizermos, numa relação estímulo-resposta, que a propaganda influiu na mudança de opinião, baseamo-nos em dois tipos de verificação:

a) Se em dois grupos, selecionados de forma que sejam semelhantes, um é exposto à propaganda e outro não, e se diferenças de opinião se manifestam entre os dois grupos, atribuímos tal efeito à propaganda (projetos *antes-depois com grupo de controle* ou *depois somente com grupo de controle*).
b) Se colhemos as opiniões de um grupo, *antes* e *depois* de expô-lo à propaganda, e se encontramos diferenças de opinião, atribuímos essa mudança à propaganda (projeto *antes-depois*).

Nenhum desses procedimentos é possível numa relação propriedade-disposição. Em primeiro lugar, não podemos dizer que os negros se assemelham aos brancos em todos os aspectos, exceto serem humanos, pois todo um conjunto de diferenças sociais e psicológicas separa ambos; em segundo lugar, não podemos estudar um homem antes de ser alienado, transformá-lo depois em negro e tornar a estudar o grau de alienação. Dessa forma, o recurso é excluir todas as variáveis extrínsecas que tenhamos motivo para pensar que influem nos resultados (ver seção 8.1 do Capítulo 5), pois elas ajudam a controlar ou a eliminar uma série de diferenças entre os grupos analisados. Quanto maior o número de variáveis extrínsecas que se controla, verificando que não exercem influência nos resultados, mais os grupos se assemelham sob todos os aspectos, exceto um.

> *Exemplo*: encontrando relação entre idade e conservadorismo, podemos exercer controle sobre diversas variáveis, tais como nível de instrução, filiação política, residência rural-urbana, estado civil, religião e outras. Se a relação se mantém, à medida que controlamos as diferentes variáveis, cresce a confiança de que a idade (e não outra variável possivelmente associada) é a responsável pelo efeito observado. Mediante esse procedimento, tornamos os grupos cada vez mais semelhantes, exceto pela idade.

7.4 Característica de unidirecionalidade

A relação entre um estímulo e uma resposta é sempre unidirecional: a opinião dos indivíduos não determina a propaganda. Nas relações propriedade-disposição, quando a propriedade é fixa ou relativamente fixa, essa unidirecionalidade também é clara: a alienação não determina ser negro ou ser branco. Porém, existem certas propriedades e disposições em que a direção da relação não é tão óbvia. No Capítulo 5, examinamos dois casos em que o sentido da relação pode ser dúbio. O primeiro referia-se ao *status* e à filiação a determinadas organizações: concluímos que o mais lógico é que o *status* determine a filiação, mas ressalvamos que certas pessoas podem ingressar em determinadas organizações com a finalidade de aumentar seu *status*. O segundo dizia respeito à classe social e ao estilo de vida: geralmente a classe social determina um específico estilo de vida, mas um indivíduo pode alterar seu estilo de vida para ter acesso a círculos adequados, obtendo, pelas pessoas que aí se encontram e com as quais mantém relações, um emprego ou função que o faça ascender na escala social e alterar-lhe a classe social.

Para contornar o problema da direção da relação assimétrica, podemos apelar para a ordem temporal (ver seção 5.2.1 do Capítulo 5) ou a característica de fixidez ou alterabilidade das variáveis (ver seção 5.2.2 do Capítulo 5). Permanecendo ambíguo o sentido da influência, a técnica do painel pode revelar-se extremamente útil.

Finalizando os aspectos relacionados com o plano experimental e as relações propriedades-disposições, assinalamos que tanto em um como em outro se torna importante a forma pela qual os indivíduos ou grupos são selecionados para o estudo. Esse aspecto é pertinente aos processos de amostragem.

LEITURA RECOMENDADA

BARBOSA FILHO, Manuel. *Introdução à pesquisa*: métodos, técnicas e instrumentos. 2. ed. Rio de Janeiro: Livros Técnicos e Científicos, 1980. Primeira Parte, Cap. 6, seção 2.

COPI, Irving Marmer. *Introdução à lógica*. Tradução de Álvaro Cabral. São Paulo: Mestre Jou, 1974. Terceira Parte, Cap. 12.

GATTI, Bernardete A.; FERES, Nagib Lima. *Estatística básica para ciências humanas*. São Paulo: Alfa-Omega, 1975. Cap. 6.

SOUZA, Aluísio José Maria de; REGO FILHO, Antonio Serafim; LINS FILHO, João Batista Correa; LYRA, José Hailton Bezerra; COUTO, Luiz Albuquerque; SILVA, Manuelito Gomes da. *Iniciação à lógica e à metodologia da ciência*. São Paulo: Cultrix, 1976. Cap. 4, seção 4.3.

7
Metodologia jurídica

1 CONCEITO DE MÉTODO

O método consiste em uma série de regras com a finalidade de resolver determinado problema ou explicar um fato por meio de hipóteses ou teorias que devem ser testadas experimentalmente e podem ser comprovadas ou refutadas. Se a hipótese for aprovada nos testes, será considerada uma justificativa adequada dos fatos e aceita ou adotada para fins práticos.

Santos (2016, p. 109), valendo-se da etimologia de *método*, afirma que essa palavra contém dois significados: "na direção de" (*meta*) e "caminho" (*hodos*): "define-se como seguir um caminho ou ordem a que se sujeita qualquer tipo de atividade com vistas a chegar a um fim determinado". O método teria surgido da atividade dos filósofos (séculos VI e VII a.C.) e, posteriormente, passou ser utilizado por diferentes ciências, cada uma a seu modo, para alcançar seus objetivos.

Minayo (2014, p. 43-44) entende que o conceito de metodologia é "assunto controverso":

> Há quem o iguale [o conceito de metodologia] a métodos e técnicas, como é o caso da maior parte dos manuais e textos americanos, produzidos para a formação de pesquisadores. Há quem o coloque no campo da epistemologia, separando-o da operacionalização, como faz a maioria dos intelectuais franceses que trabalham com teorias das ciências. Há quem separe teoria e método como faz o cientista americano Thomas Merton (1969) e há os que consideram esses dois termos inseparáveis,

> devendo ser tratados de maneira integrada e apropriada quando se escolhe um tema, um objeto, ou um problema de investigação.

Em outro texto, Minayo (2015, p. 14) afirma entender por *metodologia*

> o caminho do pensamento e a prática exercida na abordagem da realidade. Ou seja, a metodologia inclui simultaneamente a teoria da abordagem (o método), os instrumentos de operacionalização do conhecimento (as técnicas) e a criatividade do pesquisador (sua experiência, sua capacidade pessoal e sua sensibilidade). A metodologia ocupa um lugar central no interior das teorias e está referida a elas.

Nas Ciências Sociais, são utilizados sobretudo métodos ou abordagens qualitativas, que se apoiam "na interpretação dos fenômenos observados e no significado que carregam, ou no significado atribuído pelo pesquisador, dada a realidade em que os fenômenos estão inseridos" (NASCIMENTO; SOUSA, 2015, p. 142). No Capítulo 8 deste livro, tratamos de metodologia qualitativa.

O trabalho científico, de modo geral, inicia-se com a coleta dos dados, sejam eles bibliográficos ou de pesquisa de campo; em seguida, testa suas hipóteses supostamente importantes para determinado problema.

O cientista não se restringe a testar suas hipóteses apenas por observação; às vezes, ocupa-se de controlar as variáveis, a fim de torná-las mais precisas (ver Capítulos 2 e 4).

2 MÉTODO JURÍDICO

É um procedimento por meio do qual se estabelece o objeto que deve ser controlado pelo método que indicará as bases, o fundamento da sistematização jurídica.

A escolha da Metodologia Científica, para conhecer determinado problema, está intimamente relacionada com o sistema de referência da proposição filosófica.

Muitas vezes, há grande divergência no emprego de um ou outro método, dependendo da posição assumida e dos critérios adotados pelo pesquisador. E, ainda, de uma reflexão sobre as finalidades almejadas ou do tipo de conhecimento desejado.

São vários os métodos utilizados para o estudo de um problema; entre eles podem ser citados: o indutivo, o dedutivo, o hipotético-dedutivo, o dialético, o fenomenológico e outros.

Neste capítulo, são tratados apenas os métodos indutivo e dedutivo.

2.1 Método indutivo

Como já vimos na seção 3.1 do Capítulo 2 deste livro, o método indutivo é uma operação mental que consiste em estabelecer uma verdade universal ou uma proposição geral com base no conhecimento de certo número de dados singulares ou proposições de menor generalidade. É um processo que, com base em um conjunto de dados, permite descobrir e confirmar certas hipóteses e leis de caráter geral. A indução caracteriza-se principalmente pelo fato de, apoiada em dados, atingir ideias ou leis. Permite, portanto, inferir conclusões gerais de proposições particulares, para:

a) Execução das pesquisas.
b) Ampliação das propriedades relacionais.
c) Estabelecimento dos critérios de prova.
d) Realização de previsões.

Alguns filósofos indutivistas afirmam que o método indutivo é importante tanto para o conhecimento comum quanto para o conhecimento científico. Na técnica da indução, o raciocínio vai do particular para o geral.

A fim de distinguir os problemas, faz-se necessário considerar que:

a) Uma indução exige dados, começando, portanto, com o ato de coleta deles (observação).
b) Compreende ideias que se submetem à discussão (hipóteses).
c) Ela é elaborada pelo confronto das ideias e dos dados (discussão experimental).

Definindo a indução como conjunto de processos por meio dos quais se passa dos dados a leis, trata-se de saber como se obtém uma proposição objetiva, ou seja, que se possa reconhecer na observação aplicada. Ela não consiste em apenas perceber, mas também em apreender os caracteres do fenômeno, por meio da atenção e da análise dos fatos.

Os procedimentos indutivos participam ativamente na concretização das diversas operações de aplicação do método. As fases de aplicação do método indutivo são as seguintes:

a) Observação do fenômeno.
b) Formulação provisória de um problema a ser estudado.
c) Análise dos elementos constituintes do fenômeno.
d) Descoberta das relações entre eles.
e) Construção e verificação das hipóteses de trabalho.
f) Elaboração das generalidades.

O pesquisador deve adotar certos critérios na escolha do problema, tendo em vista: prioridade, novidade, oportunidade, comprometimento etc.

Começa, então, com a formação do problema que necessita de respostas ou soluções. Na escolha dele, deve-se observar o seguinte: delimitação e definição do assunto quanto ao tempo, lugar e instituição ou grupo.

A seguir, o estudo deve consistir na observação, na verificação de hipóteses, repetição, realização de testes e, finalmente, generalização, ou seja, formulação de princípios gerais válidos e importantes.

Os procedimentos indutivos participam ativamente da concretização das diversas fases e operações de aplicação do método. Por meio de acontecimentos observados, chega-se a conclusões de fenômenos não observados.

Na indução, a conclusão está para as premissas, como o todo está para as partes. De verdades particulares concluem-se verdades gerais, como:

Pedro é mortal.

Pedro é homem.

Logo, todos os homens são mortais.

O argumento indutivo baseia-se na generalização de propriedades comuns a certo número de casos observados.

Para os não indutivistas, a indução não pode ser justificada e também não desempenha qualquer papel em relação ao método científico ou ao conhecimento comum.

Para Popper (1975a, p. 34-41), que questiona a validade da indução, a melhor estratégia que um cientista deve seguir não é somente tentar comprovar uma hipótese. Ao contrário, ele deve pensar sempre em realizar testes rigorosos, objetivando refutá-la. Se a hipótese passar com êxito, nos testes, resistindo à refutação, será considerada adequada aos fatos, podendo ser aceita ou adotada para fins práticos e tornar-se uma lei científica.

Hume também questiona seriamente a validade desse método, demonstrando que a indução não pode ser justificada racionalmente. Para ele, por maior que seja o número de repetições de certos eventos, não há justificativa para acreditar que eles ocorrerão no futuro (BUNGE, 1974a, p. 23). Por exemplo:

Este cisne é branco.

Este outro é branco.

Logo, todos os cisnes são brancos.

Todos os cisnes são brancos.

Este cisne é preto.

Logo, é falso que todos os cisnes sejam brancos.

Para Hume, basta um enunciado do tipo "este cisne é preto", para refutar conclusivamente a generalização de que todos os cisnes são brancos.

As críticas de Hume têm como base três premissas: "(a) somente a inferência dedutiva é válida; (b) todo conhecimento do mundo exterior vem da observação; (c) a verdade sobre esse conhecimento só pode ser decidida pela experiência" (GEWANDSZNAJDER, 1989, p. 45).

2.2 Método dedutivo

Método dedutivo, visto na seção 3.2 do Capítulo 2, é um processo pelo qual, com base em enunciados ou premissas, se chega a uma conclusão necessária, em virtude da correta aplicação de regras da Lógica. Ele caracteriza-se pelo emprego de cadeias de raciocínio. Pode utilizar resultados da experiência, expressos em termos de relações.

É dedutivo o raciocínio que parte do geral para chegar ao particular, ou seja, do universal ao singular, isto é, para tirar uma verdade particular de uma geral. Pela argumentação dedutiva, o fato geral encerra em si a explicação de outro igual, mas menos geral.

O processo dedutivo leva o pesquisador do conhecido para o desconhecido, mas também de alcance limitado.

Descartes (cf. CERVO; BERVIAN; SILVA, 2014, p. 33) apresenta algumas regras indispensáveis a qualquer trabalho científico:

a) Não aceitar como verdadeira qualquer coisa, sem a conhecer bem.
b) Dividir cada uma das dificuldades em várias parcelas para resolvê-las do melhor modo possível.
c) Ordenar o pensamento com base nos fatos mais simples e mais fáceis, pouco a pouco, até chegar aos mais complexos.
d) Enumerar e revisar cada fato para ter certeza de nada omitir.

O propósito básico dos argumentos, sejam eles dedutivos ou indutivos, é obter conclusões verdadeiras apoiadas em premissas verdadeiras.

Como o método dedutivo se desenvolve em forma de raciocínios, seus fundamentos, suas formas de realização e o valor de suas conclusões encontram-se na própria natureza dos raciocínios dedutivos.

O método dedutivo, tanto sob o aspecto lógico quanto técnico, envolve procedimentos indutivos. Ambos exigem diversas modalidades de instrumentação e de operações adequadas.

Assim, a dedução e a indução podem completar-se mutuamente. Os dois processos são importantes no trabalho científico, pois um pode ajudar o outro na resolução de problemas.

Não existe um só método na ciência capaz de orientar todas as operações que exige o conhecimento. Por isso, o pesquisador deve valer-se de vários métodos na pesquisa.

Exemplos de métodos:

1. Indutivo:

Problema: separação do casal.

Variáveis: falta de emprego, de alimentação, de moradia, de diálogo.

Esse tipo de raciocínio vai das partes para o todo (conclusão).

2. Dedutivo:

Problema: violência urbana.

Variáveis: análise do procedimento do indiciado:

falta de paciência momentânea;

personalidade do indivíduo;

descontrole emocional.

Esse tipo de raciocínio vai do todo para as partes (ver Capítulo 4).

3 METODOLOGIA DO ENSINO JURÍDICO

Além dos métodos dedutivo e indutivo, há os métodos hipotético-dedutivo e o dialético. Os métodos de procedimento, como também já vimos na seção 4 do Capítulo 2, compreendem: método histórico, método comparativo, método monográfico, método estatístico, método tipológico, método funcionalista e método estruturalista.

O ensino jurídico, ministrado em Faculdades de Direito, procura transmitir conhecimentos teórico-práticos especializados das Ciências Jurídico-sociais, abrangendo todos os ramos do Direito.

Grande parte dos professores de Direito das faculdades brasileiras mostra-se preocupada com o ensino jurídico, apontando uma crise no mesmo. Para eles, as faculdades funcionam apenas como centros de transmissão de conhecimento jurídico oficial, deixando de lado a produção do conhecimento. A pesquisa tem sido exclusivamente bibliográfica, estando os professores mais voltados para o ensino da prática forense, das doutrinas e da jurisprudência dos tribunais.

O atual ensino leva alunos e professores a acomodarem-se; os primeiros objetivam uma habilitação profissional; os segundos, uma titulação de mestre ou doutor.

O aprendizado para o aluno restringe-se ao elementar do processo do Direito Civil, que lhe possibilite trabalhar apenas com inventários e cobranças, sem maiores preocupações. Para Faria (1995, p. 37), "o jurista formado para esta função perde a combatividade, sua crítica, sua consciência do papel social do Direito". Essa perda aliena o advogado dos centros de atuação, deixando de lado sua atividade, tomada de decisão e planejamento.

Vale lembrar que o bacharel em Direito pode ser, além de advogado, promotor e até juiz. Por isso, é importante obter conhecimento mais profundo, crítico e consciente do papel social do Direito.

Ao conhecimento jurídico especializado deve-se aliar o conhecimento genérico sobre a produção, a função e as condições de aplicação do Direito. Deve-se levar o aluno a desvendar as relações sociais condicionadas às normas e às relações jurídicas, e oferecer-lhe, além de novos métodos de trabalho, o entrosamento com as Ciências Sociais.

A pedagogia do Direito atual embasa-se na Filosofia e opõe-se à tradição jurídico-pedagógica, que pode levar o aluno a mudanças de comportamento e de atitudes, ou seja, ao saber-pensar, ao raciocínio jurídico.

Faz-se necessário trocar o antigo método do monólogo, ou aula expositiva, pelo diálogo e/ou debate.

O ensino, ainda muito teórico, deve tornar-se mais prático, ou seja, adotar o método analítico-sintético ou empírico-racional, que ensina o fundamento das leis e também a aplicação delas aos futuros profissionais. O Direito deve ser ensinado aliando teoria a exemplos práticos.

É importante o professor expor as correntes filosóficas existentes, sem preconceito ou ideologia, não deixando essas ideias interferirem na atividade científica, na transmissão de conhecimentos jurídicos. Enfim, ser imparcial e preocupar-se com a formação do critério jurídico e da integração profissional.

A didática tem por objetivo equacionar os problemas, dar informações atuais e discutir propostas cabíveis. É muito importante incentivar a reflexão por meio de técnicas modernas que levem o aluno à criatividade. A formação do raciocínio jurídico básico oferece ao aluno condições para que enfrente os conflitos e esteja apto a encontrar soluções, desenvolvendo nele certas aptidões.

Faz-se necessário provocar no estudante a curiosidade, o estímulo à iniciativa, despertando o interesse e levando-o a querer aprender.

O ensino jurídico deve preparar o aluno para o mercado de trabalho, para a eficiência na vida prática.

Muitas vezes, o aluno escolhe o curso de Direito pelo fato de haver mais vagas disponíveis nas faculdades e de poder obter um diploma cujo curso lhe dará formação de nível superior. O que se pretende, porém, é preparar o indivíduo para os diferentes cargos que possa ocupar.

O advogado, o promotor, o juiz, mesmo que sejam competentes profissionais, nem sempre terão qualidades para a docência.

3.1 Obstáculos à mudança

Segundo Falcão (1978, p. 79-129), a metodologia do curso jurídico enfrenta obstáculos em diferentes setores:

a) **Estado:** em virtude de uma postura de acomodação ante a necessidade de atender à procura crescente de vagas e dos baixos recursos do orçamento público.
b) **Faculdades:** geralmente, particulares e sem grande interesse em realizar mudanças qualitativas, que não só elevariam os custos, mas também exigiriam mudanças de velhos hábitos.
c) **Professores:** acomodados, desinteressados, não dispostos a modificar o mercado conquistado e/ou alterar seu regime de trabalho, uma vez que o ensino é uma atividade secundária, embora lhes dê *status*.
d) **Alunos:** mais interessados no diploma do que em mudanças, preferindo, muitas vezes, cursos mais facilitados e/ou rápidos.
e) **Mercado de trabalho:** ante a má qualidade profissional, oferece reciclagem própria, mas também encontra indiferença por mudanças necessárias.

A soma de tudo isso gera padrões de péssima qualidade.

Os estudiosos da Metodologia do Ensino Jurídico aconselham o método analítico-sintético, por empregar a análise que vai do todo para as partes (dedutivo), decompondo o objeto em elementos constitutivos; e o empírico-racional, que visa conhecer as coisas e procurar captar a essência do objeto.

3.2 Fatores de crise

Para Herkenhoff (1978, p. 121),

> há uma crise, hoje, na formação do jurista e na Ciência do Direito que decorre de alguns fatores como: problema pertinente ao conjunto de problemas da educação do país; questões ligadas ao conjunto da educação universitária; aspectos específicos ligados ao ensino do Direito, resultantes de uma visão conservadora, dissociada da realidade brasileira: miopia, acrítica, saber jurídico.

Faz-se necessário fortalecer as disciplinas de caráter teórico e de natureza formativa, mas dentro de um rigor metodológico, o que deve levar a uma revisão da atual estrutura curricular e a uma nova definição do conceito de ensino.

Faria (1995, p. 171) propõe:

a) Expansão dos trabalhos multidisciplinares e de maior intercâmbio entre as faculdades de Direito e as demais faculdades, no âmbito das Ciências Sociais.
b) Aumento das atividades de pesquisa, possibilitando ao aluno certo equilíbrio entre as funções de formação e informação.
c) Introdução de métodos e técnicas pedagógicas e uso dos instrumentos de informática.
d) Criação de disciplinas novas como Metodologia da História e da Ciência do Direito, Lógica e Hermenêutica Jurídica e ainda Sociologia do Conhecimento Jurídico.

O reitor da Universidade Stanford (EUA), Gerhard Casper, em palestra realizada no Rio de Janeiro, falou sobre o "fim do modelo tradicional de ensino nas universidades brasileiras". Segundo ele, "as atuais bibliotecas deverão ser totalmente substituídas, nos próximos anos, por arquivos virtuais"; e, ainda: "a biblioteca virtual das universidades deverá colocar seu acervo à disposição do público". Ele acredita que "esse modelo de ensino baseado no método de Bolonha, com alunos sentados à frente de professores, tende a desaparecer nas próximas décadas" (artigo de Felipe Werneck no jornal *O Estado de S. Paulo*, 25 ago. 1999).

A posição de Gerhard Casper condiz com o pensamento da maioria dos especialistas em educação, atualmente.

Os programas, em geral, não seguem as melhores técnicas de ensino.

Outras dificuldades somam-se a essas, como turmas de 60 ou mais alunos, incompetência administrativa, falta de professores habilitados e/ou concursados, limitação do espaço físico etc.

O uso exclusivo do método expositivo pode levar à rotinização, ao desinteresse, à desmotivação dos estudantes.

Torna-se importante a realização de seminários para a fixação de temas históricos e a investigação prática, que ajuda tanto no conhecimento quanto na solução de problemas jurídicos. Outro exemplo seria o debate sobre leituras prévias.

A importância do seminário é suprir e esclarecer dúvidas dos preceitos teóricos por meio de discussões. Além disso, oferece oportunidade para a participação do alunado.

Faz-se necessário, portanto, propiciar um aprendizado-ativo, que inter-relacione o raciocínio individual.

Todavia, não se pode falar em apenas um método ou técnica. Na sala de aula, o professor deve suscitar questões, discussões, raciocínio criativo e crítico, com resumo conclusivo.

4 MONOGRAFIA JURÍDICA

A monografia é o primeiro passo da atividade científica do pesquisador. Hoje, as faculdades estão exigindo que seus alunos, para obtenção de grau, realizem um trabalho científico de final de curso (TCC), ou seja, uma monografia.

A origem da monografia, como tratamento científico, encontra-se no trabalho de Frederico Le Play (1806-1882), no livro *Les ouvriers européens*.

"Mono" quer dizer um, único; portanto, o trabalho deve abordar um único tema ou assunto.

4.1 Conceitos

Na literatura, são numerosos e variados os conceitos de monografia.

Asti Vera (1976, p. 163) define monografia como o "tratamento escrito de um tema específico", e Salomon (2014, p. 256), como "tratamento escrito de um tema específico que resulte de pesquisa científica com o escopo de apresentar uma contribuição relevante ou original e pessoal à ciência" (sentido restrito). Em sentido *lato* significa "todo trabalho científico de primeira mão, que resulte de pesquisa científica". Farina, citado por Salvador (1980, p. 32), considera a monografia "um estudo científico de uma questão determinada e limitada, realizado com profundidade e de forma exaustiva", e Alonso, também citado por Salvador (1980, p. 32), define-a como "descrição ou trabalho especial de determinada parte de uma ciência ou de um assunto particular".

Monografia significa, portanto, para Asti Vera, um tema específico qualquer, que recebe tratamento escrito. Do ponto de vista de Farina, a monografia exige limitação do tema, para se dar tratamento aprofundado e exaustivo. Alonso indica que a limitação se refere a uma das partes da ciência ou então apenas a um aspecto dessa ciência.

Trata-se, portanto, de um estudo sobre um tema específico, particular com suficiente valor representativo, que obedece a rigorosa metodologia. Investiga determinado assunto não só em profundidade, mas também em todos os seus ângulos e aspectos, dependendo dos fins a que se destina.

Tem como base a escolha de uma unidade ou de elementos sociais ou jurídicos, sob duas circunstâncias: (1) ser suficientemente representativo de um todo cujas características se analisam; (2) ser capaz de reunir os elementos constitutivos de um sistema social ou jurídico e de refletir as incidências e fenômenos de caráter autenticamente coletivo.

A monografia jurídica aborda temas jurídicos e pretende esgotar determinado assunto na área do Direito Civil, do Direito Penal, do Direito Comercial, do Direito Processual, do Direito Constitucional etc.

4.2 Características

Analisando os diferentes conceitos, observa-se que a monografia apresenta algumas características:

a) Trabalho escrito, sistemático e completo.
b) Tema específico ou particular de uma ciência ou parte dela.
c) Estudo pormenorizado e exaustivo, abordando vários aspectos e ângulos do caso.
d) Tratamento preciso e claro, enfocando diversas questões e ângulos do caso.
e) Uso de metodologia científica.
f) Contribuição importante, original e pessoal para a ciência.

A característica essencial não é a extensão, como querem alguns autores, mas o caráter do trabalho (tratamento de um tema limitado) e nível da pesquisa, que está intimamente ligado aos objetivos propostos para sua elaboração.

Para Barquero (1979, p. 16-25), a monografia é um trabalho que observa e acumula observações, organizando essas informações e observações. Procura relações e regularidades que pode haver entre elas e indaga sobre os porquês. Utiliza de forma inteligente as leituras e experiências para comprovação e apresenta seus resultados.

A monografia tem como finalidade descobrir e/ou redescobrir a verdade, esclarecendo fatos ou teorias obscuras ou não totalmente conhecidos. Por meio de um trabalho metódico e rigoroso, pode-se enriquecer e aprofundar várias noções científicas.

Segundo Nunes (1997, p. 25), outra característica da monografia científica consiste na teorização prévia e colocação de problema e/ou problemas e hipóteses com as quais vai se trabalhar para resolvê-las.

Assim, é muito importante o levantamento de problemas ou proposições, para as quais o estudante deve encontrar soluções no decorrer da investigação.

Conhecimentos e experiências devem ser ordenados e hierarquizados a fim de comunicar de forma eficaz as descobertas. As afirmações científicas inseridas na monografia devem expressar descoberta real, apresentando provas. É a comprovação que distingue o científico daquele que não o é. A monografia resultante de investigação científica consiste na procura de provas conclusivas.

A pesquisa deve ser objetiva, precisa, para que outro investigador, ao tomar conhecimento dela, possa encontrar os mesmos resultados ao verificar as afirmações, ou, com seu trabalho, refutá-las ou modificá-las.

A ciência procura classificar e relacionar os fatos ou fenômenos com o objetivo de encontrar princípios gerais que os governam e daí chegar a uma formulação geral.

A monografia deve ser sistemática, ou seja, ordenada segundo princípios lógicos. Deve conter interpretações e relações entre os fatos-fenômenos e suas regularidades, após rigorosa análise.

4.3 Objetivos

Quem escreve um trabalho científico (monografia, dissertação de mestrado, tese de doutorado, artigo científico) deve sempre preocupar-se com o seguinte: o pesquisador escreve para os outros; deve, portanto, apresentar com objetividade e clareza os resultados dos dados coletados durante a pesquisa e chegar a uma conclusão.

O resultado da pesquisa deve ser equilibrado, oferecendo ao interessado um trabalho válido, nesse caso, jurídico. O principal objetivo do investigador é despertar o interesse pela questão em pauta.

4.4 Escolha do tema

Na escolha do tema, o estudante poderá tomar a iniciativa, selecionando um assunto ou problema, de acordo com sua preferência. O tema também pode ser indicado pelo professor ou orientador, mas sempre tendo em vista o interesse do aluno.

O tema geral de um estudo também "pode ser sugerido por alguma vantagem prática ou interesse científico ou intelectual em benefício dos conhecimentos sobre certa situação particular", afirma Selltiz (1967, p. 34).

A escolha deve recair sobre um único tema, porém limitado ou reduzido. Por exemplo, "Criminalidade no Brasil", apesar de apontar um único tema, é muito amplo para um trabalho monográfico.

Dentro desse tema, pode-se optar por apenas um aspecto e aprofundá-lo, limitando o tempo e o espaço físico, como "Causa do crime em determinada vila, bairro etc."

O trabalho acerca de um tema restrito facilita a pesquisa e também a elaboração do texto, permitindo aprofundamento de seu conteúdo.

Escolhido o tema, o primeiro passo a dar é procurar conhecer o que a Ciência atual sabe sobre o assunto, para não cair no erro de apresentar como novo o que já é conhecido há tempos, de demonstrar o óbvio ou de preocupar-se em demasia com detalhes sem grande importância e desnecessários ao estudo.

Esse trabalho prévio abrange três aspectos:

a) Orientação geral sobre a matéria que vai ser desenvolvida.
b) Conhecimento da bibliografia pertinente.
c) Reunião, seleção e ordenação do material levantado.

O tema pode ser atual ou antigo, bibliográfico ou de pesquisa de campo. Por exemplo: "A escravidão no Brasil, no século XVIII" ou o "Divórcio", atualmente. Mas é evidente que cada um desses temas deve ser desdobrado e limitado.

Outros pontos importantes a serem considerados são: relevância do assunto, áreas controvertidas ou obscuras, natureza e extensão da contribuição.

No conhecimento da bibliografia, faz-se necessário consultar, ler e fichar os estudos já realizados sobre o tema, com espírito crítico, valendo-se da literatura especializada; inicia-se com os trabalhos mais gerais para, em seguida, abordar os estudos mais especializados.

Quanto ao assunto escolhido, devem-se, ainda, observar algumas qualidades importantes, como proporção, valor científico, ser claro, bem delineado e equilibrado, e não ser extenso demais nem muito restrito.

É importante que o pesquisador se valha da crítica na análise dos dados.

O trabalho de investigação (teórico ou prático, bibliográfico ou de campo) oferece oportunidade ao estudante para explorar determinado tema ou problema, levando-o a um estudo com maior profundidade e/ou extensão.

4.5 Tipos de monografia

Em geral, para término do curso de graduação, os estudantes têm o compromisso de elaborar um trabalho baseado em fontes bibliográficas. À medida que ascendem na carreira universitária, esses trabalhos vão exigindo maior embasamento e mais reflexão, mais amplitude e criatividade.

Alguns autores, embora deem o nome genérico de *monografia* a todos os trabalhos científicos, diferenciam uns dos outros de acordo com o nível da pesquisa, a profundidade e a finalidade do estudo, a metodologia utilizada e a originalidade do tema e das conclusões. Dessa maneira, podem-se distinguir três tipos: monografia de graduação (ou TCC), dissertação de mestrado e tese de doutorado, que obedecem à ordem crescente em relação à originalidade, à profundidade e à extensão.

Há os que incluem nessa relação a *memória científica*, que ora se aproxima da monografia apresentada no final do curso de graduação (memória recapitulada), ora da dissertação de mestrado (memória científica original) e até mesmo da tese de doutorado.

A escolha de um tema de estudo reveste-se de grande importância e merece séria reflexão, de acordo com a área jurídica escolhida: Direito Civil (abandono do lar, problema de adoção), Direito Penal (sequestro, assalto), Direito Comercial (falência, moratória) etc.

O pesquisador deve "analisar e esgotar as considerações de ordem jurídica concernentes à problemática, a nível da legislação nacional" (LEITE, 1987, p. 59).

4.6 Estrutura da monografia

Os trabalhos científicos sempre apresentam a mesma estrutura, sejam eles sociais, sejam econômicos, sejam de direito etc.: introdução, desenvolvimento e conclusão.

Pode variar em relação ao material, ao enfoque dado, à utilização de um ou outro método e/ou técnica, ser mais ou menos profundo; entretanto, não pode alterar a forma e a estrutura:

a) **Introdução:** formulação clara e simples do tema de investigação; é a apresentação sintética do tema, sua justificativa, objeto e objetivos, importância da metodologia utilizada e referência a trabalhos anteriores sobre o mesmo assunto. A introdução, geralmente, é redigida depois do trabalho pronto.

b) **Desenvolvimento:** fundamentação lógica do trabalho de pesquisa, cuja finalidade é expor e demonstrar as principais ideias. O desenvolvimento abrange três fases: explicação, discussão e demonstração:
   - Explicação: "é o ato pelo qual se faz explícito o implícito, claro o escuro, simples o complexo", afirma Asti Vera (1976, p. 169).
   - Discussão: é o exame, a argumentação, a análise e a explicação da pesquisa.
   - Demonstração: é a dedução lógica do trabalho; implica o exercício do raciocínio.

c) **Conclusão:** fase final do trabalho de pesquisa que, assim como a introdução e desenvolvimento, possui estrutura própria. Consiste no resumo completo, mas sintético, da argumentação dos dados e dos exemplos constantes das duas primeiras partes do trabalho. Deve conter o fecho da introdução ou síntese de toda a reflexão.

4.7 Esquema

Após a explicitação objetiva do tema, passa-se à elaboração de um plano que poderá sofrer alterações futuras. Há duas maneiras de montar o esquema: (1) anotar partes, capítulos e seções; (2) redigir afirmações que serão expandidas no relatório. Esta última forma exige mais reflexão, pois é necessário conhecer não apenas os vários tópicos que serão discutidos, mas também, especificamente, o que se vai dizer na monografia.

Vejamos um exemplo da primeira forma:

INTRODUÇÃO

1. Definição do tema
2. Delimitação do tema
3. Localização no tempo e no espaço
4. Justificativa da escolha
5. Objetivos: geral e específico

6. Definição dos termos
7. Indicação da metodologia

DESENVOLVIMENTO
1. Revisão da literatura
2. Metodologia ou procedimento metodológico
3. Construção dos argumentos
4. Apresentação, análise e interpretação dos dados

CONCLUSÃO
PARTE REFERENCIAL
1. Apêndice ou anexos
2. Glossário
3. Bibliografia

Exemplo de um tema jurídico do Direito Civil: "Abandono do idoso".

CONTEÚDO
1. Fundamento legal (leis)
2. Postura da família (atitudes)
3. Fatores econômicos (subsistência)
4. Fator emocional (paciência)

Segundo Nunes (1997, p. 24), "o trabalho de cunho científico tem de ser útil à comunidade científica à qual se dirige, ou a toda comunidade".

LEITURA RECOMENDADA

BODENHEIMER, Edgar. *Ciência do direito*: sociologia e metodologia teórica. Tradução de Enéas Marzano. Rio de Janeiro: Forense, 1968.

HENRIQUES, Antonio; MEDEIROS, João Bosco. *Metodologia científica na pesquisa jurídica*. 9. ed. São Paulo: Atlas, 2017. Caps. 3 e 7.

HERKENHOFF, João Baptista. *Ensino jurídico*: diagnóstico, perspectivas e propostas. 2. ed. Brasília: Conselho Federal da OAB, 24, 1978.

LEITE, Eduardo de Oliveira. *A monografia jurídica*. Porto Alegre: Sergio Antonio Fabris, 1987.

MARCONI, Marina de Andrade; LAKATOS, Eva Maria. *Metodologia do trabalho científico*. 8. ed. São Paulo: Atlas, 2017. Cap. 2.

MEDEIROS, João Bosco. *Redação científica*. 13. ed. São Paulo: Atlas, 2019. Cap. 12.

MELO FILHO, Álvaro. *Metodologia do ensino jurídico*. Rio de Janeiro: Forense, 1984.

NUNES, Luis Antônio Rizzato. *Manual de monografia*. São Paulo: Saraiva, 1997.

SOLOMON, Délcio Vieira. *Como fazer uma monografia*. 13. ed. São Paulo: Martins Fontes, 2014. Cap. 9.

8
Metodologia qualitativa e quantitativa

1 PESQUISA QUANTITATIVA E PESQUISA QUALITATIVA

A ciência é uma modalidade de conhecimento que não se constitui simplesmente como mero levantamento de dados. Levantados os dados, eles precisam ser articulados de forma lógica com o real e segundo uma teoria que lhe dê sustentação (cf. SEVERINO, 2016, p. 135). Se apenas a teoria pode elevar os dados empíricos à condição de ciência, é condição indispensável para produzir ciência que a teoria esteja articulada a dados empíricos. Para Severino (2016, p. 135), embora as referências epistemológicas sejam necessárias à produção do conhecimento científico,

> elas não seriam fecundas para a realização de uma abordagem significativa dos objetos se não dispusessem de mediações técnico-metodológicas. Essas se constituem pelo conjunto de recursos e instrumentos adequados para a exploração das fontes mediante procedimentos operacionais.

Falar de métodos em ciência é falar de procedimentos sistemáticos para descrever e explicar fenômenos naturais e humanos. O método científico, como já vimos, estabelece um problema com precisão, realiza observações, interpreta-as segundo as relações verificadas e com base em teorias. Além dos tradicionais métodos específicos das Ciências Sociais, como os de abordagem e os de procedimento (ver seção 4 do Capítulo 2), outros dois, o qualitativo e o quantitativo também são utilizados nas investigações científicas.

Talvez, sugere Severino (2016, p. 125), em vez de se falar em metodologia quantitativa e metodologia qualitativa, o mais adequado fosse falar em abordagem quantitativa e abordagem qualitativa, pois determinada metodologia pode adotar uma abordagem quantitativa ou qualitativa, ou valer-se tanto de uma quanto de outra.

Sampieri, Collado e Lucio (2013, p. 30, 33, 41) preferem as expressões *enfoque qualitativo* e *enfoque quantitativo.* E comparando ambos os enfoques, afirmam que na formulação do problema, o enfoque quantitativo se volta para a descrição, previsão e explicação, bem como para dados mensuráveis ou observáveis, enquanto o enfoque qualitativo se atém na exploração, descrição e entendimento do problema. A abordagem quantitativa pressupõe um mundo constituído e regido por lei invariáveis, que podem ser verificadas e previstas. Já a abordagem qualitativa "parte do fundamento de que há uma relação dinâmica entre o mundo real e o sujeito, uma interdependência viva entre o sujeito e o objeto, um vínculo indissociável entre o mundo objetivo e a subjetividade do sujeito" (CHIZZOTTI, 2017, p. 98).

Na formulação do problema, também diferem as abordagens: na qualitativa, o problema não sai da cabeça do pesquisador, mas é resultado da imersão do pesquisador na vida e no contexto da população pesquisada; o problema é estabelecido pelos sujeitos da pesquisa; não é constituído aprioristicamente, mas apenas depois do reconhecimento das informações das pessoas e dos grupos envolvidos. Ele é formado dinamicamente. Também a postura do pesquisador é diferente em ambos os enfoques: no qualitativo, não há preocupação com a neutralidade científica; antes, o pesquisador entende que a compreensão dos fatos se dá com sua conduta participante; será fruto de sua participação e interação com os sujeitos da pesquisa. Ele busca apreender o significado social que os pesquisados atribuem aos fatos, aos problemas que vivenciam. Os pesquisados, por sua vez, são vistos como sujeitos capazes de produzir conhecimentos e de intervir em sua solução. Em relação à revisão da literatura, ambos os enfoques também diferem; enquanto no quantitativo ela é fundamental e justificativa para a formulação e necessidade de estudo, no qualitativo ela tem papel secundário, embora seja justificativa para a formulação e necessidade do estudo. Em relação à coleta de dados, no enfoque quantitativo ela se vale de instrumentos predeterminados, dados numéricos, número considerável de casos; no qualitativo, os dados vão surgindo com o desenrolar da pesquisa e o número de casos é relativamente pequeno. A análise dos dados no enfoque quantitativo envolve análise estatística, descrição de tendências, comparação de grupos, relação entre variáveis, comparação de resultados com estudos anteriores etc.; no qualitativo, temos análise de textos e material audiovisual, descrição e análise de temas e significado profundo dos resultados. Finalmente, o relatório de resultados no enfoque quantitativo é padronizado e fixo, objetivo e, teoricamente, sem tendências, enquanto no qualitativo é emergente e flexível, reflexivo e aberto à aceitação de tendências.

A classificação das pesquisas é relevante para Gil (2017, p. 25), porque possibilita reconhecer semelhanças e diferenças entre modalidades diferentes de pesquisa, permitindo ao pesquisador decidir qual delas será mais adequada à solução dos problemas que objetiva com sua investigação: "quando o pesquisador consegue rotular seu projeto de pesquisa de acordo com um sistema de classificação, torna-se capaz de conferir maior racionalidade às etapas requeridas para sua execução".

Levando em conta a área de conhecimento, as pesquisas podem ser classificadas em: Ciências Exatas e da Terra, Ciências Biológicas, Engenharias, Ciência da Saúde, Ciências Agrárias, Ciências Sociais e Aplicadas, Ciências Humanas. Essa classificação do Conselho Nacional de Desenvolvimento Científico e Tecnológico (CNPq) objetiva a definição de políticas de pesquisa e concessão de financiamento.

Considerando a finalidade, as pesquisas podem ser: básica ou aplicada, o que não impede a utilização de ambas em uma mesma pesquisa. Ultimamente, também tem sido usada a divisão: pesquisa básica pura (ocupada com a ampliação do conhecimento, sem preocupação prática), pesquisa básica estratégica (interessada na aquisição de novos conhecimentos para a solução de problemas práticos), pesquisa aplicada, cujo objetivo é adquirir conhecimento para a solução de um problema específico, e pesquisa de desenvolvimento experimental, que visa à produção de novos materiais, equipamentos, políticas e comportamentos, ou novos serviços.

Outra classificação de pesquisa diz respeito a seus objetivos. Nesse caso, elas podem ser **exploratórias** (possibilitam maior familiaridade com o problema e a construção de hipóteses), **descritivas**, **explicativas**. Com base em Selltiz, Gil (2017, p. 26) afirma que na **pesquisa exploratória** a coleta de dados compreende: levantamento bibliográfico, entrevistas com pessoas experientes em relação ao assunto, análise de exemplos. Seriam pesquisas exploratórias: pesquisa bibliográfica, estudo de caso, levantamento de campo. Gil afirma ainda que as pesquisas acadêmicas, em um primeiro momento, seriam exploratórias, visto que o pesquisador raramente tem definido com clareza o objeto de sua investigação. As **pesquisas descritivas**, por sua vez, objetivam descrever as características de uma população, ou identificar relações entre variáveis. Nesse caso, são comuns as pesquisas que investigam características de um grupo, considerando idade, sexo, procedência, nível de escolaridade, nível socioeconômico etc. Também são pesquisas descritivas as que se ocupam do nível de criminalidade de determinada comunidade, do atendimento dos serviços públicos de saúde, segurança, direitos humanos, pesquisas sobre preferência política. Quando a pesquisa descritiva, além da relação entre variáveis, se ocupa da natureza dessa relação, ela se aproxima da pesquisa explicativa. Finalmente, temos as **pesquisas explicativas**, que objetivam identificar os fatores que subjazem à ocorrência de determinados fenômenos. Enquanto nas Ciências Naturais as pesquisas explicativas utilizam o método experimental, nas Ciências Sociais os métodos usados são observacionais. Nas Ciências Sociais, a realização de pesquisas explicativas nem sempre é possível; na Psicologia, que se vale de elevado grau de controle, utiliza-se a denominação *quase experimentais*.

Segundo os métodos empregados, as pesquisas podem ser **qualitativas** e **quantitativas**. Nesse caso, a preocupação concentra-se na qualidade dos resultados alcançados com a pesquisa, em como os dados foram obtidos, que procedimentos foram adotados para a análise e interpretação dos dados, ambiente em que os dados foram coletados (se a pesquisa foi realizada em campo ou em laboratório) e o grau de controle das variáveis (experimental ou quase experimental).

Alguns autores não fazem distinção entre qualitativo e quantitativo (GOODE; HATT, 1969, p. 398), mas há diferença marcante em relação à maneira como são abordados os fatos, dependendo do tipo de estudo. A abordagem quantitativa

> caracteriza-se pelo emprego da quantificação tanto nas modalidades de coleta de informações, quanto no tratamento delas por meio de técnicas estatísticas, desde as mais simples, como percentual, média, desvio-padrão, às mais complexas, como coeficiente de correlação, análise de regressão etc. (RICHARDSON, 2015, p. 70).

Todavia, a abordagem qualitativa difere da quantitativa não apenas por não empregar instrumentos estatísticos, difere também pela forma como se realizam a coleta e a análise dos dados. A primeira preocupa-se em analisar e interpretar aspectos mais profundos, descrevendo a complexidade do comportamento humano. Fornece análise mais detalhada sobre investigações, hábitos, atitudes, tendências de comportamento etc. Enquanto na abordagem quantitativa o pesquisador se vale de amostras amplas e de informações numéricas, na qualitativa as amostras são reduzidas, os dados são analisados em seu conteúdo psicossocial e os instrumentos de coleta não são estruturados. Para Janesick (1994, p. 210), as questões abordadas da perspectiva qualitativa são bastante diferentes das que empregam as investigações quantitativas.

A pesquisa qualitativa objetiva obter uma compreensão particular do objeto que investiga. Como focaliza sua atenção no específico, no peculiar, seu interesse não é explicar, mas compreender os fenômenos que estuda dentro do contexto em que aparecem. Tanto o enfoque qualitativo como o quantitativo utilizam processos rigorosos, metódicos, empíricos, visando produzir conhecimento. De acordo com Grinnell (*In*: SAMPIERI; COLLADO; LUCIO, 2013, p. 30), ambos os enfoques se valem de fases similares, relacionadas entre si, ou seja:

a) Realizam a observação e a avaliação dos fenômenos.
b) Estabelecem suposições ou ideias como resultantes da observação e avaliação realizadas.
c) Demonstram e provam o fundamento das suposições ou ideias.
d) Fazem revisões de tais suposições ou ideias com base na prova das análises.
e) Sugerem novas observações e avaliações para esclarecer, modificar, consolidar e/ou fundamentar as suposições e ideias, inclusive para generalizar outras.

Ao tratarem, porém, das características do enfoque quantitativo, lembram Sampieri, Collado e Lucio (2013, p. 30 s) que esse enfoque é sequencial, dedutivo, comprobatório e tem como objetivo analisar a realidade objetiva: "Cada etapa precede a seguinte e não podemos 'pular ou evitar passos', a ordem é rigorosa, embora, claro, possamos redefinir alguma fase." Temos então a seguinte sequência de fases: tema (objeto da pesquisa), formulação do problema, revisão da literatura e desenvolvimento do marco teórico, visualização do alcance do estudo, elaboração de hipóteses e definição de variáveis, desenvolvimento do desenho da pesquisa, definição e seleção da amostra, coleta de dados, análise dos dados, elaboração do relatório de resultados. Há nesse enfoque uma preocupação com a generalização dos resultados, controle dos fenômenos, precisão, réplica e previsão. Por outro lado, a abordagem qualitativa tem como característica: explorar os fenômenos em profundidade, ser realizada basicamente em ambientes naturais, haver interesse no significado dos dados colhidos e não se valer de cálculos estatísticos. Além disso, diferentemente da abordagem quantitativa, vale-se da indução, e as fases não se sucedem linear e sequencialmente. O processo é recorrente, caminha-se adiante e retrocede-se. O interesse se concentra em análises de múltiplas realidades subjetivas, em contextualizar os fenômenos, interpretá-los, buscar a profundidade dos significados. Basicamente, temos como características: parte-se do tema (objeto da pesquisa), formula-se o problema de pesquisa, que normalmente é influenciado pela fase de revisão da literatura e constituição do marco teórico; faz-se uma imersão inicial no campo, a que se pode voltar dependendo das leituras realizadas. Estabelece-se um desenho de pesquisa, que pode levar novamente à imersão inicial e à revisão da literatura. Define-se então uma amostra inicial e como se dará o acesso a ela. Nessa fase, tanto se pode voltar ao desenho da pesquisa quanto à revisão da literatura. A fase de coleta de dados também pode demandar volta à literatura e à definição da amostra. Na fase seguinte, a de análise de dados, também pode ser necessário voltar à coleta de dados e à literatura. A fase de interpretação dos resultados não é diferente das anteriores: às vezes, é preciso retornar a fases anteriores da pesquisa. Finalmente, procede-se à elaboração do relatório da pesquisa.

2 ABORDAGEM QUALITATIVA

Uma pesquisa qualitativa pressupõe o estabelecimento de um ou mais objetivos, a seleção das informações, a realização da pesquisa de campo. Em seguida, constroem-se, se necessário, as hipóteses que se ocuparão da explicação do problema identificado e define-se o campo e tudo o que será preciso para a recolha dos dados. Recolhidos os dados, passa-se à fase de sua análise. Todavia, diferentemente da pesquisa quantitativa, na qualitativa o processo não é sequencial; o pesquisador avança às fases seguintes, mas constantemente retrocede a fases anteriores, para reformulações, sempre à procura de significados profundos, conforme já expusemos no início deste capítulo, na seção 1.

A abordagem qualitativa teve sua origem na prática desenvolvida pela Antropologia; depois, foi empregada pela Sociologia e Psicologia e, posteriormente, a investigação qualitativa passou a ser aplicada em Educação, Saúde, Geografia Humana etc.

A pesquisa qualitativa, às vezes, é questionada sobre sua validade, sobretudo por não se valer de cálculos estatísticos nem se ocupar de generalizações e estabelecimento de leis. Paradoxalmente, "contestações à pesquisa exclusivamente quantitativa vieram, porém, de autores com reconhecida experiência em pesquisa experimental" (CHIZZOTTI, 2017, p. 43), que são pesquisas quantitativas. Parafraseia então afirmação de Donald Campbell, que teria declarado em 1974, em assembleia de Psicologia, "que a abordagem quantitativa e pesquisadores rigorosos servem-se de uma fundamentação qualitativa – o bom senso – para contravalidar pesquisas com erros decorrentes de leitura errônea de medidas ou de defeitos no uso de instrumentos". Em seguida, Campbell propôs que nas avaliações de programas ou na avaliação de resultados de inovações sociais se recorresse à abordagem qualitativa, que incluía "explicitamente", além do bom senso, pesquisas fenomenológicas, histórico-filosóficas, clínicas, estudos de casos, observação participante. Com base na Antropologia, reconhecia também a necessidade de descrições que apreendessem o ambiente ecológico dos indivíduos que se queria avaliar. Finaliza Chizzotti: "Campbell pretendia estabelecer uma síntese unificadora do conhecimento quantitativo e qualitativo", acrescentando que também Lee Joseph Cronbrach contestava as análises de interações de indivíduos com base no tratamento experimental que não considerasse diferenças individuais, visto que tais estudos acabavam em generalizações "pouco válidas". As análises deveriam explicitar o contexto, suas características, bem como os acontecimentos que envolviam as observações. Reconhece Chizzotti, no entanto, que se deve a Robert Stake "a sistematização de um programa qualitativo na avaliação de programas onde os participantes atuam, levantando questões ou recebendo informações sobre o conteúdo e a forma do programa". A avaliação deveria

> responder às questões postas pelos interlocutores, atuar sobre o programa tal como acontece e não como foi planificado e considerar os diferentes juízos de valor quando são analisados o sucesso ou fracasso do programa (p. 44).

Finalmente, Chizzotti reconhece que a crítica ao uso de pesquisa quantitativa em Ciências Humanas e Sociais procedeu também do interacionismo simbólico, da etnometodologia, da etonografia, da pesquisa-ação, da intervenção piscossociológica e, sobretudo, de Habermas, que criticou os fundamentos da razão instrumental.

No campo da Antropologia, esse tipo de investigação era conhecido como pesquisa etnográfica. Triviños (2015, p. 121) reconhece que a etnografia é uma forma específica de investigação qualitativa, admitindo ser ela referente ao estudo da cultura (definição geralmente empregada, mas genérica). Para ele, certas posições devem ser levadas em consideração como o reconhecimento:

a) Da existência de um mundo cultural desconhecido.
b) Da necessidade de descrever o modo de vida dos povos, para compreender seu significado, para melhor entender o funcionamento de sociedades e grupos.
c) Da participação ativa na vida da comunidade, a fim de conhecê-la melhor.

A investigação qualitativa em Sociologia, cujos primeiros estudos estavam voltados para comunidades, retoma a etnometodologia, a análise do discurso e as histórias de vida. Em Psicologia, a metodologia qualitativa incorpora-se à hermenêutica, à fenomenologia, à investigação naturalista, etnográfica etc. Em Educação, os primeiros textos fazem referência à investigação naturalista, evolução iluminativa e qualitativa, etnografia e teoria crítica, investigação-ação participativa e colaborativa.

Para Eisman, Bravo e Pina (1998, p. 228) "a investigação qualitativa supõe a adoção de determinadas concepções filosóficas e científicas e fórmulas específicas de coleta e análise dos dados, o que origina uma nova linguagem metodológica".

Chizzotti (2014b, p. 65 s) apresenta entre as abordagens qualitativas: a etnografia, as pesquisas ativas (pesquisa-ação e pesquisa intervenção, a pesquisa participativa, a pesquisa para a ação, a pesquisa na ação), a história de vida (biografia, autobiografia, testemunho, etnobiografia, história oral), a análise de conteúdo, a análise do discurso, o estudo de caso. Severino (2016, p. 126) entende que são pesquisas qualitativas: a etnográfica, o estudo de caso, a análise de conteúdo. Sampieri, Collado e Lucio (2013, p. 496 s) citam como desenhos básicos de pesquisa qualitativa: teoria fundamentada, desenhos etnográficos, desenhos narrativos e desenhos de pesquisa-ação, desenhos fenomenológicos.

2.1 Conceitos e características da abordagem qualitativa

A abordagem qualitativa, em geral, englobam dois momentos distintos: a pesquisa, ou coleta de dados, e a análise e interpretação, quando se procura desvendar o significado dos dados.

O enfoque qualitativo difere basicamente do quantitativo por não empregar cálculos estatísticos como base do processo de análise de um problema. A pesquisa qualitativa é uma tentativa de "compreensão detalhada dos significados e características situacionais apresentadas pelos entrevistados, em lugar da produção de medidas quantitativas de características ou comportamentos" (RICHARDSON, 2015, p. 90).

Para Minayo (2015, p. 21) a pesquisa qualitativa "responde a questões particulares". Em Ciências Sociais, preocupa-se com "um nível de realidade que não pode ser quantificado", ou seja, "ela trabalha com o universo de significados, dos motivos, das aspirações, das crenças, dos valores e das atitudes". E conclui a autora citada:

> O ser humano se distingue não só por agir, mas por pensar sobre o que faz e por interpretar suas ações dentro e a partir da realidade vivida e partilhada com seus semelhantes. O universo da produção humana que pode ser resumido no mundo das relações, das representações e da intencionalidade é objeto da pesquisa qualitativa dificilmente pode ser traduzido em números e indicadores quantitativos. Por isso não existe um *continuum* entre abordagens quantitativas e qualitativas, como muita gente propõe, colocando uma hierarquia em que as pesquisas quantitativas ocupariam o primeiro lugar, sendo "objetivas e científicas. E as qualitativas ficariam no final da escala, ocupando um lugar auxiliar e exploratório, sendo "subjetivas e impressionistas".

O estudo qualitativo desenvolve-se numa situação natural, oferecendo riqueza de dados descritivos, bem como focalizando a realidade de forma complexa e contextualizada. Goldenberg (2015, p. 63) postula não ser possível "formular regras precisas sobre as técnicas de pesquisa qualitativa porque cada entrevista ou observação é única: depende do tema, do pesquisador e de seus pesquisados". E, adiante, à página 73, vê artificialidade no conflito entre pesquisa qualitativa e pesquisa quantitativa: "Os pesquisadores estão descobrindo que [devem] lançar mão de todos os recursos disponíveis que possam auxiliar a compreensão do problema estudado".

Lazarsfeld (*In*: HAGUETTE, 2001, p. 64) admite, em relação a indicadores qualitativos, haver três situações:

a) As que substituem uma simples informação estatística referente a épocas passadas.
b) As que são usadas para captar dados psicológicos, como atitudes, motivações, pressupostos etc.

c) As que são usadas como indicadores do funcionamento das estruturas e organizações complexas.

Em relação à pesquisa qualitativa, Bogdan (*In*: TRIVIÑOS, 2015, p. 128-133) aponta as seguintes características:

a) Tem o ambiente natural como fonte direta dos dados.
b) É descritiva.
c) Analisa intuitivamente os dados.
d) Preocupa-se com o processo e não só com os resultados e o produto.
e) Enfatiza o significado.

2.2 Fases da abordagem qualitativa

A finalidade da pesquisa científica não é apenas fazer um relatório ou descrição dos dados pesquisados empiricamente, mas também relatar o desenvolvimento interpretativo dos dados obtidos.

Ainda que constitua embasamento diferente do que ocorre em outros tipos de pesquisa, o primeiro passo na pesquisa qualitativa é realização de leitura e reflexão sobre obras selecionadas, que tratam de teorias e de conhecimentos já existentes, relativos ao objeto da investigação. O pesquisador tem liberdade de escolher o método e a teoria que servirão para a realização de seu trabalho. A escolha, que depende do tipo de investigação, remete para uma posição teórica (positivista, estruturalista, dialética, fenomenológica etc.) que deve ser explicada, evidenciando a forma de abordagem (ver Capítulo 2). A teoria é constituída para explicar ou compreender um fenômeno, um processo ou um conjunto deles. Rampazzo (2015, p. 59), entretanto, entende que "a abordagem qualitativa se baseia particularmente na fenomenologia de Edmund Husserl (1859-1938). Na sua 'teoria do conhecimento', Husserl não privilegiou nem o 'sujeito' que conhece, nem o 'objeto' conhecido, mas a relação entre ambos". E conclui não poder haver consciência desvinculada do mundo, visto que a consciência é sempre consciência de alguma coisa e que o ser humano, segundo essa perspectiva, não é definido aprioristicamente, "é, pelo contrário, um ser-no-mundo; existe sempre em relação com algo ou com alguém e compreende as suas experiências, ou seja, lhes atribui significados, dando sentido a sua existência".

Alves-Mazzotti e Gewandsznajder (1999, p. 158) admitem que a "adoção prévia de um quadro teórico, *a priori*, turva a visão do pesquisador, levando-o a desconsiderar aspectos importantes, que não se encaixam na teoria e a fazer interpretações distorcidas dos fenômenos estudados". Todavia, o pesquisador precisa de um mínimo de estruturação, de embasamento teórico geral e um planejamento cuidadoso, para não se perder no contexto geral, que lhe serve de apoio.

O passo seguinte é a coleta de dados: o investigador entra em contato direto e prolongado com o indivíduo ou grupos humanos, com o ambiente e a situação que está sendo investigada. Não se admitem regras precisas nem o estabelecimento de problemas, hipóteses e variáveis antecipadamente. Antes, o estabelecimento do problema pressupõe que o pesquisador se aprofunde na vivência com o objeto de sua pesquisa, considerando os aspectos mais diversos da vida, do passado e das circunstâncias atuais que condicionam o problema. À medida que os dados são coletados, são também interpretados, o que pode levar à necessidade de novos levantamentos.

A fase de análise dos dados, retomando a interpretação dos dados à medida que foram coletados, tem sempre presente que o ser humano não pode ser reduzido a números, a quantidade, embora se reconheça a não existência da dicotomia de pesquisa qualitativa e pesquisa quantitativa. Demo (2012, p. 8) esclarece: "Todo fenômeno qualitativo é dotado também e naturalmente de faces quantitativas e vice-versa".

Finalmente, ao escrever o relatório, que deve primar pela clareza, o pesquisador deve ser coerente, ter consciência, objetividade, originalidade e ser confiável. O bom resultado da pesquisa depende da sensibilidade e intuição do pesquisador, que deve agir com rigor e ser criterioso, procurando não interferir nas respostas dos entrevistados nem deixar sua personalidade influenciar as respostas.

2.3 Delineamentos qualitativos

Para Gil (2016, p. 49),

> a formulação do problema, a construção de hipóteses e a identificação das relações entre variáveis constituem passos do estabelecimento do marco teórico ou sistema conceitual da pesquisa. [...] O estabelecimento desse marco teórico, ou sistema conceitual, que deriva fundamentalmente de exercícios lógicos, é essencial para que o problema assuma o significado científico. Todavia, por si sós, estas tarefas não possibilitam colocar o problema em termos de verificação empírica. *Torna-se, pois, necessário, para confrontar a visão teórica do problema, com os dados da realidade, definir o delineamento da pesquisa* [destaque nosso].

Define então Gil *delineamento* como planejamento da pesquisa, que envolve "tanto a sua diagramação quanto a previsão de análise e intepretação dos dados. Entre outros aspectos, o delineamento considera o ambiente em que são coletados os dados, bem como as formas de controle das variáveis envolvidas". Lista então os seguintes delineamentos: pesquisa bibliográfica, pesquisa documental, pesquisa experimental, ensaio clínico, estudo caso-controle, estudo de coorte, levantamento de campo (*survey*), estudo de caso, pesquisa etnográfica, pesquisa fenomenológica, teoria fundamentada nos dados (*grounded theory*), pesquisa-ação, pesquisa participante.

Entende Calais (*In*: BAPTISTA; CAMPOS, 2016, p. 105) que

> o delineamento é apenas a parte inicial do trabalho científico, mas não menos importante da pesquisa. É a maneira de se conseguirem os dados, ou seja, a forma estabelecida para se coletarem os dados de determinado problema com a melhor condição. Esses dados podem ser quantitativos ou qualitativos, sendo considerados tanto o ambiente em que ocorre o fato quanto as formas de controle das variáveis que aparecem naquele contexto.

Acrescenta ainda que a função do delineamento divulgado no relato da pesquisa é permitir que outros "executem a mesma pesquisa e cheguem às mesmas conclusões".

A divisão entre pesquisa qualitativa e quantitativa é apenas teórica, porque na prática abordagem qualitativa é auxiliar da quantitativa e vice-versa. Para afirmar em qual abordagem a pesquisa se encaixa, é preciso considerar a natureza da pesquisa: se o objetivo principal é classificar um conjunto de observações, ela será qualitativa; se o objetivo é verificar como os dados se distribuem em uma amostra, havendo sobretudo preocupação estatística, ela será quantitativa.

2.3.1 Estudo de caso

Tradicionalmente, a abordagem (metodologia) qualitativa identifica-se com o estudo de caso. Vem de uma tradição de sociólogos e caracteriza-se por dar especial atenção a questões que podem ser conhecidas por meio de casos. O estudo de caso foi criado por Frédéric Le Play, que o empregou ao estudar famílias operárias na Europa. O estudo de caso refere-se ao levantamento com mais profundidade de determinado caso ou grupo humano sob todos os seus aspectos. Entretanto, é limitado, pois se restringe ao caso estudado, que não pode ser generalizado.

Existem distintos motivos para estudar casos:

a) **Intrínsecos:** representação de traços particulares.
b) **Instrumentais:** esclarecimentos de traços sobre algumas questões.
c) **Coletivos:** abordagem de vários fenômenos conjuntamente.

No estudo de caso, não há aprioristicamente um esquema estrutural; assim, não se organiza um esquema de problemas, hipóteses e variáveis com antecipação. Ele reúne grande número de informações detalhadas, valendo-se de diferentes técnicas de pesquisa. Seu objetivo é apreender determinada situação e descrever a complexidade de um fato.

Para Lüdke e André (1986, p. 18-20), no estudo de caso algumas características são fundamentais, como:

a) Visar à descoberta.
b) Enfatizar a interpretação do contexto.
c) Retratar a realidade de forma ampla.
d) Valer-se de fontes diversas de informações.
e) Permitir substituições.
f) Representar diferentes pontos de vista em dada situação.
g) Usar linguagem simples.

A investigação procura entender o significado do sistema próprio dos entrevistados. Daí a necessidade de os dados qualitativos descreverem detalhadamente os indivíduos ou grupos, valendo-se da terminologia utilizada pelos entrevistados. Não se podem antecipar os aspectos do sistema significativo, nem o contexto do funcionamento da totalidade que só é possível conhecer posteriormente. Na abordagem qualitativa, as técnicas fundamentais de coleta de dados são: a observação, a entrevista e a história de vida.

Seriam as seguintes as etapas do delineamento da pesquisa de um estudo de caso: (1) formulação do problema de pesquisa; (2) definição das unidades-caso; (3) seleção dos casos; (4) determinação das técnicas de coleta de dados; (5) elaboração do protocolo de pesquisa (relação de decisões tomadas ao longo da pesquisa; esclarecimento dos procedimentos adotados na coleta de dados; em geral, os protocolos são compostos de: identificação do projeto, responsável, entidade patrocinadora, período de realização, local da pesquisa; introdução com especificação da relevância teórica e prática do estudo e identificação dos beneficiários da investigação; definição das pessoas que serão objeto da pesquisa, bem como das estratégias a serem utilizadas para a obtenção de informações; questões necessárias à coleta de dados; previsão de análise dos dados); (6) coleta de dados (entrevistas, observação, documentos); (7) análise e interpretação dos dados; (8) redação do relatório de pesquisa.

2.3.2 Pesquisa etnográfica

Pesquisa etnográfica é um tipo de pesquisa qualitativa que objetiva descrever o entendimento e o conhecimento compartilhado pelos integrantes de um grupo que orientam seu comportamento em um contexto específico. É uma pesquisa que estuda grupos de pessoas, enfatizando "os sujeitos pesquisados independentemente das teorias que sustentam a descoberta" (NASCIMENTO; SOUSA, 2015, p. 149). Severino (2016, p. 126) entende que a pesquisa etnográfica objetiva "compreender, na sua cotidianidade, os processos do dia a dia em suas diversas modalidades, os modos de vida do indivíduo ou do grupo social". Ocupa-se de registrar detalhadamente "aspectos singulares da vida dos sujeitos observados em suas relações socioculturais". À investigação etnográfica não interessa a generalização nem a tipificação, somente a caracterização do respectivo grupo em um cenário particular e natural.

Como o processo de pesquisa em estudos etnográficos é flexível, não existe um esquema rígido a ser seguido. As técnicas utilizadas são basicamente: a observação participante, os diários de campo, as experiências e interpretação da informação, as entrevistas. Nos estudos etnográficos, o investigador convive, em grande parte, com pessoas (objeto de estudo); daí a necessidade de entrosar-se com elas, viver da mesma forma que elas, prestando atenção em seus costumes. O pesquisador deve descobrir e interpretar, sem interferência, os dados, traços e a dinâmica do grupo. Para Guber (2001, p. 121), "o trabalho de campo etnográfico é uma modalidade de pesquisa social que mais demanda do investigador, comprometendo seu próprio sentido do mundo, das pessoas e de si mesmo".

Para Luna (*In*: FAZENDA, 1980, p. 38), o que caracteriza fundamentalmente o método etnográfico é:

a) Contato direto e prolongado do pesquisador com a situação e as pessoas e/ou grupos selecionados.
b) Grande quantidade de dados descritivos, com o acúmulo de locais, fatos, ações, pessoas, relações, formas de linguagem etc.

c) Existência de um esquema aberto que permite transitar entre observação e análise, entre teoria e empirismo.
d) Utilização de diferentes técnicas de coleta e de fontes de dados.

O delineamento da pesquisa etnográfica compreende os seguintes passos: formulação do problema, seleção da amostra, entrada em campo, coleta de dados, elaboração de notas de campo, análise dos dados, redação do relatório de pesquisa (GIL, 2017, p. 115 s).

2.3.3 Análise de conteúdo

Análise de conteúdo é considerada por alguns autores uma técnica de tratamento e análise de informações colhidas de um documento escrito. Aqui, vamos considerar seu delineamento qualitativo. Trata-se de um procedimento cuja ênfase recai na quantificação dos ingredientes do texto, ou seja, na frequência da aparição de certas palavras, expressões, frases, temas etc. Nesse sentido, é uma abordagem que se vale de uma técnica de análise de comunicação, cujo objetivo é compreender criticamente o sentido de uma comunicação, observando quer seu conteúdo manifesto, quer seu conteúdo latente, significações explícitas ou ocultas.

Inicialmente, ela ocupou-se de materiais jornalísticos; hoje, interessa-se também por documentos institucionais e transcrições de entrevistas. Vergara afirma que sua disseminação como método de pesquisa ocorreu a partir de estudos realizados pela Escola de Jornalismo da Universidade Colúmbia, nos EUA. Harold Lasswell, um dos pioneiros na aplicação do método, teria realizado análise de material jornalístico e de propaganda. Informa ainda Vergara que a análise de conteúdo "admite tanto abordagens quantitativas quanto qualitativas", bem como a utilização de ambas em uma mesma pesquisa.

Para Chizzotti (2014, p. 114), a análise de conteúdo

> consiste em relacionar a frequência da citação de alguns temas, palavras ou ideias em um texto para medir o peso relativo atribuído a um determinado assunto pelo seu autor. É um tipo de análise da comunicação que pretende garantir a imparcialidade objetiva, socorrendo-se da quantificação das unidades do texto claramente definidas.

Em outro texto, Chizzotti (2017, p. 121) acrescenta que a análise de conteúdo focaliza a redução do volume de informações de uma comunicação "a algumas características particulares ou categorias conceituais que permitam passar dos elementos descritivos à interpretação", bem como dedica-se à investigação da "compreensão dos atores sociais no contexto cultural em que produzem a informação". Verifica ainda a influência do contexto no estilo, na forma e no conteúdo da comunicação. Ao focar unidades léxicas ou categorias conceituais, busca o significado profundo de uma comunicação no momento que se realiza. Daí ocupar-se também da análise da enunciação: como a comunicação se dá: em terceira pessoa, em primeira pessoa do singular, do plural, momento em que se dá (presente ou passado), lugar próximo aos locutores ou distante deles.

Segundo Sampieri, Collado e Lucio (2013, p. 275), a análise de conteúdo ocupa-se de "estudar qualquer tipo de comunicação de uma maneira 'objetiva' e sistemática, que quantifica as mensagens ou conteúdos em categorias e subcategorias e as submete à análise estatística". E citam como exemplos de sua utilização: avaliação da quantidade de conteúdo sexual em um ou vários programas de televisão; estudo de estratégias e características das campanhas publicitárias nos meios de comunicação de massa; comparação de estratégias propagandísticas de partidos políticos na Internet; verificação de discrepâncias ideológicas de variados jornais sobre variados temas (economia, políticas sociais, aborto etc.). Bardin (2016, p. 33) esclarece a definição de análise de conteúdo:

> Sou investigador sociólogo e o meu trabalho visa determinar a influência cultural das comunicações de massa em nossa sociedade. Sou psicoterapeuta e gostaria de compreender o que as palavras dos meus "clientes" – os seus balbucios, silêncios, repetições ou lapsos – são suscetíveis de revelar no seu rumo para a superação das suas angústias ou obsessões. Sou historiador e desejaria saber, baseando-me nas cartas enviadas à família antes da catástrofe, a razão pela qual determinado batalhão se deixou massacrar, durante a Primeira Guerra Mundial. Sou psicólogo e gostaria de analisar as entrevistas que efetuei com crianças de uma turma para avaliar o seu grau de adaptação. Estudo literatura, e ao debruçar-me sobre a obra de Baudelaire tento delinear, através de *Fleurs du mal,* de poemas em prosa e notas íntimas encontradas, a estrutura temática do seu imaginário. [...] Para cada um dos casos e para muitos outros, as Ciências Humanas facultam um instrumento: *a análise de conteúdo* de comunicações.

A abordagem de análise de conteúdo, segundo Vergara (2015, p. 7), focaliza o tratamento de dados, visando "identificar o que está sendo dito a respeito de determinado tema". Para Severino (2016, p. 129), "é uma metodologia de tratamento e análise de informações constantes de documentos, sob forma de discursos pronunciados em diferentes linguagens: escritos, orais, imagens, gestos". Ocupa-se da análise de comunicações, da compreensão crítica do sentido manifesto ou oculto das comunicações, objetivando obter, por meio de procedimentos sistemáticos e objetivos de descrição do conteúdo dos textos, indicadores que permitam a inferência de conhecimentos sobre as condições de produção e recepção desses textos. Ainda segundo Severino, "os enunciados são vistos como indicadores significativos, indispensáveis para a compreensão dos problemas ligados às práticas humanas e a seus componentes psicossociais".

Considerando o delineamento da análise de conteúdo, três seriam as etapas dessa abordagem: a pré-análise (seleção do material e definição dos procedimentos a serem seguidos), a exploração do material, o tratamento dos dados e interpretação. Seu procedimento básico diz respeito à definição de categorias pertinentes aos objetivos da pesquisa. Bardin (2016, p. 125, 133) entende que a fase de pré-análise é a da organização propriamente dita: corresponde a um período de intuições, cujo objetivo é "tornar operacionais e sistematizar as ideias iniciais, de maneira a conduzir a um esquema preciso do desenvolvimento das operações sucessivas, num plano de análise". Essa primeira fase compreende: a escolha dos documentos que serão submetidos à análise, a formulação de hipóteses e dos objetivos e a elaboração de indicadores a serem utilizados na interpretação final. Postula ainda Bardin que a escolha dos documentos depende dos objetivos da pesquisa, mas é possível que eles só possam ser formulados em função dos documentos disponíveis. A fase de exploração do material consiste basicamente em operações de codificação (recorte, escolha das unidades, escolha das regras de contagem, escolha das categorias, ou seja, de posse do texto que será objeto da análise de conteúdo, passa-se à: (a) escolha das unidades de codificação, enumerando a frequência e a intensidade surgida no documento; (b) determinação das categorias a serem empregadas na codificação do conteúdo dos dados, a partir das hipóteses da investigação; (c) registro e quantificação dos dados, conforme os indicadores escolhidos.

As etapas desse tipo de pesquisa, segundo Chizzotti (2014, p. 129), seriam: (1) especificação do texto objeto da pesquisa (um documento, uma entrevista, uma reportagem; será um único exemplar ou serão vários?); evidentemente, a seleção do texto depende do objetivo pretendido; (2) estabelecimento dos objetivos e hipóteses; (3) análise descritiva da decomposição dos elementos realizada (inclui: definição das categorias que compõem os elementos do conteúdo, bem como estabelecimento da unidade de análise da frequência material de cada elemento que se repete no texto, contabilização dos elementos do conteúdo, numeração de palavras, indicadores que aparecem no texto [dados observáveis que podem ser expressos em números: indicadores de pobreza, renda familiar, utensílios domésticos etc.], índice [síntese de diferentes indicadores]); (4) análise dos dados.

Gomes (*In*: MINAYO, 2015, p. 85 s), com base em Bardin, destaca as seguintes técnicas na análise do conteúdo:

a) Análise de avaliação ou análise representacional: ocupa-se de medir as atitudes do locutor quanto aos objetos de que fala.
b) Análise de expressão: observa a correspondência entre o tipo de discurso e as características do locutor e de seu meio. Há necessidade aqui de conhecer os traços pessoais do autor da fala.
c) Análise de enunciação: ocupa-se das condições de produção da fala, das estruturas gramaticais, da organização do discurso, das figuras de retórica (por exemplo: tipos de metáfora que o falante utiliza) e, ainda, chistes, lapsos, silêncios, jogos de palavra.
d) Análise temática: focaliza as unidades de sentido de um texto (os tópicos tratados).

Em relação aos procedimentos metodológicos, Gomes salienta que, costumeiramente, se decompõe o material a ser analisado em partes, distribuindo-as em categorias e fazendo uma descrição dos resultados da categorização. Na fase seguinte, o pesquisador realiza inferências dos resultados, interpretando-os com auxílio da fundamentação teórica adotada. A categorização pode ser feita com base nos seguintes critérios: semântico (categorias temáticas), morfológico (verbos, adjetivos, advérbios utilizados pelo falante), lexical (palavras frequentes no discurso do falante), expressivo (estilo do falante). A inferência diz respeito à dedução de algo que fazemos de forma lógica do conteúdo analisado. A interpretação é um processo que se realiza, procurando ir além do material, atribuindo "um grau de significação mais ampla aos conteúdos analisados" (p. 90).

Considerando um hipotético exemplo de pesquisa sobre a representação feminina relativa ao uso de preservativo, Gomes utilizou para a análise de conteúdo os conceitos de *hegemonia, contra-hegemonia, senso comum* e *bom senso* da teoria de Gramsci. Aplicou, então, leitura compreensiva ao material recolhido (entrevistas com mulheres), partindo do pressuposto de que as representações estariam relacionadas com papéis de gêneros constantes do senso comum. Identificou, então, no seu exemplo hipotético a presença de vários núcleos de sentido: em um deles, a responsabilidade do uso do preservativo caberia ao homem; em outro, a responsabilidade caberia tanto ao homem quanto à mulher; verificou também que algumas mulheres entendiam que a necessidade de uso do preservativo estaria associada a relações extraconjugais ou a sexo com prostitutas. Esses sentidos podem ser reduzidos a dois: responsabilidade centrada no homem e indicação de "relações sexuais escusas". Finalmente, em sua análise interpretativa desse estudo hipotético,

> o uso do preservativo está associado à hegemonia do homem sobre as mulheres. No senso comum, as mulheres costumam representar o seu uso como de responsabilidade masculina, uma vez que são os homens que estabelecem as regras da sexualidade. [...] Entretanto, não se pode negar a existência de posições contra-hegemônicas que podem transformar senso comum num bom senso onde, nas relações de forças, a mulher administre o exercício da sexualidade no sentido de prevenir doenças sexualmente transmissíveis como a Aids (p. 95-96).

2.3.4 Pesquisa fenomenológica

Como o nome indica, a pesquisa fenomenológica apoia-se na filosofia de Husserl, Heidegger, Merleau-Ponty. A fenomenologia é muito mais uma postura, um modo de compreender o mundo do que propriamente uma teoria que o explique (cf. GIL, 2017, p. 35). Trata-se de um tipo de pesquisa cujo objeto é o próprio fenômeno como se apresenta à consciência, ou seja, o que aparece e não o que de fato é. Ela se ocupa de interpretar o mundo com base na consciência do sujeito. Daí Gil afirmar que a atenção do pesquisador se volta "para a relação sujeito-objeto, o que implica a extinção da separação entre sujeito e objeto".

Entendem Sampieri, Collado e Lucio (2013, p. 520) que no delineamento fenomenológico "o foco são as experiências individuais subjetivas dos participantes". Objetiva-se "reconhecer as percepções das pessoas e o significado de um fenômeno ou experiência". Propõem então uma questão orientadora desse tipo de pesquisa: "Qual o significado, estrutura e essência de uma experiência vivida por uma pessoa (individual), por um grupo (grupal) ou uma comunidade (coletiva) em relação a um fenômeno?".

A pesquisa fenomenológica compreende dois momentos: a redução fenomenológica e a redução eidética. Na redução fenomenológica, restringe-se o conhecimento ao fenômeno da experiência de consciência e, nesse caso, o mundo real é posto entre parênteses, pois que tudo o que é objeto de nossa experiência sensorial é mudado em experiência de consciência. A realidade passa a ser uma experiência de consciência. Pela redução eidética temos uma redução do objeto da percepção à ideia, o que leva à abstração dos acidentes e à intuição das essências. Em outros termos, a redução eidética significa "buscar a essência do objeto, ou seja, os atributos sem os quais ele não pode ser identificado" (VERGARA, 2015, p. 78).

A pesquisa fenomenológica ocupa-se de resgatar os significados atribuídos pelos sujeitos aos fenômenos sob investigação. Seu objetivo é descrever e entender os fenômenos com base no ponto de vista de cada participante e da perspectiva construída coletivamente. Como tais estudos se apropriam do conhecimento pela compreensão-interpretação-nova compreensão, a abordagem fenomenológica revela-se inacabada, não se constituindo em busca de uma verdade definitiva. A fonte dos dados nesse tipo de pesquisa repousa no relato dos próprios sujeitos. A pesquisa fenomenológica baseia-se ainda na análise de discursos e temas específicos e de seus significados, embora o pesquisador não despreze sua intuição e imaginação para apreender a experiência dos participantes.

As características dessa abordagem seriam: permitir explorar situações, valores e práticas apoiadas na visão de mundo dos próprios sujeitos; no lugar de verificar o saber já estabelecido, permitir descobrir conhecimentos; como trabalha com amostras intencionais e experiências singulares, não pretender alcançar resultados generalizáveis estatisticamente; exigir do pesquisador habilidade para interagir com o pesquisado. Por isso, o pesquisador "contextualiza as experiências em relação a sua temporalidade (quando aconteceram), espaço (onde ocorreram), corporeidade (as pessoas físicas que as viveram) e o contexto das relações (os laços produzidos durante as experiências)" (SAMPIERI, COLLADO, LUCIO, 2013, p. 520). Os autores citados citam como exemplo de pesquisa fenomenológica uma investigação com pessoas sequestradas cujo objetivo seria "entender como definem, descrevem e entendem essa terrível experiência, com seus próprios termos".

O delineamento da pesquisa fenomenológica inclui: formulação do problema, escolha das técnicas de coleta de dados, seleção dos participantes, coleta de dados, análise dos dados, redação do relatório de pesquisa.

2.4 Técnicas de pesquisa qualitativa

As técnicas de pesquisa qualitativa constituem instrumentos de coleta de dados para uma investigação que objetiva "intervir em uma situação insatisfatória, mudar condições percebidas como transformáveis, onde pesquisador e pesquisados assumem, voluntariamente, uma posição reativa" (CHIZZOTTI, 2017, p. 109). Embora a percepção sensível seja relevante nesse tipo de pesquisa, as técnicas que adiante veremos a ela não se restringem, pois também é necessário habilidade para perceber o que não se revela na superfície aparente da realidade, particularmente o que se oculta nas manifestações discursivas.

São técnicas auxiliares da abordagem qualitativa: a observação participante, a história ou relatos de vida, o grupo focal, o estudo de caso, sempre lembrando que os dados obtidos em uma pesquisa qualitativa não são coisas isoladas; são colhidos em um contexto de relações humanas. Além dessas técnicas, há os instrumentos que possibilitam uma coleta adequada à realização da pesquisa, como a entrevista, o questionário, o formulário.

2.4.1 Observação

A observação qualitativa, também chamada observação de campo, é uma técnica de coleta de dados que tem como objetivo explorar e descrever fenômenos, ambientes, aspectos da vida social de um grupo. Ela implica conhecer e aprofundar as situações sociais, mantendo reflexão contínua e observando detalhes dos sucessos, dos eventos e das interações, e faz-se pela a interação entre investigador e grupos sociais, visando coletar modos de vida sistemáticos, diretamente do contexto ou situação específica do grupo. Além de anotações textuais (fala dos indivíduos do grupo), registrará também signos não verbais e aspectos peculiares da linguagem. Daí a necessidade de introduzir-se cada vez mais na comunidade.

Ela pode ser direta ou participante. São suas preocupações:

a) Descrever comunidades, ambientes e diferentes atividades exercidas pelos participantes e o significado de tais atividades.
b) Compreender processos, interpelações entre pessoas e suas situações, ou circunstâncias, eventos, padrões, contextos sociais e culturais.
c) Identificar problemas.
d) Generalizar hipóteses para futuros estudos.

São apontadas, geralmente, duas formas de observação: a *natural*, em que o observador pertence à mesma comunidade ou grupo investigado; e a *artificial*, em que ele se integra ao grupo, visando obter informações.

Segundo Alves-Mazzotti e Gewandsznajder (1999, p. 167), algumas habilidades devem ser exigidas do observador, como:

"a) Ser capaz de estabelecer uma relação de confiança com os sujeitos.
b) Ter sensibilidade para pessoas.
c) Ser bom ouvinte.
d) Formular boas perguntas.
e) Ter familiaridade com as questões investigadas.
f) Ter flexibilidade para se adaptar a situações inesperadas.
g) Não ter pressa de identificar padrões ou atribuir significados aos fenômenos observados."

As anotações oriundas da observação qualitativa, de acordo com Grinnell (1997, p. 381-382), compreendem:

a) Descrição do que se está vendo, escutando, sentindo, conhecendo do contexto e das unidades de observação, registrando os dados cronologicamente.
b) Comentários pessoais sobre os fatos percebidos (significados, emoções, interações e reações).
c) Dados sobre sentimentos, sensações do próprio pesquisado.

Após diversas anotações, ao fim de cada jornada de trabalho, registram-se em um diário reflexões pontos de vista, conclusões preliminares, hipóteses iniciais, dúvidas etc. Tem-se, então, o material pronto para ser analisado.

A observação pode dar-se individualmente ou ser realizada por uma equipe. Como o próprio nome indica, a individual é uma técnica de observação realizada apenas por um investigador. Nesse caso, por um lado, a personalidade dele pode projetar-se sobre o observado, fazendo algumas inferências ou distorções, pela limitada possibilidade de controle; por outro lado, pode intensificar a objetividade de suas informações, anotando os eventos tal como se dão.

A observação realizada por uma equipe é mais aconselhável do que a individual, visto que o grupo pode observar a ocorrência por vários ângulos, corrigir distorções e enxergar aspectos diferentes. É também chamada observação maciça ou em massa.

2.4.1.1 Observação assistemática e observação sistemática

A observação assistemática é não estruturada, ou seja, ocupa-se de registrar fatos da realidade sem a utilização de meios técnicos nem de perguntas diretas. Nesse tipo de observação, não há planejamento nem controle previamente estabelecidos. É uma observação que depende da perspicácia do observador para captar um fenômeno de interesse científico que lhe ocorre de forma inesperada. Exige, todavia, prontidão, conhecimento da teoria e capacidade de não se deixar envolver emocionalmente pelos fenômenos observados. Já a observação sistemática é realizada sob condições controladas e utiliza instrumentos para a coleta de dados (entrevistas, questionários, formulários). Nas seções 6.1.1 e 6.1.2 deste capítulo, tratamos mais detidamente desses dois tipos de observação.

2.4.1.2 Observação participante

A observação participante é uma das técnicas mais utilizadas pelos pesquisadores qualitativos. Ela não utiliza instrumentos como questionário ou formulário e a responsabilidade do sucesso da investigação depende exclusivamente do investigador, como habilidade para interagir, flexibilidade, aspecto emocional, profissional e ideológico. O pesquisador precisa ganhar a confiança do grupo, fazer os indivíduos compreenderem a importância da investigação, sem ocultar o seu objetivo. Para Mann (1970, p. 96), ela é uma "tentativa de colocar o observador e o observado do mesmo lado, tornando-se o observador um membro do grupo de modo a vivenciar o que eles [os membros do grupo] vivenciam e trabalhar dentro do sistema de referência deles".

Na observação participante, o observador tem papel ativo: ele participa da vida da comunidade que é objeto de sua pesquisa; ele se constitui membro da comunidade de forma natural, quando pertence à própria comunidade; e sua observação participante se dá de forma não natural (artificial), quando se integra à comunidade apenas para realizar a investigação. Neste último caso, terá de decidir se revela ser pesquisador, ou se manterá oculto seu objetivo e seu papel na comunidade.

O observador pode enfrentar dificuldades para manter a objetividade, pelo fato de exercer influência sobre o grupo ou ser influenciado pelas atitudes ou comportamentos pessoais do entrevistado.

2.4.2 História de vida

A história de vida refere-se a uma narração em torno de determinados fatos ou fenômenos, nos quais se evidenciam valores e padrões culturais. É uma técnica de coleta de dados que pode complementar outros já levantados. Consiste em um modo de interpretar e reinterpretar os eventos, para melhor compreender as ações, os conceitos e os valores adotados pelo grupo ou indivíduo objeto da pesquisa.

Essa técnica de campo permite ao pesquisador maior controle sobre a situação ou as motivações do entrevistado. O objetivo do investigador é complementar dados coletados, a fim de obter maior conhecimento sobre a vida do indivíduo. Ela tem como função básica estimular a pessoa a falar, visando conseguir respostas claras e precisas sobre determinados fatos ou fenômenos. A história de vida pode favorecer o surgimento de novas questões e conseguir mais detalhes. Segundo Pujadas (1992, p. 59-84), ela abrange:

a) Planejamento teórico do trabalho.
b) Justificativa da metodologia.
c) Delimitação do universo da pesquisa.
d) Explicação dos critérios de seleção dos informantes.

A história de vida engloba, ainda: escolha de bons informantes; seleção de indivíduos que representam bem o universo sociocultural do objeto da pesquisa; verificação da disponibilidade e predisposição dos informantes.

Para Haguette (2001, p. 81-82), a história de vida é ponto de referência para avaliar teorias que tratam do mesmo problema; ela ajuda em áreas de pesquisa que abordam superficialmente o assunto e serve de base para suposições. Pode ainda ser útil no esclarecimento de aspectos subjetivos de vários estudos, fornecendo maiores detalhes.

Pujadas (1992, p. 68) propõe as seguintes regras na elaboração da história de vida:

a) Estimular a vontade de falar do informante e criar condições ambientais para que o relato se realize de forma cômoda.
b) Evitar a monopolização da palavra e não dirigir excessivamente a entrevista.
c) Elaborar um esboço geral da biografia que inclua as etapas da vida e maior número de dados cronológicos do indivíduo.

Em história de vida, embora não seja a única, a técnica mais utilizada para investigar é a entrevista semiestruturada, visto que permite aprofundar-se cada vez mais na vida do entrevistado.

2.4.3 História oral

Enquanto a história de vida levanta a vida de uma pessoa, evidenciando valores e padrões culturais, a fim de compreender as ações, os conceitos e os significados de atitudes e de comportamentos, a história oral investiga os fatos e acontecimentos registrados na memória de pessoas de destaque na comunidade. Seria, portanto, a reconstituição de um período ou de um evento histórico por meio das pessoas envolvidas, ocupando-se com o que é significativo para a compreensão de determinada sociedade. Esse levantamento, realizado por meios mecânicos ou manuais, tem como finalidade preservar as fontes pessoais, obtendo dados que podem preencher lacunas em documentos escritos, registrando, inclusive, variedades linguísticas, sotaques, inflexões, entonações dos entrevistados. Enfim, registra tudo o que se pode coletar sobre o passado de certos indivíduos, suas opiniões e maneiras de pensar e agir, procurando captar principalmente dados desconhecidos.

É, pois, uma técnica de coleta de dados bem ampla, uma técnica de levantamento de dados com depoimentos orais de pessoas que testemunharam fatos e eventos do passado, que podem ser escritos ou gravados pelo investigador.

Na seleção dos entrevistados, devem-se escolher, primeiro, os mais idosos, porque vivenciaram fatos do passado (antes que desapareçam) e, depois, os profissionais especializados em determinado assunto.

De acordo com o tipo de entrevista, a história oral pode ser classificada como:

a) Biográfica, em que o indivíduo exerce papel importante na vida da comunidade.
b) Temática, em que a pessoa tem participação restrita na sociedade.

Há sempre, como em todas as entrevistas, uma interação entre pesquisador e entrevistado.

Segundo Haguette (2001, p. 94), alguns autores fazem certas críticas à história oral, afirmando que ela não pode ser totalmente confiável, pelo fato de basear-se em:

a) Depoimentos parciais.
b) Versões dos acontecimentos e não em reconstituição.
c) Impressões distorcidas, em virtude de a memória ser falha ou deficiente.

A história oral, que tem como uma de suas finalidades preencher lacunas nos documentos escritos, é utilizada em várias ciências, como Antropologia, Sociologia, Ciência Política, História etc.

2.4.4 Grupo focal

Em pesquisa social, considerando as abordagens qualitativas, a técnica do grupo focal, cada vez mais utilizada, deriva de diferentes formas de trabalho com grupos. É amplamente desenvolvida na Psicologia Social. Um grupo focal caracteriza-se como um grupo de pessoas selecionadas por pesquisadores para, com base em experiência pessoal, discutirem o tema que é objeto da pesquisa. É uma técnica que privilegia a seleção dos participantes que possuam características comuns que os qualifiquem

> para a discussão da questão que será o foco do trabalho interativo e da coleta do material discursivo/expressivo. Os participantes devem ter alguma vivência com o tema a ser discutido, de tal modo que sua participação possa trazer elementos ancorados em suas experiências cotidianas (GATTI, 2012, p. 7).

A constituição e o desenvolvimento de um grupo focal dependem do problema de pesquisa, que precisa ser claramente estabelecido e ser posto em discussão aos componentes do grupo. O pesquisador, com base em determinada teoria relativa ao tema, propõe questões relevantes e contextualizadas, assim como orienta o estabelecimento de um roteiro preliminar de trabalho pelo qual o grupo desenvolverá os trabalhos de reflexão sobre o que é objeto da pesquisa. Todavia, o roteiro não deve apresentar-se de forma inflexível, como camisa-de-força; antes, sempre que necessários, ajustes devem ser feitos.

2.4.5 Entrevista

O principal interesse do pesquisador com as entrevistas qualitativas, que são muito pouco estruturadas, é compreender as perspectivas e experiências dos entrevistados, conhecer o significado que o entrevistado dá aos fenômenos e eventos de sua vida cotidiana, utilizando seus próprios termos. Ela permite o tratamento de assuntos de caráter pessoal.

Na definição de Sampieri, Collado e Lucio (2013, p. 425), entrevista é uma troca de informação entre o entrevistador e o entrevistado ou entrevistados. Por ser a entrevista um intercâmbio de comunicação, o pesquisador tem presente toda uma série de procedimentos que tornam eficaz a inter-relação, a fim de obter um testemunho de qualidade. Pode, por exemplo, vir a utilizar um roteiro simples, que o guie pelos principais tópicos, caso ele seja iniciante, levando em consideração, todavia, que a entrevista qualitativa é flexível e aberta. As entrevistas abertas baseiam-se em um guia geral com tema não específico; nelas o entrevistador goza de flexibilidade para manipulá-lo.

A entrevista qualitativa, junto com a observação participante, é a técnica mais usual na investigação qualitativa. A diferença entre ambas as técnicas é, segundo Eisman, Bravo e Pina (1998, p. 275), a "artificialidade com a qual se leva a cabo a entrevista frente à naturalidade dos cenários de observação".

Segundo Grinnell (1997, p. 118), as perguntas em uma entrevista podem ser:

a) **Gerais:** partem de planejamentos globais para chegar ao tema proposto.

   Exemplo: O que pensa da violência em famílias?

b) **Exemplificativas:** servem para aprofundar mais o tema, solicitando ao entrevistado que dê exemplo de um evento.

   Exemplo: O que concluiu sobre a assistência do SUS?

c) **Estruturais:** solicitam do entrevistado uma lista de itens.

   Exemplo: Que tipo de drogas é mais vendido atualmente?

d) **Contrastivas:** questionam semelhanças e diferenças sobre tópicos e fazem sua classificação em categorias.

   Exemplo: Como é o tratamento das enfermeiras no Hospital X?

Um entrevistador experiente propicia um ambiente de confiança e evita elementos que prejudiquem a conversa, ou seja, interrupções, ruídos, música, telefonemas etc.

A entrevista deve ser um diálogo espontâneo, porém profundo, aberto, cuidadoso, descartando perguntas muito diretas. Deve-se também evitar incomodar o entrevistado com perguntas tendenciosas. Nas entrevistas, podem-se usar diversas ferramentas, a fim de conseguir informações importantes: gravações, anotações, fotos, computadores.

No decorrer da conversa, o entrevistador tem liberdade de acrescentar perguntas que não façam parte de seu roteiro inicial. Após a entrevista, convém registrar pontos de vista, comentários, observações, reflexões, dúvidas, hipóteses, conclusões preliminares.

2.4.5.1 Tipos de entrevista

As entrevistas variam de acordo com o propósito do investigador. Elas podem ser:

a) Padronizada ou estruturada, em que o pesquisador segue um roteiro previamente estabelecido. As perguntas são predeterminadas.
b) Despadronizada ou semiestruturada, também chamada de assistemática, antropológica e livre, em que o entrevistador tem liberdade para desenvolver o tema da interação em qualquer direção que considere adequada. É uma forma de poder explorar mais amplamente a questão. A pesquisa semiestruturada é a que os investigadores qualitativos mais utilizam.

Segundo Ander-Egg (1978, p. 110), uma entrevista ainda pode ser:

a) Focalizada, em que há um roteiro de tópicos relativos ao problema a ser estudado. O entrevistador tem liberdade de fazer as perguntas que quiser, sobre razões, motivos, esclarecimentos. Para isso, são necessárias certas qualidades ao pesquisador, como habilidade para interagir com pessoas e perspicácia.
b) Clínica, em que se estudam os motivos, os sentimentos e a conduta das pessoas.
c) Não dirigida, em que há liberdade por parte do entrevistado, que poderá manifestar livremente sua opinião e seus sentimentos.

2.4.5.2 Vantagens e limitações das entrevistas

Como técnica de coleta de dados, a entrevista oferece vantagens e limites.

Considerando as vantagens, elas podem ser usadas com todos os segmentos da população. Há maior flexibilidade e oportunidade para avaliar atitudes e comportamentos, podendo o entrevistado ser mais bem observado. Possibilita também a coleta de dados importantes que não se encontram em fontes documentais.

Já com relação aos limites das entrevistas, é preciso considerar as dificuldades de expressão, de comunicação ou incorporação clara dos significados, o que pode levar a uma falsa interpretação. Há possibilidade de o entrevistador sofrer influência do indivíduo fornecedor das informações. Outros aspectos são: retenção de dados importantes, ser de longa duração, não ser econômica.

Os autores de metodologia científica, em geral, colocam a história de vida e a história oral como tipos de entrevistas.

2.4.6 Questionário e formulário

O questionário é um instrumento de coleta de dados que compreende um conjunto de perguntas previamente elaboradas que, diferentemente da entrevista, deve ser respondido por escrito e enviado ao pesquisador. Em geral, o pesquisador envia-o pelo Correio ou por algum meio eletrônico, ou por meio de um portador, e recebe-o de volta da mesma forma. Evidentemente, esse tipo de instrumento de pesquisa oferece a vantagem da economia de custo, de tempo, bem como pode atingir um grande número de pessoas e proporcionar menor risco de interferência do pesquisador nas respostas dos pesquisados, mas suas desvantagens também são consideráveis: pequeno percentual de respostas (devolução do questionário preenchido), perguntas sem resposta, interferência de terceiros no preenchimento do questionário, falta de compreensão de alguma pergunta por parte do respondente.

Em geral, para checar a validade do questionário e verificar sua contribuição à pesquisa, o pesquisador elabora um pré-teste, que se constitui na aplicação dele a algumas pessoas. Constando alguma falha, reelabora questões, tamanho, formato, número de questões, escolha dos participantes etc.

As perguntas veiculadas no questionário classificam-se em abertas e fechadas. Estas últimas podem ser dicotômicas (sim, não), tricotômicas (sim, não, não sei) ou de múltipla escolha.

Entre as preocupações de quem elabora um questionário estão: conteúdo adequado das perguntas, vocabulário acessível, número de perguntas, necessidade de contornar perguntas embaraçosas, ordem das perguntas.

O pesquisador ainda pode se servir de **formulários**, em que se submete o entrevistado a responder rapidamente a algumas questões.

Um exame detido da formulação de questionários o leitor encontra em nosso livro *Técnicas de pesquisa* (MARCONI; LAKATOS, 2017c).

2.5 Análise e interpretação de dados na pesquisa qualitativa

Salienta Gomes (*In*: MINAYO, 2015, p. 79) que a análise e interpretação em uma pesquisa qualitativa não tem como finalidade contar as opiniões de pessoas: "seu foco é, principalmente, a exploração do conjunto de opiniões e representações sociais sobre o tema que pretende investigar". Em seguida, diferencia análise, interpretação e descrição. Esta última diz respeito à opinião dos informantes: ela deve ser o mais fiel possível; já em relação à análise, afirma que seu propósito "é ir além do descrito, fazendo uma decomposição dos dados e buscando as relações entre as partes que foram decompostas". Em relação à interpretação, a preocupação do pesquisador deve concentrar-se no sentido "das falas e das ações para se chegar a uma compreensão ou explicação que vão além do descrito ou analisado" (p. 80). Gomes ainda alerta que a análise e a interpretação ocorrem ao longo de toda a pesquisa e não apenas na etapa final do trabalho e que, às vezes, é necessário, mesmo na etapa final, retomar fases anteriores. Sugere, então, duas orientações para essa fase da pesquisa: a análise de conteúdo e de interpretação de sentidos (ver seção 2.3.3 deste capítulo).

3 ABORDAGEM QUANTITATIVA

Ao longo da história da ciência, várias correntes de pensamento deram origem a diferentes rumos na procura do conhecimento. Desde a metade do século XX, dois dos principais enfoques da investigação são o qualitativo e o quantitativo. A metodologia quantitativa predominou inicialmente no horizonte científico, porém nos últimos anos a investigação qualitativa tem tido mais aceitação.

Os autores de metodologia científica não classificam da mesma forma as metodologias aplicadas nas investigações. Alguns consideram a dicotomia metodologias quantitativas e metodologias qualitativas (RICHARDSON, 2015, p. 70-103; NASCIMENTO; SOUSA, 2015, p. 141-142). Sampieri, Collado e Lucio (2013, p. 30 s) utilizam as expressões *enfoque quantitativo* e *enfoque qualitativo*. Também em Baptista e Campos (2016, p. 103 s, 229 s), embora classifiquem os métodos em quantitativos e qualitativos, cada um dos autores (os capítulos do livro são escritos por diversos autores) que tratam dos tipos de métodos quantitativos utiliza a expressão *delineamento* (delineamento de levantamento ou *survey*, delineamento correlacional, delineamento caso-controle, delineamento de coorte, delineamento quase experimental, delineamento experimental).

Berelson (*In*: D'ANCORA, 2001, p. 351) define metodologia quantitativa como a "descrição objetiva, sistemática e quantitativa do conteúdo manifesto da comunicação". Para Sabino (1966, p. 204), a análise quantitativa se efetua "com toda informação numérica resultante da investigação", que se "apresentará como um conjunto de quadros, tabelas e medidas". Segundo Bauer e Gaskell (2003, p. 22), a pesquisa quantitativa "lida com números, usa modelos estatísticos para explicar os dados e é considerada pesquisa *hard*". Goldenberg (2015, p. 67), por sua vez, afirma que os métodos quantitativos "simplificam a vida social limitando-a aos fenômenos que podem ser enunciados", acrescentando que "as abordagens quantitativas sacrificam a compreensão do significado em troca do rigor matemático".

A abordagem quantitativa, nas Ciências Sociais, é a mais apropriada para apurar atitudes e responsabilidades dos entrevistados, uma vez que emprega questionários. A população estudada deve representar determinado universo, para que seus dados possam ser generalizados e projetados para o ambiente objeto de pesquisa. Seu objetivo é medir e permitir o teste de hipóteses, evitando possíveis erros de interpretação. Em muitos casos, são criados índices que, por muito tempo, possibilitam conhecer o traçado histórico da informação.

As etapas da pesquisa quantitativa compreendem: em uma primeira etapa, a que constitui a elaboração de um projeto de pesquisa, o estabelecimento de um ou mais objetivos, a seleção das informações (levantamento de informações bibliográficas), enunciado das hipóteses, metodologia e técnicas de pesquisa a serem utilizadas, orçamento, cronograma. Em uma segunda etapa, a da pesquisa propriamente, temos: a determinação de um ou mais problemas que devem ser resolvidos (objeto da pesquisa), leitura e fichamento das informações teóricas recolhidas sobre o tema da pesquisa, realização da pesquisa de campo e análise das informações. Em seguida, constroem-se as hipóteses necessárias à explicação do problema identificado e define-se o campo e tudo o que será preciso para a recolha dos dados (observação, entrevista, questionário, testes, história de vida etc.). Recolhidos os dados, passa-se à fase de sua análise e discussão dos problemas envolvidos. Finalmente, temos a redação dos resultados alcançados.

Três traços bem definidos no conteúdo quantitativo devem ser observados: objetividade, sistematização e quantificação dos conceitos evidenciados na comunicação.

Entende Goldenberg (2015, p. 49) que, como não se pode alcançar a objetividade nas pesquisas sociais e o conhecimento objetivo e fidedigno constitui apenas um ideal de pesquisa, "o pesquisador deve buscar o que Pierre Bordieu chama de objetivação: o esforço controlado de conter a subjetividade". Em seguida conclui:

> Trata-se de um esforço porque não é possível realizá-lo plenamente, mas é essencial conservar-se esta meta, para não fazer do objeto construído um objeto inventado. A simples escolha de um objeto já significa um julgamento de valor na medida em que ele é privilegiado como mais significativo entre tantos outros sujeitos à pesquisa. O contexto da pesquisa, a orientação teórica, o momento sócio-histórico, a personalidade do pesquisador e o *ethos* do pesquisado influenciam o resultado da pesquisa. Quanto mais o pesquisador tem consciência de suas preferências pessoais mais é capaz de evitar o *bias*, muito mais do que aquele que trabalha com a ilusão de ser orientado apenas por considerações científicas.

A abordagem quantitativa na **pesquisa experimental**, por seu turno, é uma garantia de confiabilidade, particularmente pelo rigor matemático-estatístico e controle das variáveis. Ela pode ser realizada tanto em laboratório, como em qualquer outro lugar, mas sempre seguindo alguns procedimentos. Se o objeto da pesquisa experimental não é constituído por seres humanos, não há grandes limitações (ressalte-se, todavia, que mesmo a pesquisa com animais hoje é regulada por códigos e leis). Gil (2017, p. 30) salienta que as limitações se tornam evidentes, "quando se trata de experimentar com objetos sociais, ou seja, com pessoas, grupos ou instituições". Todavia, grande é seu prestígio em algumas áreas da ciência, talvez, pela metodologia que emprega, que lhe garante maior credibilidade em relação aos resultados que alcança; talvez, por fazer do pesquisador um agente ativo, que estabelece um objeto de pesquisa, seleciona variáveis independentes que influenciam variáveis dependentes e define formas de controle e de observação dos efeitos produzidos pelas variáveis. Em outros termos, são os pressupostos da pesquisa experimental que lhe dão prestígio: ela, para Chizzotti (2017, p. 37-38) se apoia no Positivismo e

> pretende que os conhecimentos opinativos ou intuitivos e as afirmações genéricas sejam substituídos por conhecimentos rigorosamente articulados, submetidos ao controle de verificações empíricas e comprovados por meio de técnicas precisas de controle.
>
> Segundo essa concepção, não existe relação entre os sujeitos que observam e o objeto observado. Os fatos ou os dados são frutos da observação, da experiência e da constatação, e devem ser transformados em quantidades, reproduzidos e reiterados em condições de controle, para

serem analisados de modo neutro e objetivo a fim de se formular leis e teorias explicativas dos fatos observados.

Embora se reconheça hoje a impossibilidade total de subjetividade, é em geral da índole do pesquisador experimental acreditar que, ao investigar, ele se torna "um sujeito neutro, lógico ou epistêmico". Observados os pressupostos da pesquisa experimental, ele "pode aceder aos conhecimentos positivos, à realidade objetiva e elaborar conhecimentos válidos e legitimá-los cientificamente" (CHIZZOTTI, 2017, p. 38). Acrescenta que, com a observação metódica, "pode encontrar as relações constantes em circunstâncias idênticas e determinar as leis que regem e explicam as relações causais entre os fenômenos e fatos observados, e predizer comportamentos ou fatos". Conclui, então, que tal cientista supõe que o mundo é "regido por leis invariáveis e constantes, que podem ser apreendidas, verificadas, previstas".

Três seriam as propriedades da pesquisa experimental: a manipulação do objeto estudado (ou de parte dele), o controle introduzido na situação experimental (ou grupo de controle) e a distribuição aleatória (escolha dos elementos que vão participar dos grupos experimentais e de controle). Se não há possibilidade de pleno controle do grupo experimental, diz-se então que a pesquisa é **quase experimental**, que é aquela que ocorre quando a população sob investigação é muito grande (cidades, indústrias, escolas, quartéis) e nem sempre se pode selecionar aleatoriamente subgrupos para que o controle se realize de forma satisfatória. Para Gil (2017, p. 30), "esses delineamentos quase-experimentais são substancialmente mais fracos, porque sem a distribuição aleatória não se pode garantir que os grupos experimentais e de controle sejam iguais no início do estudo", embora reconheça não serem destituídos de valor. Nesses casos, o pesquisador deve salientar o que deixou de controlar.

O enfoque quantitativo vale-se do levantamento de dados para provar hipóteses baseadas na medida numérica, bem como da análise estatística para estabelecer padrões de comportamento. Ele procura principalmente a expansão dos dados, ou seja, a informação. Fundamenta-se no método hipotético-dedutivo, levando em consideração:

a) O estabelecimento de teorias e levantamento de hipóteses.
b) A comprovação de hipóteses.
c) A aceitação ou refutação de hipóteses.

Entre as pesquisas quantitativas, podem-se apontar: o ensaio clínico, o estudo de coorte, o estudo caso-controle, o levantamento.

3.1 Características da pesquisa quantitativa

O enfoque quantitativo, para Sampieri, Collado e Lucio (2013, p. 30), vale-se da coleta de dados para testar hipóteses, com base na medição numérica e na análise estatística, para estabelecer padrões e comprovar teorias. Suas características são: depois de o pesquisador formular um problema de pesquisa, faz um levantamento do que foi pesquisado anteriormente (revisão da literatura) e elabora um marco teórico (teoria de base que orientará seu estudo). Em seguida, constrói uma ou várias hipóteses de trabalho, submetendo-as a testes, que lhe possibilitam confirmá-las ou recusá-las. Hipóteses recusadas permitem a busca de outras explicações para o objeto de sua pesquisa. Após a construção das hipóteses de trabalho, o passo seguinte é a coleta e análise de dados. Lembram então os autores citados que na pesquisa quantitativa "o que se pretende é generalizar os resultados encontrados em um grupo ou segmento (amostra) para uma coletividade maior (universo ou população). E também que os estudos realizados possam ser replicados" (p. 31). A finalidade das investigações quantitativas é "explicar e prever os fenômenos pesquisados, buscando regularidades e relações causais entre elementos".

O respeito a essas regras do jogo das abordagens quantitativas produz um efeito de sentido de validade, confiabilidade e de que as conclusões contribuem para gerar conhecimento. É uma investigação que se apoia em regras da Lógica, particularmente do raciocínio dedutivo: com base na teoria, deriva expressões lógicas, as hipóteses, que deverão ser testadas.

3.2 Vantagens da abordagem quantitativa

O pesquisador procura expressar as relações funcionais entre as variáveis e identificar os elementos básicos do fato estudado, evidenciando a evolução das relações entre diferentes elementos.

As vantagens da metodologia quantitativa consistem na:

a) Precisão e o controle das variáveis.
b) Verificação dos resultados pela análise estatística.
c) Prevenção da inferência e da subjetividade do pesquisador.

Gil (2016, p. 4, 5) salienta a dificuldade que o cientista social enfrenta por lidar com variáveis de difícil quantificação, bem como entende ser "difícil discordar da alegação de que o grande adiantamento de uma ciência pode ser determinado pela precisão de seus instrumentos de medida". Conclui:

> Os fatos sociais dificilmente podem ser tratados como coisas, pois são produzidos por seres que sentem, pensam, agem e reagem, sendo capazes, portanto, de orientar a situação de diferentes maneiras. Da mesma forma o pesquisador, pois ele é também um ator que sente, age e exerce sua influência sobre o que pesquisa.

Sobre a neutralidade científica, admite Gil a incapacidade de o pesquisador ser "absolutamente objetivo", pois tem preferências (por exemplo, por uma teoria em detrimento de outra), interesses particulares, preconceitos e avalia os dados de sua pesquisa segundo um sistema de valores e crenças pessoais que o constitui. Não há, propriamente, na pesquisa social um pesquisador observador objetivo, visto que está envolvido no fenômeno que estuda. Como solução, para que sua pesquisa não se torne inválida, propõe, então, que o pesquisador se valha de um quadro de referência que ultrapasse a visão proposta pelo Positivismo, "que se mostra insuficiente para o entendimento do mundo complexo das relações humanas" (p. 5). Nas Ciências Sociais, não se concebe uma investigação que separe rigidamente sujeito e objeto.

3.3 Desvantagens da metodologia quantitativa

São consideradas desvantagens da metodologia quantitativa:

a) A excessiva confiança nos dados.
b) A falta de detalhes do processo e de observação sobre diferentes aspectos e enfoques.
c) A certeza nos dados colhidos.

3.4 Delineamentos de pesquisa quantitativa

Na seção 2.3, ao tratarmos de delineamentos qualitativos, apresentamos o conceito de *delineamento* como planejamento da pesquisa. Acrescentamos aqui que os delineamentos de pesquisa compreendem uma descrição rigorosa de tudo que ocorre na pesquisa, o que inclui objeto, objetivo, problema, métodos e técnicas utilizados, hipóteses, marco teórico, procedimentos de coleta de dados, instrumentos de pesquisa e tipo de análise empreendida.

3.4.1 Delineamento de ensaio clínico

No ensaio clínico, o pesquisador, aplicando uma intervenção, suponhamos um tratamento por meio de uma droga, observa os seus efeitos. Nesse caso, temos um grupo de pessoas que participam voluntariamente da pesquisa. Elege-se um grupo que recebe a droga objeto da investigação (grupo experimental) e outro que recebe um placebo (grupo de controle). Para Gil (2017, p. 31),

> o ensaio clínico é o delineamento adotado no campo da saúde que mais se assemelha ao plano experimental clássico e, por isso, é reconhecido como o mais poderoso para avaliar a eficácia de um tratamento, seja ele efetivado por fármacos, por cirurgia ou por qualquer outro tipo de intervenção. Com efeito, quando conduzidos cuidadosamente, os ensaios clínicos apresentam uma chance de conduzir a um resultado mais seguro em comparação a outros tipos de pesquisa.

Entre as modalidades de ensaio clínico, salientam-se: o ensaio randomizado cego, o delineamento fatorial, o delineamento randomizado com alocação de grupos, o delineamento com grupo de controle não equivalente, o delineamento de séries temporais e o delineamento cruzado.

Compõem o delineamento do ensaio clínico randomizado: (1) a definição do objetivo; (2) a seleção dos participantes; (3) a medição de variáveis; (4) a definição dos procedimentos de tratamento (dosagem, frequência, duração do tratamento, efeitos colaterais, tratamento auxiliar, distribuição da droga, comparação de políticas de tratamento); (5) a randomização (indivíduos selecionados divididos em dois grupos: um recebe tratamento; outro recebe placebo; ela busca garantir que os elementos dos grupos apresentem o mesmo nível em relação aos fatores de risco); (6) o cegamento (pode ser de variadas formas: ensaio em que pesquisador e integrantes da pesquisa sabem a que grupo pertence cada indivíduo; ensaio em que apenas o investigador sabe que participante da pesquisa recebeu tratamento [ensaio unicego]; ensaio duplo-cego, em que nem o pesquisador nem os indivíduos submetidos a tratamento sabem a que grupos pertencem [um que recebeu droga, outo que recebeu placebo]); (7) o acompanhamento de aderência ao protocolo (há pessoas que participam da pesquisa do início ao fim, outras que desistem no meio do caminho; se o número de pessoas que deixam de aderir ao protocolo se torna significativo, os resultados da pesquisa perdem a confiabilidade); (8) a medição do desfecho; (9) a análise dos resultados.

Randomização define-se como processo de tornar algo aleatório; um processo em que o(a) pesquisador(a) se ocupa de que os elementos de uma amostra tenham as mesmas possibilidades de fazerem parte dela; garante-se que todos os participantes tenham a mesma oportunidade de serem selecionados. Para Gil (2017, p. 76), ao tratar do delineamento de ensaio clínico, randomização "é o processo que visa garantir a cada participante a mesma chance de ser alocado a qualquer dos grupos" [um grupo que receberá tratamento ativo e outro que receberá um placebo]. Em relação ao cegamento (ensaios unicegos, em que apenas os investigadores sabem qual foi o tipo de tratamento a ser aplicado a cada paciente, ou o grupo a que cada paciente pertence; ensaios duplo-cegos, em que nem pacientes, nem investigadores sabem a que grupo pertencem as pessoas que recebem tratamento), pouco adiante, Gil explicita que ele é tão importante quanto a randomização, visto que "protege o ensaio de diferenças resultantes de aspectos associados ao tratamento, mas que não fazem parte da intervenção". Conclui:

> A randomização elimina apenas a influência das variáveis de confusão presentes no momento em que é operada, não elimina a influência de outras variáveis que podem ocorrer durante o tratamento. Num estudo não cego, é possível que o pesquisador dê atenção diferenciada aos participantes que sabe estarem recebendo tratamento ativo (p. 77-78).

3.4.2 Delineamento de estudo de coorte

Segundo Assumpção Jr. (*In*: BAPTISTA; CAMPOS, 2016, p. 143), o termo *coorte* vem da designação utilizada na Roma antiga para descrever as unidades militares "como um grupo de guerreiros ou um grupo de pessoas com características em comum". Ainda para o autor, trata-se de "uma excelente alternativa aos estudos experimentais, muitas vezes difíceis de serem estabelecidos em pesquisas psiquiátricas ou psicológicas".

O estudo de coorte constitui uma abordagem em que, com base em um grupo de pessoas com características comuns, elege-se uma amostra que será acompanhada por determinado período de tempo, a fim de observar e analisar o que acontece com ela. Para Gil (2017, p. 83), esse tipo de pesquisa apresenta semelhanças com o ensaio clínico, visto que "é constituído por uma amostra de pessoas expostas a determinado fator e outra amostra equivalente de não expostos".

Há duas possibilidades nos estudos de coorte: a retrospectiva e a prospectiva. Na investigação prospectiva, parte-se da observação do presente, prevendo acompanhar o objeto até determinada data futura; na retrospectiva, realizam-se os estudos com base em registros do passado ao presente. Por exemplo, realizou-se no passado, quando a profissão de linotipista era muito requisitada, um estudo de coorte para investigação do aparecimento de determinadas alterações no organismo humano. Os profissionais, por trabalharem próximo à caldeira de chumbo, apresentavam variadas doenças, cujos sintomas mais comuns eram irritabilidade, cefaleia, tremor muscular, perda da memória, alucinações. A pesquisa veio a constatar, acompanhando os indivíduos pesquisados por determinado tempo, que a exposição ao chumbo era a causa dessas doenças. Outra pesquisa de estudo de coorte, que comumente se lê nos jornais e revistas ou se ouve nos noticiários televisivos, é a da incidência de câncer em fumantes passivos. Também aqui é o acompanhamento por certo tempo dos indivíduos pesquisados que leva o pesquisador aos resultados da pesquisa.

Fazem parte do delineamento do estudo de coorte: definição dos objetivos, seleção dos sujeitos do estudo, verificação da exposição ao fator objeto do estudo, seleção do grupo de comparação, acompanhamento do que aconteceu com a amostra estudada, análise do tipo de exposição que levou ao desfecho observado, bem como das variáveis confundidoras do resultado e verificação dos riscos, e redação do relatório.

3.4.3 Delineamento de estudo de caso-controle

Trata-se de um tipo de delineamento de pesquisa utilizado particularmente nas ciências da saúde. Barbosa, Merlim e Baptista (*In*: BAPTISTA; CAMPOS, 2016, p. 124) definem caso-controle como estudo que se faz com dois grupos: um composto de pessoas com uma doença ou condição de interesse (caso) e outro comparável de pessoas que não apresentam a mesma doença ou condição de interesse (controle). Esses dois grupos são comparados em relação a um fator de risco, passado ou de exposição, que hipoteticamente se supõe relacionar-se com a doença ou condição. Os autores citados entendem que "a comparação entre grupos é um dos aspectos essenciais do desenho [delineamento] caso-controle" (p. 127).

O delineamento de estudo caso-controle é constituído das seguintes etapas: definição dos objetivos, seleção dos participantes, acompanhamento dos participantes (verificação do nível de exposição dos participantes ao fator que se acredita capaz de influenciar na incidência de doença), análise e interpretação dos resultados e relatório de pesquisa.

Os estudos caso-controle caracterizam-se pela retrospecção, ou seja, são estudos *ex post facto*, ou realizado depois que os fatos já ocorreram. Seria um exemplo uma pesquisa que partisse de uma doença para verificar suas causas, os fatores de risco. Segundo Gil (2017, p. 32), "a principal diferença em relação aos ensaios clínicos é que nos estudos caso-controle o pesquisador não dispõe de controle sobre a variável independente, que constitui o fator presumível do fenômeno, porque ele já ocorreu". É uma investigação em que se comparam "indivíduos que apresentam o desfecho esperado com indivíduos que não o apresentam". Gil ainda diferencia caso-controle e estudo de coorte: neste último, pretende-se conhecer os efeitos da exposição; naquele o que se pretende conhecer são as causas de uma doença, por exemplo.

3.4.4 Delineamento de levantamento

Pesquisas de levantamento objetivam descrever, explicar e explorar um fenômeno sob estudo. Elas atendem aos mais diversos interesses: em geral, são muito utilizadas por políticos que desejam conhecer o comportamento e as atitudes de seu eleitorado. Também podem ser de interesse de instituições, escolas, empresas que objetivam verificar quais são seus limites, defeitos, problemas, para melhorar sua relação com o público. São, portanto, utilizadas quando se pretende conhecer como determinados comportamentos aparecem "em certo conjunto de pessoas para o qual se vai generalizar essa descoberta" (CALLAIS *In*: BAPTISTA; CAMPOS, 2016, p. 107).

As pesquisas do tipo levantamento caracterizam-se pela indagação direta das pessoas, objetivando conhecer como se comportam. Depois de realizada a solicitação de informações a um grupo de pessoas que se considera significativo para a pesquisa sobre determinado problema, faz-se a análise quantitativa para se chegar aos resultados relativos aos dados coletados.

Denomina-se *população* o conjunto de pessoas que têm pelo menos uma característica comum. E como nem sempre é possível estudar todas as pessoas de um conjunto, elege-se uma amostra dessa população. Se o levantamento compreende todos os integrantes do universo pesquisado, ocorre um **censo**; temos apenas uma **amostra**, quando o levantamento é realizado com parte do universo. A amostragem, na abordagem quantitativa, reduz as amostras, sintetizando os dados de forma numérica, tabulando-os. Nesse caso, por meio de procedimentos estatísticos, toma-se como objeto de investigação uma amostra escolhida pela sua representatividade, por ser significativa. A amostragem é constituída com base em alguns critérios: definição da população, contexto da amostra, método utilizado para a constituição da amostra, tamanho da amostra, execução do processo. Por meio de estudos estatísticos probabilísticos, as respostas proporcionadas por determinada amostra são estendidas para toda a população, sempre considerando uma margem de erro, maior ou menor.

Embora reconheça a existência de semelhanças entre estudo de campo e levantamento de campo (*survey*), Gil (2016, p. 57) os distingue, afirmando que "os levantamentos procuram ser representativos de um universo definido e fornecer resultados caracterizados pela precisão estatística", enquanto os estudos de campo "procuram muito mais o aprofundamento das questões propostas do que a distribuição das características da população segundo determinadas variáveis".

Os levantamentos sociais constituem um dos tipos de pesquisa social de grande utilização nos dias de hoje. Suas vantagens são: o conhecimento direto da realidade, a economia, a rapidez e a quantificação (os dados obtidos pelos levantamentos podem ser agrupados em tabelas e permitem análises estatísticas). Todavia, também apresentam limitações, como: valorização de aspectos perceptivos, pouca profundidade no estudo da estrutura e dos processos sociais, limitada apreensão do processo de mudança.

São muitos os delineamentos de pesquisa quantitativa utilizados na coleta de dados científicos; entre eles está o levantamento ou *survey*. Os dados são coletados diretamente dos informantes, que respondem às perguntas do pesquisador (em geral, realizadas com base em um questionário previamente preparado). Esses dados podem ser colhidos de uma população em determinado lugar e momento (levantamentos interseccionais), ou ser constituídos de estudos de tendência, estudos de coorte ou de painel, ao longo do tempo e, assim, explicar as mudanças que ocorreram durante aquele tempo.

É relevante, quando se utilizam dados quantitativos, conhecer a definição da mensuração e ter presente que não se usam medidas absolutas, mas medidas relacionais. Por exemplo: em uma pesquisa sobre a relação de fumante e câncer, por exemplo, não se afirma que o cigarro provoca câncer (nem todo fumante terá câncer, nem todos os que não fumam não terão câncer), mas que ele está associado a determinados tipos de câncer. Trata-se, portanto, de uma medida relacional e não absoluta.

Dois seriam os tipos de amostras: as não probabilísticas ou intencionais e as probabilísticas ou estatísticas. As primeiras seguem critérios do pesquisador, como cotas, julgamento (são intencionais, pois o critério de escolha é eleito pelo pesquisador; por exemplo: mulheres casadas, mulheres solteiras, mães para serem pesquisadas sobre carreira profissional), conveniência (realizar a pesquisa em uma manifestação de rua, entrevistando partidários de determinadas políticas). Já as amostras probabilísticas caracterizam-se por permitir que todos os elementos da população tenham as mesmas oportunidades de ser escolhidos, o que implica seleção aleatória dos informantes e eliminação de subjetividade da amostra.

Alguns conceitos e variáveis são empíricos, ou seja, podem ser observáveis e mensuráveis (idade, nível de escolaridade, rendimentos), outros não são passíveis de observação imediata nem de mensuração, como é o caso de *status* social, nível de socialização urbana: "Não é possível observar uma pessoa e determinar prontamente a posição que ocupa na sociedade ou em que medida está integrada no modo de vida urbano" (GIL, 2017, p. 93). Isso implica a necessidade de operacionalizar tais conceitos, definindo-os teoricamente.

São etapas de um delineamento de levantamento: a especificação do objetivo da pesquisa (inclui identificação dos dados a serem recolhidos e das hipóteses a serem testadas; as hipóteses que serão testadas mediante levantamento indicam apenas a existência de associação entre variáveis e não relação causal; se se tem em vista uma relação causal, teremos um delineamento de tipo experimental), a operacionalização dos conceitos e das variáveis, a elaboração do instrumento de coleta de dados, a construção do pré-teste do instrumento, a seleção da amostra, a coleta e verificação dos dados recolhidos, a análise e interpretação dos dados, a redação do relatório de pesquisa.

3.5 Técnicas de pesquisa quantitativa

As principais técnicas de pesquisa quantitativa, algumas comuns à abordagem qualitativa, são a entrevista (diretiva ou estruturada), os questionários (fechados ou semiabertos), os formulários, a observação sistemática ou estruturada, a seleção da amostra, a coleta e verificação dos dados, a análise e interpretação dos dados. Quando se trata de pesquisa experimental, a experimentação apoia-se na simulação, modelização, sondagem.

A coleta de dados é a fase da pesquisa que se ocupa de reunir as informações necessárias aos objetivos da investigação e aos problemas que o pesquisador objetiva resolver. Ela necessita de técnica criteriosa para a construção dos instrumentos de pesquisa que se ocupam do registro dos dados recolhidos do campo. A técnica, por sua vez, relaciona-se diretamente com as hipóteses que orientam o trabalho e que se deseja confirmar, com os pressupostos teóricos assumidos, bem como com a análise a ser feita do material recolhido.

Os instrumentos de pesquisa são elaborados para garantir o registro criterioso das informações, o controle e a análise dos dados recolhidos do campo. Nas pesquisas qualitativas, os dados recolhidos na interação interpessoal de pesquisador e pesquisado, com a participação das situações dos informantes, **são analisados com base no significado que os informantes dão aos seus atos.** O papel do pesquisador é participar, compreender e interpretar. Já na pesquisa quantitativa, há **necessidade de mensuração das variáveis estabelecidas e verificação e explicação das influências delas em outras variáveis**, por meio de análise da frequência e correlação estatística. O papel do pesquisador é descrever, explicar, predizer. Chizzotti (2017, p. 64-65) entende que a definição da técnica e dos instrumentos mais adequados a uma pesquisa pode ser auxiliada por um projeto piloto que se ocupa de verificar no campo e verificar "a pertinência dos dados procurados em relação às hipóteses", bem como "a adequação do instrumento aos objetivos da pesquisa e à objetividade das perguntas e dos procedimentos previstos". Esse projeto piloto permite: "discriminar o número de variáveis, clarificar os objetivos da pesquisa, prever as autorizações necessárias, o tempo e o pessoal disponíveis, além de programar o cronograma e o custo da pesquisa".

3.5.1 Observação

A observação é uma técnica de coleta de dados, que se utiliza dos sentidos para a obtenção de determinados aspectos da realidade. Não consiste apenas em ver e ouvir, mas também em examinar fatos ou fenômenos que se deseja estudar. É um elemento básico da investigação científica, utilizado na pesquisa de campo. Ela ajuda o pesquisador na identificação e obtenção de provas que o levem a alcançar os objetivos propostos; desempenha papel importante nos processos observacionais, no contexto da descoberta e obriga o investigador a um contato mais direto com a realidade. É o ponto de partida da investigação social. Para Selltiz (1967, p. 233), a observação torna-se científica à medida que:

a) Convém a um formulado plano de pesquisa.

b) É planejada sistematicamente.

c) É registrada metodicamente e está relacionada a proposições mais gerais, em vez de ser apresentada como uma série de curiosidades interessantes.

d) Está sujeita a verificações e controles sobre a validade e segurança.

Marconi e Lakatos (2017c, Cap. 3) dividem a observação em direta intensiva e direta extensiva. A primeira compreende os seguintes tipos: observação assistemática, sistemática, não participante, participante, individual, em equipe, na vida real, em laboratório. Ela é realizada por meio da observação e da entrevista. A segunda é constituída por questionário, formulário, medidas de opinião e atitudes (escala de Thurstone, escala de Lickert, escalograma de Guttman), testes (Rorschach e de apercepção temática), sociometria, análise de conteúdo, história de vida, história oral, técnicas mercadológicas (teste de produto, pesquisa de audiência, *store-audit*, discussão em grupo, *desk research*). Algumas dessas técnicas já vimos na seção 3 deste capítulo, "Técnicas de pesquisa qualitativa".

Sob a visão científica, a observação oferece certas vantagens e limitações. Como vantagem, podemos salientar que permite o estudo de ampla variedade de fenômenos, bem como identificar um conjunto de atitudes e de comportamentos. Como limitação, ressaltamos o fato de poder ser demorada, pois os aspectos da vida cotidiana nem sempre são acessíveis e podem ocorrer restrições no campo temporal e espacial.

A principal vantagem da observação em relação a outras técnicas consiste, segundo Gil (2016, p. 100-101), no registro direto dos fatos sem nenhuma intermediação, o que permite reduzir a subjetividade que permeia todo o processo de investigação social. Na pesquisa social, porém, há o inconveniente da presença do observador, que pode provocar alterações no comportamento dos observados. Finaliza o autor citado:

> As pessoas, de modo geral, ao se sentirem observadas, tendem a ocultar seu comportamento, pois temem ameaças à sua privacidade.
>
> As reações das pessoas à observação por parte de terceiros devem ser levadas em conta no processo de investigação. Por essa razão é que a observação enquanto técnica de pesquisa pode adotar modalidades diversas, sobretudo em função dos meios utilizados e do grau de participação do pesquisador.

Entre as modalidades, Gil cita a observação simples, a observação participante e a observação sistemática. Ander-Egg (1978, p. 96) classifica-as em:

a) Segundo os meios utilizados: não estruturada ou assistemática e estruturada ou sistemática.
b) Segundo a participação do observador: não participante e participante.

c) Segundo o número de observações: individual e em equipe.
d) Segundo o local onde se realiza: na vida real ou em laboratório.

Em geral, o observador registra os fenômenos em determinado período de tempo e segundo uma classificação por categorias previamente estabelecidas. Dependendo do grau de participação do observador, como dissemos, ela pode ser participante ou não participante.

3.5.1.1 Observação assistemática ou não estruturada

A técnica da observação não estruturada ou assistemática consiste em recolher e registrar fatos da realidade sem que o pesquisador utilize meios técnicos especiais, ou precise fazer perguntas diretas. É realizada de forma que não inclui planejamento nem controles previamente elaborados. Admite tanto a participação do pesquisador quanto sua não participação. É mais empregada em estudos exploratórios e não tem planejamento e controle previamente elaborados.

Para Ander-Egg (1978, p. 97), a observação assistemática "não é totalmente espontânea ou casual, porque um mínimo de interação, de sistema e de controle se impõe em todos os casos, para chegar a resultados válidos".

3.5.1.2 Observação sistemática ou estruturada

A observação sistemática recebe várias designações: estruturada, planejada, controlada. Utiliza instrumentos para a coleta de dados ou exame dos fenômenos e realiza-se em condições controladas, para responder a propósitos preestabelecidos. As normas, porém, não devem ser rígidas ou padronizadas, pois situações, objetos e objetivos podem ser diferentes. Para Chiozzotti (2017, p. 66-67), ela "objetiva superar as ilusões das percepções imediatas e construir um objeto que, tratado por definições provisórias, seja descrito por conceitos e estes permitam ao observador formular hipóteses explicativas a serem ulteriormente constatadas e analisadas". Na observação sistemática, o pesquisador deve ter presente por que vai observar, como deve observar, o que observar, quem será o observador.

3.5.1.3 Observação não participante

Diferentemente da observação participante, própria das pesquisas qualitativas, na não participante, utilizada nas pesquisas quantitativas, o pesquisador entra em contato com a comunidade, grupo ou realidade estudada, sem integrar-se a ela. Apenas registra os fatos, sem participação efetiva ou envolvimento. Age como espectador, aplicando procedimentos sistemáticos.

A seguir, tratamos da observação direta extensiva, que compreende a entrevista, o questionário, o formulário e medidas de opinião e atitudes (escalas sociais e testes).

3.5.2 Entrevista

A entrevista é definida como técnica utilizada pelo pesquisador em que ele se põe frente a frente com o investigado e lhe faz algumas perguntas, objetivando recolher os dados de que precisa para a realização de sua pesquisa. Trata-se de um diálogo assimétrico: de um lado, temos um investigador que dirige a interação, segundo seus objetivos e, de outro, um investigado que é fonte das informações. Nas Ciências Sociais, é uma das técnicas de coleta de dados mais comumente utilizada, ou seja, representa um dos instrumentos básicos para a coleta de dados.

As entrevistas podem ser informais (que são pouco estruturadas, quase uma conversa, mas com o objetivo de recolher dados; são recomendadas para estudos exploratórios); focalizadas (que se definem pela abordagem de um tema específico: o fornecedor das informações é livre para discorrer sobre um tema); estruturadas (o pesquisador prepara um conjunto de perguntas a que submete os fornecedores das informações de que precisa). É um tipo de entrevista que possibilita o tratamento quantitativo dos dados e que é apropriado para o desenvolvimento de levantamentos sociais. Há ainda as entrevistas por telefone, por *e-mail*, ou por algum meio eletrônico. Podem ainda ser: padronizadas (o entrevistador segue um roteiro estabelecido), despadronizadas (não estruturadas: o entrevistador ajusta suas perguntas à situação).

O objetivo da entrevista é obter informações importantes e compreender as perspectivas e experiências das pessoas entrevistadas. Por ser a entrevista um intercâmbio de comunicação, deve-se ter presente toda uma série de aspectos que tornam eficaz a inter-relação, a fim de obter um testemunho de maior qualidade, como, por exemplo, o pesquisador, antes da entrevista, deve informar o entrevistado sobre o interesse, a utilidade, o objetivo, as condições da entrevista e o compromisso do anonimato. É também importante que na conversação o pesquisador demonstre motivação e credibilidade. Além de tudo, deve ser prudente com relação às perguntas que deve fazer.

A entrevista, por ser de natureza interativa, "permite tratar de temas complexos, que dificilmente poderiam ser investigados adequadamente através de questionários, explorando-os em profundidade" (ALVES-MAZZOTTI; GEWANDSZNAJDER, 1999, p. 168).

3.5.3 Questionário e formulário

O questionário é outra técnica de investigação muito utilizada sobretudo nas Ciências Sociais. Ele é composto de um conjunto de questões que se submete ao pesquisado, objetivando obter informações que serão necessárias ao desenvolvimento da pesquisa. Nesse caso, o questionário é enviado ao informante pelo Correio ou por meios eletrônicos; depois de preenchido por escrito, deve ser devolvido ao pesquisador. Em geral, nas Ciências Sociais, ele envolve questões sobre comportamentos, crenças, sentimentos, valores, interesses, aspirações. Goldenberg (2015, p. 91) salienta que um dos problemas das entrevistas e questionários "é detectar o grau de veracidade dos depoimentos". O pesquisador deve estar atento ao fato de que o respondente revela o que deseja revelar, oculta o que lhe pode causar constrangimento ou projeta uma imagem sua que lhe convém.

As perguntas formuladas podem ser rigidamente padronizadas, submetidas aos respondentes sempre da mesma forma (mesmas palavras, mesma ordem), ou podem ser assistemáticas, ou seja, possibilitar respostas espontâneas, não dirigidas pelo pesquisador, o que evidentemente lhe sobrecarregará o trabalho de análise.

Na elaboração do questionário, o pesquisador leva em conta o conteúdo das informações de que necessita, a utilidade de determinadas questões, o nível sociocultural do respondente, a sequência das perguntas, se as perguntas serão abertas ou fechadas (sim, não, múltipla escolha). Além disso, o pesquisador deve conhecer bem o assunto, estar bem preparado, antes de submeter o questionário aos respondentes, lembrando sempre que ele é um instrumento utilizado apenas quando não há outra forma para conseguir as informações necessárias a sua pesquisa.

Entre os instrumentos de coleta de dados, o pesquisador pode contar ainda com os **formulários**, que constituem uma forma de entrevista padronizada, preenchida pelo próprio pesquisador diante do respondente. Em geral, as perguntas são formuladas de forma que a resposta seja simples e breve (cf. MARCONI; LAKATOS, 2017c, Cap. 3).

3.5.4 Medidas de opinião e medidas de atitude

3.5.4.1 Escalas sociais

Constituem instrumentos de pesquisa construídos para medir a intensidade das opiniões e atitudes dos pesquisados. Esses instrumentos procuram

> estabelecer uma escala de predisposição dos indivíduos diante de um objeto social (ideias, instituições etc.) traduzida em sentença e declarações que reflitam uma orientação positiva ou negativa e, por meio desta escala, procura-se medir o grau de aceitação ou rejeição a respeito de uma determinada matéria (CHIZZOTTI, 2017, p. 75).

Entre as escalas sociais, muito utilizadas na Psicologia Social, salientamos: (1) as de graduação, em que se pede ao pesquisado que se manifeste segundo sua posição diante de uma série de questões: "você é totalmente favorável", "favorável com restrição"; "desfavorável" etc.; (2) a escala de Thurstone (depois de recebidas as informações, o pesquisador, com base em uma escala com valores previamente atribuídos, procede à mensuração das atitudes do pesquisado; (3) a escala de Lickert (parecida com a de Thurstone, mas mais simples; consiste em expor uma questão e sob ela colocar os itens que devem ser assinalados: "concordo plenamente: [valor] 5"; "não concordo [valor] 4"; "discordo: [valor] 3" etc.

As escalas sociais também podem ser vistas sob a perspectiva da medição e da posição.

> Considerando as escalas de medição, de acordo com as operações matemáticas, elas são realizadas com os valores ou símbolos levantados dos fenômenos observados. Podem-se distinguir quatro níveis ou escalas de medição que permitem classificar os dados sociais, segundo os critérios do pesquisador: nominal, ordinal, por intervalos ou proporções e agrupamento de dados, do geral ao específico.

a) **Escala nominal:** consiste em nomear os objetos com o único fim de classificá-los.

   Exemplo: Descrever uma população em determinado momento histórico.

b) **Escala ordinal:** estabelece-se uma ordem entre diferentes categorias.

   Exemplo: Constituir três categorias de níveis salariais: classe alta, média e baixa.

c) **Escala por intervalos ou proporções:** além da ordem, é possível classificar por intervalos proporcionais.

Exemplo: As cifras eleitorais dos diferentes partidos. Essa escala constitui o nível mais alto da medição.

d) **Agrupamento de dados:** de acordo com as necessidades da investigação.

Exemplo: Lista de profissionais em determinado período. Assim, estão se reagrupando os dados.

Considerando as medidas de posição, elas se dividem-se em:

a) **Média:** os dados não são tabulados; a média é calculada por uma fórmula.
b) **Mediana:** é medida de posição mais do que de grandeza; também é calculada por fórmula.
c) **Moda:** consiste no valor mais frequente em uma distribuição.

Os quartis dividem a distribuição em quatro partes iguais; os decis em 10 e os percentis em 100 partes (cf. MARCONI; LAKATOS, 2017c, Cap. 5).

3.5.4.2 Testes

Também são utilizadas nas pesquisas sociais testes, que são técnicas que se ocupam de medir rendimento, competência, capacidade, conduta dos indivíduos de forma quantitativa. Há os testes de rendimento ou de conhecimento, que objetivam medir a capacidade de aprendizagem do indivíduo; os testes de aptidão, que visam prever a capacidade ou grau de rendimento de um indivíduo na execução de uma tarefa; os testes de interesse, que se ocupam de medir o interesse de um indivíduo por determinadas tarefas (cf. MARCONI; LAKATOS, 2017c, Cap. 3).

3.5.4.3 Sociometria

A sociometria, criada por Moreno, é uma técnica quantitativa que objetiva explicar as relações pessoais entre os indivíduos de um grupo. Entre os grupos que estuda, salientam-se: grupos familiares, de trabalho, escolares. Em geral, ocupa-se de revelar a estrutura interna dos grupos, bem como a posição de cada indivíduo em relação a todos os outros. Daí, chega a resultados como: atrações, indiferenças, repulsas.

As finalidades dos estudos sociométricos seriam: (1) terapêutica, pois visam reorganizar a vida social; (2) de estudo da personalidade dos que são "estrelas" e dos que são "solitários"; (3) de obtenção de dados sobre um grupo (cf. MARCONI; LAKATOS, 2017c, Cap. 3).

3.6 Análise e interpretação de dados quantitativos

Recolhidas as informações sobre o objeto da pesquisa, por meio das técnicas de observação, entrevista, questionário, escalas, teses que se relacionam com a coleta de dados, passa-se à fase de análise e interpretação dos dados que se colheu. Os dados recolhidos precisam ser classificados e tabulados para que se possa analisá-los e interpretá-los.

A análise de dados pressupõe a quantificação dos eventos pesquisados para, em etapa posterior, realizar sua classificação, mensuração e análise. O exame dos dados recolhidos é feito com base em análise estatística ou sistêmica, bem como comparativas e históricas. A análise estatística vale-se de cálculos realizados por meio de parâmetros, como média, mediana, moda, quartis. Já a análise sistêmica verifica a interdependência das partes em relação ao todo, objetivando "construir um modelo ou um um quadro teórico aplicável à análise do sistema sociocultural a partir das semelhanças e diferenças entre tipos de sistemas diferentes" (CHIZZOTTI, 2017, p. 86).

A classificação, realizada segundo algum critério, dá-se pela divisão do material recolhido. Suponhamos que os critérios a serem utilizados em uma pesquisa sobre leitores no Brasil sejam: nível de escolaridade, idade, sexo, nível socioeconômico. Essas expressões constituem o que se denomina *classe* ou *categoria*. A eleição de categorias deve ser exaustiva, ou seja, não se pode, por exemplo, dividir um todo segundo o critério do nível de escolaridade e deixar de fora universitários ou pessoas que têm o ensino fundamental e considerar apenas pessoas com ensino médio, ou considerando o critério de pós-graduados atuar apenas com mestrado e doutorado, deixando de fora pessoas que têm cursos de *lato sensu* e pós-doutorado. Também não é correto considerar categorias que não se excluem mutuamente: a categoria atleta profissional não é constituída apenas por jogador de futebol; não exclui jogadores de vôlei, basquete e outros esportes. Considerar apenas jogadores de futebol seria um erro se o critério é atletas profissionais.

O pesquisador deve ter presente que a classificação permite selecionar e discriminar os dados recolhidos, que são agrupados segundo o objetivo da pesquisa (cf. MARCONI; ANDRADE, 2017, Cap. 5).

4 MÉTODOS MISTOS: TÉCNICA DE TRIANGULAÇÃO METODOLÓGICA

A técnica de triangulação metodológica consiste na combinação de metodologias diversas (quantitativas e qualitativas) no estudo de um fenômeno. Esse procedimento supera as dicotomias: de um lado, vence, do ponto de vista quantitativo, os limites do Positivismo e, de outro, sob a perspectiva qualitativa, as restrições "à compreensão da magnitude dos fenômenos e processos sociais" (MINAYO, 2014, p. 361). A triangulação de métodos é uma investigação dinâmica "que integra a análise das estruturas dos processos e dos resultados, a compreensão das relações envolvidas na implementação das ações e a visão que os atores diferenciados constroem sobre todo o projeto". Para Minayo, ainda, além da integração de objetividade e subjetividade, essa metodologia permite o contato dos atores em campo, não apenas como objeto de análise, mas sobretudo como sujeitos de autoavaliação. Os pesquisadores podem, com essa estratégia, no desenvolvimento da investigação, compreender os dados qualitativos e quantitativos e proceder às mudanças necessárias.

Ao tratarem dos métodos mistos, Sampieri, Collado e Lucio (2013, p. 550) afirmam que "os métodos mistos representam um conjunto de processos sistemáticos e críticos de pesquisa". Eles implicam a coleta e a análise de dados quantitativos e qualitativos, bem como sua integração e discussão conjunta, "para realizar inferências como produto de toda a informação coletada (metainferenciais) e conseguir um maior entendimento do fenômeno em estudo". E continuam:

> Os métodos de pesquisa mista são a integração sistemática dos métodos quantitativo e qualitativo em um só estudo, cuja finalidade é obter uma "fotografia" mais completa do fenômeno. Eles podem ser unidos de tal forma que a abordagem quantitativa e a qualitativa conservem suas estruturas e procedimentos originais ("forma pura dos métodos mistos"). Esses métodos também podem ser adaptados ou sintetizados para realizar a pesquisa e driblar os custos do estudo.

O objetivo da triangulação de métodos é abranger a máxima amplitude na descrição, explicação e compreensão do fato estudado. Por se tratar de um instrumento que ilumina a realidade sob variados ângulos, sua prática suscita maior claridade teórica e "permite aprofundar uma discussão interdisciplinar de forma interativa e intersubjetiva" (MINAYO, 2014, p. 362).

Os estudiosos apresentam quatro tipos de triangulação (fontes, métodos, investigadores e teorias), quando se fazem comparações entre dados coletados na entrevista:

a) **Fontes** diferentes de relatos ou diferentes funções de informantes.
b) Dados coletados por meio de **várias metodologias**, como qualitativas e quantitativas.
c) Dados levantados por **diferentes pesquisadores** com várias pessoas entrevistadas.
d) **Teorias** que transitam entre o Positivismo e o Construtivismo ou outras.

Minayo (2014, p. 364) entende que seria pré-requisito da triangulação de métodos, primeiramente, uma condição de ordem prática, que "consiste na exigência de uma equipe formada por profissionais de várias áreas que desejam trabalhar cooperativamente". É uma técnica que exige da equipe de estudo capacidade de diálogo, de discussão, de participação de todas as fases da investigação de forma cooperativa. Equipe capaz de diferenciar e relacionar teorias, conceitos, noções, métodos, bem como de substituir a hierarquia por uma visão cooperativa. O segundo pré-requisito diz respeito à competência disciplinar dos componentes do grupo.

A triangulação de métodos, em sua atividade de cooperação, compreenderia as seguintes etapas:

a) Formulação de um objeto de pesquisa, bem como dos objetivos gerais e específicos e estabelecimento de um cronograma.
b) Divisão dos trabalhos e ajustes sobre a coordenação.
c) Discussão dos conceitos a serem trabalhados.
d) Elaboração dos indicadores da pesquisa.
e) Escolha da bibliografia e das fontes de informação.
f) Construção dos instrumentos para a realização da coleta primária e secundária das informações.
g) Organização dos trabalhos de campo.
h) Ordenação, classificação e análise dos dados coletados.
i) Redação do relatório final: deve conter o objeto e o objetivo da pesquisa, uma síntese da teoria utilizada que dá sustentação às análises empreendidas, metodologia, contexto, descrição dos processos investigados, resultados alcançados.

LEITURA RECOMENDADA

ALVES-MAZZOTTI, Alda Judith; GEWANDSZNAJDER, Fernando. *O método em ciências naturais e sociais*: pesquisa quantitativa e qualificativa. 2. ed. São Paulo: Thompson, 1999. Cap. 7.

BAPTISTA, Makilim Nunes; MORAIS, Paulo Rogério. Delineamento experimental. *In*: BAPTISTA, Mikilim Nunes; CAMPOS, Dinael Corrêa de. *Metodologias de pesquisa em ciências*: análises quantitativas e qualitativa. 2. ed. Rio de Janeiro: LTC, 2016. Cap. 14.

BARDIN, Laurence. *Análise de conteúdo*. Tradução de Luís Antero Reto e Augusto Pinheiro. São Paulo: Edições 70, 2016. Parte 3, Caps. 1, 2, 3.

CALAIS, Sandra Leal. Delineamento de levantamento ou *survey*. *In*: BAPTISTA, Mikilim Nunes; CAMPOS, Dinael Corrêa de. *Metodologias de pesquisa em ciências*: análises quantitativas e qualitativa. 2. ed. Rio de Janeiro: LTC, 2016. Cap. 9.

FAZENDA, Ivani (org.). *Metodologia da pesquisa educacional*. São Paulo: Cortez, 1980. Caps. 2 e 4.

GOLDENBERG, Mirian. Pesquisa qualitativa em ciências sociais. *In*: GOLDENBERG, Mirian. *A arte de pesquisar*: como fazer pesquisa qualitativa em ciências sociais. 14. ed. São Paulo: Record, 2015. p. 16-25.

CHIZZOTTI, Antonio. *Pesquisa em ciências humanas e sociais*. 12. ed. São Paulo: Cortez, 2017. Parte II, Cap. 2.

CHIZZOTTI, Antonio. *Pesquisa qualitativa em ciências humanas e sociais*. 6. ed. Petrópolis: Vozes, 2014. Parte II, Caps. 1-5.

GIL, Antonio Carlos. *Como elaborar projetos de pesquisa*. 6. ed. São Paulo: Atlas, 2017. Caps. 4, 7. 8, 9, 10, 11.

GIL, Antonio Carlos. *Métodos e técnicas de pesquisa social*. 6. ed. São Paulo: Atlas, 2016. Caps. 10 e 13.

GÜNTHER, Hartmut. Pesquisa qualitativa versus pesquisa quantitativa: esta é a questão? Psicologia: Teoria e Pesquisa, v. 22, n. 2, p. 201-210, maio/ago. 2006. Disponível em: http://www.scielo.br/pdf/ptp/v22n2/a10v22n2.pdf. Acesso em: 22 fev. 2020.

GOMES, Romeu. Análise e interpretação de dados de pesquisa qualitativa. *In*: MINAYO, Maria Cecília de Souza (org.). *Pesquisa social*: teoria, métodos e criatividade. 34. ed. Petrópolis: Vozes, 2015. Cap. 4.

HAGUETTE, Teresa Maria Frota. *Metodologia qualitativa na sociologia*. 8. ed. Petrópolis: Vozes, 2001.

LEÃO, Lourdes Meireles. *Metodologia do estudo e pesquisa*: facilitando a vida dos estudantes, professores e pesquisadores. Petrópolis: Vozes, 2016. Cap. 9.

LÜDKE, Menga; ANDRÉ, Marli, E. D. *Pesquisa em educação*: abordagem qualitativa. São Paulo: EPU, 1986. Caps. 2, 3 e 4.

MARCONI, Marina de Andrade; LAKATOS, Eva Maria. 6. ed. *Técnicas de pesquisa*. São Paulo: Atlas, 2017c. Cap. 3.

MINAYO, Maria Cecília de Souza. *O desafio do conhecimento*: pesquisa qualitativa em saúde. 14. ed. São Paulo: Hucitec, 2014. Caps. 5, 10, 11, 13.

MINAYO, Maria Cecília de Souza (org.). *Pesquisa social*: teoria, métodos e criatividade. 34. ed. Petrópolis: Vozes, 2015. Caps. 1 e 3.

RICHARDSON, Roberto Jarry. *Pesquisa social*: métodos e técnicas. 3. ed. São Paulo: Atlas, 1999. Caps. 5 e 6.

THIOLLENT, Michel. *Metodologia da pesquisa ação.* 18 ed. São Paulo: Cortez, 2015. Cap. 2.

TRIVIÑOS, Augusto N. S. *Introdução à pesquisa em ciências sociais*: a pesquisa qualitativa em educação. São Paulo: Atlas, 2015. Cap. 5.

Referências

ACKOFF, Russell L. *Planejamento de pesquisa social*. 2. ed. São Paulo: EPU; Edusp, 1975.

ACKOFF, Russell L. *Planejamento de pesquisa social*. Tradução de Leonidas Hegenberg e Octanny Silveira da Mota. São Paulo: Herder; Edusp, 1967.

ACRA FILHO, José Antonio. *A economia cafeeira e a política oligárquica do município de Ribeirão Preto*: subsídios para o estudo das oligarquias cafeeiras paulistas. Dissertação (Mestrado) – Fundação Escola de Sociologia e Política de São Paulo, São Paulo, 1981.

ALFONSO, Juan Maestre. *La investigación en antropología social*. Madrid: Akal, 1974.

ALVES, Danny José. *O teste sociométrico*: sociogramas. 2. ed. Porto Alegre: Globo, 1974.

ALVES-MAZZOTTI, Alda Judith; GEWANDSZNAJDER, Fernando. *O método em ciências naturais e sociais*: pesquisa quantitativa e qualificativa. 2. ed. São Paulo: Thomson, 1999.

AMARAL, Hélio Soares do. *Comunicação, pesquisa e documentação*: método e técnica de trabalho acadêmico e de redação jornalística. Rio de Janeiro: Graal, 1981.

ANDER-EGG, Ezequiel. *Introducción a las técnicas de investigación social*: para trabajadores sociales. 7. ed. Buenos Aires: Humanitas, 1978.

ANDERSON, Perry. Considerações sobre o materialismo histórico. Nas trilhas do materialismo histórico. Tradução de Fábio Fernandes. 2. ed. São Paulo: Boitempo, 2019.

ARAUJO, Manuel Mora y; LAZARSFELD, Paul F.; HYMAN, Herbert H.; SELVIN, Hanan C.; GERMANI, Gini. *El análisis de datos en la investigación social*. Buenos Aires: Nueva Visión, 1973.

ASSOCIAÇÃO BRASILEIRA DE NORMAS TÉCNICAS. ABNT NBR 6023: informação e documentação: referências: elaboração. Rio de Janeiro: ABNT, 2018.

ASSOCIAÇÃO BRASILEIRA DE NORMAS TÉCNICAS. ABNT NBR 10520: informação e documentação: citações em documentos: apresentação. Rio de Janeiro: ABNT, 2002.

ASSUMPÇÃO JR., Francisco B. Delineamento de coorte. *In:* BAPTISTA, Makilim Nunes; CAMPOS, Dinael Corrêa de. *Metodologias de pesquisa em ciências*: análises quantitativa e qualitativa. 2. ed. Rio de Janeiro: LTC, 2016. p. 142-148.

ASTI VERA, Armando. *Metodologia da pesquisa científica*. Tradução de Maria Helena Guedes Crêspo e Beatriz Marques Magalhães. Porto Alegre: Globo, 1976.

AUGRAS, Monique. *Opinião pública*: teoria e pesquisa. 2. ed. Petrópolis: Vozes, 1974.

AZEVEDO, Amilcar Gomes; CAMPOS, Paulo H. B. *Estatística básica*. 3. ed. Rio de Janeiro: Livros Técnicos e Científicos, 1978.

BAPTISTA, Makilim Nunes; CAMPOS, Dinael Corrêa de. *Metodologias de pesquisa em ciências*: análises quantitativa e qualitativa. 2. ed. Rio de Janeiro: LTC, 2016.

BAPTISTA, Makilim Nunes; MORAIS, Paulo Rogério. Delineamento experimental. *In*: BAPTISTA, Makilim Nunes; CAMPOS, Dinael Corrêa de. *Metodologias de pesquisa em ciências*: análises quantitativa e qualitativa. 2. ed. Rio de Janeiro: LTC, 2016. p. 158-175.

BARBOSA, Altemir José Gonçalves; MERLIM, Marina; BAPTISTA, Makilim Nunes. Delineamento de caso-controle. *In*: BAPTISTA, Makilim Nunes; CAMPOS, Dinael Corrêa de. *Metodologias de pesquisa em ciências*: análises quantitativa e qualitativa. 2. ed. Rio de Janeiro: LTC, 2016. p. 125-141.

BARBOSA FILHO, Manuel. *Introdução à pesquisa*: métodos, técnicas e instrumentos. 2. ed. Rio de Janeiro: Livros Técnicos e Científicos, 1980.

BARDAVID, Stella. *O perfil da mãe que deixa o filho recém-nascido para adoção*. 1980. Tese (Doutorado) – Fundação Escola de Sociologia e Política de São Paulo, São Paulo, 1980.

BARDIN, Laurence. *Análise de conteúdo*. Tradução de Luís Antero Reto e Augusto Pinheiro. São Paulo: Edições 70, 2016.

BARQUERO, Ricardo Velilla. *Como se realiza un trabajo monográfico*. Barcelona: Eunibar, 1979.

BARRASS, Robert. *Os cientistas precisam escrever*: guia de redação para cientistas, engenheiros e estudantes. Tradução de Leila Novaes e Leonidas Hegenberg. São Paulo: T. A. Queiroz; Edusp, 1979.

BARROS, Aidil Jesus Paes de; LEHFEL, Neide Aparecida de Souza. *Fundamentos de metodologia*: um guia para a iniciação científica. São Paulo: McGraw-Hill do Brasil, 1986.

BASTIDE, Roger; ELLENBERGER, Henri F.; SZABO, Denis; MOORE, F. W. ; OSGOOD, Charles E. *Pesquisa comparativa e interdisciplinar*. Rio de Janeiro: Fundação Getulio Vargas, 1976.

BASTIDE, Roger (coord.). *Usos e sentidos do termo "estrutura"*: nas ciências humanas e sociais. Tradução de Maria Heloiza Schabs Cappellato. São Paulo: Herder; Edusp, 1971.

BAUER, Martin W.; GASKELL, George. *Pesquisa com texto, imagem e som*. Tradução de Pedrinho Guareschi. 2. ed. Petrópolis: Vozes, 2003.

BEATTIE, John. *Introdução à antropologia social*. Tradução de Heloísa Rodrigues Fernandes. São Paulo: Nacional; Edusp, 1971.

BERQUÓ, Elza Salvatori; SOUZA, José Maria Pacheco; GOTLIEB, Sabina Léa Davidson. *Bioestatística*. São Paulo: EPU, 1980.

BEST, J. W. *Como investigar en educación*. Madrid: Morata, 1972.

BLALOCK, JR., Hubert M. *Introdução à pesquisa social*. Tradução de Elisa L. Caillaux. 2. ed. Rio de Janeiro: Zahar, 1976.

BOAVENTURA, Jorge. *Ocidente traído*: a sociedade em crise. São Paulo: Impres/Lithographica Ypiranga, 1979.

BODENHEIMER, Edgar. *Ciência do direito*: sociologia e metodologia teórica. Tradução de Enéas Marzano. Rio de Janeiro: Forense, 1966.

BOTTOMORE, Thomas Burton. *Introdução à sociologia*. Tradução de Waltensir Dutra. Rio de Janeiro: Zahar, 1965.

BOUDON, Raymond. *Métodos quantitativos em sociologia*. Tradução de Luiz Felipe Baêta Neves Flores. Petrópolis: Vozes, 1971.

BOUDON, Raymond; CHAZEL, François; LAZARSFELD, Paul. *Metodología de las ciencias sociales*. 2. ed. Barcelona: Laia, 1979. 3 v.

BOYD JR., Harper W.; WESTFALL, Ralph. *Pesquisa mercadológica*: textos e casos. Tradução de Afonso C. A. Arantes e Maria Isabel R. Hopp. 3. ed. Rio de Janeiro: Fundação Getulio Vargas, 1978.

BRANDÃO, Carlos Rodrigues (org.). *Repensando a pesquisa participante*. 3. ed. São Paulo: Brasiliense, 1987.

BRANDÃO, Carlos Rodrigues (org.). *Pesquisa participante*. 5. ed. São Paulo: Brasiliense, 1985.

BRUYNE, Paul de; HERMAN, Jacques; SCHOUTHEETE, Marc de. *Dinâmica da pesquisa em ciências sociais*: os polos da prática metodológica. Tradução de Ruth Joffily. Rio de Janeiro: Francisco Alves, 1977.

BUNGE, Mario. *Epistemologia*: curso de atualização. Tradução de Claudio Navarra. São Paulo: T. A. Queiroz: Edusp, 1980.

BUNGE, Mario. *La investigación científica*: su estrategia y su filosofía. 5. ed. Barcelona: Ariel, 1976.

BUNGE, Mario. *La ciencia, su método y su filosofía*. Buenos Aires: Siglo Veinte, 1974a.

BUNGE, Mario. *Teoria e realidade*. Tradução de Gita K. Guinsburg. São Paulo: Perspectiva, 1974b.

CALAIS, Sandra Leal. Delineamento de levantamento ou *survey*. *In*: BAPTISTA, Makilim Nunes; CAMPOS, Dinael Corrêa de. *Metodologias de pesquisa em ciências*: análises quantitativa e qualitativa. 2. ed. Rio de Janeiro: LTC, 2016. p. 105-114.

CAMPBELL, Donald T.; STANLEY, Julian C. *Delineamentos experimentais e quase-experimentais de pesquisa*. Tradução de Renato Alberto T. Di Dio. São Paulo: EPU; Edusp, 1979.

CAPALBO, Creusa. *Metodologia das ciências sociais*: a fenomenologia de Alfred Schutz. Rio de Janeiro: Antares, 1979.

CAPLOW, Theodore. *Sociología fundamental*. Barcelona: Vicenz-Vives, 1975.

CASTRO, Claudio de Moura. *A prática da pesquisa*. 2. ed. São Paulo: Pearson, 2014.

CERVO, Amado Luis; BERVIAN, Pedro Alcino; SILVA, Roberto da. *Metodologia científica*. 6. ed. São Paulo: Pearson, 2014.

CHAUI, Marilena. *Convite à filosofia*. 9. ed. São Paulo: Ática, 1997.

CHIZZOTTI, Antonio. *Pesquisa em ciências humanas e sociais*. 12. ed. São Paulo: Cortez, 2017.

CHIZZOTTI, Antonio. *Pesquisa qualitativa em ciências humanas e sociais*. 6. ed. Petrópolis: Vozes, 2014.

COHEN, Morris; NAGEL, Ernest. *Introducción a la lógica y al método científico*. 2. ed. Buenos Aires: Amorrortu, 1971, 2 v.

COPI, Irving Marmer. *Introdução à lógica*. Tradução de Álvaro Cabral. São Paulo: Mestre Jou, 1974.

D'ANCORA, Ma. Angeles Cea. *Metodología cuantitativa*: estratégias y técnicas de investigación social. Madrid: Sintesis, 2001.

DANHONE, Sueli Terezinha. *Menores de condutas anti-sociais e a organização da sociedade*. 1980. Dissertação (Mestrado em Ciências Sociais) – Fundação Escola de Sociologia e Política de São Paulo, São Paulo, 1980. 2. v.

DAVIS, James A. *Levantamento de dados em sociologia*: uma análise estatística elementar. Rio de Janeiro: Zahar, 1976.

DELORENZO NETO, Antonio. Da pesquisa nas ciências sociais. Separata. *Ciências Econômicas e Sociais*, Osasco, v. 5, n. 112, p. 7-66, jan./jul. 1970.

DEMO, Pedro. *Pesquisa e informação qualitativa*: aportes metodológicos. São Paulo: Papirus, 2012.

DEMO, Pedro. *Introdução à metodologia da ciência*. São Paulo: Atlas, 1983.

DEMO, Pedro. *Metodologia científica em ciências sociais*. São Paulo: Atlas, 1981.

DIAS DE DEUS, Jorge (org.). *A crítica da ciência*: sociologia e ideologia da ciência. 2. ed. Rio de Janeiro: Zahar, 1979.

DURKHEIM, Émile. *O suicídio: estudo sociológico.* Tradução de Luz Cary, Margarida Garrido e J. Vasconcelos Esteves. 4. ed. Lisboa: Presença, 1987.

DUVERGER, Maurice. *Ciência política*: teoria e método. Tradução de Heloísa de Castro Lima. 2. ed. Rio de Janeiro: Zahar, 1976.

EISMAN, Leonor Buendía; BRAVO, Pilar Colás; PINA, Fuensanta Hernández. *Métodos de investigación en psicopedagogía.* Madrid: McGraw-Hill, 1998.

ENGELS, Friederich. *Dialética da natureza.* Tradução de Joaquim José Moura Ramos e Eduardo Lúcio Nogueira. 2. ed. Lisboa: Presença; São Paulo: Martins Fontes, 1978.

FALCÃO, Joaquim. Crise da universidade e crise do ensino jurídico. *Revista da OAB*, Brasília, n. 24, 1978.

FARIA, José Eduardo. *A reforma do ensino jurídico.* Porto Alegre: Sérgio Antônio Fabris, 1995.

FAZENDA, Ivani (org.). *Metodologia da pesquisa educacional.* São Paulo: Cortez, 1980.

FERNANDES, Florestan. *Elementos de sociologia teórica.* São Paulo: Nacional; Edusp, 1970.

FERNANDEZ, Juan Antonio Rodrigues. *A hipótese na investigação científica*: o problema da formulação da hipótese e a qualidade da pesquisa. 1979. Dissertação (Mestrado em Ciências Sociais) – Fundação Escola de Sociologia e Política de São Paulo, São Paulo, 1979.

FESTINGER, Leon; KATZ, Daniel. *A pesquisa na psicologia social.* Tradução de Gastão Jacinto Gomes. Rio de Janeiro: Fundação Getulio Vargas, 1974.

FEYERABEND, Paul. *Contra o método.* Tradução de Cezar Augusto Mortari. 2. ed. São Paulo: Editora Unesp, 2011.

FEYERABEND, Paul. *Contra o método*: esboço de uma teoria anárquica da teoria do conhecimento. Tradução de Octanny Silveira da Mota e Leonidas Hegenberg. Rio de Janeiro: Francisco Alves, 1977. FLESCH, Rudolf. *The art of clear thinking.* London: Collica Books, 1951.

GAJARDO, Marcela. *Pesquisa participante na América Latina.* São Paulo: Brasiliense, 1986.

GALLIANO, A. Guilherme (org.). *O método científico*: teoria e prática. São Paulo: Harper & Row do Brasil, 1979.

GALTUNG, Johan. *Teoría y métodos de la investigación social.* 5. ed. Buenos Aires: Eudeba, 1978. 2 v.

GATTI, Bernardete Angelina. *Grupo focal na pesquisa em ciências sociais e humanas*. Brasília: Liber Livro, 2012.

GATTI, Bernardete Angelina; FERES, Nagib Lima. *Estatística básica para ciências humanas*. São Paulo: Alfa-Omega, 1975.

GEWANDSZNAJDER, Fernando. *O que é método científico*. São Paulo: Pioneira, 1989.

GIBSON, Quentin. *La lógica de la investigación social*. 2. ed. Madrid: Tecnos, 1964.

GIDDENS, Antony. *Novas regras do método sociológico*: uma crítica positiva das sociologias compreensivas. Tradução de Maria José da Silveira Lindoso. Rio de Janeiro: Zahar, 1978.

GIL, Antonio Carlos. *Como elaborar projetos de pesquisa*. 6. ed. São Paulo: Atlas, 2017.

GIL, Antonio Carlos. *Métodos e técnicas de pesquisa social*. 6. ed. São Paulo: Atlas, 2016.

GLOCK, Charles Y. *Diseño y análisis de encuestas en sociología*. Buenos Aires: Nueva Visión, 1973.

GOLDENBERG, Mirian. *A arte de pesquisar*: como fazer pesquisa qualitativa em ciências sociais. 14. ed. Rio de Janeiro: Record, 2015.

GOLDHOR, Herbert. *Pesquisa científica em biblioteconomia e documentação*. Brasília: VIPA, 1973.

GOLDMANN, Lucien. *Dialética e ciências humanas*. Tradução de Joao Arsenio Nunes e Jose Vasconcelos Esteves. Lisboa: Presença, 1972. 2 v.

GOMES, Romeu. Análise e interpretação de dados de pesquisa qualitativa. *In*: MINAYO, Maria Cecília de Souza (org.). *Pesquisa social*: teoria, métodos e criatividade. 34. ed. Petrópolis: Vozes, 2015. p. 79-108.

GONÇALVES, Aguinaldo. *Ações em saúde*: tópicos para debate. São Paulo: Papiro, 1979.

GOODE, William J.; HATT, Paul K. *Métodos em pesquisa social*. Tradução de Carolina Martuscelli Bori. 3. ed. São Paulo: Nacional, 1969.

GOODE, William J.; HATT, Paul K. *Métodos em pesquisa social*. 2. ed. São Paulo: Nacional, 1968.

GRAWITZ, Madeleine. *Métodos y técnicas de las ciencias sociales*. Barcelona: Hispano Europea, 1975. 2 v.

GRINNELL, R. M. *Social work research & evaluation*: quantitative and qualitative approaches. 5. ed. Illinois: F. E. Peacock, 1997.

GUBER, Rosa. *La etnografía: método, campo y reflexibilidad*. Bogotá: D. C. Norma, 2001.

GÜNTHER, Hartmut. Pesquisa qualitativa versus pesquisa quantitativa: esta é a questão? *Psicologia: Teoria e Pesquisa*, v. 22, n. 2, p. 201-210, maio/ago. 2006. Disponível em: http://www.scielo.br/pdf/ptp/v22n2/a10v22n2.pdf. Acesso em: 22 fev. 2020.

HAGUETTE, Teresa Maria Frota. *Metodologias qualitativas em sociologia*. 8. ed. Petrópolis: Vozes, 2001.

HAUSER, Philip Morris (dir.). *Manual de pesquisa social nas zonas urbanas*. São Paulo: Pioneira, 1978.

HEGENBERG, Leonidas. *Etapas da investigação científica*. São Paulo: EPU; Edusp, 1976. 2 v.

HEGENBERG, Leonidas. *Explicações científicas*: introdução à filosofia da ciência. 2. ed. São Paulo: EPU; Edusp, 1973.

HEMPEL, Carl. G. *Filosofia da ciência natural*. Tradução de Plínio Sussekind Rocha. 2. ed. Rio de Janeiro: Zahar, 1974.

HENRIQUES, Antonio; MEDEIROS, João Bosco. Metodologia científica na pesquisa jurídica. 9. ed. São Paulo: Atlas, 2017.

HERKENHOFF, João Baptista. *Ensino jurídico*: diagnóstico, perspectivas e propostas. 2. ed. Brasília: Conselho Federal da OAB, n. 24, 1978.

HIRANO, Sedi (org.). *Pesquisa social*: projeto e planejamento. São Paulo: T. A. Queiroz, 1979.

HUISMAN, Denis; VERGEZ, André. *Curso moderno de filosofia*: introdução à filosofia das ciências. Tradução de Lélia de Almeida Gonzalez. 7. ed. Rio de Janeiro: Freitas Bastos, 1980.

HYMAN, Herbert. *Planejamento e análise da pesquisa*: princípios, casos e processos. Tradução de Edith Beatriz Bittencourt Sampaio. Rio de Janeiro: Lidador, 1967.

JANESICK, V. J. Reflections on teaching ethnographic research methods. *Anthropology and Education Quarterly*, London, 1994.

JAPIASSU, Hilton. *O mito da neutralidade científica*. Rio de Janeiro: Imago, 1975.

JOLIVET, Régis. *Curso de filosofia*. Tradução de Eduardo Prado de Mendonça. 13. ed. Rio de Janeiro: Agir, 1979.

JUNKER, Buford H. *A importância do trabalho de campo*: introdução às ciências sociais. Tradução de José Gurjão Neto. Rio de Janeiro: Lidador, 1971.

KAPLAN, Abraham. *A conduta na pesquisa*: metodologia para as ciências do comportamento. Tradução de Leonidas Hegenberg e Octanny Silveira da Mota. São Paulo: Herder: Edusp, 1969.

KAUFMANN, Felix. *Metodologia das ciências sociais*. Tradução de José Augusto Guilhon de Albuquerque. Rio de Janeiro: Francisco Alves, 1977.

KAUFMANN, Jean-Claude. *A entrevista compreensiva*: um guia para pesquisa de campo. Tradução de Thiago de Abreu e Lima Florencio. Petrópolis: Vozes; Maceió: Edufal, 2013.

KERLINGER, Fred N. *Metodologia da pesquisa em ciências sociais*: um tratamento conceitual. Tradução de Helena Mendes Rotundo. São Paulo: EPU; Edusp, 1980.

KERLINGER, Fred N. *Fundations of behavioral research*. 2. ed. New York: Holt, Rinehart and Winston, 1973.

KNELLER, George F. *A ciência como atividade humana*. Tradução de Antônio José de Souza. Rio de Janeiro: Zahar; São Paulo: Edusp, 1980.

KÖCHE, José Carlos. *Fundamentos de metodologia científica:* teoria da ciência e iniciação à pesquisa. 34. ed. Petrópolis: Vozes, 2015.

KONDER, Leandro. *O que é dialética*. 2. ed. São Paulo: Brasiliense, 1981.

KOPNIN, P. V. *A dialética como lógica e teoria do conhecimento*. Tradução de Paulo Bezerra. Rio de Janeiro: Civilização Brasileira, 1978.

KORN, Francis; LAZARSFELD, Paul; BARTON, Allen H.; MENZEL, Herbert. *Conceptos y variables en la investigación social*. Buenos Aires: Nueva Visión, 1973.

KRUSE, Herman C. *Introducción a la teoría científica del servicio social*. Buenos Aires: Ecro, 1972.

LAKATOS, Eva Maria; MARCONI, Marina de Andrade. *Sociologia geral*. 4. ed. São Paulo: Atlas, 1981. [8. ed. São Paulo: Atlas, 2019].

LEÃO, Lourdes Meireles. *Metodologia do estudo e pesquisa*: facilitando a vida de estudantes, professores e pesquisadores. Petrópolis: Vozes, 2016.

LEFEBVRE, Henri. *Lógica formal/lógica dialética*. Tradução de Carlos Nelson Coutinho. 2. ed. Rio de Janeiro: Civilização Brasileira, 1979.

LEHFELD, Neide Aparecida de Souza. *Estudo de grupos familiares migrantes carentes*: suas formas de organização interna. 1980. Dissertação (Mestrado em Ciências Sociais) – Fundação Escola de Sociologia e Política de São Paulo, São Paulo, 1980.

LEITE, Eduardo de Oliveira. *A monografia jurídica*. Porto Alegre: Sérgio Antônio Fabris, 1987.

LELLIS, Regina de Souza. *A família carente e sua influência na origem da marginalização social*. 1980. Dissertação (Mestrado em Ciências Sociais) – Fundação Escola de Sociologia e Política de São Paulo, São Paulo, 1980. 2 v.

LIARD, Louis. *Lógica*. Tradução de Godofredo Rangel. 9. ed. São Paulo: Nacional, 1979.

LODI, João Bosco. *A entrevista*: teoria e prática. 2. ed. São Paulo: Pioneira, 1974.

LÜDKE, Menga, ANDRÉ; Marli E. D. *Pesquisa em educação*: abordagem qualitativa. São Paulo: EPU, 1986.

MAGEE, Bryan. *As ideias de Popper*. Tradução de Leonidas Hegenberg. 3. ed. São Paulo: Cultrix, 1979.

MAIR, Lucy. *Introdução à antropologia social*. Tradução de Edmond Jorge. 2. ed. Rio de Janeiro: Zahar, 1972.

MANN, Peter H. *Métodos de investigação sociológica*. Tradução de Octavio Alves Velho. Rio de Janeiro: Zahar, 1970.

MARCONI, Marina de Andrade; LAKATOS, Eva Maria. Fundamentos de metodologia científica. 8. ed. São Paulo: Atlas, 2017a.

MARCONI, Marina de Andrade; LAKATOS, Eva Maria. *Metodologia do trabalho científico*. 8. ed. São Paulo: Atlas, 2017b.

MARCONI, Marina de Andrade; LAKATOS, Eva Maria. *Técnicas de pesquisa*. 8. ed. São Paulo: Atlas, 2017c.

MARCONI, Marina de Andrade. *Garimpos e garimpeiros em Patrocínio Paulista*. São Paulo: Secretaria da Cultura, Ciência e Tecnologia, 1978.

MARINHO, Inezil Penna. *Introdução ao estudo da metodologia científica*. Brasília: Brasil, [196-].

MARINHO, Pedro. *A pesquisa em ciências humanas*. Petrópolis: Vozes, 1980.

MARQUEZ, A. D. *Educación comparada*: teoría y metodología. Buenos Aires: Anteco, 1972.

MEDEIROS, João Bosco. Redação científica. 13. ed. São Paulo: Atlas, 2019.

MELO FILHO, Álvaro. *Metodologia do ensino jurídico*. Rio de Janeiro: Forense, 1984.

MERTON, Robert K. *Sociologia*: teoria e estrutura. Tradução de Miguel Maillet. São Paulo: Mestre Jou, 1970.

MICHEL, Maria Helena. *Metodologia e pesquisa científica em ciências sociais*: um guia prático para acompanhamento da disciplina e elaboração de trabalhos monográficos. 3. ed. São Paulo: Atlas, 2015.

MINAYO, Maria Cecília de Souza (org.). *Pesquisa social*: teoria, métodos e criatividade. 34. ed. Petrópolis: Vozes, 2015.

MINAYO, Maria Cecília de Souza (org.). *O desafio do conhecimento*: pesquisa qualitativa em saúde. 14. ed. São Paulo: Hucitec, 2014.

MOLES, Abraham A. *A criação científica*. Tradução de Gita K. Guinsburg. São Paulo: Perspectiva, 1981.

MONTENEGRO, Eduardo J. S. *Estatística programada passo a passo*. São Paulo: Centrais Impressora Brasileira, 1981.

MOREIRA, José dos Santos. *Elementos de estatística*. São Paulo: Atlas, 1979.

MORGENBESSER, Sidney (org.). *Filosofia da* ciência. Tradução de Leonidas Hegenberg e Octanny Silveira da Mota. 3. ed. São Paulo: Cultrix, 1979.

NAGEL, Ernest. *La estructura de la ciencia*: problemas de la lógica de la investigación científica. 3. ed. Buenos Aires: Paidós, 1978.

NASCIMENTO, Francisco Paulo do; SOUSA, Flávio Luís Leite. *Metodologia da pesquisa científica*: teoria e prática. Brasília: Thesaurus, 2015.

NÉRICI, Imídeo Giuseppe. *Introdução à lógica*. 5. ed. São Paulo: Nobel, 1978.

NOGUEIRA, Oracy. *Pesquisa social*: introdução às suas técnicas. São Paulo: Nacional: Edusp, 1968.

NUNES, Edson de Oliveira (org.). *A aventura sociológica*: objetividade, paixão, improviso e método na pesquisa social. Rio de Janeiro: Zahar, 1978.

NUNES, Luis Antônio Rizzato. *Manual de monografia*. São Paulo: Saraiva, 1997.

OGBURN, William F.; NIMKOFF, Meyer F. *Sociología*. 8. ed. Madrid: Aguilar, 1971.

PADUA, Jorge; AHMAN, Ingvar; APEZECHEA, Héctor; BORSOTI, Carlos. *Técnicas de investigación aplicadas a las ciencias sociales*. México: Fondo de Cultura Económica, 1979.

PARDINAS, Felipe. *Metodología y técnicas de investigación en ciencias sociales*. México: Siglo Veinteuno, 1969.

PASTOR, Julio Rey; QUILLES, Ismael. *Diccionario filosófico*. Buenos Aires: Espasa-Calpe, 1952.

PEREIRA, Otaviano. *O que é teoria*. São Paulo: Brasiliense, 1982.

PEREIRA, Wlademir; KIRSTEN, José Tiacci; ALVES, Walter. *Estatística para as ciências sociais*: teoria e aplicações. São Paulo: Saraiva, 1980.

PHILLIPS, Bernard S. *Pesquisa social*: estratégias e táticas. Tradução de Vanilda Paiva. Rio de Janeiro: Agir, 1974.

POLANSKY, Normam A. *Metodología de la investigación del trabajo social*. Madrid: Euramérica, 1966.

POLITZER, Georges. *Princípios elementares de filosofia*. Tradução de Silvio Donizete Chagas. 3. ed. São Paulo: Centauro, 2007

POLITZER, Georges. *Princípios elementares de filosofia*. 9. ed. Lisboa: Prelo, 1979.

POLITZER, Georges; BESSE, Guy; CAVEING, Maurice. Princípios fundamentais de filosofia. Tradução de João Cunha Andrade. São Paulo: Hemus, [197-].

POPPER, Karl S. *A lógica das ciências sociais*. Tradução de Estevão de Rezende Martins, Apio Cláudio Muniz Acquarone Filho e Vilma de Oliveira Moraes Silva. Rio de Janeiro: Tempo Brasileiro, 1978.

POPPER, Karl S. *Autobiografia intelectual*. Tradução de Leonidas Hegenberg e Octanny Silveira da Motta. São Paulo: Cultrix; Edusp, 1977.

POPPER, Karl S. *A lógica da pesquisa científica*. Tradução de Leonidas Hegenberg e Octanny Silveira da Mota. 2. ed. São Paulo: Cultrix, 1975a.

POPPER, Karl S. *Conhecimento objetivo*: uma abordagem evolucionária. Tradução de Milton Amado. Belo Horizonte: Itatiaia; São Paulo: Edusp, 1975b.

POPPER, Karl S. *Conjecturas e refutações*. Tradução de Sérgio Bath. Brasília: Universidade de Brasília, 1972.

PRADO JR., Caio. *Dialética do conhecimento*. 2. ed. São Paulo: Brasiliense, 1980.

PUJADAS, Miñoz J. J. El método biográfico: el uso de las historias de vida en ciencias sociales. *Cuadernos metodologicos*. Madrid: Centro de Investigaciones Sociologicas, 1992.

RAMON Y CAJAL, Santiago. *Regras e conselhos sobre a investigação científica*. Tradução de Achilles Lisboa. 3. ed. São Paulo: T. A. Queiroz; Edusp, 1979.

RAMPAZZO, Lino. *Metodologia científica*. 8. ed. São Paulo: Loyola, 2015.

REHFELDT, Gládis Knak. *Monografia e tese*: guia prático. Porto Alegre: Sulina, 1980.

REY, Luís. *Como redigir trabalhos científicos*. São Paulo: Edgard Blücher, 1978.

RICHARDSON, Roberto Jarry. *Pesquisa social*: métodos e técnicas. 3. ed. São Paulo: Atlas, 2015.

RILEY, Matilda White; NELSON, Edward E. (org.). *A observação sociológica*: uma estratégia para um novo conhecimento social. Tradução de Luiz Fernando Dias Duarte. Rio de Janeiro: Zahar, 1976.

ROSENBERG, Morris. *A lógica da análise do levantamento de dados*. Tradução de Leonidas Hegenberg, Octanny Silveira da Mota. São Paulo: Cultrix; Edusp, 1976.

ROSENBERG, Morris. Parental interest and children's self-conceptions. Sociometri, American Sociological Association, v. 26, n. 1, p. 35-49, mar. 1963.

RUDIO, Franz Victor. *Introdução ao projeto de pesquisa científica*. 42. ed. Petrópolis: Vozes, 2014.

RUDIO, Franz Victor. *Introdução ao projeto de pesquisa científica*. 3. ed. Petrópolis: Vozes, 1980.

RUIZ, João Álvaro. *Metodologia científica*: guia para eficiência nos estudos. São Paulo: Atlas, 1979.

RUMMEL, J. Francis. *Introdução aos procedimentos de pesquisa em educação*. Tradução de Jurema Alcides Cunha. 3. ed. Porto Alegre: Globo, 1977.

SABINO, Carlos A. *El proceso de investigación*. Buenos Aires: Lumen-Humanitas, 1996.

SALMON, Wesley C. *Lógica*. Tradução de Leonidas Hegenberg, Octanny Silveira da Mota. 4. ed. Rio de Janeiro: Zahar, 1978.

SALOMON, Délcio Vieira. *Como fazer uma monografia*. 13. ed. São Paulo: Martins Fontes, 2014.

SALVADOR, Ângelo Domingos. *Métodos e técnicas de pesquisa bibliográfica*: elaboração de trabalhos científicos. 8. ed. Porto Alegre: Sulina, 1980.

SAMPIERI, Roberto Hernández; COLLADO, Carlos Fernández; LUCIO, María del Pilar Baptista. *Metodologia de pesquisa*. Tradução de Daisy Vaz de Moraes. 5. ed. Porto Alegre: Penso, 2013.

SANTOS, Boaventura de Sousa. *Um discurso sobre as ciências*. 7. ed. São Paulo: Cortez, 2013.

SANTOS, Izequias Estevam dos. *Manual de métodos e técnicas de pesquisa científica*. 12. ed. Niterói: Impetus, 2016.

SANTOS, Maria de Lourdes Lúcio dos. *A necessidade da informação ocupacional na escolha da profissão*: um estudo de caso. 1980. Tese (Mestrado em Ciências Sociais) – Fundação Escola de Sociologia e Política de São Paulo, São Paulo, 1980.

SARTRE, Jean-Paul. *Questão de método*. Tradução de Bento Prado Junior. São Paulo: Difusão Europeia do Livro, 1966.

SCHRADER, Achim. *Introdução à pesquisa social empírica*: um guia para o planejamento, a execução e a avaliação de projetos de pesquisa não experimentais. Tradução de Manfredo Berger. 2. ed. Porto Alegre: Globo: Universidade Federal do Rio Grande do Sul, 1974.

SELLTIZ, Claire; JAHODA, Marie; DEUTSCH, Morton; COOK, Stuart W. Métodos de pesquisa nas relações sociais. Tradução de Dante Moreira Leite. São Paulo: Editora Pedagógica e Universitária, 1974.

SELLTIZ, Claire; JAHODA, Marie; DEUTSCH, Morton; COOK, Stuart W. *Métodos de pesquisa nas relações sociais*. Tradução de Dante Moreira Leite. 2. ed. São Paulo: Herder; Edusp, 1967.

SEVERINO, Antônio Joaquim. *Metodologia do trabalho científico*. 24. ed. São Paulo: Cortez, 2016.

SMART, Barry. *Sociologia, fenomenologia e análise marxista*: uma discussão crítica da teoria e da prática de uma ciência da sociedade. Tradução de Waltensir Dutra. Rio de Janeiro: Zahar, 1978.

SOUZA, Aluísio José Maria de; REGO FILHO, Antonio Serafim; LINS FILHO, João Batista Correa; LYRA, José Hailton Bezerra; COUTO, Luiz Albuquerque; SILVA, Manuelito Gomes da. *Iniciação à lógica e à metodologia da ciência*. São Paulo: Cultrix, 1976.

TAGLIACARNE, Guglielmo. *Pesquisa de mercado*: técnica e prática. Tradução de Maria de Lourdes Rosa da Silva. 2. ed. São Paulo: Atlas, 1976.

TELLES JR., Goffredo. *Tratado da consequência*: curso de lógica formal. 5. ed. São Paulo: José Bushatsky, 1980.

TESCH, R. *Qualitative research*: analysis types and software tools. London: Falmer, 1990.

THALHEIMER, August. *Introdução ao materialismo dialético*. Tradução de Moniz Bandeira. São Paulo: Ciências Humanas, 1979.

THIOLLENT, Michel J. M. *Metodologia da pesquisa-ação*. 18. ed. São Paulo: Cortez, 2015.

THIOLLENT, Michel J. M. *Crítica metodológica, investigação social & enquete operária*. São Paulo: Polis, 1980.

TRIPODI, Tony; FELLIN, Phillip; MEYER, Henry. *Análise da pesquisa social*: diretrizes para o uso de pesquisa em serviço social e em ciências sociais. Tradução de Geni Hirata. Rio de Janeiro: Francisco Alves, 1975.

TRIVIÑOS, Augusto Nibaldo Silva. *Introdução à pesquisa em ciências sociais*: a pesquisa qualitativa em educação. São Paulo: Atlas, 2015.

TRUJILLO FERRARI, Alfonso. *Epistemologia e metodologia da sociologia*. Campinas: [s. n.], 1977.

TRUJILLO FERRARI, Alfonso. *Metodologia da ciência*. 3. ed. Rio de Janeiro: Kennedy, 1974.

VENTURINI, Alejandro E. Garcia; CASTELLI, Federico. *Los métodos cuantitativos*: en las ciencias sociales. Buenos Aires: EC, 2001.

VERGARA, Sylvia Constant. *Métodos de pesquisa em administração*. 6. ed. São Paulo: Atlas, 2015.

WEBER, Max. *Metodologia das ciências sociais*. Tradução de Augutin Wernet. 5. ed. São Paulo: Cortez; Campinas: Editora Unicamp, 2016.

WILCOX, K. *La etnografía como una metodología y su aplicación al estudio de la escuela*. Madrid: Trotta, 1993.

WITT, Aracy. *Metodologia de pesquisa*: questionário e formulário. 2. ed. São Paulo: Resenha Tributária, 1973.

YIN, Robert K. *Pesquisa qualitativa do início ao fim*. Tradução de Daniel Bueno. Porto Alegre: Penso, 2016.

YOUNG, Pauline. *Métodos científicos de investigación social*. México: Instituto de Investigaciones Sociales de la Universidad del México, 1960.

ZEISEL, Hans. *Say it with figures*. 4. ed. New York: Harper & Row Publishers, 1957.

ZETTERBERG, Hans. *Teoría y verificación en sociología*. Buenos Aires: Nueva Visión, 1973.

Índice alfabético

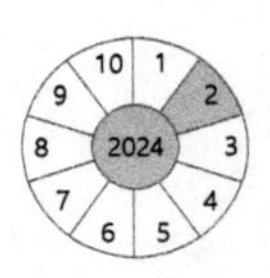

10
1
2
9
2024
3
8
7
4
6
5